VISÃO 20:21

BILL EMMOTT

VISÃO 20:21

Tradução de
RICARDO DONINELLI
e ALUÍZIO PESTANA DA COSTA

EDITORA RECORD
RIO DE JANEIRO • SÃO PAULO
2006

CIP-Brasil. Catalogação-na-fonte
Sindicato Nacional dos Editores de Livros, RJ.

E46v
    Emmott, Bill
    Visão 20:21: as lições do Século 20 para o Século 21 /
Bill Emmott; tradução de Ricardo Doninelli e Aluízio Pestana
da Costa. – Rio de Janeiro: Record, 2006.

    Tradução de: Vision 20:21
    ISBN 85-01-06490-4

    1. Século XXI – Previsões. 2. Globalização – Aspectos sociais. 3. Capitalismo – Aspectos sociais. 4. Relações internacionais – Previsões. 5. Estados Unidos – Relações exteriores – Século XXI – Previsões. I. Título.

05-2942
    CDD – 909.83
    CDU – 94(100) "20"

Título original em inglês:
VISION 20:21
THE LESSONS OF THE 20th CENTURY FOR THE 21st

Copyright © Bill Emmott, 2003, 2004
Design e imagem de capa: Andréa Falcão

Todos os direitos reservados. Proibida a reprodução, armazenamento ou transmissão de partes deste livro através de quaisquer meios, sem prévia autorização por escrito. Proibida a venda desta edição em Portugal e resto da Europa.

Direitos exclusivos de publicação em língua portuguesa para o Brasil
adquiridos pela
EDITORA RECORD LTDA.
Rua Argentina 171 – Rio de Janeiro, RJ – 20921-380 – Tel.: 2585-2000
que se reserva a propriedade literária desta tradução

Impresso no Brasil

ISBN 85-01-06490-4

PEDIDOS PELO REEMBOLSO POSTAL
Caixa Postal 23.052
Rio de Janeiro, RJ – 20922-970

EDITORA AFILIADA

Sumário

Agradecimentos   7

1. Visão 20:21   9

PARTE UM
A PAZ DESAFIADA

2. Liderança Americana   37
3. Ambição Chinesa   75
4. Vulnerabilidade Japonesa   99
5. Inveja Européia   125
6. Turbulência e Terror   155

PARTE DOIS
O CAPITALISMO QUESTIONADO

7. Impopular   185
8. Instável   221
9. Desigual (I)   251
10. Desigual (II)   273
11. Impuro   297

VISÃO 20:21

EPÍLOGO E PRÓLOGO

12. Otimismo Paranóico   333

Fontes e Bibliografia Selecionada   361

Índice   373

Agradecimentos

As origens deste livro encontram-se em um ensaio que escrevi para *The Economist*, procurando assinalar o fim do século XX, intitulado "Freedom's Journey" [A jornada da liberdade], que foi publicado em 11 de setembro de 1999. O ensaio chamou a atenção de Stuart Proffitt, da editora Penguin, que me convenceu de que era uma base sobre a qual um livro poderia ser construído. Ele encomendou-me o livro, alimentou-o e ofereceu inúmeras sugestões e críticas sobre vários rascunhos do texto. Ele também convenceu Jonathan Galassi na Farrar Straus Giroux a publicar o livro nos Estados Unidos, e Jonathan, igualmente, forneceu muitas idéias úteis. Elizabeth Stratford foi uma editora de texto eficiente e hábil, pois os editores, mais do que tudo, necessitam ser "editados". Meu agente literário, Arthur Goodhart, foi encorajador e profissional como sempre, e foi muito além de seus estritos deveres, lendo e fazendo comentários sobre uma quantidade de rascunhos que parecia infindável. Mark Doyle conferiu todos os fatos que pôde achar e mesmo algumas opiniões, e foi responsável por numerosas melhorias, tanto quanto aos dados como ao texto. Peter Drucker, na Califórnia, concedeu generosamente muito de seu tempo e de sua atenção, lendo e comentando o rascunho final.

Os benefícios de ser editor na *Economist* não vêm somente da revista em si. Vêm também da oportunidade de ser estimulado e educado pelo trabalho ao lado de alguns dos melhores jornalistas do mundo; da chance de viajar pelo mundo; do apoio que recebemos de nossos leitores e anunciantes; e do trabalho de meus 14 antecessores no cargo de editor, por darem à revista o formato e a posição que ela tem hoje. Sou muito grato a todos por sua inspiração e influência. Contudo, ao contrário da *Economist*, este livro é trabalho de uma só pessoa e toda crítica deve ser dirigida somente a mim.

    O fardo de todas essa viagens e da minha contínua obsessão por notícias e assuntos mundiais cai, mais pesadamente, sobre minha mulher, Carol. Não obstante, ela me encorajou a escrever este livro, tolerou a intromissão extra que este trabalho causa em nosso tempo juntos, impôs alguma disciplina adicional em minhas tarefas, quando tal disciplina se fazia necessária, e ainda continuou a prover o amor e a alegria que são a essência da vida. Meus maiores agradecimentos vão para ela.

    Bill Emmott
    Wiltshire,
    Agosto de 2003

1.
VISÃO 20:21

Há muitas coisas maravilhosas na atividade de jornalista. A excitação de dar conta — e tentar extrair sentido — do fluxo de notícias. O desafio de tentar separar o joio do trigo, o que importa do que não tem importância, o honesto do desonesto, o razoável do exagero. A independência de mente e espírito, o senso permanente do ridículo, acessíveis a quem vê "de fora" e observa, sem participação direta, acontecimentos, processos e organizações. O fato de tantas pessoas lerem ou ouvirem o que você tem a dizer, e de alguns até levarem isso em conta. O privilégio de poder — e ser de fato pago para — escrever e difundir o que pode ser descrito, com justiça, como um tipo de primeiro esboço da história, ainda que com todos os pontos fracos e dificuldades que essa tarefa normalmente envolve.

Contudo, é aí que também começam as limitações do jornalismo. Nossa perspectiva é sempre de curto prazo. Nossos leitores querem saber como algo que aconteceu hoje poderia estar ligado a algo que aconteceu ontem, ou no mês passado. Além disso, nossas considerações são sempre vulneráveis aos caprichos e modismos de esperanças, medos e preocupações do momento. Escrevendo em uma revista semanal como a *Economist*, com leitores globais altamente motivados e uma missão analítica clara, este jornalista está protegido contra parte dessa vulnerabilidade. Contudo, continua sendo necessário escrever sobre questões e fatos com os quais o público se preocupa, mesmo quando tal preocupação na verdade não se justifica e quando o principal papel do jornalista é simplesmente dizer isso. E, tal como todos os analistas do momento, o jornalista está constantemente correndo o risco de interpretar com exagero as tendências de curto prazo e subestimar ou interpretar de forma inconclusiva as tendências de longo prazo. Algo que ontem parecia não ter importância alguma torna-se no dia seguinte a única coisa que parece importar.

Em 10 de setembro de 2001, o terrorismo internacional praticado por fanáticos religiosos não era considerado um tópico especialmente importante. Era apenas um medo entre tantos nas listas comuns de ameaças presentes e futuras, mas não um medo muito imediato. Depois das 8h46 da manhã no dia seguinte, horário de Nova York, esse tipo de terrorismo foi transformado no único assunto de interesse.

Essa mudança de perspectiva era inteiramente compreensível, dada a magnitude, o drama e o horror dos eventos daquele dia, e naquele momento também era inteiramente apropriada. A atenção de todos foi transfixada pelo que ocorrera, e suas mentes se encheram de possíveis explicações e implicações para o fato. Contudo, a verdade sobre aquele episódio singular, vista em retrospecto, é que nem a visão do 10 de setembro nem a do 12 estavam corretas.

A ameaça do terrorismo internacional pelo tipo de grupo que devastou o World Trade Center em Nova York e o Pentágono em Washington, matando milhares de civis, já era real antes daquele dia infame. Muitos relatórios importantes, artigos e conferências já vinham discutindo se o terrorismo esperado usaria armas de baixa tecnologia como as do ataque ou, ainda mais preocupantemente, armas nucleares químicas ou biológicas de destruição em massa, produzidas com alta tecnologia. Todavia, sendo teoricamente apenas uma entre tantas ameaças, não recebeu alta prioridade, nem dos especialistas, nem dos formuladores de políticas, ainda que muitas tentativas frustradas de ataques terroristas desse tipo já houvessem ocorrido, inclusive nos Estados Unidos. Se tivessem sido bem-sucedidas, essas tentativas teriam causado um choque comparável ao do 11 de setembro. Mas não foram, e por isso o terror internacional não virou o assunto do dia.

E justamente pela mesma razão, nos dias e semanas após os ataques de 11 de setembro e a guerra resultante no Afeganistão, o perigo do terrorismo internacional de modo algum era a única ameaça à paz e prosperidade do Ocidente, tampouco a única força política importante em operação no mundo. Ainda assim, por um bom tempo, era a única ameaça da qual se falava na maior parte das capitais do mundo ocidental e nos editoriais de boa parte da mídia do Ocidente. Além disso, em um dia, presumia-se que duas das maiores civilizações mundiais se ignoravam, vivendo separadamente; já na manhã do dia seguinte, era amplamente aceita a opinião de que essas civilizações, a islâmica e a judaico-cristã, de fato estavam envolvidas em um choque poderoso e grandioso.

Assim, a um grande evento foi dada ainda maior importância do que de fato merecia. Esse exemplo evidencia uma das maiores fraquezas do jornalismo: saltar para conclusões. Os acontecimentos de 11 de setembro realmente tiveram o *potencial* de abalar o mundo e dominar as preocupações de uma época, ofuscando todos os outros problemas, mas isso nunca deixou de ser apenas um dos resultados possíveis. É improvável que nos próximos anos vejamos o 11 de setembro como insignificante, mas ainda é muito cedo para dizer se realmente será o fato mais importante da primeira década do século XXI. Os exemplos mais comuns dessa fraqueza, entretanto, são aqueles que levam os jornalistas a atribuir enganosamente uma grande importância a eventos bem menores. O que pode evidenciar apenas um erro de julgamento, ou indicar um esforço para dramatizar e vender jornais, já que a mídia noticiosa é afinal apenas um ramo da indústria de entretenimento. Seja qual for a razão, o rascunho da história que os jornalistas escrevem não é somente frágil e cheio de idiossincrasias, mas inevitavelmente contém erros.

Nem todos os juízos momentâneos são maus julgamentos; alguns deles podem ser bastante acurados. Contudo, o que se perde é o senso de perspectiva, de relativização de diferentes eventos, tendências, idéias e pessoas. Isso se perde devido à confusão das notícias e à cacofonia das vozes concorrentes. Isso se perde porque a meia-vida de uma idéia ou tema no mundo atual pode ser medida em meses, semanas ou até dias. Mas também se perde pela simples razão de que realmente não sabemos o que vai acontecer a seguir.

Comparados aos historiadores, que estarão escrevendo sobre o mesmo evento em cinqüenta ou cem anos, os jornalistas enfrentam duas desvantagens limitadoras. Uma é que, para os historiadores, uma década é um piscar de olhos em meio a um amplo tema ou movimento, dentro do qual os eventos são apenas uma evidência detalhada a favor ou contra uma tese maior. Para um jornalista, mesmo um ano parece uma eternidade, e um mês pode vir a modificar tudo. Uma tendência, para alguns comentaristas, é algo que durará até o próximo programa ou coluna. Somos forçados, tanto por nossos leitores quanto por nós mesmos, a adotar uma perspectiva de curto prazo.

A outra desvantagem é que somos destituídos daquilo que é o mais crucial para uma avaliação apropriada de um acontecimento: o conhecimento do que ocorrerá a seguir, ou mais tarde, como conseqüência do evento sobre o qual estamos escrevendo. Nosso "primeiro esboço da história" sempre contém, junto com os fatos conhecidos, um enorme volume de especulação sobre o contexto futuro dentro do qual o evento particular será finalmente julgado, implícita ou explicitamente. O anarquista que atirou no arquiduque Francisco Ferdinando da Áustria e em sua esposa em visita à capital da Bósnia, Sarajevo, em 28 de junho de 1914, pode ter pensado que estava apenas desfechando um golpe em uma luta regional por poder e autonomia. Esta de fato teria sido uma interpretação razoável naquele momento. Apenas mais tarde foi possível interpretar esse evento em um contexto bem diferente, o da luta entre antigos e novos impérios, que gerou duas guerras mundiais durante as quatro décadas seguintes.

Necessitamos de uma visão a mais longo prazo. Isso é uma banalidade, mas é verdadeiro. A mais longo prazo simplesmente para podermos entender o presente: como chegamos aqui; quais são as forças mais importantes, para o bem ou para o mal, no mundo atual; e quais as razões pelas quais alguns povos são ricos, e outros pobres; alguns vivem em paz, outros em guerra; alguns satisfeitos, outros desesperados. Necessitamos de uma visão a mais longo prazo para podermos colocar os eventos, questões e preocupações atuais em seus devidos contextos. Mas o que todos também querem é que essa visão também seja clarividente, capaz de projetar um bom esboço do que o futuro nos reserva. Uma vez dispondo desse esboço, deve ser possível fazer planos para o futuro.

O problema é que, obviamente, a clarividência não é possível. Nas palavras provocativas de Sam Goldwyn, "Nada de profecias, especialmente sobre o futuro". Ninguém sabe o que o futuro nos reserva, e aqueles que têm a pretensão de saber, além de uma perspectiva bem curta, são charlatães. Assim como não se pode confiar em previsões de tempo a longo prazo, o mesmo valendo para previsões econômicas, não se pode também confiar em previsões abrangentes de futuros eventos políticos, tecnológicos e sociais num período de não mais que alguns anos — quando tanto. A futurologia deve ser vista apenas como o que é, uma divertida especulação; não pode ser mais do que isso.

Isso dificulta as coisas, para dizer o mínimo. E também vai de encontro à natureza humana. Pois não apenas somos todos curiosos a respeito do futuro, como também carregamos conosco um conjunto implícito de expectativas sobre o futuro do que nos cerca. Todos somos prisioneiros de alguma idéia de futuro que é inerente à nossa visão do presente. Ela está lá, em nossas crenças e controvérsias sobre questões correntes, na vida, política, economia, ciência e religião. Está contida nas crenças que temos sobre a segurança dos nossos empregos, sobre o tipo de educação que é desejável ter, nas nossas escolhas sobre onde e como viver e trabalhar, sobre como poupar melhor ou investir para a aposentadoria ou para dias difíceis. São todas, na verdade, apostas que constantemente estamos fazendo sobre o que o futuro nos reserva.

De forma semelhante, nossa visão do amanhã pode ser encontrada nas causas contra as quais escolhemos protestar ou, mais moderadamente, naquelas que tentamos abraçar através de nossas doações. Ela está contida nos compromissos e alianças que consideramos aceitáveis para nossos países adotarem ou manterem, no tipo de relações que nossos líderes políticos costumam desenvolver com líderes de outros países, a maioria das quais reflete não uma "química" pessoal, mas um conjunto estabelecido de pressuposições sobre os interesses, prioridades e relações nacionais e internacionais. E muitas das nossas decisões, principalmente as tomadas por grandes organizações ou pelos governos, podem elas mesmas terminar alterando o próprio futuro sobre o qual nos perguntamos: poluir mais ou poluir menos, encorajar ou não o trabalho pesado, restringir ou favorecer as atividades corporativas, estimular ou refrear a volatilidade financeira, fazer a guerra ou a paz, ter ou não ter filhos.

Dito de outro modo: o futuro importa. Não pode ser evitado ou ignorado simplesmente porque não há como sabermos o que ele nos reserva. O que podemos fazer então? A melhor resposta é evitar o esforço consciente de antecipar os fatos, procurando em vez disso compreender o futuro olhando para o passado. Isso soa paradoxal, e de fato o é. Mas é a melhor maneira de entender o presente, como também de ter uma percepção das forças que realmente contam na determinação do que está por vir. É claro que não podemos usar o passado para fazer previsões. Mas podemos usá-lo para ajudar a estabelecer nossas prioridades, para atribuir os pesos ou níveis de importância mais apropriados às nossas preocupações atuais. Uma tal pretensão pode provocar ceticismo. Nesse caso, ouçamos um dos grandes homens do século XX. Winston Churchill, além de político, pintor amador e primeiro-ministro britânico em tempos de guerra, também foi um famoso historiador. Ele disse certa vez: "Quanto mais para trás se olha, mais adiante se é capaz de ver."

É esse o espírito deste livro, e também seu propósito. O objetivo é ir além das preocupações a curto prazo do jornalista, e tentar obter uma visão a mais longo prazo. É uma visão, acima de tudo, sobre o que o passado tem a dizer de importante para nós hoje e que no futuro ainda será relevante, um futuro que por conveniência pode ser chamado de século XXI. Se é uma visão que abrange cem, cinqüenta, ou apenas 25 anos, pouco importa, pois trata-se de uma visão de varredura da história futura, e somente as exigências arbitrárias do calendário associam essa varredura com todo o século que mal começou. A visão do que é mais importante é ela mesma derivada da história, uma história que, por razões semelhantes de conveniência de calendário, pode ser chamada de história do século XX, seja ou não verdadeiro dizer que o passado relevante coincide estritamente com o período entre 1900 e 2000.

Contudo, a visão de longo prazo deste livro também diz respeito a questões do mundo atual que são especialmente relevantes para amplos tópicos que moldam o futuro, e ao que a experiência passada, a perspectiva de longo prazo, tem a nos dizer sobre essas questões contemporâneas. Desta forma, mesmo que o leitor não aceite a hipótese abrangente sobre quais são as grandes questões que moldam o futuro, em alguma medida ainda encontrará aqui uma exploração do que o presente autor considera os grandes problemas do nosso tempo, do quanto a história e os princípios se combinam para sugerir a real importância dessas questões, e de quais fatores serão importantes para determinar o modo como evoluem.

Quais foram então as grandes questões que determinaram a vida do século XX? E por que elas deveriam continuar moldando as nossas vidas no século XXI? Nós não podemos mudá-las? A resposta é: não, não podemos. Uma das duas grandes questões que moldaram o século XX de fato tem uma natureza eterna, e se fez mais importante e aparente pela marcha progressista da tecnologia. Ela também moldará, de uma forma ou outra, os séculos XXII e XXIII. A outra grande questão, que começou a emergir já no século XIX, continua a nos atormentar. Apesar do aparente desenlace na década passada, ela na verdade não está resolvida. E muito provavelmente nunca será solucionada, dadas a natureza da vida moderna e uma contradição essencial no coração da humanidade.

Tudo isso pode soar bastante enigmático. Que questões são essas? Bem, a primeira delas pode começar a ser vislumbrada por meio da constatação de que, mais do que tudo, o século XX foi moldado pela guerra. Isso a despeito do fato de ter sido um século em que, para os seres humanos em geral, o mais notável desenvolvimento foi um grande aumento da expectativa de vida, graças a uma combinação de melhorias na tecnologia médica, melhor alimentação e melhores condições de saneamento. Alguém nascido em 1900 poderia esperar, naquele momento, viver em média de 45 a 50 anos se tivesse sorte suficiente de nascer em um país rico e desenvolvido, ou entre 20 e 40 se não tivesse tanta sorte e vivesse no mundo pobre. No final do século, essas médias tinham subido para 75 a 80 anos nos países ricos e 50 a 60 anos nos países mais pobres. Tais números medem a quantidade de vida, não a qualidade. Algo mais do que a pura sorte ajudou a determinar se uma vida em particular melhoraria ou pioraria essas médias, ou se seria vivida em perigo ou com certa estabilidade: se o país ou região do indivíduo em questão estava em guerra. E a natureza dessa vida também era determinada pelo fato de o país ter um governo ditatorial que matasse seus cidadãos ou uma democracia que evitasse tais atrocidades.

Todos os séculos, todos os períodos da história humana sentiram a pesada influência da guerra e de outras formas de violência. Embora não tenha sido diferente em gênero, o século XX foi diferente em grau. Foi o primeiro século a apresentar um conflito em escala mundial, envolvendo países de lados opostos do globo. E, como que para enfatizar esse traço, foram dois conflitos mundiais e não apenas um.

Alguns historiadores gostam de sugerir que as duas guerras mundiais foram na realidade apenas uma, interrompida por um interlúdio de paz. A idéia pode conter uma certa dose de verdade para as potências européias, mas subestima a expansão geográfica muito maior da segunda guerra, bem como o fato de que um dos participantes cruciais desta última, o Japão, tinha estado do lado oposto durante o primeiro conflito. A condição da China atual, além disso, foi crucialmente moldada pela guerra que começou em seu território em 1931 e na realidade não terminou por completo até a tomada comunista em 1949. Contudo, alguns historiadores estendem ainda mais a sua definição da guerra única do século XX de forma a incluir a Guerra Fria de 1947 a 1991 entre União Soviética e Estados Unidos, a despeito do fato de que, em ambas as "guerras quentes" definidas convencionalmente, a Rússia e os EUA estavam formalmente do mesmo lado. Mas a conclusão da segunda guerra cristalizou uma rivalidade básica entre os dois. Além disso, o arranjo pós-guerra de 1945 congelou alguns países no estado insatisfatório em que se encontravam quando do término da guerra: a Europa oriental e central, na sua maior parte sob ocupação russa, por exemplo, e os Bálcãs sob a unidade artificial da Iugoslávia comunista de Tito. Ainda que discordemos de que o período inteiro deve ser visto como um único conflito, é certamente verdade que o mundo não começou a propriamente se livrar dos efeitos de médio prazo dessas sucessivas guerras até a década de 1990.

As guerras e ditaduras do século XX não inovaram apenas na geografia. Elas inovaram no número de mortes simplesmente assustador que causaram. A tabela mostra estimativas — obtidas a partir de *Death by Government* [Mortes por governo], livro de 1994 escrito pelo acadêmico americano R. J. Rummel — do número de pessoas mortas em guerras, em conseqüência direta das guerras ou pelos governos. Os números foram atualizados de forma a incluir conflitos que aconteceram nos anos finais do século. Sempre serão estimativas, e controversas, pois durante essas matanças ninguém se sentou e assinalou nomes em um caderninho; e muitas delas provêm de governos ditatoriais naturalmente interessados em falsificar dados reais. As estimativas podem estar erradas quanto a magnitudes específicas, mas oferecem um bom indício do horror e da escala geral do que ocorreu. A categoria de mortes "associadas à" guerra inclui civis que foram massacrados por seus próprios governos (por exemplo, pelos nazistas na Alemanha) ou por governos ocupantes (por exemplo, pelos nazistas) durante ou perto da guerra, ou que morreram em conflitos civis acentuados por guerras internacionais (por exemplo, na China na década de 1930), ou (uma larga categoria) aqueles que morreram em fomes coletivas resultantes de guerras. Para este último grupo, deve-se observar que as fomes coletivas raramente ocorrem devido à mera escassez de alimentos; elas ocorrem normalmente em conseqüência de interrupções da distribuição de alimentos, geralmente acarretadas pela guerra ou por ações governamentais.

VISÃO 20:21

*Pessoas mortas em guerras e pelos governos
mais assassinos do século XX*

---

1. Mortes em guerras declaradas:

Internacionais	29 milhões
Civis	5 milhões
Subtotal	34 milhões

2. Mortes de civis associadas a guerras, ou em guerras não-declaradas:

Alemanha (1933–45)	21 milhões
China (Kuomitang, 1928–49)	10 milhões
Japão (na China, 1936–45)	6 milhões
Subtotal	37 milhões

3. Mortes de civis direta ou indiretamente causadas por governos:

União Soviética (1917–91)	62 milhões
China (1949–)	35 milhões
Camboja (1975–9)	2 milhões
Turquia (1909–18)	1,8 milhão
Subtotal	100,8 milhões
Total estimado	171,8 milhões

As ações governamentais explicam a categoria final e mais ampla de todas, os 97 milhões que aqui estimamos terem morrido na União Soviética e na China comunista como resultado de causas não naturais. Esses números são especialmente controversos: pode ser encontrada uma profusão de estudos em que algum desses números — ou ambos — é excessivamente elevado ou baixo. Para o propósito aqui em questão, contudo, de fato não importa se o total é de 60 ou 140 milhões. Como o próprio

Stalin disse: "A morte de um homem é uma tragédia; um milhão de mortos é uma estatística." Essas estatísticas fornecem uma terrível percepção do que aconteceu. Algumas mortes foram diretas, matanças oficiais, algumas ocorreram em campos de trabalho, algumas (especialmente na China, durante a "Revolução Cultural" de 1966 a 1976) em meio à anarquia incitada pelo governo. Os maiores números de mortos, entretanto, foram causados possivelmente pelas fomes coletivas, quando — tanto na União Soviética como na China, em diferentes momentos — o governo central trouxe o caos à produção e distribuição de alimentos, seja por aplicar mal algumas idéias, seja por visar fins políticos brutais.

A lista de países e perpetradores individuais poderia, é claro, ter sido muito mais extensa. O Camboja está incluído no quadro porque o Khmer Vermelho de Pol Pot assassinou uma porcentagem extraordinária (em torno de 30%) da população do país em apenas quatro anos. Mais de um milhão de pessoas foram mortas também no Vietnã, por razões externas ao conflito direto entre o norte e o sul e com os Estados Unidos. Na Indonésia, a brutal repressão a uma suposta revolta comunista nos anos 1960 pode ter acrescentado 600 mil mortos ou mais, o que também pode ter ocorrido no genocídio da década de 1990 em Ruanda. Ninguém sabe qual o número a ser incluído pelas matanças oficiais, campos de trabalho e fomes coletivas na Coréia do Norte. Mas esses detalhes não alterariam o ponto principal: o século XX, um século de enormes progressos em tecnologias médicas e agrícolas, entre outras, foi, contudo, um século em que os governos, por si mesmos ou por meio de guerras, conseguiram matar algo em torno de 170 milhões de pessoas, um número equivalente a 10% de toda a população mundial em 1900.

Por quê? Há muitas explicações: ideologia, ambição, cobiça, medo, insanidade, o legado de impérios coloniais, entre outras. Contudo, duas se destacam como importantes para o presente e para o futuro. A primeira, mais simples e duradoura, é a tecnologia.

Os desenvolvimentos, na segunda metade do século XIX e nas primeiras décadas do século XX, nas comunicações eletrônicas e nos transportes tornaram possível não apenas ser um ditador, mas exercer um controle muito maior sobre mais pessoas e áreas muito maiores. Os ditadores já existiam antes, mas era difícil, talvez impossível, serem "totalitários". O telégrafo elétrico e o telefone tornaram possível enviar e receber ordens e outras informações instantaneamente a enormes distâncias, atendendo a propósitos militares, da inteligência e da propaganda. As estradas de ferro, os veículos motorizados e a aviação, de forma semelhante, capacitaram o poder a se organizar ou projetar sobre gigantescas áreas. Acrescente-se a isso o poder destrutivo dos armamentos, especialmente na forma de tanques blindados, metralhadoras e bombardeiros, do que resultava um potencial para despotismos poderosos, populações intimidadas e assassinatos em massa.

Esses alicerces tecnológicos da brutalidade ditatorial continuam a existir e se desenvolver atualmente. No entanto, em certo sentido, a recente mudança tecnológica enfraqueceu o controle governamental. A comunicação ainda mais barata possibilitada pelos computadores, telefones, satélites e a Internet tornou mais difícil manter o monopólio do conhecimento, e também mais difícil enganar a população. O Big Brother (Grande Irmão) de George Orwell, manipulador das mentes das pessoas no romance *1984*, tornou-se, na Inglaterra de 2000, somente o nome de um espalhafatoso programa de televisão. Contudo, essa mudança necessita ser avaliada frente a outras mudanças mais sinistras. Pode ser mais fácil descobrir que um governo é formado por safados ou tolos, e mais fácil organizar movimentos de resistência, mas tal resistência enfrentaria atualmente uma oposição mais esmagadora que a do passado. A capacidade dos governos de detectar dissidentes aumentou graças à mesma nova tecnologia da informação que facilita a dissidência, enquanto continua aumentando a eficácia destrutiva do poder de fogo à disposição dos militares. A ditadura na China até agora abafou os protestos na praça Tiananmen, a seita religiosa Falun Gong e as organizações que dependem da Internet e de sua disseminação. A ditadura chinesa se mostrou adaptável em muitos aspectos da vida e da economia, mas não em termos de controle político.

Isso também ajuda a explicar por que um grupo de ativistas pró-armas norte-americano publicou certa vez um anúncio em sua própria revista acusando, de forma fora do comum, o presente autor de defender o genocídio. *The Economist* tinha publicado um artigo defendendo um maior controle pelo governo do acesso a armas nos EUA. De acordo com a lógica desses ativistas, sempre que se dificulta aos cidadãos a posse e o porte de armas, a balança do poder pende em favor do governo; e na história os genocídios ocorreram somente quando a população estava incapacitada para resistir ao governo. Essa lógica contém uma meia-verdade, embora certamente superestime a probabilidade de que os EUA caiam em uma ditadura dentro em breve. Contudo, é verdade que pode ser bem difícil desalojar um ditador como Saddam Hussein, que está disposto a usar armas químicas ou biológicas como também poderosos meios convencionais de destruição contra a sua própria população, quando esta dispõe de armamentos leves ou está desarmada.

A longo prazo, os limites reais às ditaduras são principalmente econômicos: a capacidade de um governo para continuar a juntar recursos suficientes para manter o controle militar interno ou satisfazer suas ambições externas. São recursos que podem vir das vendas de produtos primários, tais como o petróleo. Mas em geral, e principalmente a mais longo prazo, eles se originam de todos os setores da economia. Foi isso, no final das contas, que derrubou a União Soviética: a contradição entre uma economia fraca e vastos objetivos militares e totalitários. A longo prazo, as ditaduras geralmente caem se — ou melhor, quando — fracassam em manter a capacidade econômica de seus países, pois ficam vulneráveis à ruína ou à derrota militar. Mas a longo prazo, parafraseando lorde Keynes, muito mais cidadãos já estarão mortos.

É nítido o potencial para a ditadura, com a brutalidade extrema a ela associada. O principal fator limitante é econômico: o controle centralizado provou ser ineficiente como instrumento para construir uma economia rica e moderna. E as economias ricas são as que têm maior capacidade para gastar com novas tecnologias, sejam elas de defesa, ataque ou repressão. As economias ricas modernas se desenvolveram quando o poder econômico foi disperso, de forma a abarcar uma ampla população, e encabeçado pela iniciativa individual. Esses desenvolvimentos tornaram a ditadura mais difícil, e a repressão mais cara. Mas não há nada de impossível em manter uma ditadura por longos períodos de tempo, tal como tem mostrado o Partido Comunista chinês. A importância do sacrifício econômico acarretado por regimes com controle centralizado é essencialmente relativa: é a crescente riqueza de outros países, que operam em uma economia aberta de mercado, que torna mais difícil, para uma ditadura, limitar as expectativas econômicas de seus próprios cidadãos e não ficar atrás de outros países em termos de tecnologia e recursos militares. Mas se as economias dos outros países entrarem em depressão, a vida do ditador pode ser facilitada.

Além disso, uma economia de mercado aberta e global não é um inevitável subproduto do mundo moderno. No grau em que existe (pois permanece incompleta), ela é um subproduto da existência de um estado geral de paz que parece ser suficientemente confiável ou durável para as companhias e indivíduos em todo o mundo sentirem-se dispostos a investir e comercializar internacionalmente, e da existência de um estado de confiança suficientemente durável entre a maioria dos países para que esse comércio e investimento se realizem conforme um conjunto de leis e arranjos financeiros sobre o qual há um certo acordo.

Isso nos leva à segunda explicação importante sobre o porquê de o século XX ter se caracterizado por tanta violência e guerra. A razão para isso é que, durante os seus primeiros quarenta ou 45 anos, não havia um fiador desse estado de paz, nenhum mantenedor do equilíbrio entre as nações, nenhum preservador da confiança e da lei do direito internacional. Em outras palavras, não havia um poder hegemônico, nem dominante, até os Estados Unidos surgirem para assumir esse papel em 1945.

Após 1945, os Estados Unidos competiram nesse sentido com a União Soviética, mas em pouco tempo conseguiram uma maior aquiescência dos que se sujeitavam à sua dominação, passando a necessitar muito menos do controle militar. Nem mesmo parece muito acertado dizer que atualmente os Estados Unidos detêm o poder hegemônico, agora que a União Soviética desapareceu, embora muitos dos oponentes e críticos dos Estados Unidos usem a expressão. De forma semelhante, é provavelmente demasiado simples descrever a Grã-Bretanha como o poder hegemônico do século XIX, ainda que tenha sido o período em que o termo "Grã" surgiu como uma parte significativa do nome do país. Entretanto, a Inglaterra construiu um império de escala mundial, um império onde "o sol nunca se põe", um império que mostrava o mapa usado nas escolas de crianças coberto com seus cravos. O império foi construído com base no poder naval; tal como o grande e eficiente exército inglês foi construído a partir de sua primeira revolução industrial e de um crescimento econômico relativamente rápido. Embora desde a perda de Calais no século XVI não tenha ocupado ou governado de modo algum qualquer parte substancial da Europa continental (a única exceção sendo Gibraltar), a Inglaterra agiu e interveio para manter o equilíbrio de poder na Europa, para evitar que qualquer outro país europeu se tornasse dominante e, dessa forma, um poderoso rival. Durante o meio século após a derrota imposta à França de Napoleão em 1815, a Inglaterra não teve rival político ou militar no continente. O Império Britânico sofreu uma grande derrota em 1776, quando a mais promissora de suas colônias, os Estados Unidos, declarou sua independência. Contudo, a perda foi compensada com a expansão de seus territórios imperiais para o leste, na Índia, e para o sul, na África. O mais importante de tudo era o fato de a antiga colônia não manifestar qualquer desejo de rivalizar com a Inglaterra pelo mundo, preferindo concentrar-se em seu próprio desenvolvimento e em seus interesses externos mais próximos, dentro de seu próprio hemisfério.

Após 1815, o século XIX foi um período relativamente pacífico, com poucos choques entre as grandes potências ao redor do globo. Embora França, Alemanha, Itália e até a jovem Bélgica (1830) tenham buscado, no final do século, estabelecer pequenos impérios coloniais por conta própria, especialmente no território não mapeado da África, nenhuma delas achou que valia a pena uma disputa frontal com a Grã-Bretanha, ou pelo menos não por muito tempo. A Rússia expandiu seu império vizinho em direção ao leste e sul, vindo a ser um rival presente na fronteira de ambos os impérios, particularmente no Afeganistão, mas nunca chegou a representar um desafio manifesto ou duradouro. Disso resultou o desenvolvimento de um sistema internacional de comunicações, comércio e fluxo de capitais, liderado e arquitetado em suas linhas gerais pela Grã-Bretanha, e policiado principalmente pela marinha britânica. Não havia nada de perfeito nesse desenvolvimento, que dependia da manutenção, pela Grã-Bretanha, de forças de ocupação e administrações diretas em um grande número de países, governando numerosas populações. Mas ele durou, de maneira mais ou menos pacífica, por muitas décadas, por ter sido aceito ou pelo menos tolerado por outros países.

Essa tolerância foi desaparecendo quando do nascimento do novo século em 1900. A difusão da tecnologia industrial e do comércio capacitou outros países a se equiparar à Grã-Bretanha, levando-os a esperar uma igual influência sobre os negócios estatais e financeiros mundiais, bem como sobre seus próprios impérios coloniais. Impérios antigos e pequenos — o império austro-húngaro dos Habsburgo na Europa central, o império otomano no Oriente Médio — estavam em decadência, pois eram minados por sentimentos nacionalistas entre seus vários Estados-membros combinados com pressões rivais externas. Em vez de uma clara dominação britânica sobre um mundo em que as outras potências eram fracas ou equilibradas entre si, o novo mundo do século XX tinha muitas potências — Grã-Bretanha, Alemanha, França, Rússia, Japão, Estados Unidos, Turquia —, todas fortes mas nenhuma com recursos suficientes para dominar ou deter as demais. Uma mistura fatal de ambição e insegurança levou à guerra e à ruptura do antigo sistema internacional de comércio, pagamentos e investimentos liderado pela Grã-Bretanha.

Qualquer sistema baseado principalmente na força, em especial a força da economia de uma pequena ilha afastada da costa da Europa, estava fadado a finalmente entrar em colapso. O problema era que nada, ou melhor, ninguém estava disposto a substituí-lo ou consertá-lo. A primeira metade do século XX é mais bem compreendida como uma história do declínio de impérios, da ascensão de novas potências à medida que a tecnologia e a riqueza se expandiam, mas, acima de tudo, como a história de um vácuo de poder. Apenas depois de 1945 esse vácuo foi de fato preenchido, quando os Estados Unidos apropriaram-se do manto da liderança mundial (ainda que rivalizando com a mais fraca União Soviética), perdido pela Grã-Bretanha. Com efeito, a história mais importante do século, pelo menos em retrospectiva, não foi a competição entre a Alemanha e seus vizinhos europeus, ou entre comunismo e capitalismo, ou mesmo entre a Rússia socialista e os demais países, mas a dos Estados Unidos tomando o lugar da Grã-Bretanha. Em princípio, há muito já eram capazes de fazê-lo. Mas não quiseram adotar um papel internacional proporcional ao tamanho e força da sua economia, e a Grã-Bretanha não era ainda suficientemente fraca para abrir mão voluntariamente das sobras da sua primazia. A Segunda Guerra Mundial modificou os anseios americanos e debilitou a Grã-Bretanha.

O resultado pode ser visto tanto na economia como na política. A segunda metade do século XX foi mais próspera do que a primeira para a maioria das pessoas em todo o mundo. A taxa anual de crescimento do produto *per capita* dobrou nos atuais países-membros da Organização para Cooperação e Desenvolvimento Econômico (OCDE), um clube de países ricos formado para administrar e monitorar a ajuda econômica dos Estados Unidos à Europa ocidental no final dos anos 1940. A taxa de crescimento dos membros da OCDE cresceu de uma média anual de 1,3% (1900-50) para 2,6%, enquanto na Ásia esta taxa elevou-se de míseros 0,1% para abundantes 3%. A despeito das muitas guerras — Coréia, Vietnã, Afeganistão, Índia-Paquistão, Israel, Irã-Iraque, Congo, Angola, Etiópia, antiga Iugoslávia, para citar apenas algumas —, no todo o período foi mais pacífico que a primeira metade do século. As mortes em guerra diminuíram, embora muitas pessoas continuassem a ser assassinadas por seus próprios governos. As guerras destroem economias; a paz as constrói.

Não havia nenhum novo império colonial para explicar a paz pós-1945. O Império Britânico foi desmantelado durante as três décadas depois de 1945, mas nenhum surgiu para tomar seu lugar. Os Estados Unidos mantiveram bases militares no exterior, no Japão, na Coréia do Sul, nas Filipinas, na Alemanha, na Grã-Bretanha e em outros lugares, mas sempre com o consentimento e mesmo a solicitação do país anfitrião. As regras para o comércio foram estabelecidas pelo Acordo Geral sobre Tarifas e Comércio (GATT), assinado por 23 países em 1947. Uma nova estrutura visando manter a estabilidade financeira passou a ser dirigida por duas instituições, o Fundo Monetário Internacional e o Banco Mundial, fundadas em 1946 e que hoje contam com 183 países-membros.

Para os países da Europa ocidental e o Japão, pode ser que a exaustão da guerra explique em parte por que depois de 1945 eles aceitaram as regras e convenções internacionais de conduta, e evitaram conflitos militares. Contudo, em geral só há uma explicação para a relativa paz e prosperidade dos últimos cinqüenta anos: a existência de uma potência dominante, nos terrenos econômico, tecnológico e militar, os Estados Unidos da América. Além disso, essa potência está disposta a exercer seu domínio em todo o globo sempre que há uma séria ameaça à paz geral, e a exercer sua liderança sempre que há uma séria ameaça à prosperidade.

Durante as três primeiras décadas após 1945, esse aspecto ficou obscurecido pela existência de uma superpotência nuclear rival, a União Soviética. Durante a década de 1950, o legado da guerra, combinado ao desconhecimento da verdade, levou algumas pessoas a crer que a União Soviética poderia até ultrapassar seu oponente capitalista. Mas a verdade é que os Estados Unidos sempre foram a maior potência. O conhecimento desse fato conteve a URSS (porque ela sabia da sua fraqueza). Além disso, os Estados Unidos lideraram um sistema comercial e financeiro adotado por boa parte do mundo, enquanto o sistema rival da União Soviética foi acolhido apenas por um modesto número de países.

O comportamento dos Estados Unidos durante esse período deixou muito a desejar, e por si mesmo bloqueou a emergência de instituições internacionais maduras em muitas ocasiões (por exemplo, a proposta de evolução do GATT para uma "Organização Mundial do Comércio" em 1948, e a criação de um Tribunal Criminal Internacional no final da década 1990). Sua disposição em se envolver em disputas e problemas internacionais foi e continua sendo irregular. Mas o ponto importante é que os Estados Unidos vão, *in extremis*, intervir em disputas, tentar suprimir ameaças à paz e à estabilidade globais e trabalhar para manter a existência de instituições econômicas internacionais. O conhecimento deste ponto serve para evitar que outros países se deixem levar pela ambição ou insegurança a aventuras militares. Os Estados Unidos não são verdadeiramente hegemônicos, no sentido de uma potência que procura impor sua vontade a tudo e a todos. Tampouco são uma verdadeira polícia, patrulhando o globo. Mas se assemelham a um irmão mais velho gigante, uma fonte de garantia, confiança e estabilidade para outros membros mais fracos da família, e uma fonte de nervosismo e incerteza para qualquer provocador.

Por essa razão, a maior questão geopolítica do século XXI deverá ser: a liderança americana durará ou declinará, seguindo neste caso o caminho da Grã-Bretanha no século XX? Os Estados Unidos poderiam ser privados de seu papel de uma das três seguintes maneiras: tornando-se mais fracos; deixando de querer aplicar grandes esforços fora de suas fronteiras; ou sendo desafiados por um país que tenha se tornado uma forte potência. Em princípio, a perda da liderança pelos Estados Unidos pode provar ser apenas uma questão de tempo: não se deve esperar que um país de 280-300 milhões de pessoas seja líder para sempre em um mundo cuja população já é vinte vezes maior que a sua, e que em 2050 poderá ser aproximadamente 25 vezes maior. Contudo, para todos nós, o tempo é essencial. O que nos importa é se a supremacia americana vai durar apenas outros trinta anos ou ainda um século ou mais. É isso que é explorado na primeira parte deste livro.

A segunda parte do livro trata de outra questão que dominou o século XX, e que promete interessar imensamente no século XXI. Ela começou a despontar durante o século XIX, quando a Revolução Industrial forçou o feudalismo, baseado na agricultura, a um declínio acelerado e o substituiu, na maioria dos países avançados, por um novo capitalismo, industrial e urbano. O que começou na época em que Karl Marx e Friedrich Engels escreveram seu *Manifesto comunista*, em 1848, e Charles Dickens esboçava a miséria e desarticulação da Londres moderna, entre 1835 e 1870, foi uma luta não apenas entre duas idéias, mas entre duas partes da própria natureza humana: de um lado, os instintos aquisitivos humanos, inerentemente competitivos e egoístas, e de outro, sua freqüente aversão intelectual ou moral às conseqüências do seu próprio egoísmo.

Essa luta assumiu uma conotação sistemática, ideológica e geopolítica após 1917, quando a revolução bolchevique derrubou o governo provisório na Rússia e o primeiro regime comunista do mundo foi proclamado, tendo a declarada ambição de difundir o comunismo por todo o globo. Desde então, até 1989-91, falou-se que capitalismo e comunismo estavam empenhados numa batalha pela supremacia, uma batalha para provar qual conjunto de idéias oferecia um modo superior de organização de uma economia e um país, bem como uma compreensão superior sobre a verdadeira natureza dos instintos e da motivação humana. Com a queda do muro de Berlim em 1989, e o colapso da própria União Soviética em 1991, não foi uma surpresa a batalha ter sido considerada como terminada. O capitalismo vencera.

Entretanto, ainda que tal conclusão fosse compreensível, dada a história política do século e especialmente da Guerra Fria, na melhor das hipóteses ela foi míope; na pior, ignorada. O que sem dúvida chegou ao fim foi a Guerra Fria entre os Estados Unidos e a União Soviética. O que sem dúvida também se tornou claro no decorrer das duas décadas anteriores foi que a planificação central é uma maneira pobre de dirigir uma economia moderna. Pode funcionar bem ocasionalmente em uma economia simples e primitiva, mas não é capaz de lidar de forma efetiva ou eficiente com uma gama complexa de atividades e necessidades de um Estado mais diversificado e sofisticado. Seja qual for o poder político e militar que um planejador possua, nenhum dispõe de conhecimento suficiente para produzir ou executar seus planos em uma economia totalmente avançada. A planificação central falhou. Mas o capitalismo por isso teve sucesso? Saiu-se melhor do que a planificação central. Mas isso não quer dizer muito.

Mais ainda, é igualmente proveitoso nos perguntarmos primeiro por que essa batalha ocorreu. Idéias comunistas na verdade não surgiram no vácuo, como um conjunto de idéias rivais do capitalismo, aparecendo do nada. Elas surgiram porque a verdadeira batalha teve lugar dentro do próprio capitalismo. O século XX, que experimentou o desenvolvimento econômico mais rápido e difundido da história, também foi um século em que o capitalismo travou uma série de batalhas consigo mesmo, com suas fraquezas inerentes. Foram essas fraquezas que deram origem ao comunismo, em especial ao seu atrativo para uma vasta gama de pessoas, atrativo que foi uma vez associado à (suposta) implementação do comunismo na União Soviética e na China, mas que teve um alcance muito maior.

Entre as fraquezas do capitalismo, a principal é sua inerente instabilidade, o modo como oscila largamente, indo do crescimento até a depressão e voltando ao crescimento. Gera riqueza, produtividade e inovação, mas também insegurança relativa a emprego, moradia, pensões, previdência, e até à unidade da família. Qualquer sistema econômico que possibilite uma grande depressão como a da década de 1930, com rendas em queda e níveis assustadores de desemprego, inevitavelmente levantará dúvidas e causará discordâncias. Embora os extremos dos anos 1930 sejam de um tipo que ocorre no máximo uma vez por século, evidências da contínua instabilidade do capitalismo podem ser observadas em qualquer década. Apenas na década de 1990, houve o trauma do México em 1995; a crise financeira de 1997-98 no Leste Asiático, na qual moedas, companhias e países entraram em colapso, aparentemente da noite para o dia, levando milhões de pessoas a perderem seus empregos e ocasionando uma revolução popular na Indonésia; a extraordinária alta nos mercados financeiros norte-americanos, principalmente nas ações de empresas de alta tecnologia, à qual se seguiu uma depressão igualmente extraordinária; e, por fim, uma longa estagnação no Japão, na seqüência de uma história semelhante de alta e depressão nos mercados de ações e imobiliário japoneses. Alguns podem argumentar que as economias modernas possuem "estabilizadores embutidos" na forma de gastos e empréstimos governamentais, que evitam que a instabilidade se prove desastrosa, ou que os bancos centrais aprenderam com a história o suficiente para dispor de seus próprios mecanismos de estabilização. Pode realmente ser verdade. Contudo, colapsos ainda ocorrerão, e as livrarias de tempos em tempos ficam abarrotadas de obras explicando por que outra quebra gigantesca poderia estar logo à espreita.

Pelo menos, você poderia dizer, a instabilidade prejudica todo mundo. Mas isso não é verdade: durante uma quebra ou uma recessão, os que já são pobres e vulneráveis invariavelmente são mais prejudicados do que os ricos e poderosos, tanto em âmbito doméstico quanto internacional. Essa desigualdade de recursos e poder é outra fraqueza inerente ao capitalismo. De fato, um dos principais motores do capitalismo é o próprio desejo de criar desigualdade, uma desigualdade entre os que são bem-sucedidos e os que fracassam. O capitalismo é um sistema competitivo. O incentivo para criar riqueza, para erguer empresas de sucesso, é um incentivo para tornar-se desigual. Embora uma economia capitalista em bom funcionamento realmente tenda, no decorrer do tempo, a melhorar a situação de todos, ela também tende a melhorar mais a situação de alguns. Entre os que não melhoram tanto, possivelmente é inevitável, em algum momento e sob determinadas circunstâncias, que surja ressentimento, fazendo com que se inclinem para formas alternativas de organização econômica ou formas novas de ajustar a economia capitalista. Os políticos freqüentemente gostam de descrever o objetivo em jogo como "justiça social". É uma expressão notável, pois implica que os resultados do capitalismo são, de algum modo, injustos, pelo simples fato de serem desiguais.

Quanto mais rico o país, tanto mais provável que mesmo os que lucraram com o capitalismo encontrem uma razão adicional para não gostar dele: o meio ambiente. Toda atividade econômica altera o ambiente natural, seja sob o rótulo do capitalismo, seja sob o do comunismo. Muitos dos piores exemplos de poluição e outros danos ambientais ocorreram quando os comunistas soviéticos ou chineses dirigiam a atividade econômica. Contudo, o fato de o capitalismo ter se mostrado ambientalmente mais limpo que seus rivais do século XX não o livra da crítica: pode ser menos ruim, mas isso não o torna suficientemente bom. Na medida em que o capitalismo industrial consiste em tomar recursos do planeta e transformá-los em novas formas, sempre vai alterar o ambiente e espalhar seus resíduos por lugares onde tais materiais não existiam antes. Portanto, sempre envolverá escolhas desagradáveis e controversas entre os que prefeririam que a terra (ou, em geral, a parte que lhes toca) ficasse inalterada e os que prefeririam os empregos, rendas e lucros derivados dessa transformação. E como a população mundial crescerá dos atuais seis bilhões para nove bilhões durante o século XXI, é provável que a pressão exercida por tais escolhas cresça e se difunda por mais e mais partes do globo.

Foi o capitalismo que trouxe, direta ou indiretamente, as melhorias no bem-estar humano vistas durante o século XX. Seus recursos e incentivos produziram os desenvolvimentos tecnológicos que alteraram nossas vidas, dos antibióticos à tomografia de ressonância magnética, dos telefones aos computadores, dos automóveis aos aviões a jato, do refinamento do petróleo ao ar-condicionado. Nos países que desfrutam desses avanços, o capitalismo pagou a educação, a assistência médica, a previdência, as férias e as pensões. Na maior parte da segunda metade do século XX, especialmente nas décadas de 1980 e 1990, o atrativo desses benefícios mostrou-se forte o suficiente para levar a maioria das pessoas a aceitar o capitalismo, mesmo que não pudessem se forçar a amá-lo.

Além disso, o fenômeno que veio a ser chamado "globalização" na verdade é tão-somente a difusão pelo mundo desse capitalismo aberto e comercial, alcançando mais e mais países que antes procuravam manter-se fora dele. China, Vietnã, União Soviética e seus satélites na Europa oriental agiram assim porque eram comunistas; a maioria da América Latina, porque queria ser auto-suficiente; a Índia, devido a uma mescla de socialismo e o imperativo de auto-suficiência. Durante os últimos vinte anos, os governos de países somando em torno de três bilhões de pessoas — metade da população mundial — procuraram adotar um sistema econômico basicamente capitalista ou conectar os capitalismos domésticos existentes ao comércio internacional e aos fluxos de capitais por meio da abertura de suas fronteiras. A globalização é simplesmente a adoção voluntária do capitalismo internacional.

No entanto, não é necessário ser um economista profissional para perceber que esse processo voluntário é controverso. Protestos contra o capitalismo globalizado surgiram em muitas cidades pelo mundo, geralmente nas ocasiões em que instituições internacionais (portanto, a mídia também) faziam seus encontros anuais. Também na política interna, os sindicatos trabalhistas e dirigentes de corporações fazem campanhas para restringir importações ou a competição estrangeira quando suas próprias vendas estão sofrendo. Isso acontece com freqüência na Europa e nos Estados Unidos especialmente nas indústrias antigas, tais como siderúrgica, têxtil e agrícola. Enquanto isso, por toda a parte os ambientalistas buscam impor restrições ao capitalismo, não importando se as empresas envolvidas são domésticas ou internacionais, e se o dano ambiental é doméstico (por exemplo, poluição ou novas barragens) ou internacional (por exemplo, aquecimento global).

Uma vez que todo o progresso que ocorreu e ocorrerá em termos tecnológicos ou de bem-estar geral surgiu de atividades capitalistas, e uma vez que nenhuma idéia apareceu trazendo aos países mais pobres a esperança de poderem equiparar-se aos ricos por alguma via alternativa ao capitalismo, parece razoável supor que o capitalismo seja provavelmente um dado para o século XXI. De algum modo, será uma característica da vida durante os próximos cem anos. Isso é certo. Mas toda a diferença no mundo, e para o mundo, está contida na expressão "de algum modo". Quanta tecnologia será desenvolvida, e como, quão bem estaremos em termos materiais, quão extenso o problema da pobreza relativa do mundo subdesenvolvido se colocará para os países desenvolvidos, quanto do meio ambiente do planeta servirá para limitar ou capacitar nossas atividades e circunscrever ou melhorar nossas vidas: são todas questões que dependem de como o capitalismo virá a desenvolver-se, ou melhor, de como será permitido que se desenvolva.

Talvez esta também seja uma questão eterna, da mesma forma que o papel da liderança na preservação da paz. Nossas impressões sobre o capitalismo sempre foram, e provavelmente sempre serão, ambíguas. O capitalismo funciona. Apela para o instinto inerentemente competitivo do homem, o instinto de que devemos competir para sobreviver e prosperar. Contudo, o homem tem outros instintos. Somos animais sociais, buscamos tanto o prazer como o benefício da cooperação. O capitalismo combina a competição com os empreendimentos cooperativos. Não é apenas selvageria. Temos também o que Adam Smith, o maior pensador econômico do capitalismo, descreveu (com aprovação) no século XVIII como "sentimentos morais": emoções, sentimentos de justiça, compaixão. Tais sentimentos podem ser, e freqüentemente são, afrontados pelo capitalismo. Os perdedores, os menos bem-sucedidos, sempre estão dispostos a pensar em combater os resultados do capitalismo. Mas até mesmo os vencedores, os mais bem-sucedidos, percebem o conflito entre seus instintos egoístas e morais, o que os faz se preocupar com o capitalismo, tentar modificá-lo ou abrandar sua natureza; algumas vezes, até mesmo suprimi-lo completamente. Leva-os às vezes a fazer alianças com os perdedores. Isso significa que o capitalismo sempre está sendo desafiado, questionado. Como se dá tal desafio e como ele é enfrentado fará toda a diferença no século XXI.

O argumento deste livro é enganosamente simples. Afirma que, do emaranhado de questões, problemas e soluções que deveríamos tomar como importantes para nossos futuros, apenas duas são realmente importantes se tivermos em mente nosso futuro no século XXI. São as questões que mais importaram para determinar a nossa atual situação, pois também determinaram o formato do século XX. Uma é se o capitalismo vai sobreviver, prosperar e conservar a atual e incomum obediência que impõe a todo o mundo. A outra, se os Estados Unidos da América continuarão a manter a paz no mundo, tornando-o seguro para a difusão do capitalismo, conservando a sua atual e clara preeminência como potência política, militar, econômica e cultural, e mantendo a vontade de exercer seu poder como uma força de paz e progresso. De fato, simples: duas questões apenas. Se ao menos fosse tão simples achar as respostas.

PARTE UM

A PAZ DESAFIADA

2.

Liderança Americana

Winston Churchill tinha, como para tantas outras coisas, um dito espirituoso sobre os americanos, ao mesmo tempo afetuoso e penetrante: "Os americanos sempre farão o que é certo... depois de terem esgotado todas as alternativas."

O que esse dito resumia? Resumia a confiança essencial de um líder britânico, especialmente um líder de tempos de guerra, no poder, na capacidade e no propósito moral dos Estados Unidos. Contudo, também resumia um preconceito constante dos europeus em relação aos EUA: de que, comparado aos sofisticados padrões do Velho Mundo, a seus séculos de cultura e diplomacia, o Novo Mundo era um lugar bastante desajeitado, vulgar e inexperiente, que de fato não sabia como se comportar no cenário mundial.

John Maynard Keynes, o maior economista britânico das décadas de 1920 e 1930, ecoou tais sentimentos quando de sua visita a Washington em 1941 para negociar os termos da ajuda financeira americana ao esforço de guerra britânico. De acordo com seu biógrafo, Robert Skidelsky, Keynes ficou perplexo com a aparente incompetência do governo americano, com a deficiência dos procedimentos burocráticos, uma franca separação entre os departamentos, a insuficiente autoridade e a falta de uma clara liderança. Também o impressionou o fato de que a capital parecia estar completamente tomada por advogados. De fato, era a primeira visita de Keynes a Washington desde 1934, de forma que ele estava um tanto desacostumado. Mesmo assim, lorde Skidelsky recorda o que Keynes escreveu a um amigo: "Sempre considero uma visita [aos Estados Unidos] como da natureza de uma doença grave, a ser seguida por um período de convalescença." Não é preciso dizer mais sobre a aliança militar e política mais estreita da Grã-Bretanha, que mais tarde viria a ser chamada pelos políticos britânicos "a relação especial".

Atualmente, a ignorância e os efeitos do distanciamento já devem ter se dissipado. Contudo, ainda é comum, em todo o mundo, ouvirmos o governo americano sendo descrito como desconcertantemente esclerosado e hesitante; ouvirmos queixas sobre o número excessivo de advogados em Washington; ouvirmos críticas à diplomacia americana, descrita como desajeitada, ignorante, arrogante, simplista, absolutista, míope, egoísta, exageradamente politizada... e incontáveis variantes desses adjetivos acusatórios. Citam-se factóides sobre quão poucos congressistas americanos possuem passaporte (93%, de acordo com uma pesquisa feita pelo *New York Times* em 2000) e quão pouco a maioria dos americanos conhece sobre o resto do mundo. Os estrangeiros constatam com espanto ou desdém que as embaixadas em importantes capitais (ao menos capitais que são assim consideradas por presunçosos residentes) são concedidas não a diplomatas profissionais, mas a pessoas indicadas por razões políticas, que nem mesmo são diplomatas, geralmente a companheiros de golfe do novo presidente, cuja principal qualificação além desta é a de terem contribuído com dinheiro para sua campanha eleitoral. Isto é, se é que os cargos são preenchidos, já que muitos são deixados vagos por meses de cada vez, à espera de uma decisão da Casa Branca sobre quem indicar, e depois, da aprovação por um Senado caprichoso, permitindo a nomeação. Leis com propósito inteiramente internacional, tal como o pagamento de tributos à ONU, são sobrecarregadas ou obstruídas por emendas abordando assuntos domésticos, tal como o aborto.

Os europeus ainda olham com ar de superioridade para essas atividades aparentemente cambaleantes, de forma muito semelhante ao olhar de Churchill. Enquanto isso, alguns, especialmente os de sotaque francês, esperam poder, por meio da própria unidade do continente e da integração, criar no futuro um "contrapeso" para a incômoda superpotência à qual se aliaram. Entre os europeus, a elite governante britânica tende a simpatizar com o ponto de vista e o modo de atuar dos americanos, mas o público em geral e a mídia com freqüência são mais céticos, assim como muitos governos continentais. O presidente Ronald Reagan tornou-se alvo preferencial do escárnio dos europeus após descrever a União Soviética como um "império do mal" no começo da década de 1980. Em janeiro de 2002, o presidente George W. Bush, em seu discurso à nação, forneceu um novo foco para a gozação dos europeus, graças à sua identificação de Iraque, Irã e Coréia do Norte como "um eixo do mal". Naturalmente, o escárnio e a gozação também puderam ser ouvidos dentro dos próprios Estados Unidos, contra esses dois presidentes republicanos. Mas a diferença é que os críticos domésticos vêem tais presidentes apenas como tolos ou ingênuos conforme padrões históricos americanos, enquanto os críticos estrangeiros tendem a vê-los como uma confirmação de que os padrões americanos são eles mesmos tolos e ingênuos.

A crítica desliza suavemente do sarcasmo ao ressentimento. Muitos russos continuam vendo qualquer ganho dos Estados Unidos como uma perda para si mesmos. Funcionários públicos chineses seguem mais ou menos um roteiro padrão de condenação da arrogância, interferência e "hegemonismo" dos norte-americanos. Os japoneses estão mais encabulados desde a década de 1980, quando Shintaro Ishihara, político de direita, publicou, juntamente com um dos mais conhecidos homens de negócios do país, Akio Morita, da Sony, o bestseller *O Japão que sabe dizer não* (o que significava "não aos Estados Unidos"). Contudo, esse tipo de sentimento continua sendo muito comum. Funcionários públicos responsáveis pelas finanças parecem pensar que qualquer proposta japonesa (por exemplo, a de um Fundo Monetário Asiático, feita no final da década de 1990) será automaticamente bloqueada pelo Tesouro Americano. Alguns das gerações mais velhas ainda se ressentem da ocupação americana do Japão entre 1945 e 1951, e da imposição do que eles vêem como uma constituição degradante.

Os sul-coreanos estão divididos entre os que pensam que os Estados Unidos são seu salvador, usando as suas bases para impedir a invasão pelo norte comunista, e os que culpam os Estados Unidos pela divisão da península coreana. Todo país que abriga alguma base militar americana — no último cômputo, havia 725 bases fora dos EUA e de seus territórios, das quais 17 eram grandes instalações, definidas como possuindo equipamentos avaliados em 1,5 bilhão de dólares ou mais — tem cidadãos com razões para se ressentir dela, pelo barulho, pela apropriação de terras, pelo conseqüente comércio de sexo, pelos crimes ocasionais cometidos por membros das forças armadas. Os líderes de Malásia e Cingapura, embora se oponham ferozmente um ao outro, unem-se na sua propaganda pela necessidade dos "valores asiáticos", que definem principalmente como não-americanos. Os árabes em muitos países do Oriente Médio pensam que os EUA não têm consideração por seus interesses, pouco se interessam por seu destino e apóiam regimes corruptos que os dominam. De modo mais crucial, acreditam que o apoio americano ao que consideram o brutal regime israelense que ocupa as terras palestinas significa que os EUA usam dois pesos e duas medidas.

Em todo o mundo, surge um fato básico do meio século de liderança e engajamento internacional dos americanos: mais países foram bombardeados ou atacados de alguma outra forma pelos EUA durante esse período do que por qualquer outro país. É pouco surpreendente que alguns críticos achem que os EUA interferem demais no exterior. Todavia, muitos outros pensam que os EUA ignoram insensivelmente o resto do mundo e deviam fazer mais. E há ainda um outro grupo que acha simplesmente que interferem inabilmente.

Serem criticados em tantos lugares, e de maneiras tão incompatíveis, é de fato um tipo de cumprimento, um tributo ao poder esmagador e à natureza incomum dos Estados Unidos. Isso se sustenta porque há três aspectos dificilmente contestáveis. O primeiro é o fato de os Estados Unidos terem realmente tomado a liderança mundial da Grã-Bretanha no século XX, o que foi feito sem que encontrassem ou causassem qualquer obstáculo gigantesco. Dada a sua suposta incapacidade, o resultado foi um notável sucesso. O segundo é que o hiato entre o poder militar americano e o de qualquer outro país é maior do que foi para qualquer outra potência mundial dominante anterior. As cifras em dinheiro falam por si mesmas: a previsão de gastos em defesa, de mais de 400 bilhões de dólares por ano, para a primeira década do século XXI é dez vezes maior do que a de qualquer outro país, e excede a soma dos investimentos previstos de outros 14 países em defesa nacional. É a potência mais colossal, tanto em termos absolutos como relativos, que o mundo já viu. O terceiro aspecto, contudo, aparentemente contradiz o segundo: os Estados Unidos, potência colossal, é a primeira potência mundial a exercer um domínio sem construir um império formal; em outras palavras, sem ocupar e subjugar outros países pela força ou organizá-los sistematicamente de modo a ter vantagens diretas.

Alguém poderia argumentar que o terceiro aspecto é somente uma conseqüência do tempo e da tecnologia. Não houve muitas potências mundiais no passado. Antes da Grã-Bretanha no século XIX, apenas o império mongol de Gêngis Khan no século XII, a Espanha do século XVI e a Roma de dois milênios atrás poderiam realmente ser definidos como tais, e até mesmo os romanos de fato tiveram apenas, uma influência regional, embora se estendesse desde o extremo noroeste da Europa até o Oriente Médio e a Ásia central. As tecnologias de comunicação e de transporte simplesmente não permitiam que tais impérios — ou suas esferas de influência — se estendessem largamente pelo mundo. Isso mudou no século XIX, quando novas invenções em comunicações e transportes capacitaram a Grã-Bretanha a exercer sua influência mesmo em partes do mundo que ela não conquistara, tais como a América Latina, particularmente a partir do momento em que seu comércio e investimento cresceram em importância global. Todavia, a Grã-Bretanha continuava a sentir necessidade de controlar muitas áreas pela força e possessão.

A dominação americana pós-1945 foi planejada como não-imperial. Mas esta característica não-imperial foi possibilitada pelos telefones, satélites, aviões a jato, mísseis de longo alcance e navios velozes — e pela simples magnitude da sua superioridade militar. O poder pode ser exercido e sentido de muitas maneiras: ação militar direta, ameaça de ação militar, pressão econômica, pressão diplomática, e até mesmo a influência mais branda de idéias, culturas e aspirações. Os Estados Unidos podem não ter um império formal, mas ainda satisfazem uma definição informal do termo, já que sua capacidade de influenciar o comportamento de outras nações se estende em todo o mundo — de fato, muito além do que foi conseguido pela Grã-Bretanha no século XIX.

Ainda assim, pode-se argumentar que os Estados Unidos são a primeira potência mundial a exercer seu domínio em geral de forma benevolente. Muitos vão contestar esta afirmação. Mas ela é certamente defensável em termos *relativos*: em seu período de domínio, os britânicos dependiam muito mais do que os americanos da repressão a povos que governavam, e da evidente distorção das relações comerciais entre a metrópole e suas colônias para garantir o favorecimento direto das empresas britânicas. Normalmente, os EUA não têm dito a países ou seus líderes o que devem fazer, nem os invadiram ou reuniram grupos de cidadãos para prendê-los ou matá-los (o que se sabe ter sido feito pelos britânicos). O que essencialmente fizeram, quando o julgaram necessário, foi dizer o que não podia ser feito. Quando agiram brusca ou preventivamente, como em Granada durante a década 1980 ou no Iraque na década de 1990, buscaram satisfazer interesses mais abrangentes e não apenas seus próprios interesses nacionais. Tal objetivo é freqüentemente questionado por outras nações, da mesma forma que os meios adotados. Mas resta o fato de que tais ações não são as de um imperialista clássico.

Contudo, em termos *absolutos*, a afirmação precisa ser qualificada pela expressão "em geral", pois às vezes os Estados Unidos certamente foram egoístas, e violaram no exterior princípios e valores que não sonhariam violar internamente, algumas vezes defendendo ditadores, subvertendo a democracia ou fechando os olhos a violências contra os direitos humanos. A Grã-Bretanha fez o mesmo no século XIX, concebendo-se internamente como o sustentáculo da liberdade, governada pela mãe dos parlamentos, enquanto externamente agia como um ditador freqüentemente cruel, suprimindo liberdades e matando rebeldes ou cidadãos comuns sempre que ameaçassem os interesses britânicos. A Grã-Bretanha foi uma potência imperial mais gentil do que outros colonialistas da época, mas mesmo assim, considerando os atuais padrões americanos, foi brutal. Na maioria dos casos, desde 1945 os Estados Unidos construíram um império cooperativo, que se pretende mutuamente vantajoso, em vez de coercitivo, para virtualmente todos os membros. Por quê? Em parte devido aos próprios valores democráticos e liberais americanos, que por muito tempo tiveram um molde mais universalista e utópico do que os britânicos no século XIX, mas também devido a uma razão mais pragmática: em princípio, um império cooperativo é mantido com um custo muito menor do que um coercitivo.

Indiscutivelmente, outro traço de natureza incomum do império americano é o fato de que a maioria dos americanos, durante a maior parte do século XX, não parecia realmente querer um império, fosse ele qual fosse. Como uma nação de imigrantes, seu povo ou seus antepassados tinham decidido escapar do resto do mundo, de forma que não se mostravam entusiasmados com a idéia de voltar e reprimir o mundo que tinham deixado. Muitos acreditavam, juntamente com os fundadores, no Destino Manifesto dos Estados Unidos para se estabelecer como um país diferente e separado do Velho Mundo. Alguns autores, como Andrew Bacevich, professor de relações internacionais da Boston University e autor de *American Empire* [Império americano], dizem que essa idéia de uma "superpotência recalcitrante" é um mito, e que por mais de um século têm surgido importantes americanos que buscaram expandir a influência externa de seu país. O próprio país é um tipo de império, pois é constituído por um território conquistado por meio de povoamento, compra e uso da força.

Tudo isso é verdade, mas duas coisas são diferentes no caso americano: primeiro, desde o fim da sua expansão pelos seus territórios vizinhos e algumas limitadas aventuras em Cuba e nas Filipinas, os Estados Unidos de fato não tentaram conquistar nenhum império estrangeiro; segundo, a pressão exercida pelos que queriam expandir a influência internacional do país foi equilibrada pela pressão dos que não a queriam, ou a queriam expressa de outra forma. A constituição do país é planejada para obter exatamente esse tipo de controle sobre as decisões do executivo. O resultado é que, desde 1945, o império americano se caracterizou por um esforço bastante incomum para tornar seus súditos, na Europa, Ásia e em outros lugares, mais fortes e capazes de agir de forma independente — desde que, é claro, tais ações não ameacem os interesses dos Estados Unidos.

Contudo, não devemos nos ocupar em saber se o império americano é admirável ou detestável. Na verdade, há duas questões centrais relevantes para o século XXI. A primeira: o que os Estados Unidos farão com o seu atual domínio? A segunda: esse domínio vai durar?

A primeira pergunta parecia ser fácil de responder durante a Guerra Fria, entre 1947 e 1990, bem difícil de responder entre 1990 e 2001, e novamente muito mais fácil de responder depois de 11 de setembro de 2001. Não está claro por quanto tempo esta última resposta vai valer, mas na melhor das hipóteses durará pelo menos uma década ou talvez mais. Também é manifesta a forma geral de um dos principais desafios a ser enfrentado depois desse período.

O que é evidente, pelo menos graças a uma perspectiva histórica de longo alcance, é que o mundo sofreu muito durante a primeira metade do século XX devido à falta de uma potência que dominasse ou mesmo liderasse. Em 1914 havia um equilíbrio entre as grandes potências européias em termos de poder econômico e militar, e a tarefa de combater a Alemanha despojou a Grã-Bretanha da capacidade tanto de controlar seu império mundial quanto de expandi-lo. A Grande Guerra de 1914-1918 terminou apenas quando seus protagonistas se exauriram e os Estados Unidos se aliaram ao lado britânico e francês. Com seus recursos e economias gravemente prejudicados, e sua credibilidade arruinada, as potências européias também não poderiam mais guiar a economia internacional depois de 1918, como tinham feito (lideradas pela Grã-Bretanha) antes da guerra. Os Estados Unidos fizeram uma série de grandes empréstimos e intervenções, mas sem a influência ou o compromisso de produzir a estabilidade exigida para a revitalização econômica. Novamente, na Segunda Guerra Mundial, foi a entrada dos Estados Unidos, no final de 1941, juntamente com a decisão de Hitler de invadir a União Soviética, que determinou o resultado final. Depois de 1945, os Estados Unidos conduziram o esforço para conquistar a paz, do mesmo modo que tinham liderado a vitória na guerra, arrancando a supremacia de uma Grã-Bretanha enfraquecida, ajudando a estabelecer instituições para proteger a estabilidade financeira e o livre comércio e — mais importante ainda — usando-as para firmar a sua própria liderança por meio de uma influência e um compromisso gigantescos.

Retrospectivamente, o propósito da política americana desde o começo da Guerra Fria (geralmente datado de 1947) até a queda da União Soviética também foi muito claro: evitar que o comunismo se espalhasse pelo mundo e ameaçasse as democracias capitalistas — e especialmente que ameaçasse os próprios Estados Unidos. Associado a esse objetivo estava o desejo de garantir que as condições que provocaram a Segunda Guerra Mundial não se repetissem: instabilidade econômica, isolamento dos países, difusão de idéias totalitárias. Esses dois aspectos podem ser expressos diferentemente, num tom mais egoísta: um esforço para garantir que os Estados Unidos fossem a superpotência líder mundial e que não fossem usurpados pela União Soviética, mas isso na prática dava no mesmo.

Tal clareza de propósito tinha grandes virtudes. Trazia aliados para o lado dos EUA e os mantinha aí, graças ao medo do inimigo comum. Ajudava a reunir forças e também a manter o apoio do público americano aos altos níveis de gastos militares, à grande mobilização de forças militares americanas no exterior e à freqüente intervenção americana em assuntos econômicos internacionais. A ameaça da União Soviética ajudou as democracias européias a concentrarem sua preocupação na defesa e na manutenção de boas relações entre elas. No todo, foi um sucesso: o comunismo foi contido e por fim entrou em colapso em sua própria pátria, a União Soviética.

Contudo, também trouxe alguns vícios. O mais importante entre eles foi o fato de que ver o mundo através de uma perspectiva única — no caso, a contenção do comunismo — pode cegar os formuladores de políticas para uma verdade fundamental: decidir se um compromisso ou problema se encaixa realmente naquela categorização simples e se pode ocasionar complicações muito mais duradouras do que era originalmente pretendido ou esperado. A Guerra do Vietnã é um caso clássico. Os Estados Unidos ingressaram no conflito com a melhor das intenções anticomunistas, mas saíram dele, após mais de uma década, com mais de 47 mil baixas, 1,4 milhão de vietnamitas mortos (um milhão ao norte; 400 mil ao sul), com a reputação e a confiança destruídas e suas munições espalhadas por toda a Indochina. Realmente o comunismo poderia ter se espalhado pelo Sudeste Asiático (pelo efeito dominó) caso os Estados Unidos não tivessem intervindo no Vietnã. Mas também é possível que uma intervenção mais limitada tivesse funcionado igualmente bem para a tarefa de contenção.

Um vício secundário e correlacionado foi que a contenção e o combate ao comunismo forneceram uma proteção para que pessoas e instituições agissem de forma brutal, arrogante ou puramente manipuladora. No caso americano, os excelentes controles anticorrupção proporcionados pela constituição arriscavam ser superados ou neutralizados por uma visão simplista, de prisma único, da política. Durante a Guerra Fria, essas ações podem ter — ou, em alguns casos, podem não ter — sido feitas com boas intenções, mas muitos resultados não foram bons. Exemplos disso incluem a derrubada do regime Allende no Chile na década de 1970, a interferência em governos de diversos países da América Central, a venda de armas para o Irã em meados da década de 1980 e o uso desses recursos para financiar os Contras na Nicarágua. Um exemplo que pode ainda ser recente demais para ser julgado imparcialmente é a ajuda americana clandestina às Brigadas Mujahidin que lutaram contra a ocupação soviética no Afeganistão na década de 1980. Foi ela um meio necessário e, no final das contas, eficaz de enfraquecer a União Soviética, prendendo-a na armadilha de uma guerra longa e custosa na Ásia Central, que contribuiu para a sua queda no período 1989-91? Ou foi uma interferência que apenas preparou o caminho para o caos no Afeganistão na década de 1990, fazendo surgir o fundamentalismo extremo do regime Talibã, que deu abrigo a Osama bin Laden e seus terroristas da al-Qaeda? No futuro, a maioria dos historiadores provavelmente concordará com a primeira hipótese e não com a segunda, porque a Guerra do Afeganistão de fato enfraqueceu a União Soviética, cuja queda se deu pouco tempo depois. Mas isso poderia mudar se a al-Qaeda viesse a ter, num prazo mais longo, mais sucesso do que atualmente parece provável.

LIDERANÇA AMERICANA

Outra maneira de ver o resultado no Afeganistão é que o país foi especialmente desafortunado ao ser alvo da intervenção americana em dois diferentes períodos da política externa dos Estados Unidos. No primeiro, de 1947 a 1990, a superpotência tinha um propósito claro. No outro, ela perdeu seu senso de propósito juntamente com o fim da Guerra Fria, batendo-se de forma despropositada e reduzindo, ao mesmo tempo, algumas de suas ações internacionais. Durante a década de 1990, a política externa americana perdeu sua coerência, tornando-se dominada pelo combate a focos de conflito aqui e ali e por esforços bem-intencionados, ainda que bastante seletivos, para estimular a democracia e defender os direitos humanos. Orçamentos de ajuda foram cortados, a Agência de Informação americana (principal canal de propaganda) foi fechada, o Congresso passou a interessar-se menos por assuntos internacionais e, algumas vezes, a hostilizá-los ativamente. Nesse clima, o Afeganistão deixou de interessar, assim como algumas outras áreas mais explosivas.

Não por muito tempo. Os ataques de 11 de setembro de 2001 subitamente produziram uma nova era na atitude e no papel da potência mundial dominante. O Afeganistão interessava de novo. Mas interessava particularmente porque havia outra vez um propósito claro para o uso do poder dominante dos Estados Unidos, um prisma único através do qual ver o mundo. A definição deste prisma não é tão simples quanto foi durante a Guerra Fria. Ele foi inicialmente descrito como "guerra contra o terrorismo", mas tal descrição logo se mostrou inadequada. Na realidade é uma guerra contra ameaças à segurança global, que inclui ameaças à segurança americana. Elas se originam principalmente em duas frentes diferentes: grupos terroristas internacionais tais como a al-Qaeda, que estão dispostos e prontos a cometer atrocidades pelo mundo, tais como a destruição do World Trade Center em Nova York, e esforços de ditadores imprevisíveis para assegurar ou desenvolver armas de destruição em massa. Trata-se de problemas separados, que requerem tipos diferentes de política. Mas eles se combinam para produzir o tipo de medo e sentimento de urgência exigido pelo prisma único para que possa ser mantido por mais tempo. Um pesadelo especial está relacionado à superposição dessas duas ameaças: um terrorista usando armas nucleares, químicas ou biológicas, com ou sem a ajuda de um ditador imprevisível. As áreas mundiais explosivas já não são apenas áreas de irritação ou perturbação; são — ou são vistas como — ameaças diretas aos Estados Unidos e potencialmente com alto poder de destruição.

Esse prisma único é muito simplista? Tal como durante a Guerra Fria, não pode ser e não será o único jogo em disputa na política externa. Há muitas outras coisas que preocupam os Estados Unidos, bem como o resto do mundo. Algumas estão ligadas à guerra contra as ameaças à segurança global; outras não. Uma potencial disputa com a China a respeito de Taiwan também poderia representar uma grande ameaça, por exemplo, seja como presságio da chegada de uma outra potência mundial, seja talvez — como será argumentado no capítulo 3 — como indicador de instabilidade política dentro da China. E a instabilidade financeira ou econômica em grandes países-chave — Japão, Brasil, Indonésia, Rússia — também poderia produzir mudanças políticas que trouxessem ameaças, às quais seria necessário inicialmente responder ou cujo desenvolvimento necessitaria ser evitado. Esses outros problemas importantes certamente surgirão em grande quantidade em áreas de interesse dos Estados Unidos; contudo, provavelmente o prisma único terá maior influência na política americana em um futuro próximo. No final das contas, esse prisma único exemplifica por que o mundo necessita da liderança de uma potência dominante como os Estados Unidos: porque em assuntos humanos, a desordem é capaz de se espalhar como uma doença contagiosa pelo mundo, como freqüentemente se deu durante a primeira metade do século XX; e porque a tecnologia moderna torna essa desordem capaz de destruições realmente prodigiosas e assustadoras.

Todavia, esse prisma único traz consigo as mesmas virtudes e vícios trazidos pelo prisma da Guerra Fria. Os vícios certamente virão à tona, embora seu tamanho e significado não possam ser previstos. Na seqüência de uma política para perseguir e eliminar o terrorismo internacional, bem como conter os esforços de ditadores em desenvolver armas de destruição em massa, é bem possível que um engajamento militar comece às pressas, sob pressão dessa política, para então ser lamentada com maior e mais doloroso vagar, tal como no caso do Vietnã. É ainda mais provável que aconteçam pequenos atos de subversão e manipulação, internos e externos — praticados pela CIA, a Agência de Segurança Nacional, o FBI, ou alguma das forças americanas predominantes. Há também um novo vício, já evidente no caso de Israel e da Índia: outros países podem procurar usar a simples noção de uma guerra contra o terrorismo como justificativa para suas próprias ações.

E quanto às virtudes? Uma delas é a clareza de propósito e determinação: durante a década de 1990 o interesse doméstico em assuntos internacionais decaiu, mas os ataques terroristas subitamente uniram os americanos em apoio a ações externas para derrotar o terrorismo e outras ameaças à segurança global. Além disso, tal como durante a Guerra Fria, depois dos ataques de 11 de setembro, o medo de um inimigo comum trouxe imediatamente aliados para o lado americano. Os terroristas da al-Qaeda são uma ameaça comum, pois se mostraram dispostos, no curso de uma década, a preparar ataques mortais em muitos países, matando quem quer que se colocasse em seu caminho. O elo comum entre os ataques tem sido os próprios Estados Unidos: suas embaixadas, seus navios de guerra, seu World Trade Center. Mas pessoas de outras nacionalidades também morreram. E muitos dos terroristas envolvidos ou detectados moraram fora dos Estados Unidos: Grã-Bretanha, França, Alemanha, Itália, Cingapura e muitos outros países.

A dificuldade colocada por essa ameaça reside precisamente no fato de estar bastante dispersa. Diferentemente da ameaça de um país, tal como a União Soviética, sempre será difícil saber se a ameaça cresceu ou diminuiu, se os esforços para combatê-la foram bem-sucedidos ou não. Disso resulta que a virtude criadora de uma aliança provavelmente terá altos e baixos, alterando-se junto com as variações das percepções sobre a ameaça. Já em 2002 houve um atrito entre americanos e europeus que em boa parte pode ser explicado pelas diferentes percepções sobre o perigo do terrorismo recente. Um aspecto afortunado do terrorismo messiânico ou islâmico é o fato de que a aliança potencial de países que o combatem é muito maior do que a aliança ocidental durante a Guerra Fria: além dos países da União Européia e Japão, há uma boa probabilidade de incluir a Rússia, um grande número de países desenvolvidos (muitos dos quais se declararam "não-alinhados" durante a Guerra Fria) e, para alguns propósitos, a China. Além disso, quando deseja que os terroristas lancem um ataque, a aliança contra eles será novamente fortalecida. Pesando contra está o fato de que esses aliados às vezes irão divergir sobre se a "guerra contra o terror" deve dominar a política ou se deve ser apenas um objetivo entre muitos, a ser contrabalançado com os outros.

Tais diferenças de opinião também se deram durante a Guerra Fria, mas a natureza difusa e escondida da ameaça terrorista provavelmente as tornará maiores desta vez. O mesmo elemento se aplica, talvez com mais força, ao esforço para controlar "Estados delinqüentes" e armas de destruição em massa. Membros da aliança estarão em desacordo quanto aos Estados que realmente são perigosos delinqüentes, e quais apenas se enganam ao buscar apoio à sua própria segurança com a obtenção dessas armas. Em 2002, o presidente Bush chamou a atenção especialmente para três deles: Irã, Iraque e Coréia do Norte. Em outras épocas, países como o Paquistão e a Líbia poderiam ter sido incluídos na lista. Os aliados também discordarão sobre o melhor método para lidar com tais Estados, sobre a melhor combinação de diplomacia, pressão econômica e pressão militar e sobre quais países podem ser considerados companheiros de batalha contra o terrorismo. Em 2002 Israel e Índia criaram uma divisão entre as alianças dos EUA, já que os aliados não concordavam se deviam apoiar esses países em sua luta contra o terrorismo ou pressioná-los a iniciar negociações de paz com os perpetradores do terror (palestinos e paquistaneses, respectivamente), com os quais mantinham, entretanto, disputas territoriais.

Isso significa que os EUA terão de encontrar um equilíbrio: preservar e cultivar suas alianças para facilitar sua tarefa, mas algumas vezes simplesmente agir decisivamente por conta própria, como lhes parecer apropriado, livres de dissidências ou de visões alternativas. A potência "hegemônica" terá de decidir de que modo quer ser hegemônica. Seu comportamento no passado sugere que é muito provável que falem hegemonicamente, mas que não ajam tão hegemonicamente, e sim de forma mais pactuada. Além disso, esta tarefa terá como complicador a necessidade de também lidar com outros problemas internacionais: o aque-

LIDERANÇA AMERICANA

cimento global, a liberalização do comércio, a estabilidade financeira, a pobreza no Terceiro Mundo, a ascensão da China, as guerras na África. A potência hegemônica terá que decidir, tal como depois da Segunda Guerra Mundial, se ajudar a resolver tais problemas vai facilitar ou estorvar a realização de seu interesse mais limitado. Terá de estabelecer compromissos entre esses interesses.

Um dos riscos para os EUA é que suas ações (ou omissões, no caso dessas questões mais amplas) levem outros países a se agrupar contra eles, tendência que, por sua vez, afetaria a disposição dos americanos de continuarem agindo internacionalmente. Outro risco é o impacto deste esforço na força econômica dos EUA: um novo empreendimento militar e um acréscimo de responsabilidade no estrangeiro poderiam, em algum momento, minar a força dos EUA, tal como ocorreu anteriormente com outras potências mundiais? Finalmente, a mais importante de todas as perguntas: o que os Estados Unidos podem de fato conseguir enfrentando essa turbulência e o terrorismo? O colosso vai uma vez mais pacificar o globo contendo terroristas e ditadores? Ou o esforço de fato vai expor os limites do que uma potência militar pode obter, revelando a impotência, ainda que da maior potência que o mundo já conheceu, contra tais ameaças?

Essas conseqüências e riscos formam fios condutores comuns a percorrerem o restante deste livro, especialmente os próximos quatro capítulos. De um deles, entretanto, devemos tratar imediatamente: se a economia americana será capaz de suportar a tensão de um maior envolvimento militar no exterior e de um maior gasto militar sem minar o seu próprio vigor. Em outras palavras, a potência militar dominante continuará sendo a potência econômica dominante?

Afinal de contas, já durante a década de 1980 a idéia de que os Estados Unidos estavam perdendo sua preeminência econômica era comumente defendida. Os choques do petróleo da década de 1970, combinados com o efeito inflacionário do financiamento da Guerra do Vietnã, frearam o crescimento do produto e da produtividade, e começaram a fazer os homens de negócios americanos, e a economia americana, portanto, parecerem exauridos. Produziu-se um imenso déficit na balança de pagamentos, o governo americano ficou endividado, enquanto investidores estrangeiros compravam corporações e bens imobiliários americanos. Tudo isso aconteceu ao mesmo tempo em que os Estados Unidos mantinham com a União Soviética uma cara disputa por armas, operações e áreas de influência em todo o mundo, na qual o presidente Ronald Reagan aumentou ainda mais a aposta por intermédio de programas externos de mísseis e idéias sobre um sistema de defesa do território americano contra mísseis chamado "Guerra nas Estrelas". O professor Paul Kennedy, historiador britânico na época lecionando em Yale, ressaltou essa combinação de indolência econômica e ambiciosas obrigações militares e observou, em 1988, no seu livro *Ascensão e queda das grandes potências*, que tal "expansão imperial" tinha derrubado grandes potências anteriormente e que também poderia acarretar o fim dos Estados Unidos.

Além disso, outros analistas argumentaram que, diferentemente dos espertos japoneses, os americanos se aferravam a uma idéia ultrapassada da economia. Os americanos, disseram, pareciam incapazes de entender por que os governos necessitam guiar as empresas por meio de uma política industrial, por que necessitam proteger os trabalhadores da desordem social causada por contratações e demissões, por que seus mercados financeiros necessitam deixar de lado sua obsessão com o curto prazo e ganhos trimestrais e permitir aos administradores fazer investimentos de longo prazo. Analistas se enfileiraram para contar os meses e anos até que o Japão viesse a superar os Estados Unidos como a maior economia do mundo. E mesmo que isso não tenha acontecido exatamente como previsto, o Japão assumiu a posição de maior credor, o país com o maior estoque de ativos financeiros no estrangeiro, enquanto os Estados Unidos tornaram-se um gigantesco devedor, com grandes somas devidas a outros países, em especial ao Japão. Esse tipo de mudança, de devedor a credor e vice-versa, esteve por trás da usurpação, pelos EUA, da preeminência britânica na primeira metade do século XX; assim, também nesse sentido, a história simplesmente se repetia. E o Japão não seria o único país a ultrapassar os Estados Unidos em tamanho da economia: dentro de uma ou duas décadas, parecia que a China repetiria o feito.

LIDERANÇA AMERICANA

Na segunda metade da década de 1990, as coisas pareciam completamente diferentes. Segundo a medida de "expansão imperial" do professor Kennedy, a queda da União Soviética levou a uma considerável redução dos gastos militares como porcentagem do PIB americano, de 6%, em meados da década de 1980, para 3%, no final da década de 1990, e a alguns cortes das obrigações dos EUA no estrangeiro. Enquanto isso, à medida que o esforço diminuía, a capacidade da economia para suportá-lo aumentava. Algumas das medidas econômicas concebidas pela escola da "liderança japonesa", antes vistas como pecados, começaram a ser celebradas como santas. Os estrangeiros continuaram a comprar companhias e ações americanas, mas isso agora demonstrava sua confiança na economia americana em vez de seus planos para devorá-la. O déficit em conta corrente do balanço de pagamentos continuava gigantesco, na medida em que o país importava capital e bens. Mas isso significava que os americanos demonstravam sua confiança gastando mais do que ganhavam. O crescimento acelerou, e a produtividade disparou. Na esteira da Internet e de outros avanços na tecnologia da informação, os mercados financeiros tiveram alta, as companhias investiram pesadamente em novos computadores e *software*, e uma "nova economia" foi proclamada.

Desta forma, os Estados Unidos pareciam de novo um líder mundial: suas empresas dominaram o novo mercado de todos os tipos de *software*, retomaram da Ásia fatias valiosas do comércio de semicondutores e aprimoraram seu gerenciamento de setores mais antigos também. Longe de necessitar da orientação do governo, era de uma economia flexível que o país então precisava, com a liberdade de contratar e demitir, evitando o peso da política industrial. Os mercados de ações passaram a ser considerados melhores do que os bancos e outros emprestadores na função de dar aos administradores a disciplina e os incentivos de que necessitavam. Para apoiar essa linha de raciocínio, ajudou muito o fato de que nessa época o Japão se encontrava na segunda metade de uma década de estagnação, depois da quebra de seu mercado financeiro em 1990, e de que a União Européia também passava por uma certa inatividade. Por isso, comparados a esses perdedores, os Estados Unidos pareciam um claro vencedor.

Desde os estonteantes dias de 1999 e 2000, parte do brilho da bravura econômica americana se perdeu. Companhias faliram, fraudes foram descobertas, o desemprego cresceu, os preços das ações caíram ou estagnaram, a confiança na integridade das companhias e seus chefes foi esmagada. Embora a primeira década do século XXI não pareça uma repetição da Grande Depressão da década de 1930 — que seguiu o crescimento industrial da "era do jazz" dos anos 1920 —, há indícios de que o peso da dívida nos ombros das empresas e das famílias provavelmente deixará a economia muito mais tímida do que nos anos 1990. Novas regulamentações serão introduzidas para tentar acabar com os excessos corporativos, mas investidores e executivos provavelmente agirão todos com mais cautela e maior nervosismo pelos próximos anos. A inovação tecnológica — em computação, telecomunicações, biotecnologia, energia e outros setores — continuará a estimular tanto o investimento como o consumo. Outros fatores, especialmente a dívida e o excesso de capacidade industrial, vão contrabalançar esses estímulos.

Os destinos e as percepções que se tem deles mudam de ano para ano. Contudo, este livro almeja um olhar para além do curto prazo e encontrar uma base para uma visão de prazo mais longo. Tal visão poderia incluir tanto os poderes relativos dos Estados Unidos como sua vitalidade absoluta. A China era a maior economia mundial no começo do século XIX, mas não teve nem procurou qualquer influência global a partir desse fato. Os Estados Unidos superaram a Grã-Bretanha como a economia mais rica do mundo, em termos de PIB *per capita*, na primeira década do século XX, mas só tomaram o papel de líder da Grã-Bretanha cinqüenta anos mais tarde (quando seu PIB *per capita* já era 50% maior do que o britânico). O que importa não é a mera grandeza ou riqueza, mas a capacidade e a disposição de desdobrá-la para o exterior.

Deve-se também ter em mente um paradoxo: a verdadeira natureza do papel "imperial" dos Estados Unidos, a tentativa de preservar a paz global, ao mesmo tempo em que auxilia o desenvolvimento econômico mundial por meio da abertura comercial e do capitalismo, na verdade visa reduzir com o tempo a preeminência econômica americana. Quanto

LIDERANÇA AMERICANA

mais paz houver, e quanto maior for a abertura comercial, tanto mais provável será que outros países alcancem a riqueza e a produtividade americana.

É precisamente isso o que vem acontecendo desde 1945 dentro do pequeno círculo de países que formam o mundo desenvolvido. O fim da Segunda Guerra Mundial marcou o apogeu da posição relativa dos Estados Unidos, quando as grandes economias de antes da guerra, as da Europa ocidental e do Japão, ficaram arruinadas. Em 1950 o PIB *per capita* americano era duas vezes maior que a média do PIB *per capita* dos países da Europa ocidental e cinco vezes maior que o do Japão. Contudo, em 1992, o PIB *per capita* americano era 1,2 vezes maior que o da Europa ocidental e apenas 1,1 vezes maior do que o japonês. A distância diminuiu, para maior benefício mútuo, e com uma ajuda considerável das iniciativas americanas para promover o comércio e a democracia. Muitos países que tiveram ditaduras na década de 1930 — Alemanha, Itália, Japão, Espanha, Portugal, Grécia, e, por fim, inclusive a Rússia — eram democracias nos anos 90. A política americana das décadas de 1940 e 1950 dirigia-se expressamente à reabilitação e não à punição dos países derrotados, enquanto os Estados Unidos lideravam o esforço para estabelecer o livre comércio em nível mundial por meio do Acordo Geral sobre Tarifas e Comércio (GATT) e inaugurar instituições internacionais para proteger a estabilidade financeira, incluindo o Fundo Monetário Internacional (FMI) e o Banco Mundial. Também iniciaram seus próprios programas de empréstimos, tais como o Plano Marshall.

Nos próximos cinqüenta anos, como será argumentado em capítulos posteriores deste livro, enquanto o mundo se mantiver aberto para o comércio e os fluxos transfronteiriços de capital, o resultado mais provável — será certamente o melhor — é uma repetição desse crescimento econômico em algumas partes do vasto mundo em desenvolvimento, capacitando países como Índia, China, Nigéria, México, Paquistão, Indonésia, África do Sul e outros a diminuir a distância entre suas economias e a riqueza dos Estados Unidos, mesmo que estes mantenham sua vibração econômica. Tal como no período entre 1945 e 2000, o crescimento e o desenvolvimento americanos serão muito beneficiados pelo crescimento sustentado também de países do mundo pobre.

A relativa preeminência econômica americana deve diminuir, se tudo andar bem. Mas o que dizer de sua capacidade para usar seu poder econômico para alcançar objetivos políticos? Para examinar esse ponto, devemos ter em mente duas dimensões econômicas: a vitalidade da economia americana e o nível de obrigações e interesses globais que essa vitalidade pode necessitar apoiar — em outras palavras, a idéia de expansão imperial do professor Kennedy. Focalizando, por enquanto, a vitalidade econômica, necessitamos encontrar o remédio milagroso capaz de mantê-la de tal forma que possamos prever se será usado ou não. Mas é claro que não existe tal remédio. Não podemos saber de antemão o quanto a política macroeconômica ajudará ou prejudicará o crescimento do país. A experiência passada mostra que ela pode ajudar ou prejudicar, dependendo dos acertos e desacertos de políticos e autoridades. Mas o que pode ser observado é uma crucial peculiaridade americana em relação às economias de outros países, que de fato reflete algumas das virtudes percebidas na década de 1990 e faz parecerem boas as perspectivas.

A grande peculiaridade americana é sua relativa falta de preocupação com os males do que os críticos chamam de "capitalismo de mercado desregulamentado", e os fãs, de "capitalismo" apenas. O capitalismo consiste em ciclos do que Joseph Schumpeter, economista austríaco, chamou "destruição criativa": o refugo do que é velho e obsoleto, por intermédio de falências, fechamentos, perda de empregos, vendas e aquisições, e a transferência de recursos para novos setores, novas empresas, novas tecnologias e novas idéias. Na época em que escrevia, na primeira metade do século XX, Schumpeter previu que esses "ventos fortes" de destruição levariam ao socialismo. Contudo, nos Estados Unidos, onde esses ventos sopraram muito mais livremente do que em outros países, não foi isso que aconteceu, a despeito de alguns violentos incidentes na luta trabalhista durante a primeira metade do século XX. Os sindicatos trabalhistas dos Estados Unidos realmente se opõem aos fechamentos e cortes de postos de trabalho, as regulamentações de fato restringem as contratações e demissões, e uma legislação sobre o salário mínimo realmente altera os termos dos contratos de trabalho — tudo como um socialista exigiria. A legislação sobre áreas como saúde e segurança e controle ambiental é rígida, tanto diretamente como por meio da jurisprudência nos litígios. Mas em comparação a outros países, esses obstáculos criam pouca dificuldade para as empresas. Os empresários podem falir e ser pouco ou nada discriminados, as companhias podem contratar pessoas neste ano e demitir algumas no ano seguinte ao perceberem que cometeram um erro. O resultado disso é uma extraordinária capacidade para a inovação e a reinvenção, para a busca de novas oportunidades e novas fortunas.

Por muito tempo, essa tem sido uma vantagem dos Estados Unidos em relação aos outros países ricos. Contudo, desde o final da década de 1970 sucessivos governos ajudaram a destacar essa capacidade por meio de uma série de reformas de desregulamentação dificilmente equiparadas em extensão ou velocidade por outros países desenvolvidos. Pode-se sustentar que essas reformas prepararam o terreno, juntamente com o estrito controle da inflação imposto pelo Banco Central americano, para o renascimento econômico do país nos anos 1990. Tal capacidade sobreviverá no futuro? Os especialistas podem produzir toda sorte de visões detalhadas sobre essa questão, setor por setor, tecnologia por tecnologia, estado por estado. Mas no final da contas, tudo se resume a alguns pontos bastante simples.

Um deles — em parte sintoma, em parte causa — é um problema social. Os americanos comuns continuarão a tolerar esses ventos fortes, essa forma de capitalismo que alguns europeus consideram inaceitavelmente brutal? A resposta, por enquanto, é que eles não dão nenhuma mostra evidente de que o rejeitam. Não há nenhum movimento reunindo grupos a favor de uma maior proteção social, embora sempre haja pressões locais e setoriais contra a competição das importações, tal como manifestado em 2002 pelas indústrias siderúrgica e agrícola. A despeito da feroz resistência a mudanças na Seguridade Social e Medicare, a redução dos gastos com a previdência implementada pela administração Clinton na década de 1990 não provocou nenhuma oposição séria. Uma evidência adicional é o fato de que há um contínuo contingente de candidatos a americanos buscando a adesão a esse revigorante ambiente. Se a falta de "proteção social" nos Estados Unidos fosse algo tão terrível, por que tantas pessoas iriam querer viver lá? Um europeu poderia responder que os candidatos a imigrantes tendem a vir de países onde a vida é ainda pior. Eles vêm, mas os atuais americanos bem-estabelecidos poderiam deixar os Estados Unidos se quisessem. Não há sinal de emigração de larga escala nem durante a depressão entre os anos de 1975 e 1990, nem — o que não causa surpresa — durante o crescimento dos anos 90.

Outros problemas sociais causaram tormentos no passado, e poderiam causá-los novamente no futuro: os conflitos raciais das décadas de 1960 e 1970; os problemas dos centros urbanos decadentes, dominados pela violência, na década de 1980; as drogas ilegais e as conseqüentes guerras de gangues; o relacionamento ruim entre negros e brancos. Foi tudo isso, e não a brutalidade do capitalismo, que deu origem ao principal surto de legislação social pós-1945, os programas Grande Sociedade de Lyndon Johnson. Apenas o New Deal de Roosevelt nos anos 30 tinha realmente tratado as instabilidades do capitalismo como um grande problema, definidor de uma agenda. E o fez nas circunstâncias excepcionais da Grande Depressão. Além disso, a menos que outros problemas sociais venham futuramente a agigantar-se, ameaçando a estabilidade social e política do país como um todo, não é provável que afetem as perspectivas econômicas de longo prazo dos Estados Unidos. São importantes por si mesmos, mas não têm influência direta na economia.

A única influência é parte de um segundo problema, que é simplesmente o seguinte: a longo prazo, a maior fonte potencial da fraqueza dos Estados Unidos é seu sistema educacional. Os problemas sociais antes citados resultam dessa fraqueza e ajudam a perpetuá-la. A educação também é uma das forças americanas, pois suas instituições variam de lúgubres a brilhantes. O país tem resultados pobres em suas escolas públicas, especialmente nas áreas mais desoladas, produzindo uma variação extraordinariamente ampla entre as notas dos melhores e piores formandos em testes de matemática, leitura e redação, e outras matérias. Mas é o lugar onde estão, folgadamente, as melhores universidades do mundo, em qualquer assunto que se possa conceber. Também tem um excelente sistema de ensino técnico de terceiro grau, que abrange desde universidades estaduais até faculdades comunitárias e prepara bem jovens talentosos e dispostos para uma vasta gama de profissões.

Deveríamos manter em mente uma lição da história e prestar atenção em dois riscos. A lição é que a Grã-Bretanha também teve o mesmo tipo de desequilíbrio educacional — excelência no topo, e baixo desempenho na base — durante o século XIX. Isso não importou por muito tempo, mas finalmente a Grã-Bretanha foi alcançada e ultrapassada, em termos de padrões educacionais, pela Alemanha com suas melhores escolas secundárias e universidades cientificamente avançadas. O primeiro desses riscos é que a pobre educação oferecida às pessoas comuns possa fazer cessar o crescimento da produtividade, impedindo que as empresas americanas batam, por meio de uma maior eficiência e sofisticação, os preços mais baixos de seus competidores estrangeiros. Um dos enigmas do *boom* de produtividade do final da década de 1990 foi que a indústria parecia empregar um número cada vez maior de trabalhadores desqualificados, considerados anteriormente como despreparados sob o ponto de vista educacional, e ainda assim conseguiu um rápido aumento da produtividade. A resposta provavelmente é que o crescimento da produtividade foi em parte uma miragem.

O segundo risco é o de uma futura degradação das melhores universidades, tais como Stanford, Harvard, Yale, Princeton, Cornell, Caltech e o Massachusetts Institute of Technology (MIT). Se isso vier a acontecer, será o momento de especular sobre o futuro declínio dos Estados Unidos. Um tal resultado desastroso poderia ocorrer se o ensino, a pesquisa e o subproduto empresarial das universidades fossem subvertidos por algum outro objetivo político, tais como a política social ou a propaganda no exterior. Se, por exemplo, a desigualdade se tornasse uma questão política prioritária, talvez devido à inquietação social, um remédio tentador poderia ser alterar os testes em que os estudantes devem ser aprovados para ingressarem na universidade, tornando o acesso "mais igualitário", mas as universidades menos meritocráticas. Em outras palavras, isso estenderia os esforços já prejudiciais e controversos em favor da "ação afirmativa" para as minorias raciais. Uma solução melhor seria dar mais atenção (incluindo investimento) às escolas primárias e secundárias que falharam em capacitar pessoas a aprenderem mais e serem mais bem remuneradas e que, antes de mais nada, estão por trás da desigualdade. A impaciência política pode pressionar pelo tipo ruim de remédio, pois poderia ser implementado mais rapidamente. Mas se a desigualdade continuar sendo uma questão secundária e não algo que decida eleições, a solução mais paciente, e melhor, é a mais provável.

Nos últimos anos, o debate sobre a desigualdade tendeu a permanecer dentro dessa categoria secundária, mais paciente. Isso porque os americanos toleram muito mais a desigualdade do que seus pares em outros países desenvolvidos. Esta é uma outra maneira de descrever sua disposição em viver e trabalhar em uma sociedade com fraca proteção social contra o desemprego e a pobreza. Mas ela também é um reflexo de uma questão adicional, simples mas importante para o futuro dos Estados Unidos: a desigualdade é tolerada — até mesmo bem-vinda — nos EUA devido à sua conexão com a mobilidade econômica e a meritocracia. A idéia de que um empresário ou executivo-chefe possa ganhar milhões de dólares, ou mesmo bilhões, não causa nenhum alvoroço político quando as pessoas pensam que eles poderiam estar nas mesmas posições ou — o mais provável — que suas filhas e filhos no futuro poderão ter a mesma sorte. Em comparação à Grã-Bretanha, França ou Alemanha, os EUA têm sido por muito tempo uma sociedade móvel — ou pelo menos com um claro sentimento de que há ou pode haver mobilidade social. Isso é crucial para a contínua vitalidade americana durante o século XXI porque sustenta a capacidade do país de permitir que a destruição criativa se realize.

E quanto ao outro tipo de ameaça, a de que o encargo do papel mundial dos Estados Unidos torne-se tão pesado de forma a distorcer ou desviar o curso econômico do país? Em parte, foi o que aconteceu nos anos 70 quando o financiamento da Guerra do Vietnã contribuiu para uma rápida inflação, que por sua vez deprimiu o investimento empresarial e o crescimento econômico. Isso poderia acontecer outra vez, se os esforços para conter o terrorismo ou a proliferação de armas nucleares derem lugar a guerras prolongadas.

Entretanto, devemos manter em mente duas circunstâncias que reduzem a gravidade do problema. A primeira é que, durante a Guerra Fria, foi preciso muito tempo e um acontecimento realmente excepcional — o Vietnã — até que o curso econômico do país fosse desvirtuado. Em outras palavras, a economia americana tem uma capacidade muito grande para suportar uma carga antes de a tensão começar a causar estragos. A segunda circunstância é que a economia americana de hoje — menos regulada e mais flexível, operando em um mundo onde o comércio é mais livre e, portanto, a competição internacional é maior — é menos propensa à inflação do que a economia americana da década de 1970. Além disso, o Fed deve ter aprendido com a experiência dos anos 70 e portanto, desde que essa memória perdure, deve estar hoje mais apto a controlar a inflação. Essas circunstâncias não garantem que a economia não vai ser afetada; em todo caso, novos danos podem ocorrer de novas formas, até agora imprevisíveis. Mas elas realmente sugerem que não devemos esperar que a economia dos Estados Unidos seja um obstáculo iminente à sua política externa, ou vice-versa.

Essas características simples — tolerância com a crueldade do capitalismo, qualidade educacional, meritocracia — não bastam, e nem poderiam, para formar uma previsão econômica. Mas são fatores abrangentes que fizeram dos Estados Unidos a excepcional economia que foi no século passado e que determinarão seu destino no próximo. E são razões para otimismo. Essa característica excepcional, além disso, é vital para a autoimagem dos Estados Unidos. Em termos brutos, os colonizadores e os posteriores imigrantes vieram para os Estados Unidos para escapar do resto do mundo, para estabelecer uma sociedade que fosse melhor do que aquelas que deixaram. Um paradoxo do século XX é que seus descendentes terminaram voltando ao mundo para limpá-lo e para pô-lo em ordem.

E o fizeram de forma notavelmente bem-sucedida. Contudo, seus descendentes continuarão dispostos a oferecer uma tal liderança? Estariam dispostos, na famosa expressão do presidente Kennedy em 1961, a "suportar qualquer encargo, pagar qualquer preço" pela liberdade e pela paz? Antes de 11 de setembro de 2001 a resposta parecia clara: não estariam. Os benefícios para os americanos por acertarem os problemas mundiais pareciam demasiado pequenos ou ilusórios para valerem o risco e a despesa do esforço, especialmente em termos de baixas militares. Depois dos atentados, que trouxeram uma nova simplicidade à ameaça diante dos Estados Unidos e um novo sentido de urgência para a tarefa de lidar com ela, a resposta mudou: os americanos estavam novamente dispostos a suportar os encargos e pagar os preços, quaisquer que fossem.

Essa é, ao menos, a leitura convencional dos eventos. Na verdade, por muito tempo os americanos têm se mostrado dispostos a suportar grandes custos: mesmo no final dos anos 90, depois do "dividendo da paz" do período pós-Guerra Fria, a despesa anual com defesa, superior a 300 bilhões de dólares, era cinco vezes superior à de todos seus aliados da OTAN juntos, e igualmente cinco vezes maior do que a soma de todos os seus aliados do Pacífico. Oficialmente, a China gasta anualmente em torno de 15 bilhões de dólares com defesa. Ainda que se dobre ou triplique essa cifra, para dar conta dos gastos feitos secretamente, continua sendo não mais do que um sexto do nível da despesa americana. Assim tem sido, a despeito do fato de que, desde Pearl Harbour em 1941 até 11 de setembro de 2001, não tenha havido qualquer ataque importante ao solo americano.

Apesar de todos esses gastos, foi amplamente suposto que, durante a década de 1990, os americanos se opuseram a intervenções militares no estrangeiro. A julgar pela aparência, foi uma visão esquisita. Afinal de contas, com suas 725 instalações militares no exterior, e mais 88 em territórios americanos fora dos cinqüenta estados, a "linha de frente" americana — como os especialistas militares costumam chamar — é extensa, e não há nenhum clamor público para que seja reduzida. A única oposição pública substancial às forças americanas baseadas no exterior foi encontrada nos países anfitriões. Em 1992, os Estados Unidos fecharam a sua gigantesca base naval na baía de Subic, nas Filipinas, devido à hostilidade local e não à preocupação entre os americanos.

Contudo, existe o problema crucial das baixas. A questão realmente em jogo para um americano é se suas forças militares em ação no exterior correm perigo. Alguns exemplos confirmam isso: 19 soldados americanos morreram no atentado com bomba contra as Torres Khobar, na Arábia Saudita, em 1996; 241 marines morreram em suas barracas em Beirute, em 1983; 18 rangers morreram em serviço na Somália, em 1993. A tabela abaixo situa esses acontecimentos no contexto de todas as mortes em combate de americanos nos últimos cem anos aproximadamente:

Americanos mortos em combate

Primeira Guerra Mundial (1917-18)	53.513
Segunda Guerra Mundial (1941-45)	292.131
Guerra da Coréia (1950-53)	33.870
Guerra do Vietnã (1964-73)	47.072
Beirute (1983)	241
Guerra do Golfo (1991)	148
Somália (1992-3)	18
Arábia Saudita/Khobar (1996)	19
Guerra do Kosovo (1999)	0
Guerra do Afeganistão (2001-2)	aprox. 20*

Fontes: Walter Russell Mead, *Special Providence*;
Departamento de Defesa.
*em agosto de 2002

O número de baixas em combate diminuiu acentuadamente (outros militares morreram em acidentes, embora tais mortes também possam ocorrer entre os que continuam na pátria). A tecnologia avançou, possibilitando um maior número de bombardeios e um menor uso de tropas por terra. Além disso, a natureza das guerras na década de 1990 era bem diferente das que se deram no Vietnã ou na Coréia. Mas poderia o público também ter se tornado menos disposto a aceitar as baixas? Pesquisas de opinião fornecem pouca evidência direta disso. Um estudo chamado Program on International Policy Attitudes (PIPA) [Programa sobre atitudes referentes à política internacional], produzido por um centro especializado na Universidade de Maryland, esquadrinhou os dados das pesquisas para detectar o número total de mortes em combate de militares americanos durante os anos 90. Os pesquisadores descobriram que, depois das mortes na Somália, todas as pesquisas feitas na semana seguinte mostraram que apenas uma minoria era a favor da retirada das tropas. Em pesquisas feitas pelas redes CNN/USA Today, ABC e NBC respectivamente, 55%, 56% e 61% eram favoráveis até mesmo ao envio de mais tropas em resposta às mortes. A Guerra do Golfo foi um caso mais simples, embora a correlação entre a opinião favorável à intervenção e o número de baixas fosse mais estreita. Depois dos atentados terroristas com bomba na Arábia Saudita, a única pesquisa que perguntava diretamente sobre o incidente, feita para a *Newsweek*, constatou que 55% dos entrevistados acreditavam que os Estados Unidos deveriam manter sua presença militar a despeito das mortes.

Uma conclusão razoável é que o público americano orgulha-se de ter suas tropas no exterior e fica satisfeito quando elas obtêm sucesso militar e político. É isso que os dados da pesquisa do PIPA sugerem. Sugerem até que o público torce freneticamente por tal sucesso, e é a favor de que as baixas sejam seguidas por uma resposta dura. Contudo, a elite dos formuladores de políticas e os políticos parecem assumir uma visão diferente. Depois do Vietnã, eles se tornaram mais receosos do fracasso, e numa época televisiva um tal fracasso se torna patente muito rapidamente e de forma dolorosa. O público pode gostar do sucesso, e se dispor a apoiar os riscos constantemente assumidos na sua busca, mas os políticos temem, com boa razão, que o fracasso seja punido severamente nas urnas — como quando Jimmy Carter perdeu a eleição à presidência em 1980, depois de uma operação fracassada para libertar reféns americanos no Irã.

De maneira mais geral, os formuladores de políticas sempre estão conscientes do fato de que a intervenção externa é um negócio complexo, pois freqüentemente não é possível nessas ações definir objetivos claros e momentos em que os Estados Unidos podem claramente retirar suas tropas e abrir mão de seu envolvimento político. A doutrina que recebeu o nome do general Colin Powell, comandante-em-chefe das Forças Armadas durante a Guerra do Golfo e secretário de Estado de George W. Bush durante a Guerra do Afeganistão, é uma reação natural a essa dificuldade: diz que os Estados Unidos não devem intervir a menos que possam empregar forças esmagadoras e definir uma estratégia clara de retirada. Tomada ao pé da letra, excluiria quase todas as intervenções, uma vez que essa clareza raramente ocorre. Contudo, ela é mais bem compreendida simplesmente como um indício geral de uma considerável prudência militar e política, cuja eliminação completa pela tecnologia é improvável. São os generais que não querem ver seus homens mortos, e não o público. E são os políticos e diplomatas que mais temem as conseqüências de um fracasso, seja a humilhação em casa ou a credibilidade arruinada no exterior.

Porém, isso mudou com os acontecimentos de 11 de setembro porque esses mudaram as expectativas do público sob as quais os políticos e diplomatas têm de agir. Enquanto parecer haver um perigo claro e iminente de novos atos terroristas ou da apropriação de armas de destruição em massa por mãos perigosas, os políticos americanos — e certamente os generais — provavelmente vão temer as conseqüências políticas da inação mais ainda do que as da ação. Vão lutar na Ásia central e se envolver em outros conflitos se houver algum perigo de serem derrotados por terroristas. E depois de 11 de setembro sentiram-se quase irresistivelmente pressionados a atacar o Iraque para depor Saddam Hussein, forçar o cumprimento das resoluções da ONU de 1991, e assim deter os programas armamentistas de Saddam; por fim, mas não menos importante, tentar dar início ao longo processo de reforma do mundo árabe, eliminando a necessidade de os Estados Unidos sustentarem ou policiarem regimes árabes ditatoriais. Os generais continuarão sendo vozes da precaução, como foram no Afeganistão em 2001-2. Mas levarão a cabo as ordens dos políticos. Quanto tempo durará essa sensação de perigo claro e iminente?

Não há como dizer, pois dependerá de futuros ataques terroristas ou de informações sobre as ameaças que oferecem.

Sem dúvida, os americanos realmente gostam de ser considerados uma força a ser reconhecida em todo o mundo; gostam de ser a maior potência mundial. Isso significa que no futuro vão agir sozinhos ou, ao menos, permanecer altaneiros, sem considerar as perspectivas dos outros? Esta é uma acusação comum na Europa, ou talvez haja medo de que venha a ser assim. O aspecto interessante a respeito das muitas instituições multilaterais que os Estados Unidos ajudaram a estabelecer depois de 1945 — organismos como o Fundo Monetário Internacional, o Banco Mundial, as Nações Unidas e a Organização Mundial do Comércio — é um de seus efeitos: limitar a capacidade dos EUA de mandar no mundo. Mais irritante, também têm o efeito de aumentar a probabilidade de outras nações mandarem nos EUA, se forem capazes de se agrupar contra eles.

Teóricos das relações internacionais gostam muito desta idéia de agrupamento. Uma doutrina dos estudos tradicionais das relações internacionais é a de que o mundo tende a mover-se em direção a um equilíbrio de poder em vez de fixar-se em uma situação de um predomínio esmagador de um único país. Se isso estiver certo, então podemos esperar que outros países reajam ao poder americano formando alianças contra ele.

Contudo, em geral é algo improvável, e certamente não parece estar ocorrendo. O grupo de aliados dos Estados Unidos vem crescendo, e não diminuindo, desde o fim da Guerra Fria. Diante de tamanha potência, a maioria dos países parece querer agradar os Estados Unidos em vez de confrontá-los, especialmente quando seus objetivos e valores internacionais parecem não se constituir em ameaças. Além disso, em termos plenamente econômicos, a tendência nas últimas décadas tem sido de convergência para o jeito americano de fazer as coisas em vez de oposição a ele, em meio a uma crescente dependência do próprio comércio com os Estados Unidos. Contudo, há uma exceção a essa história.

Quando os sábios argumentam sobre os méritos do multilateralismo ou unilateralismo, sobre se os Estados Unidos devem se virar sozinhos ou trabalhar com seus aliados, pode parecer freqüentemente que eles estão falando de questões militares. Se de fato estão, não deveriam. Em questões militares, é provável que a superpotência sempre assuma o papel dominante, pois suas forças armadas e sua tecnologia são muito superiores às dos outros países e a cooperação sempre complica a já delicada tarefa da guerra. Todavia, a menos que a ação seja próxima a seu litoral, é improvável que a superpotência opere sempre sozinha, já que tanto a geografia como a diplomacia tendem a levá-la a buscar o apoio logístico de outras nações. Mas nas grandes instituições internacionais e negociações de tratados as coisas são diferentes. É nessas instituições, e no conflito entre a soberania nacional e a cooperação multilateral, que reside o verdadeiro debate sobre como os Estados Unidos deveriam — e vão — conduzir-se.

No final das contas, o multilateralismo implica muito mais do que simplesmente reunir apoio. Implica submeter-nos a um processo de decisão coletiva cujo controle nem sempre estará ao nosso alcance. Para uma superpotência, é muito mais difícil agüentar tal processo, pois os líderes mundiais gostam de fazer as coisas à sua maneira. Contudo, esse é exatamente o processo ao qual os Estados Unidos se submeteram quando se empenharam pelo estabelecimento do FMI e do Banco Mundial em 1947, e quando assinaram o GATT no mesmo ano. Também é parte essencial das operações das instituições mais abrangentes da Organização das Nações Unidas, que foram estabelecidas na mesma época, embora pelo menos aí os EUA, juntamente com os outros cinco membros permanentes do Conselho de Segurança, mantenham o poder de veto sobre as resoluções e ações da ONU.

Normalmente, o braço executivo do governo (isto é, a Casa Branca) tem se inclinado a aderir a processos multilaterais mais facilmente do que o Congresso, que freqüentemente rejeita a adesão. Exemplos de acordos da administração rejeitados pelo Congresso incluem a participação dos EUA como membro da Liga das Nações em 1919, a proposta de transformar o GATT numa instituição com mais poderes, a Organização Internacional do Comércio, em 1947, e o Protocolo de Kyoto sobre o aquecimento global (rejeitado pelo Senado por unanimidade em 1997, bem antes de o presidente George W. Bush retirar-se das negociações internacionais sobre o acordo em 2001). Tratados requerem a ratificação por dois terços dos votos no Senado, uma maioria que dificilmente acontece. Em conseqüência, muitas das administrações posteriores a 1945 preferiram, quando o Congresso lhes permitia, assinar os chamados "acordos executivos" com outros países, já que esses acordos exigem apenas uma maioria simples em ambas as casas.

O efeito dessa diferença de opinião é multiplicado — ou talvez simplesmente encorajado — pelo fato de, segundo a constituição americana, as leis internas terem primazia sobre os tratados internacionais. Na maioria dos países, é ao contrário. O Congresso americano pode alterar os termos de qualquer tratado internacional assinado pelo governo, e todos os tratados necessitam ser implementados por meio de leis internas. Não apenas é errôneo imaginar que os Estados Unidos sejam um único ator, unificado; sua constituição foi expressamente planejada pelos *Founding Fathers* visando impedir a emergência de um ator único. Os vários elementos supostamente controlam e equilibram uns aos outros, limitando, deliberadamente, a capacidade de o governo ser eficiente. Isso faz com que nas negociações internacionais seja particularmente difícil lidar com os EUA, uma vez que os países estão acostumados a negociar entre si como governos soberanos, autorizados para tanto. O sistema americano faz o máximo para impedir que a Casa Branca seja capaz de negociar livremente.

Nesse contexto, é ainda mais notável que a emergência formal dos Estados Unidos como o líder mundial em 1945 tenha sido marcada pelo estabelecimento de tantos organismos e processos bilaterais. Foi quase um ato de autonegação. Em economia, esse ato seria compreensível, pois refletiu a então prevalecente visão liberal de que, nas questões econômicas, a tomada de decisões descentralizada e dispersa, feita de acordo com um conjunto aceito de regras ou leis, é o que melhor atende aos interesses de todos, incluindo os Estados Unidos. Embora o Congresso não quisesse ver uma Organização Internacional do Comércio determinando regras contra as empresas americanas, e por isso votou contra a idéia em 1948 (tal como não gosta atualmente da idéia de uma Organização Mundial do Comércio — finalmente estabelecida em 1995 — fazendo a mesma coisa), depois da experiência da década de 1930 terminou aceitando que o livre comércio beneficiaria os Estados Unidos. O GATT foi uma boa maneira de começar a criá-lo, já que os outros países não o veriam como uma iniciativa dos EUA para tentar controlar o comércio. De forma semelhante, o FMI e o Banco Mundial podem ser vistos como uma solução para a instabilidade financeira internacional dos anos 20 e 30. Uma solução era do interesse dos EUA; outros a iriam aceitar mais rapidamente caso tivessem voz no seu funcionamento. Essas instituições removeram um grande fardo potencial dos ombros dos Estados Unidos. Em assuntos econômicos, este argumento ainda vale: o FMI e as outras entidades diminuíram a pressão sobre os EUA, embora seu poder financeiro e econômico signifique que eles ainda exercem a maior influência isolada sobre o que elas fazem.

Em outras atividades, as instituições multilaterais não parecem servir tão bem aos Estados Unidos. Em empreendimentos tais como o Direito Internacional do Mar e o novo Tribunal Criminal Internacional, os EUA contribuíram para um esforço multilateral para efetivá-los, e freqüentemente os moldaram, mas depois permaneceram fora de seus parâmetros formais. Isto é ter o bolo e comê-lo: desenham as regras e processos globais, freqüentemente seguindo *de facto* os preceitos, mas mantendo a capacidade *de jure* de ignorá-los, de agir diferindo do que é prescrito e evitar as sanções.

O debate entre unilateralismo e multilateralismo é então uma questão de grau, e não de natureza. Em geral, essa abordagem variada funcionou bem, tanto para os interesses mundiais como para os americanos. Contudo, há uma previsão de águas agitadas para a frente, porque há uma boa chance de que os acontecimentos e os ânimos dos EUA possam no futuro conspirar para empurrar mais tópicos ao longo do espectro para o lado do unilateralismo, justamente no momento em que o mundo está evoluindo na direção oposta.

Se se permitir à globalização continuar, então mais países deverão ser capazes de crescer e se desenvolver, e — tal como foi argumentado anteriormente neste capítulo — diminuir o hiato entre eles e os Estados Unidos. Isso pode não valer em termos militares, pois a liderança americana em despesa e tecnologia é tão distanciada que talvez intimide os outros países a nem mesmo tentar alcançá-la, mas vale em termos econômicos. Mesmo que nem todos os países alcancem tal crescimento, muitos provavelmente o farão. Caso isso aconteça, não apenas tais países passarão a ter mais peso na economia mundial, mas também exigirão mais voz nas instituições internacionais. Uma tal evolução poderia ser considerada um grande sucesso para os Estados Unidos, e pode até mesmo ser definida como um objetivo por uma ou mais administrações durante esse período. E também transformará o multilateralismo em um assunto mais premente para os próprios Estados Unidos. A sua superioridade terá sido corroída, e a principal desvantagem do multilateralismo para a superpotência — o fato de outros países poderem, caso queiram, agrupar-se contra ela — estará intensificada.

Durante a Guerra Fria, essa convergência econômica não produziu um maior agrupamento dos países contra os Estados Unidos porque todas as potências economicamente bem-sucedidas sentiram a necessidade de permanecerem juntas. Porém, desde o final da Guerra Fria, os países agruparam-se bastante contra os Estados Unidos, nos debates sobre o comércio e, particularmente, sobre o meio ambiente. Em questões sobre o comércio e sobre o aquecimento global, a importância conjunta da União Européia e do Japão ultrapassa a dos Estados Unidos. Com a presença e a cultura americanas tão visíveis em todo o mundo, a superpotência é um alvo óbvio para ser criticado e ironizado, e servir de bode expiatório. Isso tem aborrecido muitos americanos, que vêem seu país como o modelo que todos devem buscar e para onde todos devem convergir, e que de qualquer modo naturalmente preferem que as coisas sejam feitas a seu modo. Além disso, os americanos não são imunes à arrogância, e há lobistas certamente tentando torcer as políticas internacionais em favor dos interesses de seus grupos. Acrescente-se a isso a tendência contrária da constituição americana à participação plena em tratados e instituições internacionais e o resultado é uma receita no mínimo para o atrito, mas mais provavelmente para os EUA se inclinarem ao unilateralismo, e os outros países, ao agrupamento.

No mundo aparentemente benigno e certamente aveludado das instituições internacionais carregadas de acrônimos, como o FMI e o Banco

Mundial, tal inclinação pode não ser desastrosa. Porém, seria certamente inconveniente, e poderia impedi-las de responder adequadamente às crises. No comércio, essa inclinação seria mais danosa, pois poderia estorvar diretamente a atividade econômica e até induzir uma reversão parcial da globalização.

Nos tratados internacionais sobre não-proliferação nuclear ou contra as armas biológicas, essa tendência poderia de fato tornar-se muito perigosa. Esses tratados são essencialmente exortações e promessas, nas quais o ingrediente crucial é a confiança em que os outros signatários realmente farão o que prometeram fazer. A obediência a esses tratados é difícil de ser comprovada e imposta mesmo em circunstâncias extremas, como as que os inspetores de armas da ONU encontraram no Iraque e na Coréia do Norte nos anos 90. Se a potência líder mundial em essência se retira do processo de negociação de um tratado, esperando, mesmo sem se comprometer, que os outros cumpram os acordos, provavelmente estará encorajando o não-cumprimento. Esses tratados não valerão o papel em que estão escritos. Eles se tornarão irrelevantes, e de fato poderão terminar promovendo justamente aquelas atividades que visavam impedir.

Essa perspectiva pode ajudar a impedir que os Estados Unidos se voltem para o unilateralismo nessa área das relações internacionais. A pressão do governo Bush sobre o Iraque tem sido basicamente unilateral, ainda que em defesa de objetivos multilaterais. No caso de uma mudança bem-sucedida de regime no Iraque, a melhor seqüência seria os Estados Unidos convocarem uma conferência internacional para propor novas medidas multilaterais para forçar o cumprimento dos tratados antiproliferação de armas. As perspectivas de sucesso de uma conferência como essa devem ser boas, agora que a Rússia se relaciona de forma muito mais amigável com os EUA e outras grandes potências, tais como a China, também se sentem vulneráveis ao terrorismo ou à proliferação de armas. Quer dizer, se os Estados Unidos conseguirem pôr de lado sua crescente aversão aos tratados.

Os Estados Unidos estão e continuarão a estar dispostos a usar suas forças militares no exterior, e mesmo a aceitar baixas. Desde 11 de setembro de

2001 encontraram um prisma claro e único através do qual vêem sua política externa: um claro propósito para o uso de seu poder. Esse propósito ajudará a concentrar as mentes de seus aliados, mas com uma força que pode oscilar muito no decorrer do tempo. Os Estados Unidos preservarão sua capacidade de custear seus compromissos internacionais. Ao mesmo tempo, provavelmente continuarão com uma economia vibrante. Mas sua recente inclinação para o unilateralismo muito provavelmente terá continuidade, enquanto outros países aumentam seu peso econômico no mundo e cresçam as desvantagens do multilateralismo para os EUA. A liderança americana vai persistir, oferecendo uma esperança crucial para o resto do mundo. Haverá atritos, contudo.

Essas previsões moderadas, mal saem passeando no jardim, logo são apanhadas por um contravento, que é a realidade do mundo exterior. Os Estados Unidos estão dispostos a usar seu poder e têm a capacidade para isso. Mas esse uso de poder pode ser eficiente? Para o caso de uma guerra convencional, a resposta é sim. Mas os seqüestros suicidas de 11 de setembro mostraram que os oponentes podem muito bem responder à superioridade manifesta dos EUA usando de meios não convencionais.

O desafio passa a ser o mero número e a variedade de países ingovernáveis e instáveis no mundo. Qualquer pessoa que pense que um país poderoso pode obter o que bem entende precisa apenas dar uma olhada na direção de Israel e da Palestina, onde os EUA simplesmente não dispõem de alavancas com as quais influenciar os acontecimentos decisivamente. Ou na direção da Índia e do Paquistão, onde as ameaças de conflito, talvez até de uma guerra nuclear, têm sido uma constante nos últimos anos. Enquanto isso, as placas tectônicas da geopolítica já se movem como em um terremoto à medida que a China, o país mais populoso do mundo, sacode seu torpor de séculos, tornando-se mais rica, mais forte e, em tempo, mais ambiciosa. Para o líder americano, até mesmo as relações com as outras grandes potências, Europa e Japão, não parecem nada fáceis.

Mas o mundo seria ainda mais intrincado e desordenado sem a liderança americana. Nesse aspecto, o século XXI começa com melhores perspectivas de sucesso do que o século XX. Com a liderança americana, especialmente em questões de segurança, mas igualmente na economia, há uma boa chance de que as ameaças de terrorismo e armas de destruição em massa possam ser subjugadas — embora nunca eliminadas — e a crescente prosperidade do processo de globalização continue. Contudo, o século XXI continua à sombra de uma outra questão: quão ordenado mesmo os EUA são capazes de torná-lo?

3.
Ambição Chinesa

Sempre que um especialista, um analista político ou qualquer outro tipo de sábio ocidental estiver montando uma lista das possíveis ameaças ao mundo durante o século XXI, dos possíveis desafios ao domínio dos EUA, das possíveis fontes de mudança do equilíbrio geopolítico, invariavelmente a China aparecerá no alto da lista. Antes dos ataques terroristas de 11 de setembro de 2001, geralmente ela constava no topo da maioria das listas, e era certamente considerada, por muitos funcionários seniores do novo governo republicano em Washington, como seu mais complicado desafio de longo prazo. Trata-se de uma marca do modo que os ataques terroristas prenderam a imaginação e concentraram as opiniões: em 12 de setembro, subitamente a China pareceu um desafio muito menos importante do que parecera apenas um ou dois dias antes.

Isso se deveu principalmente à tendência das análises e projeções imediatistas, de curto prazo, de nos cegar para as orientações e prioridades de prazo mais longo. Contudo, também se deveu ao fato de a China ter sido um dos países que ofereceram apoio — ou ao menos seu consentimento — surpreendente e significativo aos Estados Unidos no combate a Osama bin Laden e seus aliados. Ela até se manteve em silêncio quando o Japão aproveitou a Guerra do Afeganistão para quebrar seu tabu constitucional sobre mandar forças militares para participar em guerras distantes. Será que a China também se sentiu ameaçada pelo terrorismo? Na verdade, é mais provável que atualmente e num futuro próximo ela prefira a cooperação à confrontação enquanto busca obter o crescimento econômico e elevar o padrão de vida de seu povo. No final das contas, no outono de 2001 ela conseguira outro objetivo cooperativo: depois de muitos anos de negociação, finalmente ingressou na Organização Mundial do Comércio. Foi um momento que assinalou a chegada à maturidade, como um capitalista internacional, desse antigo bastião da economia centralizada.

Mas a celebração dessa nascente parceria é demasiado otimista. Os sábios estavam certos ao colocar a China no topo de suas listas dos possíveis desafios, e nada do que aconteceu no outono de 2001 poderia ter mudado isso. A curto prazo, provavelmente a China não será uma ameaça (ou mesmo um desafio); ela é pobre demais para tanto, e terá um interesse demasiadamente grande, ainda por muitos anos, em conseguir ajuda e tirar proveito do mundo externo. A longo prazo, porém, tanto as lições da história como a lógica dos atuais acontecimentos sugerem que a China poderá de fato oferecer o maior desafio de todos ao atual *status quo* no mundo — o que significa, então, um desafio à liderança dos Estados Unidos da América.

Reconhecidamente, a história e a experiência contemporânea orientam para direções confusas. A China é a última das duas superpotências comunistas do mundo pós-1945. Freqüentemente, traça-se um paralelo alarmante com a Alemanha do início do século XX. Nessa época, a Alemanha era uma potência em ascensão, que bem recentemente se livrara de sua antiga fragmentação por meio de uma unificação política, e que se sentia, de tempos em tempos, insatisfeita e nervosa com seu *status*, situação e segurança, primeiramente dentro de sua região, mas logo no mundo como um todo. Diz-se que historicamente essas novas potências sempre tiveram que eventualmente ser ajustadas, pacificamente ou, com maior freqüência, por meio da guerra. Tais descrições certamente se aplicam à China de hoje, com sua economia em expansão mas sua aguçada percepção das humilhações passadas, com sua história de fragmentações que chegou ao fim em 1949, com sua gama de disputas territoriais com seus vizinhos, com seu senso de destino histórico e seu sentimento de vulnerabilidade, considerando que compartilha suas fronteiras com quatorze países.

Contudo, a julgar pela aparência, essa idéia também é estranha; ou, pelo menos, muito prematura. Em todas as dimensões — exceto por sua população de 1,3 bilhão de pessoas e extensão territorial — a China é hoje, na melhor das hipóteses, apenas um país modesto. Mesmo em termos de população, a Índia está alcançando-a rapidamente; se as atuais tendências permanecerem, a China será superada nas próximas duas décadas. A China agora está ganhando reputação como país exportador, mas sua parcela de participação nas exportações mundiais de mercadorias (em torno de 3,9% em 2000, excluindo as exportações de Hong Kong) é aproximadamente a mesma que a da Holanda, um país com uma população de apenas 16 milhões de habitantes, ou só 1,2% da população chinesa. Somente em 1993, a parcela de participação da China no comércio mundial atingiu o pico pré-1939. Sua economia, graças à sua enorme população, é hoje a sexta maior do mundo, mas ainda se coloca bem abaixo da britânica, que é a quarta maior e normalmente se vê, com ligeiro pesar, como uma potência de segunda classe.

A despeito dos enclaves de riqueza e dos engarrafamentos de carros Mercedes em cidades litorâneas, a população do país é na maioria pobre, em muitos casos abjetamente pobre. De acordo com o Banco Mundial, em termos de PIB *per capita* a China ocupava em 2000 o 141º lugar no *ranking* mundial: apenas 870 dólares *per capita*, excluindo a minúscula mas rica Hong Kong, que tinha um PIB *per capita* de 22.180 dólares. A China se situava aproximadamente na mesma posição que o Sri Lanka e logo atrás das Filipinas, enquanto a ex-colônia britânica Hong Kong equiparava-se à França e à Bélgica. Os incentivadores da China preferem citar cifras do PIB ou PIB *per capita* corrigidos pela "paridade de poder de compra" (PPC), isto é, levando em conta o fato de que os preços na China são muito mais baixos do que os preços no mundo rico, de tal forma que pequenas quantias de dinheiro valem mais. Esse padrão de comparação faz a economia chinesa parecer maior do que a japonesa e meramente a metade do produto total da economia americana. E faz sua renda *per capita* subir para uma cifra comparável às da Ucrânia e Bulgária. Mas ainda a deixa atrás da pequena e modesta Tailândia, por exemplo, e com menos de um quarto da renda *per capita* da Coréia do Sul.

De qualquer modo, as estatísticas econômicas da China são consideradas extremamente duvidosas, de tal forma que talvez a economia do país seja bem menor do que ela reivindica, e sua população seja então ainda mais pobre do que o atestado pelas cifras oficiais. Isso se aplica igualmente às cifras corrigidas pela PPC, pois tais valores são também baseados nas cifras enganosas do PIB e dados de preços, que podem ser eles mesmos incertos. Seja como for, se o objetivo é comparar as forças das economias nacionais, a PPC é menos útil do que as cifras convencionais, pois ela mede o poder de compra doméstico em vez da força internacional.

A China faz parte, certamente, do seleto grupo (cada vez menos seleto) das potências nucleares. Também é o caso da Índia, país que com muito menor freqüência aparece nas listas, feitas pelos sábios, dos futuros causadores de problemas ou — para dizê-lo em termos mais neutros — das grandes potências nascentes. E o arsenal da China de mísseis balísticos intercontinentais, o tipo que pode ameaçar os Estados Unidos ou a Europa ocidental, conta com apenas cerca de vinte mísseis (de acordo com o Instituto Internacional de Estudos Estratégicos), enquanto Estados Unidos e Rússia contam com milhares deles. São mísseis que podem fazer muitos estragos, e até mesmo intimidar países menores, mas não vão trazer poder à China quando se tratar de negociar com as grandes potências mundiais. Suas forças armadas são grandes — em torno de 2,5 milhões de pessoas, mais 1,1 milhão de paramilitares da Polícia Armada Popular, e algo como 600 mil reservistas — mas são mal treinadas e equipadas. O orçamento oficial de defesa, de 14,5 bilhões de dólares em 2000, é menos de um terço do orçamento do Japão. Geralmente se considera que essa cifra subestima a despesa real, que de fato pode se equiparar à do Japão. Contudo, isso simplesmente significa que se equipara aos gastos militares de um país que restringe sua despesa e responsabilidades com a defesa, obedecendo firmemente à Constituição do pós-guerra, que proíbe toda ação militar exceto a estrita autodefesa. Significa, tal como assinalado no capítulo 2, que a despesa militar chinesa equivale aproximadamente a um sexto da americana. E mesmo esse empenho exige muito da economia e das finanças públicas de um país que é pobre.

As companhias de fato tendem a lamber os beiços ao pensar em fazer negócios no país mais populoso do mundo (e um dos últimos mercados mundiais ainda não explorados), mas isso tem se repetido por séculos. O sonho de ontem de enriquecer "aumentando em uma polegada o comprimento da camisa de cada chinês" tem seu equivalente moderno nos sonhos de vender automóveis, ou filmes, ou refrigerantes a toda a população chinesa, por mais pobre que ela realmente seja. Pouquíssimas companhias estrangeiras tiveram muito lucro na China; a maioria delas não teve nenhum. Não obstante, no Terceiro Mundo, foi tranqüilamente o país que recebeu o maior volume de investimento estrangeiro direto (IED; isto é, investimento em fábricas e construção civil) durante os anos 90. Os influxos foram de algo como 40 bilhões de dólares por ano, entre 1995 e 2000, valores maiores que os recebidos pelo resto da Ásia em conjunto. Contudo, mesmo essa cifra é capaz de causar uma excessiva excitação. Um influxo anual de 40 bilhões de dólares equivale aproximadamente ao influxo recebido pela França em 1999, é um terço menor que o recebido pela Suécia no mesmo ano, metade do recebido pela Grã-Bretanha, e perde-se na insignificância se comparado ao influxo de 1999 de 275 bilhões de dólares que entraram nos Estados Unidos. Com freqüência se diz que os fluxos de investimento estrangeiro direto para a China indicam que a indústria mundial de manufaturados está toda se mudando para lá, em busca do trabalho chinês barato, mas isso é uma bobagem pura e simples. A cifra referente à China é, de qualquer forma, um certo exagero, pois inclui dinheiro que de fato é capital doméstico, que foi retirado do país apenas para ser reingressado, com o objetivo de tirar proveito de taxas preferenciais.

Dessa forma, a China tem muito menos importância do que se poderia pensar. Não está de modo algum perto de se transformar em uma verdadeira potência mundial, nem de se transformar em uma economia ou força militar da qual o clube das grandes potências deva ter medo. Sua força nesse começo de século XXI ainda não é comparável à da Alemanha no começo do século XX, que de fato superou a Grã-Bretanha em muitas medidas de desempenho industrial e econômico no final do século XIX. A China está a muitas décadas de distância dos Estados Unidos em termos de qualquer importante medida de desempenho econômico. Se quisermos uma comparação histórica, a China está hoje em uma posição mais próxima à do Japão no início do século XX. O Japão de então vinha se modernizando desde 1860, importando idéias, tecnologia e capital estrangeiros, e adaptando-os ao seu próprio uso. Ele podia distribuir alguns golpes, como mostrou ao derrotar a China na guerra de 1894-95, e depois a Rússia em 1905. Mas àquela época não era forte o suficiente para enfrentar a Grã-Bretanha, a Alemanha ou os Estados Unidos, e nem desejava fazê-lo. Ainda importava idéias do que considerava as três grandes potências mundiais, e de alguma forma ainda dependia delas.

De um ponto de vista de curto ou médio prazo, essa comparação é tranqüilizadora. A China não é forte o suficiente para enfrentar as maiores potências em um conflito direto, e permanece demasiado dependente do comércio e do capital externos para querer arriscar uma ruptura com o Ocidente. De um ponto de vista mais longo, contudo, vale exatamente o oposto: nas décadas de 1930 e 1940, finalmente, o Japão, anteriormente dependente, representava uma enorme ameaça à paz regional, e mesmo global. À medida que o Japão ficava mais forte, ambicioso e, às vezes, desesperado para proteger sua nova força, seu comportamento e sua estratégia mudaram. O mesmo bem poderia acontecer com a China eventualmente.

À "ameaça" chinesa deve então ser atribuída a devida proporção. A China não é, nem em breve virá a ser, uma rival dos Estados Unidos em escala global. Mas continua sendo uma forte candidata a complicar o cenário na sua região, de um modo que envolva e afete as reais potências globais. A trajetória do Japão no século XX ajuda a explicar por quê. Contudo, também é importante observar as diferenças entre o Japão dessa época e a China de hoje.

Duas diferenças se destacam, embora sejam relacionadas uma à outra. A primeira diferença é que o desafio que a China poderia apresentar não deriva — como foi o caso do Japão no século XX — apenas de um aumento da força. Na verdade, é igualmente provável que seu desafio se origine de sua fraqueza, ou melhor, de sua fragilidade, em face do fluxo e refluxo da força econômica. O sistema político chinês (isto é, o Partido Comunista) há muito perdeu sua aglutinação ideológica, e não conseguiu evoluir junto com o desenvolvimento, desde o começo da década de 1980, de uma economia mais baseada no mercado, na qual os antigos métodos de controle não funcionam mais. O fracasso econômico, ou mesmo a decepção, poderia levar à ruína ou ruptura do partido. Esta possibilidade é mais importante do que teria sido para o Japão no início do século XX: se o sistema político japonês tivesse entrado em colapso àquela época, não teria sido muito importante para ninguém mais, com a possível exceção de Taiwan e Coréia, que haviam sido transformadas em colônias japonesas. Nas próximas décadas, o colapso da China, ou a eclosão de disputas internas, pode vir a representar um grande perigo para a região asiática e o mundo. O maior risco seria que uma luta interna pelo poder levasse à ascensão do nacionalismo chinês, produzindo agressões a seus vizinhos e, em especial, a Taiwan.

Tal risco, e a incerteza a ele associada, leva-nos, por sua vez, à segunda diferença: os comunistas chineses já acham que têm razão em ressentir ou temer as principais potências mundiais; sentimento que não se desenvolveu no Japão antes das décadas de 1920 e 1930. Os chineses sentem-se sitiados; não têm aliados e se ressentem da presença dominante dos Estados Unidos na região asiática. Em caso de emergência, causada por uma luta interna ou por circunstâncias externas, os líderes chineses poderiam ser tentados, querendo remediar esses ressentimentos, a darem uma demonstração de força à Ásia em geral ou — o que é mais provável — especialmente a Taiwan, sua "província renegada".

Em histórias policiais, os detetives procuram, em seus potenciais suspeitos, por três coisas: meios, motivos e oportunidades. Embora a força da China seja modesta pelos padrões globais, seu crescimento econômico, nas duas décadas passadas, e o crescimento potencial, nas próximas décadas, implicam que ela futuramente obterá os meios de acarretar uma mudança geopolítica, pelo menos em nível regional. Suas forças armadas são modestas; mas, comparadas às do Iraque de Saddam Hussein, por exemplo, já representam uma séria ameaça. Qualquer um que quiser derrotá-las, ou simplesmente encará-las, teria que pensar muito no assunto. Oportunidades? Tal palavra sugere que os líderes chineses poderiam estar inclinados a aproveitar-se de um momento de fraqueza por parte das potências líderes para perseguir seus objetivos, por exemplo, quanto a Taiwan. Eles poderiam, ainda que seja mais provável que a China seja provocada a buscar a mudança mais pelas disputas internas ou impulsos nacionalistas do que por forças externas. E as motivações? Podem ser encontradas no nacionalismo provavelmente incitado nessas possíveis disputas internas. E surgem principalmente da história — de fato, da história bastante recente.

A maioria dos ocidentais concebe a Europa como a bigorna sobre a qual as grandes tragédias do século XX foram marteladas — duas guerras em escala continental, o Holocausto levado a cabo por Hitler, os massacres de Stalin e as fomes coletivas — bem como a produtora de outro fenômeno transformador do mundo no século XX, a queda do império. Contudo, a China tem pelo menos um direito igual ao primeiro e mais indesejável desses títulos e esteve no centro das batalhas pelo segundo. Além disso, com uma ditadura que governa mais de um bilhão de pessoas, que "celebrou" seu qüinquagésimo aniversário em 1999 (e, em 2001, o octagésimo aniversário da fundação do Partido Comunista), a China representa uma violenta bofetada na cara para os que já tinham proclamado a vitória da democracia liberal e o "fim" da história. Para o Tibete, com certeza, e inclusive para muitos na sua província ocidental de Xinjiang, a China é um dos últimos impérios remanescentes.

Observada através de um telescópio de longo alcance, a história da China é a de um extraordinário declínio durante centenas de anos; em termos absolutos, pelo menos de 1820 até 1952; em termos relativos, até 1978, seguido por um até agora breve período de retomada econômica. Precoces avanços tecnológicos somados ao tamanho da população do país — estimada em 380 milhões em 1820, comparada aos 170 milhões de toda a Europa — significam que a China era a maior economia mundial em termos absolutos até ser superada pelos Estados Unidos após 1880. Ela tinha sido o país mais rico, em termos *per capita*, na primeira metade do milênio até ser ultrapassada por vários Estados europeus.

Com uma população atual de 1,3 bilhão de pessoas, sua posição natural deveria ser outra vez a de maior economia mundial, talvez disputando este título com a Índia. Essa posição poderia ser alcançada por meio de níveis bastante moderados de crescimento, se estes se mantivessem contínuos por umas poucas décadas. Pois, mesmo que sua renda *per capita* alcançasse no máximo um quarto do nível norte-americano, então, considerando que sua população será pelo menos três vezes maior que a dos Estados Unidos, ela começaria a alcançar o nível absoluto do PIB anual dos EUA. De fato, se as tendências observadas desde 1978 tiverem continuidade, é precisamente o que vai acontecer: a China vai superar os Estados Unidos como a maior economia mundial em algum momento durante a segunda ou terceira década do século XXI.

Tal evento, se acontecer, deveria ser visto como uma retomada da posição natural da China. Para o mundo, deveria ser um sinal bem-vindo de que a pobreza está diminuindo substancialmente em um dos maiores países do globo e, por um longo período, um dos mais pobres. Os comentaristas freqüentemente descrevem o desenvolvimento da China na década de 1990 como extraordinário, até mesmo perturbador. Contudo, o fato genuinamente perturbador seria o fracasso da China em alcançar sua posição natural de maior economia, pelo menos durante a primeira metade do século atual, pois isso significaria quase com certeza que teria havido um colapso econômico, que, por sua vez, significaria provavelmente que também teria havido um colapso político. Uma grande oportunidade teria sido perdida, mas não seria a primeira vez. Infelizmente, tais colapsos representariam um retorno ao padrão normal da história recente da China, já que, no final das contas, eles explicam, ou pelo menos descrevem, a queda da China de seu lugar de preeminência durante o século e meio que precedeu a chegada do comunismo.

Assim como o Japão antes do século XIX, durante séculos a China fez o melhor que pôde para barrar as influências, idéias e pressões estrangeiras. Contudo, diferentemente do Japão, seus governantes eram burocratas cujo governo altamente centralizado, e freqüentemente arbitrário, frustrou a emergência de uma classe de comerciantes ou empresários de tamanho razoável. De fato, eles a viam como uma ameaça. E, enquanto o Japão reagia à crescente evidência da superioridade tecnológica e econômica ocidental na metade do século XIX, decidindo que teria que adotar e adaptar modos ocidentais se quisesse sobreviver, a China ainda tentava manter os estrangeiros acuados. Alguns na China eram favoráveis a uma abertura, mas foram vencidos.

O resultado, direto ou indireto, foi uma crescente debilidade, uma guerra civil (a Rebelião de Taiping em 1850-64) que foi muito mais devastadora do que a luta interna que o Japão sofria à mesma época, e depois sucessivas derrotas militares para estrangeiros, incluindo, mais particularmente, o próprio Japão em 1895. Em termos econômicos, o resultado foi uma renda *per capita* em declínio, mesmo durante um período longo (os cem anos, aproximadamente, até 1914) durante o qual o resto do mundo da economia mundial crescia em força.

Desde então a China tem sido estudo de caso em todas as generalizações que os economistas usam para explicar por que países pobres em regra não diminuíram o hiato entre seus padrões de vida e os dos países ricos. Também foi estudo de caso de por que uma decisão de rejeitar a globalização — rejeição aconselhada para todos os países pelos que protestam nas ruas hoje durante as reuniões mundiais de cúpula — seria tão devastadora. O estudo pode ser resumido em quatro pontos. Em vez de importar tecnologia, a China baniu os contatos estrangeiros; ao invés de fazer valer o domínio da lei, com direitos de propriedade claros, os sucessivos regimes falharam em estabelecê-lo ou se transformaram arbitrariamente nos próprios confiscadores; em vez de deixar os agricultores ganharem dinheiro suficiente para poderem comprar bens de consumo, extorquiu-os na tentativa de ajudar os consumidores da cidade e a indústria; em vez de garantir que houvesse paz, sucumbiu à guerra, ou mesmo a estimulou.

A guerra foi especialmente importante. Uma ou outra parte da China esteve envolvida em conflitos militares de algum tipo desde 1895 até 1952. O Japão a usou como sua principal base de empreendimentos coloniais, talvez considerando que para ter um império equiparável aos dos europeus, também precisaria anular ao mesmo tempo seu tradicional rival regional. Dessa forma, tomou Taiwan em 1895 e (da Rússia) o sul da Manchúria; aninhou-se nas fronteiras da China ao tomar a Coréia em 1910; e apoderou-se do restante da Manchúria em 1931, antes de lançar-se em uma invasão em escala total da China em 1937. Estas últimas duas ações foram, com efeito, o verdadeiro começo do que se transformou na Segunda Guerra Mundial.

Ninguém conhece exatamente o número de baixas no massacre de civis e soldados chineses realizado pelo exército japonês: as estimativas variam de 1,5 milhão a mais de 6 milhões, números aos quais podem-se adicionar de 10 a 15 milhões em pessoas que morreram de fome ou por doenças. Todavia, ao mesmo tempo, em termos de mortes, o próprio governo nacionalista chinês, o Kuomintang liderado por Chiang Kai-shek, igualava-se ao japonês. Estima-se que pode ter chegado a matar 10 milhões de chineses, ao se esforçar para estabelecer sua autoridade de 1928 em diante, e finalmente na guerra civil contra os comunistas de Mao.

Esse cenário terrível e assustador pode ajudar a explicar parte do comportamento dos comunistas de Mao Tsé-tung depois de tomarem o poder em 1949, mas também a estranhamente simpática opinião do Ocidente sobre eles, mesmo que, durante os próximos trinta anos, os comunistas tenham conseguido matar pelo menos tantos de seus compatriotas quanto o Japão e Chiang Kai-shek juntos.

Ele ajuda a explicar não apenas a própria brutalidade de Mao como também a sua surpreendentemente severa política de isolamento do mundo externo, embora também tenha servido igualmente às suas campanhas de lavagem cerebral. Por décadas, potências externas tinham causado destruições na China, e mesmo a Rússia soviética tinha, por um período, apoiado os oponentes de Mao, o Kuomintang; dessa forma, achava-se que seria melhor mantê-los todos afastados, coisa que Mao fez depois de romper com a União Soviética em 1959. A simpatia nutrida por alguns no Ocidente surgiu inicialmente da idéia romântica da Longa Marcha de Mao como um movimento de resistência ou libertação contra os japoneses e o bastante sangrento Kuomintang, e mais tarde, da noção, igualmente romântica, de que suas comunas rurais e esforços de organização das massas eram evidências de uma verdadeira, e até bem-sucedida, alternativa ao capitalismo ocidental. Contudo, Mao internamente também iniciou tendo muitos partidários idealistas, homens com um espírito igualitário, de "vamos arregaçar as mangas e construir a China", mulheres assim imbuídas e também encantadas com a sua súbita e aparente igualdade e libertação de uma sociedade feudal e patriarcal decadente.

Isso ajudou a encobrir o massacre inicial de 1 a 2 milhões de proprietários de terras em 1949, como também as discordâncias a respeito da coletivização da agricultura, através de unidades comunais gigantescas, em meados dos anos 50, o que foi chamado pelo falecido John King Fairbank, principal estudioso americano da China nas décadas recentes, "uma forma moderna de servidão". O maior número de baixas em um só evento provocado por Mao ocorreu entre 1958 e 1961, durante um esforço para compensar o fracasso da coletivização em estimular a produção. O chamado Grande Salto à Frente envolveu a mobilização de trabalhadores rurais para construir barragens, obras de irrigação e outras infraestruturas. Isso significou que havia menos gente para trabalhar nos campos, enquanto mais grãos eram reservados para as cidades. O resultado foi uma fome rural na qual morreram talvez 30 milhões de pessoas.

Finalmente, para completar essa terrível aritmética, em 1966 Mao lançou a Revolução Cultural, que veio a ser dez anos de caos deliberado, destinado a — se essa é a palavra — sacudir todas as instituições do partido e funcionários estabelecidos. Esse período levou ao extremo a velha idéia de dividir para governar. Acredita-se que um milhão ou mais de pessoas morreram em conseqüência dos tumultos e perseguições da Revolução Cultural e algo como 100 milhões foram marcados por ela, física ou mentalmente.

Todas essas cifras de baixas são estimativas. A China é grande, por isso poderiam ser esperadas cifras maiores; mas elas devem ser vistas proporcionalmente. Se a Mao é atribuída a responsabilidade por 33 milhões de mortes em menos de dez anos, isso equivale a 6% da população de 545 milhões de chineses em 1949, quando ele assumiu o poder. Um quadro de Mao Tsé-tung ainda se encontra suspenso bem à vista na entrada da

Cidade Proibida na Praça da Paz Celestial, o grande campo de exercícios militares no centro de Pequim. Contudo, não é de se admirar que sua memória é manchada para todos, menos para o núcleo mais duro (e os corações mais endurecidos) dos comunistas de hoje. Como diz um dos eufemismos dos quais o partido gosta tanto, ele cometeu "muitos erros".

Sua condução dos assuntos econômicos foi um desses erros: o que explica a fome e o contínuo declínio relativo da China. Mesmo assim, quando Deng Xiaoping assumiu o poder em 1978, dois anos depois da morte de Mao, a China já crescera economicamente mais nos vinte e cinco anos anteriores do que no século precedente. Isso porque, pelos padrões chineses, tinha havido paz, lei e ordem em magnitude incomum, combinadas a certa tecnologia stalinista e bastante organização stalinista. Mas isso não foi suficientemente bom. A China se tornava mais fraca e pobre com relação ao resto do mundo, e ainda lutava para alimentar sua crescente população.

A solução de Deng foi simples: capitalismo. Ou, para dizê-lo de outro modo, cobiça. Gradualmente, ele implementou a maioria das típicas generalizações de economistas sobre como os países pobres poderiam se erguer. Ele introduziu preços de mercado para agricultores e, à medida que prosperavam, estes começavam a comprar bens de consumo; instituiu alguns direitos de propriedade pela primeira vez desde 1949; permitiu a cidades e vilas que construíssem e fossem proprietárias de indústrias leves; abriu a China a algum comércio e alguns investimentos estrangeiros, de modo que pudesse importar tecnologia. Era, ele disse em outro eufemismo mais esplêndido, um "socialismo com características chinesas", no qual, dizendo com menos rodeios ainda, "é uma glória enriquecer".

O resultado dramático hoje nos é familiar. O PIB chinês cresceu entre 7% e 13% ao ano por quase duas décadas, os salários quadruplicaram e a economia em seu todo mais do que quintuplicou. Sua participação no PIB mundial (quando medida pela paridade do poder de compra) subiu de 5%, em 1978, para 11,8%, em 1988; a renda *per capita* cresceu seis vezes mais rapidamente do que a média mundial. Essas medidas podem ser enganadoras, tanto porque os números subjacentes do PIB são distorcidos como porque a comparação pela paridade do poder de compra é uma medida controversa, para dizer o mínimo. Todavia, permanece o simples fato de que a China tem se desenvolvido rapidamente, pois teve um imenso campo para isso, graças à sua instabilidade histórica e ao modo criminosamente incompetente com que os comunistas de Mao administraram a economia de 1949 a 1976. A conseqüência mais simples é também a de maior importância imediata: mais de 20% da população — 270 milhões de pessoas — foram alçados acima da linha de subsistência no período 1978-2000. Além disso, em comparação às repressões, desordens e falta de escolha dos anos 60 e 70, a população subitamente usufruiu certa liberdade. Centenas de milhões de pessoas ganharam a liberdade de escolher com que gastar seu dinheiro e até, para muitas delas, onde viver, já que cada vez mais lhes permitiram mudar-se para as cidades, onde se encontravam os novos empregos.

A despeito de todo o progresso, a despeito dos modernos e reluzentes hotéis, arranha-céus e shopping centers de Pequim, Xangai e outras cidades litorâneas, a despeito do fato de nelas as bicicletas e ternos no estilo Mao terem sido substituídos por engarrafamentos de veículos e uma grande variedade de estilos, para a maioria dos chineses o país todavia continua sendo um lugar pobre e repressivo. Os visitantes ocidentais (incluindo o presente autor) freqüentemente se perguntam por que os chineses comuns o toleram. A justiça é arbitrária. O tratamento dado aos dissidentes, e mesmo aos deficientes físicos e doentes mentais, é cruel e brutal. A despeito do sucesso econômico, o desemprego cresce à medida que antigas empresas estatais são reestruturadas ou fechadas. A desigualdade está se elevando, tanto dentro de cada cidade ou região como entre as mais prósperas e as mais atrasadas. De acordo com estatísticas oficiais, em 1984 a renda média urbana era 1,7 vez superior à rural; em 1999, era 2,65 vezes maior. Os jornais são meros panfletos propagandísticos. Movimentos independentes pró-democracia ou apenas a favor de certos resultados políticos são completamente banidos ou suprimidos tão logo ganham alguma importância.

Contudo, por que tudo isso ainda não causou outra revolução tem uma resposta direta: o presente pode ser imperfeito de muitas formas,

mas continua muito melhor que o turbulento passado. Aqueles que viveram durante a Revolução Cultural já não querem mais desordem, mais ruptura, o que adviria se houvesse um esforço para derrubar os opressores comunistas.

As realizações econômicas desde 1978 têm sido imensas. Mas, sob muitos aspectos, aqueles foram os anos de tranqüilidade. O crescimento consistia então em permitir-se que parte do potencial natural da China se realizasse, enquanto as ineficiências da agricultura coletivizada e a indústria leve planejada centralmente eram eliminadas. Escritores que tratavam da administração falavam da necessidade de primeiro "colher os frutos que estão ao alcance da mão". Sob muitos aspectos, de qualquer forma foi isso que a China fez durante a década de 1980. Contudo, desde meados dos anos 90, a situação ficou muito mais difícil, e promete tornar-se ainda mais difícil porque, ainda que o capitalismo tenha se fixado e feito sua mágica na economia da China, ainda não se impôs completamente: as indústrias estatais ainda respondem por quase a metade da economia. A maioria dessas empresas — heranças do planejamento central, mal administradas e superlotadas — estaria falida se submetida à contabilidade convencional e às pressões normais dos banqueiros por juros ou pela quitação de empréstimos. Mas esses bancos também são estatais e estariam, igualmente, insolventes caso fossem administrados segundo os padrões ocidentais.

Considerando-se com frieza, esse fato outra vez mede apenas o tamanho da oportunidade. Pense no que a China poderia realizar se o capitalismo dominasse a economia inteira. Há mais frutos ao alcance da mão para colher. Alguns já estão sendo colhidos, tais como novas rodovias, estradas de ferro, aeroportos e vias fluviais, construídos para reduzir os custos do transporte para as províncias, ou a reestruturação de ações de antigas companhias estatais, agora disponíveis nos mercados de ações em Xangai e até Hong Kong. O capitalismo bem-sucedido, eficiente e estável de Hong Kong expandiu-se desde então, abarcando uma vasta área do sul da China, especialmente em torno do delta do rio Pérola, tanto antes como depois da tranqüila devolução à China, em 1997, da soberania sobre a antiga colônia britânica.

Ainda assim a dificuldade pode ser medida, também: pelo tamanho dos interesses velados nas indústrias estatais que se opõem à reestruturação, pela dimensão do desemprego de transição causado por essa mudança e pelo fato de que nessas velhas indústrias os empregadores cuidavam de toda a estrutura previdenciária para seus empregados, incluindo escolas, hospitais e aposentadorias. Os trabalhadores das indústrias modernas têm que se virar por conta própria. Além disso, atualmente os bancos chineses são meros canais que distribuem a poupança privada para companhias estatais para então ser essencialmente destruída; não são bancos no sentido convencional, mas, na realidade, parte do sistema público de tributação, despesa e criação monetária. Não será fácil modernizá-los, passando-os do sistema antigo para um novo.

É uma tarefa gigantesca. Mas, igualmente, a determinação de realizá-la, bem como a ambição de avançar no crescimento econômico. Foi o que se observou, em 2000 e 2001, no esforço dos líderes chineses para ingressar na Organização Mundial do Comércio (OMC). A admissão na OMC irá, ao longo dos anos, abrir novas áreas da economia chinesa à competição estrangeira, e exporá o país a regras de comportamento aceitas internacionalmente. Também foi o que se observou, na primavera de 2001, na resposta chinesa, surpreendentemente calma e eventualmente amistosa, ao pouso de emergência, em solo chinês (na ilha Hainan), de um avião espião americano, que tinha sido avariado numa colisão com um caça chinês.

Embora a colisão tenha sido seguida por muita encenação, no final a linguagem usada para atacar os americanos foi bastante moderada pelos padrões chineses, e a tripulação e a aeronave retornaram aos Estados Unidos surpreendentemente rápido. Eu visitei Pequim enquanto o avião ainda estava pousado na ilha Hainan, e fiquei chocado ouvindo funcionários, inclusive no Ministério das Relações Exteriores, e o *People's Daily*, o principal jornal de propaganda, falarem de forma bastante moderada do acontecimento. Perguntei-lhes o que pensavam dos Estados Unidos: juntamente com frases entredentes sobre a arrogância americana e coisa e tal, também conseguiam achar coisas elogiosas para dizer sobre as realizações americanas na economia e na educação. Entrevistei o principal negociador para o controle de armamentos do Ministério das Relações Exteriores, esperando dele um linguajar particularmente duro; em vez disso, ele se mostrou tranqüilo e bem-humorado, pelo menos até que entrássemos no assunto Taiwan. Nesse momento ele me fez saltar ao bater forte na mesa e declarar que, pessoalmente, ele estava disposto a morrer para conseguir reaver Taiwan.

A China está bem consciente da sua dependência para acessar os mercados e o *know-how* ocidentais, e da necessidade de apoio do Ocidente para sua filiação à OMC, que continuava incerta quando do incidente com o avião espião. Junto com os ataques rotineiros aos Estados Unidos pelo "hegemonismo", entre os burocratas chineses há uma difundida consciência de que há muito o que aprender com a superpotência líder mundial, bem como a aceitação de que a influência americana na região asiática do Pacífico traz para a China pelo menos benefícios de curto prazo, ao manter a estabilidade da região e reduzir a chance de que outros rivais regionais — Japão, Coréia — possam emergir para dominá-la enquanto a China se concentra em construir uma economia forte.

Contudo, a mera determinação de levar adiante a reforma e a modernização da economia pode não ser o fim do problema. Parece que os líderes do Partido Comunista acreditam que devem estimular o crescimento econômico e não há alternativa à modernização. Não há como retroceder. Intelectualmente, isso é certamente verdadeiro. Mas avançar tampouco é uma grande alternativa. O desemprego e problemas relacionados estão destinados a provocar grandes problemas sociais. Dado o crescimento da força de trabalho e saída de mais pessoas do campo à medida que a produtividade rural cresce, a China necessita criar de 8 a 9 milhões de novos empregos cada ano, antes mesmo de atender aos milhões — aproximadamente 4 a 7 milhões por ano — que são demitidos pelas indústrias estatais. Dessa forma, os comunistas querem o crescimento econômico para manter-se populares e fortalecer o país; mas também necessitam dele se quiserem manter o desemprego sob controle e manter-se seguramente no poder. O país tem de correr muito apenas para permanecer onde já está.

As próximas décadas da China significarão uma constante contenda entre a criação de novos empregos na indústria moderna e a destruição de velhos empregos nas empresas estatais. As "ventanias da destruição criativa" inerentes ao capitalismo serão um traço dominante na China. Porém, a questão é se o sistema político chinês é maleável o bastante para absorver essas ventanias. Se, por algum período contínuo, a destruição superar a criação, seja devido a uma instabilidade da economia doméstica, seja devido a fatos desapontadores da economia externa, a pressão política aumentará. Até agora, a raiva contra a repressão, justiça arbitrária e corrupção oficial manteve-se represada, em parte graças ao fato de a maioria dos chineses achar que seu quinhão está melhorando, em parte graças a uma organização e um policiamento eficazes. Mas é importante lembrar que, em 1989, uma manifestação realizada por alguns poucos milhares de estudantes na Praça da Paz Celestial foi considerada uma ameaça tal ao regime que se ordenou a intervenção do exército, cujas tropas mataram centenas de estudantes. Essa manifestação teve problemas econômicos em sua raiz: uma inflação crescente que coincidia com uma estagnação econômica. Pense em qual impacto poderia ter a existência de muitos milhões de desempregados, se vierem a acreditar na continuidade de sua desgraça. Ao sul, em Hong Kong, eles veriam um tipo de China mais rico e livre, onde as proteções legais são mais seguras e há, inclusive, algo de uma tentativa de democracia. Por que não estender, poderiam dizer os queixosos, as realizações e liberdades de Hong Kong a toda a China?

Essa incerteza econômica é a ameaça fundamental à estabilidade política do país. Trata-se de um país imenso, a respeito do qual as maiores decisões são tomadas por aproximadamente duas centenas de homens, em sua maioria anciãos — os líderes do Partido Comunista —, que encabeçam o que na realidade é uma vasta burocracia armada. Você poderia pensar que uma ditadura armada e burocrática estaria bem equipada para absorver as ventanias da destruição criativa, já que não precisa se preocupar com eleições ou a opinião pública. Todavia, sua fraqueza é justamente não possuir amortecedores de choques, nenhum sistema de prestação de contas, que possa lidar com a crítica pública. Em tais regimes, também é difícil organizar as sucessões, pois não há um sistema aberto de seleção e promoção. A morte de Mao, em 1976, foi seguida por dois anos de caos, ao final dos quais Deng Xiaoping, um participante da Longa Marcha, que ficara preso durante anos por ser um "pavimentador do capitalismo", assumiu o controle. Quando Deng morreu, em 1997, foi sucedido por um triunvirato — Jiang Zemin, Li Peng e Zhu Rongji — que surpreendeu observadores por sua durabilidade. A duração da última fase da doença de Deng até a sua morte — ele entrou em coma em 1995 — pode ter tornado a transição mais suave, mas para isso também contribuíram as circunstâncias predominantes de um rápido crescimento econômico.

Dois daqueles três líderes, Jiang e Zhu, foram objeto de entusiasmadas críticas de homens de negócios ocidentais durante o período em que estiveram no governo, até 2002. Jiang foi considerado um parceiro confiável, muito sensato; Zhu é visto como uma verdadeira estrela, um tecnocrata brilhante, durão e um político nada liberal, mas, ainda assim, um homem com uma visão de futuro para seu país, um homem de realizações que consegue que as coisas sejam feitas. Visitantes importantes sentem-se imensamente honrados por serem recebidos por tais líderes em audiência — ou até em jantares — e saem convencidos de que a China está em excelentes mãos. Tão melhores que os políticos duvidosos e néscios que temos no Ocidente.

Trata-se de um mal-entendido clássico, ou talvez um clássico autoengano: a idéia de que tudo deve estar bem porque o chefe o disse; a idéia de que um país gigantesco — e cada vez mais, uma economia gigantesca — pode ser estimulado por um punhado de homens, por mais brilhantes e visionários que eles sejam; a idéia de que sua concepção de ordem e estabilidade deve ser melhor do que quaisquer modos alternativos de fazer as coisas funcionarem.

É tão-somente necessário olhar para a Indonésia do final da década de 1990 para vermos quão equivocada essa idéia pode ser, e quão difícil é, para uma ditadura, lidar com uma crise política e com a mudança que a segue. O presidente Suharto, ditador por mais de três décadas, não liderou um movimento tão bem enraizado quanto o Partido Comunista chinês. Mas tinha o exército a seu lado, e realmente tinha sob seu comando, em Golkar, um partido bem organizado. Contudo, em meio ao colapso econômico e a manifestações populares, foi forçado a renunciar. Até mesmo seu exército retirou seu apoio. Mas a sua saída piorou ainda mais a situação econômica, porque na Indonésia não havia um verdadeiro estado de direito e direitos de propriedade assegurados. Contratos antigos fechados entre empresas e um regime corrupto e arbitrário, bem como os pressupostos desse regime, foram subitamente colocados em questão, especialmente os feitos com a própria família Suharto. Uma crise econômica causada por débitos externos e uma moeda em colapso foi então amplificada por um colapso dos investimentos à medida que a confiança se evaporava.

Na China, igualmente, também não há um estado de direito seguro, e os contratos têm força principalmente devido à fé na continuidade do poder dos funcionários e do regime com os quais foram negociados, ou que os regulamentam. Tal como na Indonésia, o perigo é que uma crise econômica possa passar a ser então — à medida que os contratos deixam de ter valor e desaparece a confiança em todos os tipos de dispositivos regulatórios — um processo que se auto-reforça.

O Partido Comunista já foi enfraquecido pela dispersão do poder entre indivíduos, companhias e regiões. Essa descentralização foi tanto inevitável como desejável, já que a economia se desenvolveu. Se esse processo continuasse ou se acelerasse, o partido com certeza teria desaparecido. Poderia ter continuado funcionando como uma conveniente ficção, mas o poder verdadeiro estaria em outra parte, em muitas, e não em poucas, mãos. Essa possibilidade torna tentador tirar a conclusão contrária à comumente tirada pelos homens de negócios ocidentais que visitam a China, se reúnem, jantam e se impressionam com Zhu Rongji: que a democracia, em vez de um governo de um pequeno grupo, pode desenvolver-se espontaneamente em tais circunstâncias, como uma forma de gradualmente equilibrar os interesses de todas as diferentes mãos que atualmente detêm o poder. Quem sabe, quando uma crise econômica venha a ocorrer, os meios econômicos para lidar com ela ou, ao menos, canalizá-la já tenham se desenvolvido.

A experiência em todos os outros países sugere que, com o decorrer do tempo, a liberdade econômica gera a pressão para maiores liberdades políticas. Essa foi a experiência do Ocidente rico, mas também da Coréia do Sul, por exemplo, e da própria "província renegada" da China, ou seja, Taiwan. A pressão deriva, em parte, da liberdade mesma; em parte, da necessidade de lidar com os desaquecimentos da economia, e, em parte, simplesmente porque os interesses de grupos não-governamentais e de indivíduos se expandem até o ponto de exigirem proteção e prestação de contas. Mesmo em Cingapura, uma pequena cidade-estado, que continua sendo o negócio de um partido único, a presença de indenizações legais e de eleições periódicas nas quais, por princípio, os líderes podem ser punidos, fornece uma válvula de escape vital.

Parece provável, então, que também na China surja um tipo de democracia, pois ela se tornará necessária e desejável. Novamente, se perguntássemos a um homem de negócios ocidental se os chineses querem a democracia, ele responderia bufando: "É claro que não; eles querem estabilidade, e querem enriquecer." Isso é provavelmente verdadeiro, em ambos os aspectos, mas não vai ao ponto. Recessão significa desemprego, que significa mais pobreza e, provavelmente, instabilidade. Como já observei, na última vez que a economia ruiu, a multidões se reuniram na Praça da Paz Celestial clamando por democracia, e as tropas foram convocadas. O que as pessoas exigem nessas circunstâncias é responsabilização e tendem a querê-la mais quanto mais ricas ficam, pois querem proteger seus ganhos contra a má administração ou o confisco.

O verdadeiro problema sobre o futuro é saber se a responsabilização na China realmente vai significar democracia, ou pelo menos um caminho suave até ela. Considerando a história da China, duas outras possibilidades intermediárias devem também ser mantidas em mente. Uma é que a exigência de controle público produza uma prolongada e sangrenta guerra civil e um consequente retorno do padrão de 150 anos de estagnação. A outra é que, em resposta ao derramamento de sangue e a pressões de massa quase-democráticas, alguém experimentasse uma forma adaptada de ditadura, explorando as tradições confucianas da China, sob as quais os indivíduos devem apoiar o Estado, e não o contrário. Seria defendido que todos necessitam unir-se no cumprimento de seu dever de fazer a grandeza da China. Mas que não se chame isso de comunismo.

Uma abordagem autoritária como essa, explorando os "valores asiáticos" da responsabilidade e do dever coletivos que se propagaram, nos últimos anos, na Malásia e em Cingapura, provavelmente apenas adiaria o dia em que o mercado finalmente mostrasse que é incompatível com o poder centralizado. Mas o próprio comunismo, assim como as duradouras ditaduras capitalistas na Indonésia e no Chile, durou por um tempo surpreendentemente longo. A idéia liberal de que uma economia livre leva também à liberdade política aplica-se apenas ao longo prazo, e ignora muitas dificuldades de curto prazo que se encontram ao longo do caminho.

Alguns argumentam que uma tal política comunitária pode funcionar em uma cidade-estado como Cingapura, mas possivelmente não funcionaria para os chineses, que contam mais de um bilhão. Talvez seja esse o caso, mas, com golpes de nacionalismo e provocações de raiva contra velhas humilhações, bem que poderia funcionar. Esse foi, no final das contas, o modo como Taiwan foi governado por quarenta anos. O resultado seria penoso para a democrática Taiwan de hoje, e criaria um dilema bastante real para a maior potência regional asiática, o Japão. Mas poderia, ainda uma vez, ganhar certo apoio no Ocidente, onde muita gente quer, de forma perturbadora, acreditar que as liberdades que valorizam para si mesmas não são necessárias ou desejáveis para os pobres.

Contudo, a coisa mais importante para o presente propósito não é especular sobre o que poderia acontecer com o sistema político da China, mas sim descobrir quais seriam as conseqüências enquanto esse processo transcorre. Um funcionário público chinês responderia, caso admitisse que alguma mudança é, em algum momento, concebível, que se trataria de uma questão chinesa interna, que não diz respeito ao resto do mundo. Para concluir, ele diria que a China nunca foi, em sua história, um agressor de outros territórios, que nunca procurou expandir suas fronteiras, atacando outros países.

Os tibetanos e os uighurs da província de Xinjiang poderiam muito bem tomar a liberdade de discordar. Mas é verdade que a China não teve, no passado, o hábito de invadir o Japão, por exemplo, ou mesmo o seu vizinho imediato, a Coréia (exceto quando a Guerra da Coréia já se iniciara, na década de 1950), ou qualquer uma das ilhas e nações peninsulares do Sudoeste Asiático. Contudo, isso não é inteiramente tranqüilizador, por duas razões.

A primeira é que, a despeito da sua professada falta de ambição territorial, a China todavia disputa muitos territórios em torno do Mar do Sul da China, especialmente por acreditar que deve ter o direito de explorar o leito marítimo em busca de minerais, petróleo e gás, e que deve ter a oportunidade de estabelecer bases navais sobre os muitos recifes e ilhas lá localizados, de alguns dos quais já se apoderou. Sensatamente, em termos de seus próprios interesses, acredita em manter alternativas em aberto no caso de futuramente vir a necessitar desses minerais, da energia ou dessas bases. De fato, assim como o Japão nas décadas de 1920 e 1930, a China poderia se tornar perigosa no momento em que houvesse escassez de energia ou em que acreditasse que poderia ser-lhe negado o acesso a esse ou a outros recursos naturais.

A segunda razão por que a falta de uma história expansionista da China pode não ser um fato tranqüilizador é que sua maior disputa territorial é travada consigo mesma: com a rica ilha de Taiwan, colônia japonesa de 1895 a 1945, que passou a ser a casa, desde 1948-49, do exilado Kuomintang. Oficialmente, Taiwan é considerada parte da China, e supõe-se ser apenas uma questão de tempo para a "província renegada" ser outra vez unida à sua pátria. Agora que Hong Kong (1997) e Macau (1999) retornaram ao redil, Taiwan deve ser a próxima, dizem os continentais. Atualmente, há um *status quo* desconfortável, mas estável, entre as duas, sob o qual enquanto Taiwan realmente não se declarar independente, os comunistas parecem dispostos a esperar e simplesmente expressar suas pretensões. É praticamente certo que as forças militares de Taiwan, com um avançado sistema de armas comprado dos EUA, poderiam quase que certamente vencer os comunistas em um conflito direto, desde que armas nucleares não fossem usadas.

Os problemas reais, contudo, dizem respeito a um conflito indireto: muito provavelmente haveria um bloqueio, um longo período de intimidação pelas forças chinesas, procurando forçar os taiwaneses a suplicar pela paz. Na China, mesmo os dissidentes políticos professam seu patriotismo a respeito da unificação com Taiwan; trata-se de uma apaixonada questão nacionalista. A nenhum líder chinês é permitido mostrar-se brando sobre o tema da reunificação. Contudo, isso também significa que, em caso de tensão ou mesmo de conflito político, Taiwan é a carta óbvia a ser usada por uma facção, uma maneira de arrebanhar apoio, dedilhando as cordas dos corações nacionalistas. Diante da possibilidade de ação militar, a aposta a ser feita por tais chineses nacionalistas consistiria na aposta de que o mundo externo, e isso quer dizer principalmente os Estados Unidos, não se apresentaria em socorro de Taiwan. Os governos americanos há muito buscam deter uma ação desse tipo dando a impressão que de fato entrariam na guerra tomando o partido dos taiwaneses.

Todavia, pode chegar o dia em que tudo isso comece a parecer menos provável, talvez devido a um esgotamento econômico interno ou uma sensação de frustração com o mundo externo. E, caso venha a ocorrer, esse momento de tentação para os planejadores militares chineses será o mais perigoso de todos; muito possivelmente, tanto quanto podemos afirmar isso com tanta antecedência, o momento mais perigoso de todo o século XXI. As guerras são, freqüentemente, o resultado de erros de cálculo. Se alguma vez houver um combate entre os Estados Unidos e a China, provavelmente resultará do maior e mais fatídico erro de cálculo na história da humanidade.

4.

Vulnerabilidade Japonesa

A China pode ressentir-se da presença de bases militares americanas no Oceano Pacífico, e mesmo no seu Mar do Sul, área que os chineses consideram como sua própria esfera de influência. Mas se há algo que ofenderia os chineses ainda mais que o poderio americano na Ásia, seria o renascimento do poder japonês na região. Durante as décadas de 1970 e 1980, enquanto a força econômica do Japão só fazia crescer, muitos chineses devem ter sofrido palpitações.

Não somente os chineses. Naquela época, praticamente toda pessoa que escrevesse um livro ou discurso sobre o futuro alinhamento das grandes potências mundiais certamente incluiria o Japão. Algumas, de fato, teriam ido tão longe a ponto de predizer alguma forma de supremacia japonesa, uma *pax Nipponica* sucedendo a *pax Americana* que imperava no mundo livre desde 1945. O Japão parecia ser irrefreável. Crescia mais rapidamente que os EUA ou a Europa ocidental, coisa que vinha ocorrendo por mais de vinte anos. Em meados dos anos 80, aumentava seu controle sobre o resto do mundo por meio de enormes exportações de capital. Da mesma forma que a Grã-Bretanha no século XIX, o Japão se transformava numa gigantesca nação credora, à qual outras nações devem e prestam deferência, mas nunca o contrário. Na sua economia e, acima de tudo, na sua indústria manufatureira, o Japão fazia algo misteriosamente certo, que os decadentes povos do Pacífico ou da Europa ocidental não sabiam imitar ou com o que não eram capazes de competir. Por meio da explosão de seus mercados de ações e de imóveis, o Japão encontrara um novo jeito de financiar seu crescimento, com capital abundante e aparentemente livre. Essa nova grande potência econômica procuraria — inevitavelmente, dizia-se — também ganhar poder político, a fim de moldar o mundo de acordo com seus interesses.

Hoje, praticamente ninguém sustenta esse argumento. Depois da quebra dos mercados de ações e imóveis japoneses em 1990, o país suportou decepções em cima de decepções. Sua frágil taxa de crescimento despencou. Seus bancos, antes temidos em todo o mundo, tornaram-se motivo de riso em vez de pilares do crescimento, conhecidos por sua administração medíocre e ônus imensos de dívidas ruins. Debilitaram-se as rendas; cresceu o desemprego. As finanças públicas, que, em 1989, tinham sido notáveis por sua solvência, com um robusto superávit orçamentário, tornaram-se notáveis por sua insolvência, com um déficit orçamentário geral próximo a 10% do PIB, em 2002, e dívidas governamentais que excediam 140% do PIB.

A maioria das indústrias de manufaturados, temidas como invencíveis durante a década de 1980, subitamente assumiu dimensões mais terrenas. Nissan, o segundo maior fabricante de automóveis do Japão, teve de ser socorrido pela francesa Renault. Ao final dos anos 90, nenhuma das companhias de computadores japonesas estava na lista das maiores do mundo. No ramo de equipamentos de telecomunicações, cujas indústrias cresceram mais rapidamente na década de 1990, as companhias japonesas permaneceram ativas e com relativo sucesso, mas principalmente como subcontratadas por outras. Exceto em nichos bastante especializados, Toyota e Sony são as únicas empresas japonesas que ainda estão na ponta da língua daqueles que buscam identificar os líderes do mundo. As íntimas relações entre diferentes firmas, e entre homens de negócios, burocratas e políticos, antes enaltecidas como a verdadeira fonte da energia e clareza de propósito do Japão, são hoje ridicularizadas como rígidas, egoístas e corruptas, a epítome de um capitalismo entre amigos, servindo para explicar por que o país se deparou com tanta dificuldade para mudar e, de fato, por que perdeu sua clareza de propósito.

VULNERABILIDADE JAPONESA

Os anos 90, a década perdida do Japão, também podem facilmente produzir uma reação de *schadenfreude*, um prazer pela desgraça alheia. Alguns sentem prazer às expensas do próprio Japão, o prazer de ver o poderoso, e, no final dos anos 80, poderosamente arrogante, agora humilhado. Outros sentem prazer às expensas de todos os analistas, especialmente nos EUA, que, na década de 1980, faziam incessantes advertências sobre a iminente supremacia japonesa, e sustentavam que o Ocidente devia ou bem começar a copiar os métodos japoneses ou bem começar a confrontá-los. Essa *schadenfreude* não é muito construtiva. Contudo, uma vez percebida pela perspectiva de algumas décadas à frente, tal reação não parecerá extremamente pertinente, tampouco inteligente.

Uma razão para isso é que tal pensamento, por natureza, é essencialmente efêmero — tão efêmero quanto as afirmações sobre a iminente supremacia japonesa mostraram ser. Trata-se do erro de usar evidências de curto prazo para provar um argumento sobre tendências de longo prazo. Assim como o Japão nos anos 90, os Estados Unidos sofreram uma devastadora quebra do mercado de ações em 1929, em seguida a uma década de aparentemente imensa realização industrial, e então "perderam" a década de 1930 para a Grande Depressão. Todavia, àquela época, ter escrito que os Estados Unidos estavam liquidados porque seus bancos entraram em colapso ou seus trabalhadores faziam fila para esperar a sopa dos pobres teria sido um verdadeiro erro histórico. Pode ter sido um dos erros que incitou em Adolf Hitler a audácia expansionista na Europa. Em 1945, a aparentemente falida nação americana exerce uma liderança militar e econômica sobre o resto do mundo nunca antes igualada, e que, provavelmente, nunca será alcançada. Não se segue, é claro, do exemplo americano que o Japão também esteja destinado a seguir uma terrível década com um salto para uma posição de liderança. Mas o paralelo de fato nos alerta para a necessidade de levantar os olhos de fenômenos de curto prazo para tentar identificar forças e tendências subjacentes.

Uma segunda razão está relacionada à primeira: as atitudes de sobreestimar o potencial e a importância do Japão nos anos 80 e (quase certamente) subestimá-los nos anos 90 e no início da década de 2000 implicam, ambas, que a análise popular (e mesmo muito da acadêmica) tende a se fixar em indicadores errados de poder, liderança potencial e — o mais importante para o presente propósito — de relevância geopolítica.

A explicação mais provável para isso é o fato de o próprio conceito de poder ser escorregadio, que depende do contexto e de variáveis, e não pode ser medido em termos absolutos. Uma outra explicação é que os indicadores estatísticos de poder tendem a apresentar um caráter autoamplificador, devido a movimentos monetários: próximo ao seu zênite cíclico, um país parece estar ainda mais à frente de outros, quaisquer que sejam os indicadores escolhidos, porque sua moeda tende a aumentar de valor ao mesmo tempo. O ascendente iene, de 1985 até 1990 (e, de modo inconstante, até 1995) empurrou o Japão para o topo de muitas ligas — renda *per capita*, doações de socorro, recursos públicos, e até despesa militar —, da mesma forma que o dólar forte, entre 1995 e 2001, expandiu a aparente liderança americana segundo muitos padrões.

Mas isso também se deve ao fato de a seqüência de análise usada para avaliar o poder e o potencial está geralmente de cabeça para baixo. Surge a percepção de que o país hoje é poderoso, ou poderá ser em um futuro bastante próximo. Sábios e acadêmicos buscam então por indicadores que possam explicar ou dar substância a essa percepção. Portanto a atenção repousa tanto em correlações como em relações causais. Assim, a percepção da ascensão do Japão foi dominada por três coisas: suas exportações de bens manufaturados, principalmente automóveis e equipamentos eletrônicos, gerando um grande superávit comercial; suas exportações de capital; e a valorização do mercado de ações de Tóquio. Conseqüentemente, os lamentos a respeito da debilidade americana e européia tendiam a concentrar-se sobre o declínio da indústria de bens manufaturados, os déficits comerciais, as importações de capital (que mostravam como o controle das economias ocidentais estava passando para mãos japonesas) e a volatilidade da bolsa de valores local, especialmente durante e após uma quebra de Wall Street em 1987.

Contudo, se nos deslocamos para o final dos anos 90, as coisas começam a mudar de figura. As percepções da força econômica americana, da sua supremacia, na verdade, tornaram-se dominadas por coisas diferentes: importações de equipamentos de alta tecnologia e seu uso no setor de serviços, especialmente por intermédio da Internet e de modernas telecomunicações; importações de capital, que agora supostamente significavam o quanto a economia americana oferecia retornos mais atrativos que qualquer outra; e, a única medida em comum com o Japão, a valorização do mercado de ações americano. Os déficits tornaram-se sinais de força, não de fraqueza; proezas na produção de manufaturados não eram mais um fim em si mesmo, mas apenas um aspecto da adoção de alta tecnologia e do esforço para aumentar a produtividade em toda a economia. O que mais interessava, acreditava-se, eram os *softwares* para computadores e o uso da Internet. E quanto aos contínuos superávits comercial e de capitais japoneses? Agora eram apenas sinais de uma demanda doméstica anêmica no Japão, e de que sua poupança não conseguia encontrar, no país, oportunidades lucrativas para investimento. Não eram mais força alguma.

Com isso, onde ficam o Japão e seu futuro? Claramente, os diagnósticos populares do passado estavam errados ou eram enganosos, mas com que se pareceria um diagnóstico melhor? O primeiro passo para isso consiste em descartar a noção, comum na década de 1980, de que o Japão, de alguma forma, poderia tornar-se o "número um", ou, em outras palavras, assumir uma posição de liderança mundial. Essa idéia precisa ser descartada não porque seja *ipso facto* implausível, mas antes porque o principal determinante da ocorrência — ou não — dessa liderança não reside no Japão: reside no curso futuro dos Estados Unidos da América.

A liderança é antes algo que os EUA podem perder do que o Japão (ou qualquer outro país) pode ganhar. A razão para isso repousa no tamanho e nas condições de cada país relativamente ao outro. De um lado, uma nação com 280 milhões de habitantes com uma economia que é de longe a maior do mundo. De outro, um país cuja população chega a menos da metade (126 milhões) e cuja economia também é apenas metade da americana. Os movimentos monetários podem alterar o hiato em ambas as direções, mas não alteram a situação básica. A médio e longo prazos, nenhum "sucesso" japonês de tamanho plausível poderia alterar fundamentalmente a relação entre os dois países. Essencialmente, teria de ser um fracasso dos próprios Estados Unidos — uma perturbação econômica e provavelmente social, para condenar os EUA não apenas a uma depressão cíclica de um ou dois anos, mas a diminuir ou estagnar o crescimento, por um período ininterrupto, provavelmente uma geração ou mais e, talvez relacionado a isso, uma decisão sistemática de deixar de engajar-se em assuntos mundiais. Um tal resultado é certamente possível, ainda que eu tenha sustentado, num capítulo anterior deste livro, que não é provável.

No passado, o mundo assistiu a períodos em que uma ilha modestamente populosa — a Grã-Bretanha — foi a nação capaz de chefiar outras por toda parte, incluindo países bem maiores. De fato, o nome japonês para Grã-Bretanha, *Eikoku*, pode ser traduzido literalmente por "país número um", tendo sido adotado no final do século XIX, quando a Inglaterra era vista exatamente assim. (A palavra japonesa para Estados Unidos da América, incidentalmente, é *Beikoku*, ou "país do arroz".) Contudo, o caminho a percorrer desde hoje até a situação de então teria de passar por tantas conexões tortuosas, exigindo tantas especulações, que não valeria a pena o tempo despendido. Ainda assim, se esse período de continuada falência ou retração americana dos assuntos mundiais realmente fosse ocorrer, então, a menos que houvesse um número extraordinário de outros abalos políticos e econômicos, o Japão certamente seria, na realidade, apenas uma entre muitas nações poderosas, em vez de ser supremo por si mesmo. Este mundo não seria um mundo onde ser o "número um" significasse muito para um país com o tamanho e o peso do Japão.

Tendo descartado esse problema que apenas desperdiçaria o tempo, dois tópicos muito mais produtivos precisam ser examinados. Um é o estado da economia japonesa, e sua relação com a estrutura social do país. Nos anos recentes, as coisas realmente parecem ter tomado um mau rumo, de tal forma que qualquer pessoa interessada na contribuição futura do Japão para a estabilidade ou instabilidade geopolítica precisa formar uma visão sobre se tal mudança significa fraqueza ou problemas fundamentais ou se poderia se tratar simplesmente de um fenômeno temporário. O curso econômico do Japão afetará, para o bem ou para o mal, tanto os interesses do país como seu comportamento.

O segundo tópico é o clima de segurança envolvendo o Japão no Leste Asiático: o Japão tem razão em se preocupar com o que poderia ocor-

VULNERABILIDADE JAPONESA

rer em sua região, e tais preocupações — justificadas ou injustificadas — poderiam alterar a postura ou o comportamento do país? Sem considerarmos se sua economia continuará estagnada ou ganhará impulso, o Japão poderia tornar-se geopoliticamente importante por causa de suas reações a acontecimentos em outros lugares, mais obviamente, tal como as coisas se dão hoje, na península coreana e na China. Em itens como o seu tamanho econômico atual, o Japão tem os meios e a importância estratégica para fazer uma grande diferença, tanto na sua região como no mundo, caso queira tentar fazê-la.

Desses dois tópicos, a economia precisa ser analisada primeiro, pois está intimamente relacionada, na mente da maioria das pessoas, com o próprio Japão. O que antes era o orgulho e a felicidade do Japão — tanto que o presidente da França, Charles de Gaulle, ridicularizou o país, numa expressão que se tornou famosa, como a nação dos "vendedores de transistores" — pareceu, em anos recentes, mais um embaraço. Ao começar o século XXI, o país foi sobrecarregado por um sistema financeiro abarrotado de ativos sem valor; por famílias que acumularam poupanças mas que perderam a confiança em gastar seu dinheiro; e por companhias cerceadas por regulamentações e por uma larga resistência à mudança. Todo mundo parecia saber o que necessitava ser feito — sanear o sistema financeiro, desregulamentar, estimular a demanda por meio da expansão monetária —, mas sem saber como fazê-lo. Interesses adquiridos punham-se como obstáculos. A mudança parecia ser essencial, mas, ao mesmo tempo, impossível.

 O grau dessa resistência à mudança, da paralisia em face da adversidade, tem sido surpreendente. Aqueles analistas, incluindo o presente autor em *The Sun Also Sets* [O sol também se põe], livro de 1989, que previram a reviravolta nos sucessos da economia japonesa em geral em 1990, esperavam, contudo, que levaria poucos anos, no máximo, para que os burocratas e homens de negócios japoneses achassem um modo de lidar com isso. Um clichê aceito é que a natureza coesa e consensual da sociedade japonesa implica que, embora possa levar algum tempo para que se chegue a um acordo sobre o que necessita ser feito, uma vez tomada a decisão, ela é implementada rápida e inteiramente. Os japoneses supostamente movimentam-se como um rebanho, de tal forma que, uma vez que se torne claro que o rebanho precisa mudar de direção, ele o fará, em uníssono, com um efeito impressionante. Outro clichê, talvez mais cínico depois da quebra da bolsa de valores em 1990, é o de que na política japonesa nada fala mais alto que o dinheiro — na verdade, argumenta-se, não se fala de qualquer outra coisa. Assim, quando a dor da estagnação começasse a incomodar os financiadores dos principais partidos políticos, especialmente o Partido Democrático Liberal, que governou o Japão quase ininterruptamente depois de 1955, esses doadores e mandantes certamente insistiriam nas mudanças.

Nenhuma dessas pressuposições mostrou-se correta. O rebanho não mudou de direção. Tampouco os financiadores de partidos políticos impuseram qualquer mudança. O que poderia ter sido um problema para cinco anos mais que dobrou sua duração, e tornou-se bem mais profundo do que precisaria ter sido. Uma razão para a demora pode ter sido o longo período de tempo que passou até que se tivesse uma percepção real da crise: os padrões de vida permaneceram altos, o desemprego cresceu, mas ainda continuou bem baixo. A vida não estava tão boa como poderia estar, mas também não estava tão ruim. Dessa forma, enfraqueceu-se o impulso para mudar, para fazer frente às dificuldades que a mudança sempre envolve. Uma segunda razão é que o principal remédio usado como política para tentar reavivar a economia durante os anos 90, enormes volumes de empréstimos públicos para financiar obras públicas, mostrou-se extremamente conveniente para um dos maiores grupos de corporações que financiam os democratas liberais, a indústria da construção, como também para outras empresas dependentes de suas atividades. Dessa forma, a idéia da pressão benéfica e auto-interessada, feita pelos mandantes corporativos, empurrando na direção da desregulamentação e da reforma, provou-se ingênua.

Mas há uma terceira razão, de natureza mais profunda. Ela repousa no fato de que a recusa em mudar não remonta simplesmente aos efeitos da quebra do mercado de ações da década de 1990, ao final do que hoje os japoneses chamam de período da "bolha" do final da década de 1980.

VULNERABILIDADE JAPONESA

Ela remonta a bem antes da própria bolha, pelo menos ao início dos anos 80 e talvez até mais cedo. De fato, essa recusa ajuda a explicar por que a própria bolha financeira cresceu, para começo de conversa.

No final da década de 1970, o Japão estava testando os limites do que tinha sido um período fenomenalmente bem-sucedido de crescimento econômico desde os anos 50. De fato, aqueles vinte anos arremataram um século fenomenalmente bem-sucedido em termos econômicos, um século que assistiu ao Japão ascender da posição de discípulo bastante subdesenvolvido do Ocidente até transformar-se em seu igual. Foi um século de enorme mudança econômica e social, durante o qual o Japão foi transformado de um país essencialmente rural em um país altamente urbano, especialmente durante a década de 1950. Foi um século em que o Japão em essência se industrializou duas vezes, superando, por exemplo, a Grã-Bretanha ao se transformar no maior construtor mundial de navios durante a década de 1930, e então superando-a na produção industrial total nos anos 60, refazendo-se da derrota na guerra.

O rápido crescimento econômico na década de 1960, liderado pelas indústrias exportadoras tais como a da construção naval, de veículos automotores e produtos eletrônicos, recebeu um repentino golpe em 1971, quando o presidente Richard Nixon desvalorizou abruptamente o dólar em relação ao iene e a outras moedas, e depois outro, em 1973-74, quando os preços do petróleo subitamente multiplicaram-se por dez, em meio a um embargo árabe do petróleo. Um tal acontecimento deveria ter sido — e foi — especialmente doloroso para um país que importa quase toda a sua energia. Contudo, ele se recuperou rapidamente de uma curta recessão e surto de inflação, tornando-se, sob a pressão da alta dos preços e certo estímulo do governo, o usuário mais eficiente de energia do mundo industrial. Um crescente déficit orçamentário do governo também ajudou a fomentar a demanda interna.

Naquela época, o Japão era um país que, em essência, tinha duas economias. Uma, a de indústrias avançadas de exportação e suas redes de fornecedores, era aberta ao comércio e à competição internacionais, livre para inovar e criar novos mercados, e fazia páreo a firmas rivais em qualquer parte do mundo. Esse grande setor era liderado por companhias que haviam sido fundadas por empreendedores nos anos 50, tais como Honda e Sony, além de algumas cujas origens remontavam a antes da Segunda Guerra Mundial, mas que não haviam sido parte do *establishment* industrial. Toyota e Matsushita Electric (fabricante de produtos eletrônicos da marca Panasonic, entre outros) eram exemplos notáveis. Tais firmas tinham suas próprias redes de fornecedores e clientes, mas não estavam comprometidas com nenhum outro grande grupo de companhias. Muitas firmas que faziam parte desses grupos industriais, ou *keiretsu*, sucessores menos rígidos dos antigos conglomerados do pré-guerra, ou *zaibatsu* (que haviam sido dissolvidos pelos americanos que ocuparam o Japão nos anos 40) também fizeram parte do esforço de exportação, mas não estavam na vanguarda. Mitsubishi Electric, Hitachi e Fujitsu são exemplos. Aqui os preços eram baixos e a produtividade alta.

A outra economia, contudo, era constituída por mercados domésticos relativamente atrasados e protegidos: os exemplos incluem agricultura, distribuição, telecomunicações, linhas aéreas, muitos bens de consumo, construção, varejo, terras e todos os serviços financeiros, com maior destaque para os serviços bancários. Aqui, os preços eram altos, a competição restrita e a produtividade baixa. Parte dessa segunda economia, ineficiente, pode ser explicada pelas políticas sociais: a vontade, especialmente forte durante a década de 1950, quando houve um grande afluxo de pessoas do campo para as cidades, de preservar os empregos e a subsistência de grupos vulneráveis. Mas não é muito o que pode ser explicado dessa forma. As políticas sociais poderiam explicar o apoio inicial às propriedades rurais, e parte da preocupação posterior com os pequenos comerciantes, mas não a situação dos bancos, das telecomunicações e linhas aéreas, ou de muitos outros setores. Eles eram protegidos e limitados por razões familiares em outros países: porque um produto ou serviço era considerado uma utilidade nacional, mais bem administrado e controlado pelo Estado (tais como as telecomunicações e a aviação civil); porque um produto ou serviço era considerado demasiado arriscado para permitir-se que opere livremente (tal como os serviços bancários); porque um ou outro grupo de industriais ou trabalhadores fazia *lobby* junto a políticos e burocratas, conseguindo garantir apoio e proteção privilegiados contra a

VULNERABILIDADE JAPONESA

competição (em setores tais como construção, a maior parte do varejo, distribuição e muitos dos bens de consumo).

Idealmente, deveria ter acontecido o seguinte: à medida que as indústrias avançadas, internacionalmente competitivas, amadurecessem e começassem a crescer mais lentamente, também outros setores da economia deveriam ter sido abertos por meio da desregulamentação, estímulo à competição, a novos investimentos e à inovação. Dessa forma, a base do crescimento teria sido ampliada e novas fontes de vitalidade poderiam ter sido achadas. Em certa medida, é claro, isso realmente aconteceu. Mesmo a atividade bancária recebeu uma boa dose de desregulamentação no início da década de 1910. Outras desregulamentações ocorreram sob pressão de parceiros comerciais, especialmente os Estados Unidos. Mas enfrentaram considerável resistência, o que não é surpreendente, por parte das companhias e empregados que continuavam perdendo proteção. Sempre que os controles governamentais forem fortes e o futuro deles estiver em questão, a reação sensata e racional consiste em devotar seus recursos para fazer *lobbies*, persuadindo e subornando os políticos e governantes adequados para que mantenham as regras que lhe trazem benefícios ou desviar as mudanças a seu favor.

Tal resposta não é exclusiva do Japão. Mas ela foi facilitada e também potencializada por meio do monopólio do governo por um único partido, o PDL — Partido Democrático Liberal. Os parlamentares desse partido reúnem-se em grupos, conhecidos como *zoku* ou tribos, que se dedicam a controlar o processo legislativo para setores privados, e, mais objetivamente, a controlar o fluxo de doações de firmas desses setores. A essência do sucesso no levantamento de fundos para financiamento de campanhas, em outras palavras, tornou-se a organização bem-sucedida da resistência à desregulamentação. Os partidos de oposição — que, no Japão dos anos 70 e 80, significavam principalmente o Partido Socialista, mas também um grupo com base budista chamado Komeito, ou o "partido do governo limpo" — também fizeram a sua parte no processo, seja participando dele, seja não o obstruindo. Foram recompensados com uma parte dos lucros.

No final da década de 1970, o impulso do crescimento das exportações — e a expansão das indústrias relacionadas — começava a enfraquecer. O dólar declinara desde a desvalorização feita por Nixon, alcançando seu ponto mais baixo em 1978. As exportações japonesas estavam ficando mais caras. O déficit orçamentário do governo crescia, e em breve poderia tornar-se impagável. A pressão por mudanças, por esforços para estimular de novas formas a demanda doméstica visando gerar mais crescimento, começava a aumentar. Mas o momento oportuno passou. Ronald Reagan foi eleito presidente americano em 1980, e implementou políticas que fizeram o dólar valorizar-se bastante nos cinco anos seguintes. O iene ficou barato novamente, o mesmo se dando com as exportações japonesas. O crescimento econômico poderia prosseguir no Japão, sem muito sofrimento com a desregulamentação. Esta tarefa poderia ser realizada devagar, ou simplesmente deixada de lado.

A economia de segundo escalão do país ganhou, assim, cinco anos de graça adicionais. O superávit comercial continuou a crescer, trazendo com ele um superávit de capital, que começou a ser exportado, primeiro em forma de investimentos em títulos estrangeiros, mas, posteriormente, em compras mais visíveis de propriedades, fábricas e companhias estrangeiras. O crescimento econômico total não foi espetacular na primeira metade da década de 1980, mas as taxas anuais, variando entre 2% e 5%, eram muito boas, especialmente em comparação com os Estados Unidos, que no início dos anos 80 lutavam para sair de uma recessão. Aumentou a pressão feita pelos competidores industriais americanos, que sentiam-se incapazes de disputar com os bens japoneses, baratos e de alta qualidade, em seus próprios mercados, mas que também percebiam que não poderiam ganhar um acesso comparável no mercado japonês devido a barreiras oficiais e não-oficiais. Enquanto isso, contudo, a lucratividade das companhias japonesas andava fraca. Freqüentemente, sustenta-se que isso resultava da preferência pela participação no mercado, em detrimento dos lucros. Pode haver uma dose de verdade nessa idéia, mas também era verdade que as firmas japonesas, em regra, não eram muito eficientes e provaram ser medíocres na alocação de seus capitais.

Depois de 1985, a situação econômica externa mudou drasticamente. Graças ao grande déficit comercial dos EUA e ao esforço deliberado, coordenado com outros bancos centrais, para tornar o dólar menos atrativo aos investidores e as moedas de outros países mais atrativas, o valor do dólar entrou em colapso. Perdeu metade de seu valor face ao iene em apenas dois anos. E então, em outubro de 1987, uma quebra do mercado de ações fez aumentar os temores em relação à economia americana e, junto com ela, às economias de outros países ricos. Isso desencadeou um novo esforço para coordenar a política monetária entre bancos centrais, tudo visando a cortar taxas de juros e tornar o dinheiro mais acessível. Para deter a queda do dólar, a parte que cabia ao Japão era cortar ainda mais as suas taxas de juros. E assim começou a bolha financeira dos anos 1987-1990.

Injetou-se dinheiro vigorosamente na economia. O iene cresceu em valor. Mas os efeitos dolorosos desse crescimento foram mais que compensados pelos benefícios do dinheiro barato, reforçados pelos elevados preços das ações e propriedades. Um círculo vicioso emergiu. Pessoas — bancos, famílias, companhias, investidores institucionais — obtinham empréstimos garantidos pelos seus crescentes ativos imobiliários e os usavam para investir em ações. Os preços crescentes das ações, por sua vez, faziam o capital parecer sem custo para as companhias, que podiam obtê-lo emitindo títulos conversíveis, mais tarde, em ações. A confiança em que a conversão seria altamente lucrativa graças aos ganhos de capital levou os investidores a concordar em não ter lucros com os títulos ou até, em alguns casos, realmente pagar aos emprestadores. Assim, as companhias podiam gastar muito dinheiro em todos os tipos de investimentos e aquisições, tanto dentro como fora do Japão. Como as famílias sentiam-se mais ricas do que jamais foram, os gastos de consumo tiveram uma explosão. Notavelmente, o crescimento econômico acelerou-se, variando anualmente entre 4% e 7%. Mas não havia então inflação com a qual se preocupar, pois as importações ficavam mais baratas graças ao forte iene e os preços da energia baixavam. Dessa forma, o Banco do Japão podia manter baixas as taxas de juros.

O sentimento de poder e das novas oportunidades que surgiam quase sem esforço era impetuoso. Contudo, dois grupos beneficiaram-se especialmente da bolha do mercado de ações. Um era constituído pelos políticos, que encontraram uma nova fonte de financiamento de campanhas.

Ajudados por grandes firmas de valores mobiliários (que queriam favores, é claro), conseguiram lucros rápidos, tirando partido de informações internas das empresas, como também lucros de longo prazo derivados de outros investimentos. O outro grupo era mais amplo: companhias privadas, cujos lucros teriam, de outra forma, sido achatados, foram capazes de fazer dinheiro nos mercados de ação e imobiliário. Isso era particularmente bem-vindo entre os exportadores, que lutavam para lidar com a rápida ascensão do valor do iene frente ao dólar. Eles poderiam usar o que se tornou conhecido como *zaiteku*, ou engenharia financeira, para compensar as perdas em seus negócios principais, indústrias de manufaturados. Por exemplo, no ano fechado em março de 1988, os lucros de valores mobiliários correspondiam a 58,8% dos lucros pré-tributação da Matsushita Electric; 65,3 por cento da Nissan; 93% da JVC, subsidiária da Matsushita; e 73% da Sharp.

O capital parecia não ter custos, os lucros podiam ser obtidos de novas maneiras, e o mundo se tornava, cada vez mais, a cornucópia barata do Japão. As bolhas dos mercados de ações e imobiliário outra vez adiavam o dia em que a desregulamentação e a reforma seriam necessárias para ampliar a base do crescimento econômico. As coisas continuavam bem sem elas. E todos os admiradores externos do Japão diziam, durante a década de 1980, que o país havia encontrado uma maneira nova e brilhante de conduzir sua economia. Então, por que mudar? Realmente, por quê? A bolha era conveniente para aqueles que precisariam ter suportado a dor da mudança. Era vantajosa para aqueles, incluindo políticos, companhias e investidores comuns, que acreditavam que ela os tornava ricos. E o fato de a economia estar zunindo sem causar inflação, e de que seus mestres no Ministério das Finanças e no PDL a aprovam, significava que o Banco do Japão não se sentia inclinado a interromper a festa mais cedo.

A bolha estourou quando o banco, finalmente, tornou o dinheiro mais caro ao elevar as taxas de juros, e, tal como termina sempre ocorrendo com as bolhas, quando se dissipou a confiança nos preços sempre crescentes. Deixou para trás uma bagunça, que é o que as bolhas sempre fazem. As companhias tinham se expandido excessivamente, tomando empréstimos e investindo, porque achavam que eram ricas e que o dinheiro era de graça. As famílias também tinham pegado emprestado demais, garantindo seus empréstimos com suas casas e ações subitamente valorizadas. Os bancos haviam emprestado dinheiro para financiar essa farra e se acharam com um volume de dívidas cada vez maior, cujos devedores não podiam pagar os juros, nem saldar suas dívidas. Mais e mais incorporadoras de imóveis, e firmas convencionais também, iam à falência. Companhias que vinham fazendo dinheiro usando a *zaiteku* em vez de suas atividades normais viram sua fraqueza exposta. As famílias começaram a preocupar-se não apenas com que seus chefes perdessem seus empregos, mas também que suas economias — acumuladas na forma de seguros de vida, depósitos bancários, fundos mútuos e participação acionária direta — pudessem valer muito menos do que pensavam, ou que, possivelmente, não valessem nada. Assim, começaram a poupar mais de suas rendas normais e gastar menos, a fim de compensar as perdas e a incerteza.

A quebra do mercado de ações começou em 2 de janeiro de 1990. Eventualmente, os preços das ações caíram dois terços, e o mesmo se deu com os preços de imóveis. Depois de um tal choque financeiro, uma desaceleração ou uma recessão era inevitável. Necessitava-se curar a enfermidade resultante no sistema financeiro, estimular a demanda para manter a atividade econômica, restaurar a confiança das famílias no valor de suas poupanças e libertar as energias previamente intocadas na economia, para provocar um novo ciclo de investimentos e gastos. Conseguiu-se apenas escorar a demanda por meio de uma série de gigantescos pacotes orçamentários. Contudo, nem a cura financeira, nem a libertação das energias ocorreram, enquanto a confiança das famílias continuou a esvair-se.

A razão pela qual nenhuma dessas coisas aconteceu é a mesma que explica por que as reformas de desregulamentação e modernização foram tão abafadas nos anos 70 e 80: a resistência à mudança. Essa resistência não era, tal como os construtores de mitos teriam sustentado, alguma misteriosa característica nacional, ancorada profundamente em uma cultura conformista e consensual. Era antes a resistência por parte de grupos específicos dentro do Japão, bem-sucedida graças à capacidade de cooptar, ou apenas bloquear, o processo legislativo. Cada um desses grupos pode, internamente, caracterizar-se pelo conformismo e o comportamento de manada. Mas isso não é verdade para o país como um todo: não há nenhuma sociedade política japonesa homogeneamente resistente à mudança. De fato, em muitas eleições durante os anos 90, houve uma votação considerável a favor da mudança e contra o *status quo*. Mas esses votos não conseguiram agregar-se, durante o tempo suficiente, numa maioria funcional e dominar o parlamento. Se ao menos houvesse uma política japonesa homogeneizada, a mudança teria sido possível.

Na década de 1990, foi isso que emergiu como a mais importante fraqueza política, e portanto econômica, do Japão: a capacidade de numerosos grupos de interesse, representando banqueiros, seguradoras, fazendeiros, a indústria das telecomunicações, distribuidores atacadistas, o sistema de poupança postal, a indústria da construção e outros, de bloquear ou retardar severamente a reforma regulamentadora, e, em alguns casos, a punição de delitos do passado. Isso transformou uma economia que parecera uma vez impressionantemente vigorosa e pronta para adotar novas idéias em uma economia esclerosada.

Resolver tal problema é uma tarefa essencialmente política, que nunca será realizada inteiramente: em todos os países, grupos de interesse conseguem, algumas vezes, impedir a mudança. Foi essa a tarefa que Junichiro Koizumi, membro independente e reformista do PDL, empenhou-se em realizar quando eleito primeiro-ministro em abril de 2001. Graças a isso, ele obteve níveis extraordinários de popularidade, que se debilitou quando ficou evidente que ele estava falhando em conseguir grande coisa. Contudo, se o sr. Koizumi vem a ser ou não um reformador bem-sucedido é apenas uma questão de curto prazo. Duas questões diferentes têm importância para o propósito de longo prazo deste livro. Primeira, se a tarefa for de fato levada a cabo em razoável medida, quão forte a economia japonesa poderia tornar-se? Segunda, se não for levada a cabo ou não for bem-sucedida, quais poderiam ser as conseqüências?

Ainda que uma grande quantidade de reformas necessite ser feita, as características fundamentais da economia japonesa são altamente favoráveis ao contínuo crescimento econômico. A força de trabalho é bem-educada, como pontuações em leitura, instrução científica e matemática

VULNERABILIDADE JAPONESA

bem superiores às dos trabalhadores americanos, de acordo com pesquisas da OCDE. A educação secundária está entre as melhores do mundo, e é completada por uma proporção maior de crianças no Japão que no caso dos Estados Unidos e da Europa Ocidental. As universidades japonesas estão abaixo do nível das melhores do mundo, mas há enclaves de qualidade máxima, especialmente nas áreas científicas.

Um fator que futuramente vai alterar a performance da economia é o rápido envelhecimento da estrutura populacional japonesa. Graças à enorme explosão de nascimentos no pós-guerra, até o final da década de 1980 o Japão tinha uma população mais jovem, e, portanto, uma força de trabalho mais jovem que os Estados Unidos e a Europa ocidental. Isso ajudou a limitar salários, os custos das pensões e com a saúde. Desde então, o envelhecimento desse grupo de nascidos no pós-guerra implica que a atual força de trabalho japonesa é mais velha que a americana (que é mantida jovem pela imigração e uma crescente taxa de fertilidade), embora similar à de muitos países europeus. Em 1990, apenas 12% da população japonesa tinham mais de 65 anos; em 2000, essa cifra subiu para mais de 16%, e a previsão é que, em 2020, alcance um pico de 23-25%. O Japão terá, então, a maior proporção de população acima de 65 anos de idade entre todas as grandes nações industrializadas.

Essa estrutura etária está destinada a atrasar a economia em algum grau: custos salariais estão crescendo, como também custos com as pensões e com a saúde no cuidado dos mais velhos. Com o tempo, a famosa alta taxa de poupança pessoal japonesa vai declinar, talvez acentuadamente, pois mais pessoas estarão gastando suas poupanças e reservando dinheiro para o futuro. Mas, embora isso possa reduzir um pouco a taxa de crescimento potencial da economia, não há razão para que a taxa de crescimento em tais condições não seja saudável. No futuro, mais tarde no século XXI, a população japonesa poderá declinar se as tendências atuais persistirem, pois a taxa de nascimento está abaixo do nível necessário para substituir os que morrem, e a imigração é virtualmente nula. Mas muita coisa pode mudar durante esses períodos de tempo: as taxas de fertilidade podem aumentar e a imigração pode ser encorajada.

Em um prazo mais curto, de qualquer forma, a economia do Japão está bem situada para compreender e desenvolver a tecnologia da informação em um grande leque de indústrias. O mesmo vale para outras ondas de mudança tecnológica em andamento atualmente, incluindo a biotecnologia e a célula de combustível. A perícia tecnológica é alta e com base ampla. As relações industriais têm sido pacíficas desde a década de 1950. Uma incapacidade, até agora, para prosperar no negócio de *software* poderia ser considerada como uma grande desvantagem na suposta era da TI, mas um país não tem de ser bom em tudo para ser capaz de crescer. Ele tem de ser capaz de estimular o investimento e os gastos, e manter uma crescente produtividade em uma ampla gama de indústrias, ano após ano. De curto para médio prazo, o Japão deve, de fato, ter uma excelente oportunidade para aumentar a produtividade, pois tem de recuperar uma década de fraca performance, uma década que deixou muitas de suas indústrias bem atrás no uso de *softwares* e *hardwares* de computadores. De fato, uma medida do potencial futuro do Japão é a própria existência interna do que foi antes descrito como uma economia de segundo escalão: todos aqueles setores que permaneceram protegidos, ou sob excessiva regulamentação, ou apenas parcialmente desregulamentados. Se eles fossem genuinamente abertos à nova competição, então as oportunidades para novas firmas e competidores estrangeiros seriam de dar água na boca. Há muita fruta ao alcance da mão para ser apanhada.

Um problema, talvez, seja a capacidade do Japão de gerar, e financiar, novos empreendedores. O país não tem uma tradição, como a do vale do Silício, de capital e empreendimentos de risco. Mas tampouco a maioria dos outros países; os Estados Unidos são, nesse ponto, a luminosa exceção, e não a regra. O registro japonês de encorajamento de empreendimentos é tão bom — ou tão ruim — quanto o da Europa continental. O país poderia e deveria fazer mais: sua lei de falências, por exemplo, é excessivamente rigorosa com empresários falidos, e deveria ser mudada. Mesmo nas áridas condições da década de 1990 e início de 2000, uma série de pequenas empresas brotou, e novos mercados acionários emergiram para canalizar financiamentos. Se os bancos tivessem se livrado das dívidas e a demanda na economia começado a renovar-se, muitas outras

VULNERABILIDADE JAPONESA

empresas poderiam ter seguido o exemplo. Uma coisa é certa: não há escassez de capital doméstico disponível para financiar esses investimentos. O Japão tem um grande superávit de poupança, e não necessita, por enquanto, importar capital.

São boas as perspectivas de um Japão reformado e desregulamentado. Uma grande quantidade de energia espera para ser libertada. Mas há uma segunda questão para o futuro: e se as reformas econômicas não forem levadas a cabo, se a desregulamentação causar mais problemas do que soluções?

A resposta é política, e não econômica. Se houver uma falta adicional de vontade política, um malogro adicional de agrupar ou manter, no parlamento, uma maioria favorável à mudança e à superação do impasse gerado por grupos de interesse, o resultado será o desespero político. A conseqüência econômica seria mais estagnação e provável contração econômica, salários em queda, desemprego crescente, falências e assim por diante — tudo isso com um governo cuja capacidade de emprestar mais dinheiro para se financiar torna-se severamente limitada pelo seu volume de dívidas. O Japão não é um risco de crédito internacional porque suas dívidas são com emprestadores domésticos, e não estrangeiros. Mas a vontade deles de continuar emprestando não é ilimitada.

Em tal situação, a conseqüência mais provável seria a ascensão de partidos e políticos extremistas. As soluções convencionais já teriam sido tentadas, ou, pelo menos, as tentativas convencionais de implementar soluções convencionais teriam sido tentadas. O caminho estaria aberto para a oferta de novas idéias, ou, pelo menos, novos pontos de convergência. O mais provável seria alguma forma de nacionalismo japonês.

Desde 1945, o nacionalismo tem sido uma palavra pesada quando aplicada ao Japão, sendo as memórias da guerra e os tabus tão fortes. Há uma forte corrente pacifista, devido ao passado militarista e às bombas atômicas jogadas sobre Hiroshima e Nagasaki. Mas, como é natural, sempre houve o orgulho nacional. Durante as décadas de 1980 e 1990, esse orgulho começou a se manifestar em um nível intelectual e político, quando grupos de estudo procuravam definir os interesses próprios do Japão e de suas maneiras específicas de fazer as coisas, e de procurar os meios de promovê-los.

Durante disputas comerciais com os Estados Unidos, alguns políticos ganharam popularidade atacando os americanos, mais notoriamente, um membro independente do PDL chamado Shintaro Ishihara, que produziu um livro — escrito juntamente com Akio Morita, o chefe da Sony (tal como mencionado no capítulo 2) — com o título *O Japão que pode dizer não*. O sr. Ishihara deixou, por um tempo, a política tradicional, mas retornou em 1999 para concorrer, como candidato independente, ao cargo de governador de Tóquio, que ganhou. Passou a usar o cargo como plataforma para preparar seu retorno à política nacional, caso surgisse uma oportunidade, e para conquistar partidários para suas idéias nacionalistas, dessa vez principalmente às custas da China em vez dos Estados Unidos.

O sr. Ishihara é um candidato óbvio para surgir explorando uma atmosfera de desespero, mas certamente haverá outros. Um programa nacionalista, com exagerado patriotismo, seria um substituto insignificante para a mudança econômica, mas, temporariamente, desviaria a atenção do povo. Poderia até ser um meio de agrupar a maioria necessária caso as reformas alguma vez venham a ser forçadas. A adoção bem-sucedida de um tal programa em campanha política poderia refletir o sentimento de que o mundo externo — os Estados Unidos, por seus próprios problemas ou seu desdém pelo Japão, a China, por sua agressiva competição exportadora, a China e a Coréia do Sul, por sua crítica feroz ao passado japonês — hoje é mais hostil do que amistoso. Mas isso também traria perigos. Uma campanha para derrubar completamente a cláusula da constituição do pós-guerra que proíbe a ação militar japonesa no estrangeiro causaria uma grande divisão. (Essa cláusula foi suspensa durante a Guerra do Afeganistão, em 2001, mas apenas para permitir aos navios japoneses que apoiassem a guerra de outros, e não que fizessem a sua própria guerra.) A perturbação social seria um risco, e possivelmente exacerbaria as já destruidoras conseqüências do fracasso econômico. Um aumento acentuado dos gastos em defesa poderia ajudar a economia a reviver por um tempo; mas isso também acirraria a controvérsia, dentro e fora do Japão.

A mudança para uma postura política mais nacionalista, provavelmente provocadora de maior divisão no plano interno, seria o resultado mais

VULNERABILIDADE JAPONESA

provável de um fracasso econômico prolongado. Contudo, também é o resultado mais provável de mudanças econômicas e políticas que estão em andamento na Ásia vizinha ao Japão — um Japão mais assertivo, que defende seus próprios interesses; ou um Japão mais inquieto, preocupado com as mudanças ocorrendo no mundo ao seu redor, e aflito com o fato de não mais lhe bastar depender de sua aliança militar de cinqüenta anos com os Estados Unidos, se essa aliança perdurar. De qualquer forma, ao longo do tempo, é provável que o resultado seja algum tipo de reafirmação ou *revival* do nacionalismo no Japão. E o desdobramento bem poderia ser uma mudança, nos próximos anos, com a máxima significação geopolítica. Os altos e baixos da economia japonesa afetam principalmente o povo japonês. Uma tal mudança política ou no plano da defesa afetaria muitos outros.

Desde 1945, o Japão terceirizou, em grande escala, sua política externa para os Estados Unidos. Privado (pela derrota, por seus próprios *lobbies* pacifistas e sua constituição do pós-guerra) da opção de usar gastos militares ou deslocamento de suas tropas para exercer influência no estrangeiro, o Japão se abrigou sob um tratado de defesa com os Estados Unidos, assinado em 1951, revisado e ampliado em 1960. O tratado garantiu aos americanos várias bases militares em território japonês. Além disso, a despeito de sua própria proibição das armas nucleares, sucessivos governos japoneses fizeram vista grossa para o uso, pela marinha americana, das bases japonesas como portos de reabastecimento e manutenção de navios com armas nucleares, que patrulham o Pacífico. O Japão de fato desenvolveu suas próprias relações de amizade com outras nações, usando não apenas a diplomacia, mas também um orçamento cada vez maior para ajudas externas, e defendeu seus próprios interesses em negociações comerciais multilaterais. E, embora dependa dos Estados Unidos para a maior parte de seus armamentos, procurou manter certa capacidade inerente em tecnologias militares, terceirizando a fabricação de alguns aviões de combate, por exemplo. Mas, enquanto a principal ameaça à segurança do Japão era a União Soviética, e enquanto qualquer ameaça complementar da Coréia, por exemplo, também podia ser monitorada e enfrentada principalmente por intermédio de interceptações feitas pela inteligência americana e sua repressão militar, não havia necessidade, nem motivação, para o Japão ir além da aliança com os Estados Unidos.

Essa situação vem mudando durante os últimos vinte anos, aproximadamente. Os recursos militares da China, bem como o âmbito das atividades de sua marinha e força aérea, vêm crescendo. As tensões entre a China e Taiwan também vêm crescendo. Enquanto os coreanos mantiveram-se hostis aos seus antigos senhores coloniais japoneses, os taiwaneses foram mais amistosos e construíram relações de proximidade com muitos políticos japoneses. A posição de Taiwan também tem importância para as rotas marítimas circundantes, através das quais flui uma grande parte do comércio de mercadorias japonesas. A Coréia do Norte, mesmo com sua situação econômica piorada, vem tentando capacitar-se a desenvolver armas de destruição em massa de vários tipos, para compensar sua fraqueza em todas as outras dimensões.

De fato, considerada como um todo, a Ásia tornou-se um lugar mais ameaçador. Muitos dos países da região, particularmente no Leste Asiático, são atualmente mais ricos e podem manter exércitos, marinhas e forças aéreas maiores. Mas a maior mudança foi causada pela difusão de armas nucleares e de tecnologia de mísseis de longo alcance. Tal como Paul Bracken, catedrático da Yale University, assinala em seu excelente e provocativo livro, *Fire in the East: The Rise of Asian Military Power and the Second Nuclear Age* [Fogo no Leste: a ascensão do poder militar asiático e a segunda Era Nuclear], os países que hoje têm arsenais nucleares ou químicos e desenvolvem mísseis balísticos abrangem todo o espectro que vai de Israel à Coréia do Norte, incluindo Síria, Iraque, Irã, Paquistão, Índia e China.

Os focos mais problemáticos ficam algo distantes do Japão: Índia e Paquistão, e o anel de fogo que inclui Israel, Síria, Irã e Iraque, e que, no futuro, poderia envolver outros países, tal como a Arábia Saudita. Mas três deles situam-se, falando relativamente, no próprio quintal do Japão: China e Taiwan, e Coréia do Norte. Durante os anos 90, dois eventos demonstraram firmemente aos japoneses a dificuldade em questão. O primeiro ocorreu quando a China realizou uma série de testes agressivos com mísseis no estreito de Taiwan, em 1995 e 1996, movida por um

VULNERABILIDADE JAPONESA

aparente crescimento do debate político em Taiwan sobre a independência da ilha. A resposta dos Estados Unidos foi tranqüilizadora tanto para Taiwan quanto para os japoneses: mandaram dois porta-aviões com forças-tarefas para patrulhar a região, como sinal de sua consideração e apoio aos taiwaneses (ou, formalmente, de sua oposição ao uso de meios militares para resolver a disputa entre China e Taiwan). Contudo, a questão fundamental fora destacada: o conflito militar entre Taiwan e China tornara-se uma possibilidade real e, especialmente se os Estados Unidos escolhessem apoiar Taiwan, o Japão poderia ser mergulhado nele.

O segundo evento teve lugar no espaço: o lançamento, pela Coréia do Norte, de um míssil de longo alcance, que voou sobre o Japão e aterrissou no oceano Pacífico. Isso mostrou não somente que o Japão poderia ser um alvo desses mísseis, como também, em um futuro muito próximo, a costa oeste americana. Dado que se pensava também que a Coréia do Norte buscava desenvolver armas biológicas e químicas, e que ambas poderiam ser lançadas em um míssil de longo alcance, isso foi muito assustador para os japoneses.

Não muito mais tarde, a Coréia do Norte parecia ingressar em uma fase de distensão com seus antigos inimigos do sul, e seu líder, Kim Jong-Il, reuniu-se com seu par do sul, Kim Dae-Jung, em um encontro de cúpula sem precedentes em Pyongyang, capital da Coréia do Norte. Dessa forma, talvez as coisas se tornem mais pacíficas, e talvez, no seu devido tempo, a península coreana volte a ser um só país, unificado e democrático. Talvez. Mas não são essas as possibilidades que os planejadores militares e estratégicos devem vigiar prioritariamente. Eles têm que vigiar o crescimento das capacidades militares potencialmente ameaçadoras. E vigiar os possíveis períodos de mudança que podem afetar a motivação dos países de usar essas capacidades. A unificação das Coréias, ou a ameaça dela, poderia ser um desses períodos.

Pensamentos sobre a unificação das Coréias levantam duas outras questões relacionadas. O que aconteceria às bases militares americanas existentes na Coréia do Sul depois da unificação? E que posição a China assumiria frente à unificação? Como tais perguntas adentram ainda mais no futuro, há mais incertezas sobre quais seriam a condições políticas prevalecentes em tal ocasião seja na China, seja nos EUA. Como se argumentou no capítulo 3, a China poderia então estar ela mesma em um estado de instabilidade política. Contudo, tal como as coisas estão, o provável é que a China comunista não venha a apoiar a unificação a menos que haja um plano para que os americanos retirem suas tropas da Coréia do Norte — o apoio da China à unificação, ou pelo menos sua aceitação, certamente seria necessário, uma vez que ela compartilha uma fronteira com a Coréia do Norte e, por muito tempo, tem sido sua única aliada. A presença americana na região seria, então, enfraquecida. E, tal como freqüentemente foi o caso na história, a China provavelmente procuraria transformar a nova e unificada Coréia em um tipo de cliente, em um Estado de algum modo dependente, a fim de manter seguras sua fronteira e costa nordestes. Considerando que a unificação custaria muito caro à Coréia, poderíamos facilmente imaginar uma competição entre os estrangeiros, principalmente o Japão, a China e os Estados Unidos, para oferecer ajuda em troca de uma futura relação de amizade.

Se a Coréia de fato se unificar, e as tropas americanas se retirarem, o Japão restará como a única base para os militares americanos na região. As bases em solo japonês estão, de qualquer modo, tornando-se polêmicas, especialmente, mas não apenas, a base mais ao sul, na ilha de Okinawa. Aí disputas sobre a terra e clamor se somaram à controvérsia gerada pelo estupro de garotas locais por soldados americanos. O resultado foi uma forte campanha local contra a base, que traz dinheiro a uma ilha que seria, de outro modo, bastante pobre, por isso também tem seus defensores. Contudo, a situação da base está longe de ser segura. Se houver mais um estupro, ela poderia ter os dias contados.

O resultado de toda essa mudança é que o Japão provavelmente vai se sentir cada vez mais vulnerável. A longo prazo, é possível que a economia japonesa possa estar mais forte do que hoje, embora isso possa depender de alguma crise que produza as reformas na política e de políticas necessárias para refazer sua força. Esperemos que ela esteja fortalecida no futuro, pois isso pelo menos enrijeceria os nervos dos japoneses para enfrentar um equilíbrio na segurança regional que provavelmente se mostrará cada vez mais cambaleante.

Mísseis, tensões territoriais e proliferação nuclear estão tornando o nordeste da Ásia menos seguro. Cresce a presença e a influência da China, velha rival regional do Japão. Embora a presença e a influência dos EUA na região continuem fortes, e mesmo valorizadas pelos governos de quase todos os países da região, há boas razões para questionar se, no futuro, o Japão sempre poderá contar com a aliança americana para toda a sua segurança. O projetado sistema nacional de defesa antimíssil dos EUA, que prevê escudos protetores para as bases americanas no exterior — e, conseqüentemente, para o próprio Japão — poderia, por exemplo, levar muito tempo para ser desenvolvido e, ainda assim, não ser confiável o suficiente para o Japão sentir-se apto a depender inteiramente dele. Seriam necessários verdadeiros cataclismos para o Japão romper sua aliança com os EUA. Mas pode vir a ser do interesse de ambos que o Japão comece a mover-se para além da aliança.

Um tal movimento receberia mais combustível se, na esteira de uma crise econômica, o nacionalismo ganhasse força no Japão. Pela mesma razão, as crescentes inquietações sobre a segurança regional, especialmente sobre as ameaças da China e Coréia do Norte, estimulariam o próprio crescimento do nacionalismo. Tais ações bem poderiam ter um caráter de auto-realização. Sinais de que a maior potência econômica asiática, e a nação asiática que tem, mais recentemente, uma história de conquistas, estivesse se rearmando e se tornando mais assertiva provavelmente fariam as outras acelerarem seus programas militares também. O círculo seria, potencialmente, vicioso, impulsionando bruscamente um dos mais preocupantes movimentos geopolíticos. Contudo, do ponto de vista do Japão, esse resultado pode bem parecer inevitável.

Atualmente, o Japão se sente vulnerável com sua economia enfraquecida e é provável que se sinta ainda mais vulnerável no futuro mesmo que a sua economia termine por reavivar-se. O Japão já se orgulha de possuir o terceiro maior orçamento de defesa do mundo; também tem uma marinha maior que a da Grã-Bretanha. Todavia, estando cercado por restrições constitucionais e por seus próprios princípios antinucleares, isso não basta para o país se sentir seguro. Também não basta para fazer os Estados Unidos se sentirem inteiramente satisfeitos com seu aliado: se o Japão se tornasse capaz de pesar mais na promoção da segurança regional, os EUA provavelmente receberiam bem o fato, ainda que com alguma relutância. Um governo mais nacionalista, marinha e força aérea mais poderosas, uma presença militar mais visível na região, até e, finalmente, um programa de pesquisa e desenvolvimento nuclear aceito publicamente — devem ser considerados probabilidades para o Japão durante as primeiras décadas do século XXI.

5.
Inveja Européia

Atualmente, existe apenas um lugar no mundo que se equipara aos Estados Unidos da América em termos de força econômica, segundo quase todas as medidas estatísticas: produto bruto, influência comercial, produto *per capita*, poupança, arrecadação de impostos, população, até tamanho e valor dos mercados financeiros. Esse lugar é a União Européia (UE), organização com base em um tratado, que (até 2002) harmonizou quinze grandes nações da Europa Ocidental e Central, e prepara-se para, em torno de 2005, incluir outras: talvez, dentro de uma década, mais outras quinze. Os ágeis Estados Unidos podem sempre ter sido concebidos como superando a velha e lerda Europa, mas isso não é bem assim: durante os últimos vinte anos, os quinze países da atual UE superaram os Estados Unidos em termos de crescimento econômico. Apenas recentemente, no final da década de 1990, os Estados Unidos realmente começaram a deixar os europeus para trás, e esse crescimento foi em parte alimentado pela bolha de ações de indústrias de alta tecnologia e pelo superinvestimento, nos EUA, a ela associado. Uma vez eliminados estes esteróides da corrida pelo crescimento econômico entre Europa e Estados Unidos, ela começa a parecer notavelmente bem equilibrada, para um longo período de tempo, com explosões de velocidade e períodos de indolência em ambos os lados do Atlântico.

É natural ser cético sobre a UE. Qualquer coisa com um nome e um conjunto de instituições tão maçante como a União Européia vai encontrar dificuldade para ser levada a sério. Em princípio, é um nome não mais banal que "os Estados Unidos da América", mas seu problema é que, ainda assim, dá a impressão de ser abstrato, irreal. Alemanha, França, Grã-Bretanha e Itália são nomes que podem fazer o pulso disparar, países com longas e notáveis histórias. Nenhum desses países tem uma história recente admirável, em termos políticos ou econômicos (embora a unificação da Alemanha tenha sido um momento histórico), mas continuam como forças a serem reconhecidas — especialmente se as considerarmos como uma unidade, ou uma equipe, em vez de tomá-las separadamente.

Além disso, compartilhando a mesma massa territorial, há uma outra força que teve de ser levada em conta virtualmente durante todo o século XX: a Rússia. Ela precisa certamente ainda ser levada em conta, pois continua sendo não somente uma potência nuclear, mas também, vez por outra, truculenta, possuindo aliados em lugares complicados (por exemplo, Irã, Sérvia, Tadjiquistão) e tendo fronteiras não apenas com o resto da Europa (em toda a sua vasta extensão), mas com o Cáucaso (Geórgia e Azerbaijão), a Ásia Central (Cazaquistão), Mongólia e China.

A despeito de fazer parte da Europa e ter uma história de grandes contribuições para a cultura e civilização européias (para as famílias reais tanto quanto para a cultura, literatura e outras artes), a Rússia é geralmente considerada separadamente da Europa. A razão para isso é, essencialmente, ter lutado, freqüentemente, contra muitos países a oeste, especialmente contra a Alemanha. E se fosse considerada parte da Europa? Afinal, se a Europa Ocidental encontrou uma maneira de superar as suas relações antigas e belicosas, por que não fazer o mesmo com relação à Rússia?

A Rússia pode ser demasiado extensa, incontrolável e independente de espírito para considerar seu ingresso, como membro integral, na União Européia dentro de algum prazo previsível em um futuro razoavelmente próximo. Contudo, agora que se livrou do destino separado que o comunismo lhe ofereceu, é muitíssimo provável que veja seu futuro destino em íntima relação com os dos países ricos a oeste, pois é essa relação que aumentará sua própria riqueza, padrões de vida e força como um todo.

INVEJA EUROPÉIA

Pode-se argumentar que o desdobramento mais importante na política mundial depois de 11 de setembro de 2001 foi a aproximação entre Rússia e Estados Unidos, já que os dois antigos inimigos encontraram uma causa comum quanto ao terrorismo e a instabilidade na Ásia Central e quanto à necessidade de controlar a propagação de armas de destruição em massa. Essa aproximação, e a evidente amizade entre os presidentes Vladimir Putin e George W. Bush, fez parecer que uma aliança russo-americana poderia tornar-se uma forma de ignorar os europeus ocidentais, ou mesmo menosprezá-los. Na atmosfera imediatamente posterior à guerra, essa aparência provavelmente continha alguma verdade. Mas o principal motivo do presidente Putin para juntar-se à causa americana é econômico: Putin acredita que a Rússia é um país doente, que precisa do remédio econômico que apenas o comércio e o investimento ocidentais podem trazer. Parte desse remédio virá, sem dúvida, de companhias multinacionais americanas e do apoio americano a uma eventual inclusão da Rússia entre os membros da Organização Mundial do Comércio. Contudo, a geografia, com todas as suas implicações econômicas, exige que a principal fonte do comércio e dos investimentos se localize no mesmo continente da Rússia, quer dizer, na Europa. Com o tempo, e se suas incipientes democracia e economia de mercado ganharem algum tipo de estabilidade, então a Rússia e seus vizinhos europeus provavelmente procurarão algum tipo de associação política e econômica mais profunda, abrangendo comércio e segurança. A Rússia terá um assento na mesa européia. Em algumas questões internacionais, a Rússia e a Europa podem até mesmo buscar agir em conjunto, já que muitos dos seus interesses provavelmente serão compartilhados.

Considerando tais aspectos, o peso futuro da Europa — definida de maneira ampla — começa a parecer formidável, certamente em termos econômicos. Os escritores e historiadores que compartilham a mentalidade marxista tendem a concluir, partindo dessa força econômica, que a Europa inevitavelmente deve, em algum momento, igualar-se aos EUA em termos de força política. A força econômica, afinal, determina a sorte política a longo prazo. Por enquanto, é certo que nas questões mais difíceis as grandes nações européias não falam e agem como se fossem uma só, seja na política externa, seja na consideração do desdobramento do poder militar. Elas são nações-Estado que cooperam umas com as outras quando convém, mas que, na maior parte do tempo, agem e pensam separadamente. Contudo, para tal linha de pensamento, algumas ou a maior parte delas irão eventualmente querer formar algum tipo de união política, bem além de suas atuais organizações, porque as vantagens de fazer tal união em termos de poder sobre o mundo parecerão esmagadoras. E quando a fizerem, o mundo não mais terá apenas uma superpotência, mas novamente duas.

Já em 1992, o professor Lester Thurow, da Sloan School of Management do Massachusetts Institute of Technology (MIT), um famoso acadêmico que freqüentemente faz previsões de futuras tendências, concluía, no livro *Cabeça a cabeça: batalha econômica entre Japão, Europa e Estados Unidos*, que a Europa estava fadada a vencer a batalha que ele então vislumbrava. Seu argumento era, em parte, negativo. O Japão tivera uma quebra do mercado de ações em 1990, mas seu principal problema era ter uma economia demasiado inflexível e inclinada para os interesses dos produtores. Quanto à América, ele escreveu: "O que sabemos com certeza é que, como atualmente formulado, o sistema americano não está funcionando. Este é o significado de salários reais em queda, crescimento estacionário da produtividade e um crescente déficit comercial devido a altos salários."

É provável que o professor Thurow deseje agora não ter escrito estas frases, especialmente a palavra "certeza", face à expansão econômica que ocorre na América há nove anos, caracterizada por rápido aumento da produtividade e crescentes salários reais. Essa expansão teve início quase no mesmo momento em que ele completava seu manuscrito. Sua previsão sobre a América baseava-se firmemente na sabedoria convencional da época, que agora se afigura miseravelmente incorreta. Mas o professor Thurow tinha também uma tese sobre a Europa, esta de prazo mais longo, mais positiva, uma tese que poderia eventualmente resistir ao teste do tempo: à medida que os europeus integrassem continuadamente suas economias, trazendo para seu mercado único os antigos países comunistas da Europa central e da oriental, talvez até mesmo a Rússia, iriam, não só construir a economia mais dinâmica do planeta, mas também tornariam sua União algum dia tão importante no comércio mundial que seria capaz de curvar as regras deste comércio no sentido de seus interesses próprios. "Os historiadores do futuro", escreveu o professor Thurow, "irão registrar que o século XXI pertenceu à Casa da Europa."

Agora, em 2002, aquela predição soa estranha. A União Européia está longe de ser unida, ainda parece mais uma coleção de nações-Estado do que uma união política, mesmo embrionária. Fala agora em uma nova constituição, mas isto porque os atuais arranjos constitucionais da União, baseados em tratados, são considerados uma perturbadora confusão. As economias da UE conseguiram apenas um crescimento desapontador nos últimos anos. A Alemanha, em particular, tem mostrado uma preocupante inclinação para voltar à estagnação ou à recessão logo após ter saído desta mesma situação. O desemprego tem permanecido alto em quase todos os países, com exceção da Grã-Bretanha e da Holanda. A união monetária, com a nova e muito louvada moeda única da Europa, o euro, que foi lançado com muito sucesso em 1999, mas que desde então vem causando menos entusiasmo, até agora não tem correspondido às esperanças dos que a apoiaram, esperando que servisse para acelerar o processo de integração e liberalização das economias da UE. Quanto às políticas de relações exteriores e de defesa, os europeus falam muito sobre cooperação mas, em essência, ainda agem separadamente. Seus planos de uma força coletiva de defesa são um tanto sem sentido, porque nenhum dos grandes países quer gastar mais em defesa.

Os governos europeus gastam um tempo enorme criticando a América a respeito de defesa por mísseis, luta contra o terrorismo, aquecimento global e um grande número de disputas comerciais, e muitos deles parecem determinados a se definirem (e, algumas vezes, também às suas políticas exteriores) para se diferenciar dos EUA, mais do que por qualquer característica positiva. Esta tendência é especialmente acentuada entre os franceses, seguindo uma tradição moderna que vem desde a presidência do general De Gaulle (1959-69), mas é compartilhada, em maior ou menor grau, por outros de seus vizinhos europeus. Contudo, na prática, isto significa pouco mais do que marcar posição, pois na hora da verdade os interesses da Europa parecem na maior parte coincidir com os dos Estados Unidos, e há pouca genuína vontade de desafiar a liderança americana ou de seguir numa direção realmente diferente. Especialmente desde meados da década passada, os europeus têm freqüentemente soado como um bando de adolescentes, insistindo em que devem ser ouvidos e consultados, e não perdendo nenhuma oportunidade de encontrar pequenas maneiras de se rebelarem. Mas, ao final, eles ficam felizes porque os verdadeiros adultos, os americanos, estão lá para arrumar as coisas, dar-lhes um abrigo seguro e pagar as contas.

Mas tudo isso pode ser um fenômeno passageiro. Este livro preocupa-se com os movimentos mais amplos da história, tanto no século XX que passou, como no futuro. Em um desses movimentos não é totalmente impossível que o professor Thurow venha a se mostrar certo, pelo menos de alguma forma. Se for deixada de lado sua afirmativa grandiosa de que o século XXI poderia "pertencer" à Europa, seja lá o que isso signifique, sua tese mais ampla ainda pode ter validade. O continente europeu abriga um total de 800 milhões de pessoas. Destes, quase 400 milhões já vivem na União Européia, e mais ou menos outros 70 milhões provavelmente irão se juntar à UE nos próximos três ou quatro anos*. A Rússia, a Ucrânia e a Turquia, com seus 260 milhões de habitantes, provavelmente não irão fazer parte da UE a curto prazo, mas irão ter suas vidas cada vez mais entremeadas com esta. A grande riqueza da atual UE foi construída no período 1950-90 com base na liberalização e integração de apenas metade do continente, um continente que estava, então, dividido pela barreira ideológica e militar da Cortina de Ferro. Agora que a cortina se foi e o comunismo entrou em colapso, é enorme o potencial para novo crescimento, novo comércio e novos investimentos entre as duas metades do continente, tanto para aqueles que se juntarem à UE como para os que meramente encontrem um pacífico relacionamento comercial com ela.

Esta Europa rica, economicamente poderosa, iria certamente ser uma força a ser levada em consideração nas negociações do comércio mun-

---

*Em maio de 2004 foram incluídos na UE dez novos países, elevando a população total para aproximadamente 450 milhões. (*N. do T.*)

INVEJA EUROPÉIA

dial. A UE já fala como uma só voz nas questões comerciais e já tem grande peso nas negociações globais, mas sua nova expansão através do continente viria tornar esse peso ainda maior. Ela também iria ter interesses formidáveis a defender em outras negociações globais — sobre as alterações climáticas, por exemplo, e outros problemas ambientais. Mas iria ela falar como uma única entidade política, com um único exército, uma política externa única, um só presidente-comandante-em-chefe, capaz de olhar o presidente dos Estados Unidos olho no olho? Hoje isto parece improvável, impossível mesmo. Mas também para um europeu cético, nas décadas de 1840 ou 1850, pode ter parecido improvável que os recém-criados Estados Unidos da América pudessem ser algum dia dirigidos por um governo central forte, que desejasse ou se dispusesse a exercer influência por todo o globo e enviasse forças americanas a combater em guerras distantes. Ao final da década de 1860 chegou a ocorrer uma terrível guerra civil entre os estados do norte e do sul daquela nação aparentemente fadada a se dividir. Todavia, antes que houvessem passado cem anos, uma América unida e forte havia feito intervenções decisivas em duas guerras mundiais, e desenhado basicamente as instituições internacionais que modelaram o mundo após a segunda delas.

Poderia a Europa sair do seu atual estágio e chegar até lá? Poderia, se quisesse. Poderia ser igual à América, mesmo que para tornar-se claramente superior a esta seria necessário, na verdade, o declínio dos Estados Unidos da América tanto quanto a emergência da Europa. Mas fica a pergunta crucial: ela o quer, de fato? Hoje a resposta é clara: ela não quer (se por "ela" se quer indicar a visão aparente dos povos dos atuais quinze membros* da União Européia). Ela não parece querer ser unificada em um único Estado ou em outra entidade capaz de falar com uma única voz. Há inúmeros símbolos da identidade comum européia a serem vistos através de toda a União, de bandeiras a moedas, mas o principal sentido de identidade da maioria das pessoas — e certamente sua fonte primária

---

*Esta e todas as demais referências ao total de quinze países na UE se aplicam à época em que o livro foi escrito, o ano de 2002. (N. do T.).

de engajamento político — continua sendo nacional. Mas isto poderá mudar no futuro? Deixando de lado, por enquanto, a Rússia e a Europa oriental, e nos concentrando nos países ricos da Europa ocidental, a retórica dos fundadores da União com seu discurso de "uma união sempre mais íntima" (uma frase que ainda freqüenta os tratados da UE) sugeriria que a União realmente deseja tornar-se, no futuro, uma só voz, e que caminha inexoravelmente nessa direção. Entretanto o registro histórico indica outra coisa.

O registro mostra que, desde sua fundação em 1957, a União Européia tem tido sempre uma personalidade dividida. Dividida, além do mais, de maneiras diferentes. É em parte uma entidade supranacional, em parte um órgão de cooperação intergovernamental. É parte liberal, parte conservadora, parte nacionalista. É também em parte um clube econômico e em parte um clube político. É formada por alguns países — notadamente Bélgica e Holanda — que parecem querer tornar-se parte de um conjunto político maior, para fazer eco ao *slogan* americano *e pluribus unum*, "de muitos, um", e até para utilizar essa unidade como um contrapeso aos próprios Estados Unidos. Mas é formada também por outros países — notadamente Grã-Bretanha, Dinamarca e Suécia — que em definitivo não o querem, que desejam ter o benefício de uma força coletiva em algumas áreas de atividade, mas que querem permanecer tão independentes quanto possível sob outros aspectos. Mesmo os grandes países, Alemanha e França, que têm sido a força propulsora da União ao longo de toda a sua existência, parecem confusos ou em desacordo: aparentam favorecer certa forma de unidade, mas estão divididos quanto a que forma tal unidade deveria tomar, e cada um conserva um poderoso senso de identidade e de interesse nacional. Parecem impelidos acima de tudo pelo desejo de aumentar seu próprio poder e influência no mundo, suplementando-os com os de seus vizinhos, não para criar uma Europa maior, mas para usar a Europa para criar uma França maior ou uma maior Alemanha.

Até certo ponto, esta personalidade dividida provém simplesmente do esforço de planejar e construir uma entidade sob a direção de a princípio seis, depois nove, e agora quinze governos. Isto nos faz lembrar o velho clichê de que um camelo nada mais é do que um cavalo desenhado por um comitê. Mas há mais do que isso. A personalidade dividida só pode ser entendida no contexto da história da Europa ao longo do século XX. A maioria das pessoas vê essa história em uma só dimensão, mas há, de fato, três aspectos que se deve ter em mente.

O primeiro é o óbvio: as principais potências da Europa passaram grande parte da primeira metade do século XX em guerra umas com as outras. De fato, entre 1870 e 1945 França e Alemanha travaram três guerras e em cada uma alteraram seus limites territoriais. A Grã-Bretanha participou de duas delas; Bélgica e Holanda foram invadidas nessas mesmas duas; a Itália lutou de um lado na guerra de 1914-18 e do outro na de 1939-45. As fronteiras de outros países do continente — Finlândia, Polônia, República Tcheca, Áustria, Grécia, todos os balcânicos, Lituânia, Letônia e Estônia e muitos outros — mudaram várias vezes ao longo do século. Os hábitos de nacionalismo, de interferência e de ser defensivo quanto aos interesses nacionais estão profundamente arraigados. A Europa do século XX é, assim, justificada e convencionalmente vista como uma história dos perigos do nacionalismo e de seu terrível irmão, o racismo; e a União Européia, sob todos os seus disfarces do pós-guerra de Comunidade do Carvão e do Aço (1951), Comunidade Econômica Européia (1957), Comunidade Européia (1987) e agora a União Européia (1993), é encarada legitimamente como tendo a prevenção da guerra como um de seus principais objetivos. Prevenção: devemos notar, portanto, que a UE nasceu com base em uma negativa.

Todavia o século XX, e nele as origens da UE, oferece também uma espécie diferente de história sobre nacionalismo e também sobre prevenção. Essa história é a das tristes conseqüências do nacionalismo econômico do tipo "arruinar o vizinho" ou "parem-o-mundo-que-eu-quero-cair-fora". Essa é a segunda dimensão da história da UE que se deve ter em mente. O "socialismo em um só país" de Stalin foi um desastre. Mas o mesmo se pode dizer do capitalismo em um só país, que se tentou fazer em toda a Europa ocidental entre 1914 e 1950.

Antes de 1914 os países europeus já eram bastante protecionistas, com altas tarifas sobre importações na França e na Alemanha; mesmo a Grã-Bretanha, antes o alto-sacerdote do mercado livre, tornou-se apóstata em

1915. Mas nas décadas de 1920 e 1930 o nacionalismo econômico se intensificou. Uma causa imediata após 1918 foi a criação de novos países — três provenientes da divisão do império austro-húngaro, cinco das regiões fronteiriças da Rússia — que adotaram novas tarifas, quotas de importação e subsídios, para se protegerem tanto dos países com que passaram a ter relações comerciais como dos mercados anteriormente integrados que acabavam de deixar. Uma outra foi a criação da União Soviética, que levantou uma barreira ideológica quanto ao comércio. Mas França, Alemanha e Grã-Bretanha também elevaram suas barreiras.

Inimizades intra-européias, principalmente, motivaram essas medidas, juntamente com a instabilidade financeira que acompanhou os pagamentos de débitos e reparações pós-1918. Influiu também a idéia, decorrente da Primeira Guerra Mundial, de que a auto-suficiência, particularmente quanto à posse e ao aproveitamento de recursos básicos, como ferro e alimentos, era necessária tanto para a sobrevivência como para vencer guerras. Mas o resto do mundo também desempenhou sua parte. Os Estados Unidos elevaram suas tarifas em 1921 e 1922, tornando mais difícil para os europeus exportarem suas mercadorias para poderem pagar seus débitos com os americanos, oriundos da guerra e da reconstrução. Em 1924, o Congresso desse país fechou a imigração proveniente da Europa oriental e meridional e da Ásia, retirando aquilo que por décadas havia sido a válvula de segurança da Europa. A preocupação na Europa estava crescendo, como muitas vezes tem acontecido, com respeito à ascensão de novos rivais, praticando salários mais baixos, na América Latina, Canadá, Japão e Austrália. E então veio o maior de todos os golpes: em 1930 a América elevou suas tarifas para 59%, com a Lei Tarifária Smoot-Hawley. O resultado foi uma queda devastadora no comércio mundial e o agravamento da Grande Depressão.

Em resposta, os europeus refugiaram-se em várias formas de isolamento. Grã-Bretanha, França e Holanda entrincheiraram-se em seus impérios, aumentando tarifas para dar preferência ao comércio imperial e deixando de pagar seus débitos de guerra, tanto entre si como aos Estados Unidos. A Itália fascista voltou-se para o corporativismo, favorecendo empresas nacionais aliadas ao governo. A Alemanha nazista, mais seriamente atingida pela depressão dos anos 30, recorreu à fabricação de armas e ao comércio por trocas.

O resultado dessa história de nacionalismo econômico, que se estendeu de 1914 até a década de 1940, foi que, à época em que foi assinado o Tratado de Roma, que instituiu o Mercado Comum Europeu, por França, Alemanha, Itália, Bélgica, Holanda e Luxemburgo, o mapa econômico europeu era estranho — não o tipo de mapa que naturalmente seria de se esperar. Normalmente, os vizinhos de um país figuram entre seus principais parceiros comerciais, especialmente num continente como a Europa, com estreitas ligações históricas e culturais. Os custos de transporte sempre favorecem os vizinhos e geralmente é mais provável que empresas relativamente próximas umas das outras estabeleçam entre si a confiança e a profundidade de conhecimento que favorecem as transações comerciais. Contudo, em 1957 o maior parceiro comercial da Alemanha não era a França, a Itália ou a Grã-Bretanha, mas os Estados Unidos. Durante a década de 1930, o terceiro maior parceiro comercial da França era sua empobrecida colônia Argélia. Os padrões comerciais da Grã-Bretanha também se inclinavam em direção às colônias que ela vinha perdendo nos anos 40 e 50. Os padrões naturais do comércio e do relacionamento pessoal haviam sido fortemente distorcidos por duas guerras e cinqüenta anos de nacionalismo econômico. E isto sem mencionar a Europa central e a oriental, cujos distorcidos ou atrofiados padrões comerciais da década de 1930 foram ainda mais deformados pela Cortina de Ferro, dos anos 40 até 1990.

A Comunidade Econômica Européia, ou Mercado Comum Europeu, pode ser assim vista como uma tentativa de recriar aqueles padrões naturais, pela liberalização do comércio e dos fluxos de investimento, ainda que em uma época em que um outro divisor político — a Cortina de Ferro — cortava o continente em dois. É verdade que o esforço para evitar a repetição do nacionalismo econômico já vinha sendo empreendido a nível global pelo GATT e por meio da criação do FMI e do Banco Mundial, para ajudar a salvaguardar a estabilidade financeira. Porém os europeus ocidentais queriam ir mais longe do que parecia ser possível a nível global, e foram encorajados a fazê-lo pelos Estados Unidos, que não queriam nunca mais ter de salvá-los novamente.

Em conformidade com essa explicação da criação do Mercado Comum, pareceria natural pensar a essência dessa idéia européia, e, na verdade, também a do Tratado de Roma, como sendo economicamente liberal, no sentido clássico do século XIX. O tratado exigia que os signatários renunciassem a políticas econômicas nacionalistas, que haviam parecido individualmente desejáveis, mas que coletivamente tinham se mostrado desastrosas; esse tratado e outros posteriores ajudaram a fazer essa renúncia firmemente comprometida e digna de crédito; e retirou poderes absolutos de políticos nacionais intrometidos. Livre movimentação de pessoas, bens, capitais e serviços: o que poderia ser mais liberal do que isso?

Muitas das principais conquistas da UE foram realmente liberais. Elas incluem: abolição das tarifas internas (completada entre os seis países originais em 1968) e a transferência da política de comércio exterior para o órgão executivo da UE, a Comissão Européia; a proibição de subsídios estatais para empresas, um processo que começou em 1983 mas que ainda não foi completado; o estabelecimento de uma política antitruste a nível europeu, iniciada em 1990 (embora medidas anticartel tenham sido estabelecidas antes); a proscrição de barreiras não-tarifárias ao comércio interno, criada por uma decisão da Corte Européia de Justiça em 1979 (o caso *Cassis de Dijon*), mas não praticada propriamente antes do projeto de mercado único de 1985-92; e a adoção em 1º de janeiro de 1999, por onze países, de uma moeda única, transferindo o poder sobre política monetária para um Banco Central Europeu independente, num processo que culminou com a adoção das notas e moedas de euro como dinheiro legal por esses países (mais a Grécia, que aderiu posteriormente), em substituição às moedas nacionais a partir de 1º de janeiro de 2002.

Porém todas as datas acima, que vêm muito depois de 1957, dão uma pista muito significativa. Foram necessários mais de quarenta anos para estabelecer alguma coisa semelhante a um mercado integrado, "comum". Somente em 1999 um mercado financeiro integrado começou a se desenvolver, graças ao euro. Em muitas áreas — transportes, telecomunicações e energia, para citar apenas três — o mercado comum apenas começa a ser criado. Longe de avançar muito depressa para a integração, para um mercado único genuinamente liberal, como reclamam os detratores britânicos da UE, o que ocorre é justamente o contrário: o avanço tem sido demasiadamente lento.

Por quê? Aqui é onde entra a terceira dimensão da fundação da UE e da sua história no século XX, pelo menos como uma explicação preliminar. É porque o momento em que essa instituição pacificadora e economicamente liberal veio a ser criada era também o momento em que um conjunto diferente e liberal de idéias econômicas havia se tornado moda: o planejamento central. Tais idéias estavam em moda, como será argumentado no capítulo 7, devido à experiência da Segunda Guerra Mundial, na qual organização e planejamento dirigidos por cima haviam sido da máxima importância; e devido também à percepção de que a recém-poderosa União Soviética estava fazendo algo misteriosamente correto, e que esse algo (compartilhado com a Alemanha de Hitler nos anos 30 e 40) devia ser a utilização do planejamento central.

Era a idéia do momento e, por causa da reconstrução do pós-guerra, era encarada como sendo a necessidade do momento. Mesmo para aqueles cuja crença no planejamento central era apenas moderada, o que podia haver de melhor para juntar os ex-combatentes de duas guerras mundiais e para obrigar seus governos a sentarem-se regularmente à mesa para planejar? Esta era certamente a crença do francês que foi isoladamente o mais importante arquiteto da Comunidade do Carvão e do Aço de 1951 e do Mercado Comum Europeu de 1957, e é ainda hoje venerado quase como um deus pelos euro-entusiastas em Bruxelas: Jean Monnet. Seu *background* e capacitação era como planejador.

Não era um planejador no estilo do Gosplan soviético, nem a criação do Mercado Comum buscava igualar totalmente o que tentavam fazer os homens em Moscou. Mas paralelamente à noção de que os seis membros fundadores estavam criando um maior "espaço" para a livre atividade privada, corria também a idéia de que, em certas áreas, nada podia superar um bom plano, montado por bons planejadores, fixando metas, alocando quotas, coordenando atividades nacionais. E seguindo aquele exemplo, houve um outro fato fundamental do Tratado de Roma: os fazendeiros franceses insistiram com êxito em que a agricultura recebesse proteção e cuidados especiais dentro do Mercado Comum, e que esta proteção devia ser conduzida a nível europeu em vez de nacional, um objetivo que foi plenamente atingido quando a política agrícola comum (PAC) foi instituída em 1964. A crença generalizada de que a Comissão Econômica Européia (CEE) teve por fundamento uma permuta entre subsídios aos agricultores franceses e acesso ao mercado francês para os industriais alemães é uma simplificação exagerada, considerando-se que se passaram sete anos antes que esse arranjo fosse consumado no PAC, mas, no entanto, é uma crença que contém uma grande dose de verdade.

Uma vez definidas, e, especialmente, depois de registradas em um tratado, as políticas européias são difíceis de serem substancialmente alteradas, e extremamente difíceis de se reverter ou abolir. É difícil conseguir que uma ampla faixa de países se ponha de acordo sobre determinada política, e ainda mais difícil alterar essa política após alguns deles terem colhido seus benefícios. É por isso que, cerca de quarenta anos depois de sua fundação, o PAC continua sendo, de longe, a principal política de gastos da UE, consumindo metade do seu orçamento anual. É a delícia — ou o pesadelo — de um planejador, sob a qual os burocratas em Bruxelas, com responsabilidades perante os políticos dos países-membros somente por intermédio do Conselho de Ministros Europeu, procuram direcionar o tipo e a quantidade de alimentos produzidos pelos fazendeiros de toda a UE, ajustando cuidadosamente os subsídios e quotas para produtos tão diversos como sementes de linho, ou carne de carneiro, ou azeite de oliveira, e, de maneira crescente nas décadas de 1980 e 1990, pagando aos agricultores para deixarem de cultivar algumas porções de suas terras. Com certeza não há nada de liberal nisso.

Não obstante haver sido planejado a nível supranacional, o PAC acabou se tornando um fomentador do nacionalismo. É um estudo de caso de como é quase impossível se desmontar um sistema de subsídios depois que foi criado, pois os fazendeiros em todos os países fazem *lobby* junto a seus políticos para manter subsídios, quotas e regras que os favoreçam. É também altamente protecionista e estrangula as exportações agrícolas dos países pobres. Um estudo publicado em 2001 por Patrick Messerlin, um economista francês, para o Institute for International Economics de Washington estimava que o custo total para os consumidores da UE do seu protecionismo externo — incluindo tanto o relativo a bens manufaturados, como a alimentos — podia chegar a 93 bilhões de euros por ano. Como Messerlin disse em seu estudo *Measuring the Costs of Protection in Europe* [Medindo os custos do protecionismo na Europa], a política comercial européia tem

> um tempero muito característico: uma alta proporção de conteúdo político, porque a UE não tem outros meios (política exterior ou um exército) para expressar suas posições políticas; pode ser difícil e caótica, porque é baseada em tratados férreos, algumas vezes inconsistentes, freqüentemente mal redigidos (no que diz respeito a relações exteriores); e ela depende de um processo institucional que tende a ser intrinsecamente inclinado para maneiras antiquadas de governo econômico.

A política agrícola comum é a maior contradição a qualquer noção de que o propósito da UE seja de liberdade, liberalismo ou, mesmo, integração. Mas ela não está sozinha, quer a nível europeu quer a nível nacional. De fato, mesmo entre os seis membros originais, as idéias liberais de unidade e de livre movimentação de mercadorias têm sido amplamente subvertidas por políticas nacionais. Subsídios, barreiras não-tarifárias, sistemas financeiros fechados, defensores extremados dos interesses nacionais: tudo isso tem sido usado por membros da União Européia, desde 1957, para manter suas economias separadas. Ela tem estado empenhada em uma batalha contra as tendências divisórias e competitivas dos governos nacionais. Enquanto isso, porém, os países têm procurado desviar os poderes e recursos da UE em seu benefício próprio e estabelecer a nível supranacional o protecionismo e a intromissão governamental que os liberais odeiam.

Fundos regionais e estruturais, que foram criados para melhorar a infra-estrutura e o desenvolvimento industrial dos países mais pobres da Europa usando recursos coletivos, constituem outro fomentador. O tratado do carvão e do aço, assinado em 1951, foi utilizado nos anos 70 e 80 para retardar a reestruturação de indústrias antigas e para instituir um cartel de fato. Os países competem entre si para torcerem as negociações sobre comércio exterior em benefício de seus grupos de pressão locais. As regras sociais — o chamado "capítulo social"— na prática têm protegido a legislação trabalhista existente na França e na Alemanha contra a competição de países menores e mais pobres, como Irlanda, Espanha e Portugal.

Alguns membros europeus ainda acreditam em coordenar planejamento industrial, pesquisa, proteção ou subsídios a nível europeu. Outros acreditam que a ação coletiva, num espaço econômico muito maior do que um único país, é a maneira de manter afastada a necessidade de mudança (quer dizer, americanização nos anos 70 e 90 e competição japonesa nos anos 80). O que é agora visto como o modelo social europeu, com ampla proteção ao emprego e generosa seguridade social (um modelo criado essencialmente nos anos 60 e 70 e ampliado desde então) é considerado estar necessitando, ele próprio, da proteção que advém da força coletiva européia, de uma vontade de não debilitar o estado de bem-estar social de cada um e da existência tranqüilizadora de um amplo mercado europeu para as firmas locais.

Essa tendência centralizadora, ou intervencionista, não é absolutamente a idéia única ou dominante entre os europeus, mesmo entre os seus fanáticos. Alguns pensam que a utilização das regras européias é o único meio de fazer com que seus políticos ajam como liberais econômicos. Nisso eles repetem a opinião de Friedrich von Hayek, que em seu livro seminal de advertência contra a difusão do planejamento central, *O caminho da servidão* (1944), argumentava que uma Europa federalizada seria uma boa maneira de permitir que as regras da lei governassem as atividades econômicas e sociais, em lugar das regras dos burocratas ou políticos nacionais. Outros entusiastas europeus vêem todos esses arranjos econômicos e comerciais simplesmente como um preço a ser pago para o estabelecimento de uma unidade suficientemente grande para negociar em termos iguais com os Estados Unidos e o Japão e para ganhar força em política exterior.

Não obstante, o quadro resultante é confuso e muitas vezes contraditório. É um retrato de uma entidade que muito tem conseguido, que teve sucesso em enterrar o destrutivo passado de sua região, mas que o fez de um modo destinado a fazê-la capengar, em vez de correr, em direção ao futuro, tão pesados são seus encargos e contradições. Recentemente, com maior pressão a favor da competição, a moeda única e o programa por um mercado unificado, a tendência liberal tem ganhado algum terreno. À medida que a União torna-se maior, está ficando mais difícil operar um governo supranacional ativista, mais difícil seguir a antiga tendência intervencionista e planejadora, que, de qualquer modo, tornou-se algo fora de moda. É opinião geral que a ampliação da União irá "inevitavelmente" significar que o mal-afamado PAC terá que ser reformulado, talvez drasticamente. E liberais otimistas pensam que o euro irá eventualmente forçar os governos nacionais a liberarem seus mercados nacionais de trabalho e de bens, porque a competição através das fronteiras será intensificada pela possibilidade de se compararem preços, e porque os países mais intensamente regulados e gravosos irão perder competitividade e sofrer maior desemprego. Esta ambição de transformações pelo euro ainda não ocorreu em seus poucos primeiros anos de existência, mas esse espaço de tempo não representa muito no amplo movimento da história, nem na vida das moedas.

A tendência atual é mais liberal. Além do mais, está em andamento a elaboração de uma nova constituição para a Europa, um novo acordo ou tratado para governar uma nova relação entre as instituições e nações de uma União Européia ampliada. Uma conferência intergovernamental está programada para discutir idéias com esse fim em 2003 ou 2004, assessorada por uma convenção constitucional que iniciou suas deliberações em 2002. Dentro de uma década a UE poderia, teoricamente, tanto ter crescido acentuadamente, como ter estabelecido uma estrutura constitucional mais estável e duradoura — e poderia estar fazendo isso de um modo mais liberal e comercialmente mais livre. A esta altura, as suspeitas que agora bloqueiam a colaboração entre as nações-Estado desapareceriam e, assim, poderia ser aberto o caminho para uma integração política mais ampla, sob as restrições de uma nova constituição, mas capaz de formar um consenso europeu genuíno, escudado por políticas externa e de defesa comuns.

Contudo, esta parece ser uma previsão muito otimista. A tendência no sentido do liberalismo não é de forma alguma imutável. Ela será desafiada por recessões, durante as quais a pressão dos produtores e dos sindicatos por maior proteção e intervenção governamental será intensificada, como sempre acontece. Já está sendo desafiada por receios em muitos países de que haja imigração em larga escala, e tais receios têm ajudado a reforçar o apoio a partidos de extrema direita em várias nações, incluindo Áustria, França, Alemanha e Holanda, partidos esses que também são hostis à União Européia. As esperanças de se reformar o PAC serão contestadas, tanto pelo desejo de que ele seja conservado da parte dos que atualmente dele se beneficiam, como por um desejo amplamente difundido entre os ambientalistas de substituir o PAC por um novo sistema de subsídios, regras e quotas, para estimular a agricultura orgânica e o conservacionismo.

A tendência para a unidade liberal irá também ser desafiada pela pressão da própria moeda única, sob a qual se supõe que uma única política monetária irá servir a todos os que compartilham a moeda (doze países, em 2002) e mesmo as políticas fiscais nacionais irão estar sujeitas a restrições impostas coletivamente. É claro que a nova moeda constitui uma força unificadora, pois ela irá levar mais companhias a pensar a Europa ocidental como um mercado mais-ou-menos único, irá encorajar os consumidores a comprar mais (ou, pelo menos, a comparar preços) além-fronteiras, e tornará mais difícil para os governos manter taxas e políticas regulatórias nacionais que fazem com que sejam mais altos em seus países preços de bens facilmente comercializáveis. Contudo, politicamente, esta unidade tem também potencial para provocar uma explosiva desunião. Durante recessões profundas, uma política monetária única, boa-para-todos, poderia colocar em oposição políticos nacionais e o Banco Central europeu, à medida que aumentasse uma sensação de impotência nacional diante de um desemprego crescente. Não é improvável, de forma alguma, que um ou mais países-membros possam retirar-se do euro para reintroduzir seu dinheiro nacional, em algum momento da primeira década da nova moeda.

Em outras palavras, pode haver um momento, nas profundezas de uma recessão, em que um governo esteja sob pressão para agir contra o desemprego em seu país, mas, entretanto, o Banco Central europeu se negue a baixar as taxas de juros, ou outros países se recusem a permitir que esse governo aumente seus gastos públicos. Partidos de oposição teriam então uma oportunidade de ouro para agitar emoções antieuropéias. O resultado iria ser a retirada de um país do euro e a reintrodução de uma moeda nacional. Iria ser uma medida drástica, a ser tomada apenas em casos extremos. Mas não é, de forma alguma, inconcebível. Alguns países já têm introduzido novas moedas: exemplos recentes incluem a República Tcheca e a Eslováquia, que tiveram que substituir sua moeda comum quando a Tchecoslováquia foi dissolvida em 1993; e a Argentina, que repetidamente criou novas moedas durante a década de 1980, em seu período de hiperinflação, e fez o mesmo em 2002.

Comparada com países isolados imprevisíveis, como os Estados Unidos, a China e o Japão, a União Européia oferece uma vantagem ao escritor que deseja saltar sobre o curto prazo e identificar coisas que terão importância décadas adiante, durante o século XXI. Os países tendem a dar voltas em resposta a acontecimentos e a mudanças eleitorais. É claro que isto também é verdade quanto aos membros individuais da UE. Mas com relação aos projetos em que estejam coletivamente empenhados, os países da União realmente tendem a definir seu curso com certa antecedência. Alguns dos aspectos mais importantes do seu destino são preparados anos antes e só têm pleno efeito bem mais tarde. Como a política agrícola comum, tais acordos coletivos são difíceis de ser alterados, uma vez que tenham sido penosa ou ponderadamente acordados entre os membros da União.

Um de tais projetos foi a adoção da moeda única: proposta formalmente pela primeira vez em 1971, teve sua estrutura definida pelo Tratado de Maastricht em 1992, seu lançamento formal deu-se em 1999, e o pleno uso das notas e moedas ocorreu em 2002. Um outro, da mesma importância, é a ampliação da União Européia para admitir países da Europa central e da oriental, entre outros. Isto foi proposto por vários líderes da Europa ocidental em 1989-91, quando o Muro de Berlim vinha abaixo, quando o comunismo entrava em colapso juntamente com a Cortina de Ferro, e quando a União Soviética se dissolvia. O primeiro grupo de novos membros virá se juntar num verdadeiro "big bang", provavelmente em 2005*, e incluirá Polônia, Hungria, República Tcheca, Eslováquia, Eslovênia, Letônia, Lituânia e Estônia. Muitos outros se seguirão durante a próxima década. As fronteiras da União Européia se estenderão então bastante para leste, até a Rússia, Ucrânia e Bielo-Rússia. Cada fase dessa expansão poderá encontrar obstáculos. Mas o impulso para uma maior expansão provavelmente prosseguirá. Depois que a UE define uma direção e começa a mover-se nela, seu movimento tende a ser ininterrupto.

Duas coisas irão decorrer dessa ampliação. Uma é que muito — provavelmente, a maior parte — das energias da União Européia irá ser dedicado à tarefa de ajustar-se à chegada dos novos membros e, reciprocamente, de ajudar os novos membros a ajustar-se à sua chegada. Isto significa que haverá pouco tempo para ser criada uma união política formal, e menos ainda, perspectivas para isto. Tal objetivo poderia ser realizável se a UE houvesse permanecido em um tamanho consistente. A expansão para o leste significa que os termos e condições para essa união continuarão a se alterar de tal maneira que ela se manterá indefinível para seus defensores e irrelevante para seus opositores.

A outra realidade para os próximos 25 ou mais anos da Europa é que, de um modo ou de outro, a natureza, o comportamento e as políticas da União Européia irão ser modeladas por seu novo relacionamento com os outros países da Europa oriental, muito especialmente com o gigante entre eles, a Rússia, bem como com o mais importante país a seu sudeste, a Turquia. Ambos são vizinhos indiscutivelmente incômodos. Ambos durante os dois últimos séculos construíram impérios que rivalizavam com os dos europeus ocidentais e, à medida que seus impérios entraram em colapso, eles deixaram marcas, inimizades, amizades e tradições nos paí-

---

*Na realidade a entrada dos dez novos membros, os oito acima citados mais Chipre e Malta, deu-se em 1º de maio de 2004. (*N. do T.*)

ses dos quais se retiraram. Ambos, em suas histórias recentes, têm procurado se definir por suas diferenças em relação à Europa ocidental, não por suas similaridades; pelos seus destinos diferentes, não por sua relação próxima. Em ambos os casos, porém, a lógica do presente implica que no século XXI haja uma reversão dessa estratégia do século XX. A Turquia, ao pedir repetidamente para ser admitida na União Européia, já reconheceu essa lógica. A Rússia, que é de longe a mais importante das duas, ainda não aceitou essa lógica e pleiteou sua admissão, pelo menos formalmente. Mas o mais provável é que ambas o farão.

A Rússia há muito tempo se orgulha de sua separação, de sua natureza característica, de seu espírito eslavo. Ela sustentou as mais sangrentas batalhas da Segunda Guerra Mundial, tentando proteger-se da Alemanha. Por 45 anos foi uma das duas superpotências mundiais e ainda possui um dos dois maiores arsenais nucleares. Ela enviou o primeiro homem ao espaço e esteve perto de ser a primeira a colocar um homem na lua. É um país rico em petróleo, gás e outros recursos naturais. Tem uma população que, com quase 150 milhões de habitantes, é 80% superior à do segundo maior país da Europa (a Alemanha, com 82 milhões). Todos estes fatores militam contra a perspectiva de a Rússia vir a procurar maior união com os europeus ocidentais. Contudo, outros fatores pressionam fortemente na outra direção. O mais importante deles é o fato de, na virada do século XXI, estar a Rússia pobre e fraca, com sua população encolhendo e uma expectativa de vida declinante. E ela não tem mais a motivação ideológica (o comunismo) que a fazia pretender que poderia ser rica e forte.

Muitos dos políticos e intelectuais russos pensam que seu país deveria seguir um caminho independente para a grandeza, e muitos, sem dúvida, continuarão a defender esta posição no futuro. Mas a questão estratégica é o que pode significar tal independência na ausência do comunismo? A readoção do capitalismo e o movimento gradual no sentido da plena participação no comércio internacional — agora que a China aderiu à Organização Mundial do Comércio e começou a aderir às suas regras, a Rússia será levada a tomar o mesmo rumo — significam que, em economia, a Rússia irá no futuro seguir um caminho de interdependência. Este é o único meio de recuperar sua antiga força. Enquanto emergia do comunismo em 1992, o primeiro ano após a queda da União Soviética, a riqueza da Rússia, medida pelo PIB *per capita*, era meramente de US$ 4.600,00 por ano. Este valor a colocava ligeiramente abaixo da Polônia e da Hungria, com menos da metade da riqueza da Grécia ou da Coréia do Sul, por exemplo, e com escassamente um quarto da média da Europa ocidental. Desde então, a Rússia tem ficado ainda mais para trás. Somente o capitalismo, estimulado pelo comércio e pelo investimento estrangeiro direto no país, irá capacitá-la a tornar-se mais rica. E apesar de uma primeira década muito difícil na economia de mercado, isso já a tem impulsionado para mais perto dos europeus ocidentais.

Em 1913, quando o comércio na maior parte da Europa era bastante mais livre do que se tornou no período entre as guerras mundiais, 45% do comércio da Rússia eram com a Alemanha. Em 2000, uns meros 9% eram com esse país, e 31% com a União Européia como um todo. Dada a sua atual gama não-sofisticada de produtos, os países mais perto da Rússia são, inicialmente, os seus mais prováveis parceiros comerciais, desde que tenham algum dinheiro para comerciar (um ponto que reduz a importância da Ucrânia). Essa condição abrange os países da Europa Central, incluindo Polônia, Hungria, República Tcheca e Estados Bálticos, bem como a Alemanha. Em 2005, a maior parte desses principais parceiros estará na União Européia. Tomada como um todo, a UE irá então ser, de longe, o mais importante interlocutor comercial da Rússia. As chances são de que ela também irá fornecer a maior parte do investimento estrangeiro para a Rússia, assim como tem sido a principal fonte desse investimento para os países centro-europeus. Politicamente, encontros de cúpula com o presidente americano continuarão a ser lisonjeiros e importantes, enquanto a Rússia continuar a ser uma grande potência nuclear. Na realidade, as reuniões com o chanceler alemão e com o representante comercial da União Européia serão os encontros de maior importância.

Os laços econômicos não são tudo. E são necessários dois para comerciar, logo essa interdependência econômica com a Europa não precisa significar dependência, a não ser que a Rússia venha a cair em débito substancial com os europeus. Devido à sua geografia, a Rússia sempre terá, particularmente no Cáucaso e na Ásia Central, seus interesses especiais que a caracterizam como separada da Europa. Ela é até uma potência asiática, com uma longa costa no Pacífico e preocupações naturais quanto à estabilidade das Coréias e do Japão, para não falar da China. Mesmo ao estabilizar e amadurecer sua democracia, a Rússia pode permanecer determinada a usar métodos brutais para suprimir o que vê como problemáticas minorias domésticas, como vem fazendo na Chechênia desde 1995. Se assim for, isto também a separará da UE, do mesmo modo que a brutal supressão de sua minoria curda tem mantido a Turquia afastada.

Todavia, ao levar em conta o palco mundial em lugar de interesses muito locais, uma pergunta deve ser feita quanto ao que a Rússia poderia conseguir ficando inteiramente por si só. Se não fosse por suas armas nucleares, que na realidade não pode sustentar, ela seria um Brasil euro-asiático, grande em território e população, importante para seus vizinhos, mas que, por causa de sua continuada pobreza, não é uma potência que tenha muita importância nos assuntos mundiais. Com desenvolvimento econômico, ela poderia ter maior importância do que tem hoje. Mas esse desenvolvimento iria exigir uma extraordinária reviravolta sustentada por muitas décadas para que o país voltasse a ser uma das principais potências mundiais — teria que imitar o Japão. Mas mesmo o Japão construiu sua posição internacional apoiado em sua aliança com os Estados Unidos, e não definindo, ele próprio, o seu curso.

Talvez a opção de emular o rico Japão, sendo ainda uma potência nuclear, possa estar a meio século de distância. Há grande potencial para crescimento econômico na Rússia, se o país puder algum dia estabelecer um adequado domínio da lei, instituições estáveis e direitos de propriedade. Entretanto até esse dia a estratégia da França, a velha amiga da Rússia na Europa (deixando de lado a invasão de Napoleão), irá gradualmente tornar-se mais sedutora. A França, desde que se tornou um dos fundadores da União Européia, acredita que fica mais apta a conseguir uma influência mundial por meio de uma aliança com seus vizinhos europeus, particularmente a Alemanha, do que por si só*. O legado do período comunista tem nos últimos anos levado muitos a prever uma aliança nas-

---

*A Rússia está na mesma posição. (N. do T.)

cente entre a Rússia e a China. Contudo, no futuro a Rússia irá ter mais interesses em comum com seu maior parceiro comercial, a UE. Na maioria dos assuntos, a rica e desenvolvida UE irá ser também um aliado mais poderoso e atraente. Os interesses da Rússia, como os da França, irão ser mais bem atendidos trabalhando em conjunto com a Europa.

Uma lógica semelhante irá provavelmente prevalecer em assuntos de segurança. A OTAN — Organização do Tratado do Atlântico Norte — foi estabelecida originalmente nos anos do pós-guerra para se opor ao Pacto de Varsóvia, organizado pela União Soviética. Sua expansão na década de 1990, incorporando países da Europa Central e da Oriental, ainda refletia essa história; os novos membros estavam interessados em serem admitidos para reforçar sua segurança contra pressões do seu gigantesco vizinho a leste. Essa motivação, entretanto, irá provavelmente desaparecendo à medida que o comércio e outros laços econômicos cresçam entre os antigos inimigos. Assim como é hoje difícil imaginar por que a Alemanha poderia pensar outra vez que seria vantajoso invadir a França (ou a Polônia, ou a República Tcheca), está se tornando difícil imaginar por que a Rússia pensaria no futuro em incomodar ou invadir os Estados Bálticos ou a Polônia. Quanto aos instáveis e empobrecidos Cazaquistão ou Geórgia não se pode dizer o mesmo; ainda é fácil imaginar a Rússia invadindo-os durante algum eventual período de agitação. Mas não é provável que isso se aplique à Polônia ou a outro dos novos membros da União Européia.

Há outra maneira de se olhar isso. Nos últimos anos, a principal maneira pela qual os nacionalistas russos têm feito de seu país uma força permanente nos assuntos mundiais tem sido como um pequeno criador de problemas: oferecendo simpatia e apoio (por algum tempo) ao ditador da Sérvia, Slobodan Milosevich, e a Saddam Hussein, do Iraque, ou vendendo tecnologia militar a países que caíram em desfavor com a América, como o Irã. Essas táticas pouco conseguiram. Quanto mais poderia ser alcançado se a Rússia se tornasse parte de uma aliança européia? O país seria então uma das três potências nucleares da Europa (a França e a Grã-Bretanha são as outras) e daria à Europa três votos no Conselho de Segurança das Nações Unidas. Do mesmo modo que a União Européia, a Rússia iria alinhar um grande número de vezes suas políticas com as dos Estados

INVEJA EUROPÉIA

Unidos. Mas, como ela, em certas ocasiões irá se opor aos americanos. Uma aliança que se estendesse do Atlântico até além dos Urais, mesmo que quase com certeza frouxa e informal, seria, apesar disso, uma visão impressionante — mesmo olhada de Washington.

Voltemos agora à pergunta colocada no começo deste capítulo. Pode a Europa tornar-se uma entidade única? A tendência atual não sugere a formação iminente ou, mesmo, provável de uma solidariedade européia firmemente costurada, uma verdadeira superpotência política — e politicamente efetiva — para rivalizar com os Estados Unidos, ou, pelo menos, para fazer sentir sua importância através do mundo. Os sentimentos são muito contraditórios. A política e os movimentos políticos continuam sendo muito nacionais, assim como o principal sentido de identidade das pessoas. Os europeus estão acostumados a que seus governos colaborem entre si em vez de se combaterem, e a visitarem os demais países por razões pacíficas e não hostis, mas não se sentem patrioticamente europeus. Eles percebem mais diferenças entre si do que semelhanças. Em princípio, isso poderia não ser diferente de, por exemplo, americanos sentindo-se em primeiro lugar texanos, e em segundo, americanos. Mas embora as identidades européias sejam semelhantemente divididas (porém mais ainda: catalão em primeiro lugar, espanhol em segundo, e europeu em terceiro), a preponderância do sentimento regional e nacional sobre o europeu é muito maior. Podem existir um ou dois pequenos países onde o senso de identidade nacional é tão fraco que seus cidadãos sentem-se principalmente europeus; a Bélgica vem logo à lembrança. Mas em relação à França, à Alemanha, à Grã-Bretanha, à Espanha ou à Itália, isso não é verdade, nem está se tornando verdade. E também não é verdade em relação aos novos membros da União Européia ampliada, pois se sentem orgulhosamente poloneses, húngaros e tchecos. Os russos, com certeza, sentem-se radicalmente russos.

Haveria algo capaz de tornar as coisas diferentes? O que poderia ocorrer para fazer os europeus decidirem que precisam se tornar europeus? A única resposta plausível é uma crise internacional, ou uma série de crises, na qual a natureza politicamente fragmentada da Europa se tornasse uma séria ameaça para a sobrevivência de seus povos e de suas liberdades — em outras palavras, medo. O intenso desejo dos entusiastas europeus não parece ser suficiente. Nem os benefícios puramente teóricos de unidade, de integração, de formar uma superpotência parecem derreter suficientemente o gelo dos eleitores. Tais coisas falam principalmente às elites, aos líderes políticos, não aos votantes.

Agora, nesta era de paz na Europa do início do século XXI, é difícil imaginar o que poderia ser essa crise. As grandes potências européias, comparadas com os países da Ásia, sentem-se razoavelmente seguras. É verdade que elas vivem não muito longe de algumas regiões conturbadas, em que há países que estão procurando desenvolver mísseis de longo alcance e armas de destruição em massa: Irã, Iraque, Síria, e talvez, no futuro, outros países do Oriente Médio e em torno do Golfo Pérsico. Mas essa ameaça não parece assustar os europeus. Com certeza eles não se temem mais uns aos outros. A única grande questão diante deles é se podem futuramente descobrir novas razões para temer a Rússia. Pelos motivos longamente expostos acima, isso não parece provável. Mesmo se esta conclusão vier a se mostrar equivocada, a Europa já tem a OTAN para zelar por sua segurança.

No final da década de 1990, os europeus fizeram seus primeiros esforços verdadeiros para construir uma capacidade de defesa genuinamente européia. Concordaram com uma iniciativa da Grã-Bretanha e da França para desenvolver uma "força de reação rápida" européia para agir em coordenação com a OTAN, mas capaz de operar independentemente desta. O que tinham em mente para essa força era mobilizá-la em áreas conturbadas, como os Bálcãs ou o norte da África. Não obstante, a idéia dessa nova força causou certa preocupação em Washington, onde os governos Clinton e Bush temeriam que, ao duplicar recursos e planejamento, ela acabasse por enfraquecer a OTAN. Mas a principal razão para ceticismo quanto a ela não é a possibilidade de duplicação, mas a probabilidade de que, no momento, ela não será efetiva. O motivo é que os países europeus gastam muito pouco em despesas de defesa para que possam montar uma força viável, e o que gastam é dedicado demasiadamente a manter exérci-

INVEJA EUROPÉIA

tos formados por alistamento e insuficiente para equipá-los para a guerra moderna.

Nenhum grande país europeu chega perto de igualar os mais de 4% do PIB anual que os Estados Unidos gastam em defesa. A França com 2,7% e a Grã-Bretanha com 2,6% foram os que mais se aproximaram em 2000, mas os outros grandes países gastam muito menos: Alemanha (1,6%), Espanha (1,3%), Itália (2%) e Holanda (1,8%) mostram qual é o padrão. Se a Europa quiser algum dia montar sua própria força e capacidade de defesa, seus governos terão que gastar muito mais. Por sofrerem outras pressões sobre suas finanças, inclusive as próprias regras da moeda única européia, eles não parecem capazes de serem persuadidos a fazê-lo por idealismo ou apelo intelectual de unidade.

Para forçar essa postura a mudar, a aliança e mesmo a dependência militar da Europa pós-1945 com os Estados Unidos teria que ter sido rachada. Os EUA teriam que ter removido suas bases da Europa e mostrado que não mais iriam — ou não mais poderiam — honrar seu compromisso com a OTAN de considerar um ataque a um dos países-membros como um ataque a todos. Para isso seria necessária uma mudança realmente drástica, tanto nos próprios Estados Unidos, como em sua condição no mundo. Muito provavelmente seria também necessário o sentimento de que os Estados Unidos se tivessem tornado ativamente hostis à Europa, talvez não em qualquer sentido militar, mas em termos políticos e de interesse.

Poderia isso ser provável? Com certeza os Estados Unidos e a Europa têm estado paulatinamente se afastando por um longo tempo. A aliança fortemente amarrada do tempo da Guerra Fria não é mais necessária; no futuro ele seguramente se tornará muito mais frouxa. A cooperação em instituições e processos multilaterais está se tornando mais difícil. Mas trata-se de hostilidade ou de descaso desdenhoso? Considerados os mútuos interesses que os países de ambos os lados do Atlântico construíram e desenvolveram, assim como a profundidade e a amplitude dos laços empresariais e pessoais que se entrecruzam através do Atlântico, tal situação é extremamente difícil de visualizar. Arrufos, sim; zangas, com certeza. Os desacordos depois dos ataques do 11 de setembro sobre até onde levar a guerra contra o terrorismo, e sobre quanto apoio dar a Israel, ofereceram um bom exemplo. Mas para produzir a espécie de hostilidade que faria os europeus sentirem que precisam de unidade para sua própria segurança futura e sobrevivência faz-se necessário alguma coisa maior do que tais queixumes e desacordos. Seriam provavelmente necessárias ações complicadoras de uma terceira parte, como a Rússia ou a China, que causassem problemas e, o mais importante, levassem americanos e europeus a pensarem que seus interesses teriam divergido. Ou exigiria um declínio considerável e mesmo catastrófico, sob um ponto de vista global, da força e da liderança dos Estados Unidos.

Nada disso parece merecer ser previsto. A visão do professor Thurow de uma superpotência econômica e política européia parece não ser nada mais que uma possibilidade teórica. O mais provável é que, embora os países europeus devam prosperar economicamente à medida que se desenvolvem e se integram entre si, seu esforço coletivo será caracterizado principalmente por avanços confusos, em um processo dificultado por suas políticas e objetivos contraditórios. Esses avanços confusos irão, algumas vezes, apresentar um aspecto e um propósito mais firmes, em meio a uma diferença de opinião temporária com os Estados Unidos; podem até envolver, como previsto neste capítulo, uma aliança frouxa e informal com a Rússia. Mas ainda será uma situação confusa.

A União Européia é um sucesso, como demonstrado pelo continuado desejo de vários países de se juntarem a ela, e por não ter havido, até agora, qualquer membro que queira deixá-la. Mas é uma confusão, cronicamente destituída de uma direção clara por razões que, provavelmente, irão persistir. Suas confusões não são da espécie de lançar nação contra nação, de ameaçar dissolvê-la ou quebrá-la; mas na falta de uma crise que exija um esforço de concentração, elas provavelmente irão manter a União Européia como uma força movida pela inveja, mas fragmentada. A Europa ocidental é um conjunto de países ricos e estáveis que irão continuar assim e serão ainda revigorados com o amadurecimento da democracia e do capitalismo na Europa central e na oriental. A inveja comum com relação aos Estados Unidos e um interesse mútuo em comércio e investimentos irão trazer a Rússia para junto da Europa. Avançar em confusão, achando um caminho para acomodar as preocupações de cada país em meio a um grupo sempre crescente de nações, é o aspecto mais exasperante da União Européia e a principal razão para não se esperar que ela venha a ter um papel dominante no mundo. Mas é também seu maior recurso para a sobrevivência.

6.
Turbulência e Terror

O mundo dos homens não é, por sua própria natureza, um lugar pacífico e estável. Certamente nunca foi em qualquer tempo de sua história. Para Thomas Hobbes, na Grã-Bretanha do século XVII, a vida era "suja, brutal e curta"; agora, graças à melhoria na expectativa de vida, esta, para muitas pessoas que vivem nas regiões mais turbulentas do globo, tornou-se apenas brutal e longa, sendo uma loteria o fato de ser agradável ou não. Durante os últimos cem anos guerras foram travadas entre grandes potências e entre pequenas potências, entre impérios coloniais e seus povos oprimidos, entre regiões ou tribos dentro dos próprios países, por causa de idéias e de terras, de recursos e de povos, de identidade e de personalidades.

Os conflitos mais sangrentos em que estiveram envolvidos europeus e americanos ocorreram na primeira metade do século XX, fazendo com que a guerra pareça agora uma idéia um tanto remota para muitas pessoas de ambos os lados do Atlântico. Mas esse não é o caso para os que vivem no Congo, Angola, Etiópia, Afeganistão, Chechênia, Geórgia, Ruanda, Azerbaijão, Israel, Sri Lanka, Caxemira, Iugoslávia, Colômbia, Somália, Iêmen ou Serra Leoa — para citar apenas alguns dos lugares onde conflitos armados têm ocorrido nos últimos vinte anos. E há também as vítimas do terrorismo, ou de matanças feitas apenas para incutir terror, algumas vezes associado a essas zonas de guerra, outras vezes não, as quais irão também achar que violência é algo dolorosamente perto de casa: cerca de oito mil afegãos em Mazar-i-Sharif em 1998; muitos milhares de bósnios em Srebrenica em 1995; três mil pessoas na Irlanda do Norte ao longo de trinta anos de conflitos; 800 mil tutsis em Ruanda em 1994; três mil moradores de Nova York e Washington em 2001; e muitos mais por todo o mundo.

Imediatamente após o 11 de setembro de 2001, parecia pouco provável que esse último exemplo seria algum dia incluído numa lista geral dessa espécie. O vôo de dois aviões comerciais seqüestrados numa bela manhã de setembro entrando pelo World Trade Center em Nova York, e de um terceiro atingindo o Pentágono em Washington, e de um quarto chocando-se contra o solo na Pensilvânia (no que para os seqüestradores foi uma missão fracassada), foi percebido como um acontecimento de uma categoria própria. E sob alguns aspectos assim foi. Tratava-se de um episódio em que foram empregadas técnicas totalmente novas de assassinato em massa, do primeiro ataque em larga escala em solo americano desde Pearl Harbor em 1941, e do primeiro efetuado no território continental americano desde que os ingleses incendiaram Washington em 1814. Os que perpetraram os ataques cometeram suicídio para levar a cabo sua missão, e pareciam considerar seu martírio glorioso. Não foi a primeira tentativa de realizar um atentado como esse — terroristas com o mesmo *background* dos de 2001 haviam tentado explodir uma das torres do World Trade Center em 1993, e depois o aeroporto de Los Angeles em 2000 —, mas o sucesso é muito mais chocante e prende mais a atenção do que o fracasso. Aquele foi de longe o ataque mais mortal à maior potência do mundo desde a Guerra do Vietnã na década de 1960. Foi um ataque não só àquela superpotência, não só planejado para espalhar medo e terror, planejado para chamar a atenção para a "causa" dos perpetradores, mas também um ataque que mirava os símbolos do capitalismo moderno e urbano, os maiores arranha-céus na própria metrópole-sede dos arranha-céus e do capitalismo ocidental, a cidade de Nova York.

A idéia de que foi um acontecimento de uma categoria própria ganhou mais força pela retórica do homem que em última análise estava por trás dos ataques, Osama bin Laden. Em seguida aos atentados, ele tornou-se o homem mais famoso e conhecido do planeta, mas vale a pena recapitular que ele é um muçulmano nascido na Arábia Saudita de uma família originária do Iêmen, e que havia criado campos de treinamento de terroristas inicialmente no Sudão, e, depois que foi de lá expulso, no Afeganistão. Havia herdado alguma fortuna de sua família, que dirige uma bem-sucedida firma de construções na Arábia Saudita; havia recebido seu primeiro treinamento militar e suas primeiras armas no Afeganistão na década de 1980, como guerrilheiro das Brigadas Mujahidin contra a União Soviética. Com aqueles ataques contra os Estados Unidos nos anos 90 e em 2001, Bin Laden proclamava que estava lançando contra eles uma *jihad*, uma palavra árabe passível de muitas interpretações (variando entre esforço, luta e guerra), mas que neste caso significa "guerra santa". Ele e seus seguidores convocavam muçulmanos de todo o mundo a se levantarem contra o infiel, a expulsar o infiel das terras santas do Islã, e a provocar, finalmente, o seu colapso.

Assim, aqueles ataques foram vistos por alguns como o primeiro exemplo do "choque de civilizações", uma expressão posta em circulação por um professor de Harvard, Samuel Huntington, inicialmente com um artigo na revista *Foreign Affairs*, em 1993, e depois no próprio título do livro em que expandia a idéia, lançado em 1996. Ele havia previsto que o mundo pós-Guerra Fria seria moldado por conflitos, armados ou de outra natureza, entre os sete ou oito principais grupos culturais do mundo. Aqui estavam dois deles — o Islã e o Ocidente judaico-cristão — já em confronto.

Mas o que estava ocorrendo era realmente um desses choques, era realmente um acontecimento de um caráter singular ou, pelo menos, novo? Essa questão é importante principalmente para nossa visão do futuro. Pois se os ataques do 11 de setembro constituem uma nova espécie de acontecimento, então isso pode anunciar grandes mudanças na vida e na geopolítica nas próximas décadas. Devemos esperar não somente uma "nova desordem mundial" do tipo com o qual nos familiarizamos tristemente durante a década de 1990, mas um desafio mais profundo, mais alarmante, à própria base da civilização ocidental, que será visível não apenas nas telas de nossas televisões, mas nas próprias ruas de nossas cidades.

A primeira resposta a essa pergunta é que a história não apóia a idéia de que Osama bin Laden e sua rede terrorista al-Qaeda constituem uma categoria de desafio inteiramente nova. Seu desafio é grande e preocupante. A moderna tecnologia poderia, sob certos aspectos, fazê-lo mais mortífero do que os anteriores. Mas não é novo.

Para entender o porquê, é interessante separar os principais elementos do modo de agir e da aparente filosofia da al-Qaeda: o uso do suicídio, num culto da morte ou do martírio; a noção de que os valores do Ocidente são depravados, degenerados e ofensivos ao verdadeiro espírito humano; a idéia da guerra santa; a crença de que a salvação se baseia em ser capaz de viver segundo as verdadeiras identidade e tradições de cada um; a crença de que os povos árabes ou muçulmanos são particularmente oprimidos; o emprego de pequenas "células" de combatentes ou ativistas para travar uma guerra supostamente em defesa dos interesses de centenas de milhões de pessoas. Uma vez que essas características tenham sido excluídas como possíveis fontes de novidade ou particularidade, podem existir, contudo, alguns outros elementos que poderiam ter um efeito importante no futuro. Esses elementos provavelmente serão, de qualquer modo, partilhados por outras fontes potenciais de turbulência e terror.

O martírio em ataques suicidas é uma idéia especialmente assustadora. É difícil tomar precauções contra aqueles que estão tentando utilizá-lo. Quando alguém é identificado como pretendendo praticar um tal ataque geralmente já é muito tarde. De qualquer forma aquela pessoa está decidida a morrer, levando muitas outras com ela, e assim é difícil detê-la. (Esses atacantes suicidas são quase sempre homens, mas não invariavelmente; por exemplo, recentemente tem havido casos de mulheres-bomba em Sri Lanka, e o primeiro ataque suicida por uma mulher palestina ocorreu em janeiro de 2002.) Para a mente ocidental moderna, o martírio é também assustadoramente irracional, indicando ou um modo de pensar que deve ser inumano ou o resultado de uma lavagem cerebral. Mas embora o martírio felizmente não seja comum, ocorreu muitas vezes no século passado. E considerado da maneira mais simples, o sentimento de que uma morte nobre pode conferir sentido a uma vida de angústia, desapontamento e desespero não tem, de forma alguma, sido incomum.

Por exemplo, Yukio Mishima, um escritor japonês, usou seu suicídio em 1970 não só como um ato nobre e celebrador (ele havia descrito tais atos em seus romances), mas também como um meio de chamar a atenção para sua firme convicção de que o espírito japonês estava sendo erodido e degradado pela modernização. Ele chegou a recrutar seu próprio exército e o liderou na invasão do quartel-general do Ministério da Defesa do Japão, em Tóquio, onde se matou. Em última análise foi um gesto um tanto patético, mas foi feito com a intenção de ser um ato grandioso. Em um artigo na *New York Review of Books* em janeiro de 2002 sobre "Occidentalism", ou hostilidade ao Ocidente, Ian Buruna e Avishai Margalit (um escritor anglo-holandês e um professor israelense, respectivamente) citaram também uma onda de fanatismo que envolveu 145 mil soldados alemães, levando-os a morrerem numa seqüência de ataques inúteis na Batalha de Langemarck em 1914. A Primeira Grande Guerra foi plena de tal futilidade, mas essas mortes eram celebradas como sacrifícios heróicos, como parte da campanha de propaganda feita na Alemanha em favor da guerra. As palavras de Theodor Koerner, um escritor do início do século XIX, foram lembradas em homenagem aos mártires: "A felicidade encontra-se somente na morte como sacrifício."

Cultos do heroísmo, da nobreza de não somente arriscar a própria vida por uma causa justa, mas simplesmente de arriscar a vida, têm sido característicos das culturas marciais. Os pilotos camicases japoneses da Segunda Guerra são, naturalmente, os mais famosos atacantes suicidas; o que é chocante, ou, talvez, alarmante a respeito deles é como foram numerosos. Mas em muitos aspectos o mesmo espírito está na essência do apelo do nazismo na Alemanha e do fascismo na Itália, ou seja, a idéia de que a grandeza somente pode ser alcançada se as pessoas puderem se unir em um movimento heróico de massas, deixando de lado seus interesses egoístas individuais — o que em última análise poderia incluir suas próprias vidas.

Jovens que por alguma razão se sentem frustrados, desapontados, rejeitados ou cheios de raiva já deram antes suas vidas em atos de violência ou em guerras, e o farão novamente, por mais horrível que esta idéia pareça para alguém que pense de maneira diferente. Há também uma longa tradição entre grupos rebeldes de usar a oposição ao Ocidente como um fator de união, de afirmar que os modernos costumes ocidentais estão destruindo algo mais genuíno, mais real, mais valioso, mais tradicional. Esse também era um dos clamores de Mishima, em relação ao Japão. Essa oposição teve muitas vezes um tempero religioso, pois uma das principais características das modernas sociedades ocidentais é sua secularidade. Muitos cidadãos dentro delas podem ser religiosos, mas as leis pelas quais se regem as sociedades são seculares, como o é o Estado. Esse caráter secular é tomado como uma ameaça ou como um oponente útil por aqueles que em outros países pensam que sua própria religião dita as leis recebidas de um deus, as quais devem ter primazia sobre leis emanadas de simples homens. Tais crenças trazem poderosas implicações políticas, pois dão a um grupo auto-escolhido de intérprete das leis de Deus um enorme poder sobre seus seguidores, enquanto conseguirem manter sua credibilidade perante estes. Apelos extremados por crença absoluta e pureza doutrinária, associados com a útil identificação de uma ameaça ocidental a esses valores, têm, muitas vezes, constituído meios efetivos de conseguir essa credibilidade.

Isso foi o que aconteceu em uma revolução islâmica anterior, que atirou com sucesso seus adeptos contra os Estados Unidos e também contra o governo anterior do país. Um aspecto notável da derrubada do governante do Irã, o xá, foi também o fato de a queda deste ter sido apoiada por muitos liberais pró-Ocidente daquele país, que achavam que o xá pró-Ocidente era um déspota, e não pensaram (erradamente, como depois se viu) que o aiatolá Khomeini podia ser ainda pior. No Irã revolucionário, embora a nova constituição promulgada em 1979 inclua alguns elementos democráticos, o poder foi dado aos clérigos religiosos. Entre estes, o poder foi concentrado nas mãos do Líder Supremo, Khomeini, e de um punhado de clérigos de maior hierarquia, conhecidos como "Objetos de Emulação".

TURBULÊNCIA E TERROR

O apelo a valores espirituais puros e genuínos foi também uma característica da campanha militar do Japão na Ásia nas décadas de 1930 e 1940, que era apresentada como sendo um esforço para limpar esse continente pela remoção dos imperialismos britânico, holandês e francês, purgando, assim, a Ásia das idéias ocidentais. A verdadeira identidade asiática poderia então brilhar intensamente, como parte de uma "Esfera da Co-Prosperidade da Grande Ásia Oriental". Nesse caso a divindade em cujo nome tudo estava sendo feito era o imperador do Japão, supostamente um descendente em linha direta de Amaterasu, a deusa do sol.

Ademais, o desejo das nações árabes de recuperar o orgulho perdido e a independência de pensamento e ação vem de longa data. Todos estão intensamente conscientes de que as nações islâmicas, assim como os chineses, eram mais avançadas que os europeus até os princípios dos tempos modernos. Através da história, os árabes e outros povos do Oriente Médio foram principalmente governados e subjugados por irmãos muçulmanos: pelos mongóis, que se converteram ao Islã, e mais tarde como parte do Império Otomano da Turquia, do século XV até o XIX. Esse quadro já havia sido rudemente interrompido pela vitória russa na Pérsia não-árabe (o atual Irã) em 1828. Um século mais tarde, de qualquer forma, o poder otomano caiu e foi substituído por diferentes dominações coloniais, principalmente pelos britânicos e franceses, mas também, intermitentemente, por outras potências européias.

A partir de 1919, Kemal Atatürk realizou em seu país, a Turquia, uma revolução modernizadora. No Egito, na década de 1950, Gamal Abdel Nasser derrubou tanto a monarquia de seu país como o que restava da dominação estrangeira no canal de Suez. A Argélia lutou por sua independência da França nos anos 50. O coronel Kadafi assumiu o poder na Líbia através de um golpe em 1969, e se proclamou o farol do pan-arabismo. Em 1973, em seguida à terceira guerra travada contra Israel desde que este país fora criado em seu meio em 1948, os países árabes produtores de petróleo, liderados pela Arábia Saudita, anunciaram que planejavam restringir o suprimento desse produto para a Europa, Estados Unidos e Japão, numa tentativa de exercer seu poder coletivo, mas autônomo, contra o Ocidente. Esse período, conhecido geralmente como o primeiro choque do petróleo, foi realmente, até agora, o ponto alto da cooperação pan-arábica. Foi um período de generalizado terrorismo árabe, perpetrado principalmente (mas não unicamente) pela Organização para a Libertação da Palestina (OLP) e pelo grupo terrorista de Yasser Arafat nela inserido, o Al Fatah. O atentado de maior repercussão foi praticado durante as Olimpíadas de Munique em 1972, quando os terroristas mantiveram como reféns e depois mataram 11 membros da delegação israelense. O boicote não chegou a levar os árabes muito longe (embora tenha tornado muito mais ricos alguns dos produtores de petróleo).

Muitas *jihads* contra o Ocidente têm sido declaradas por vários líderes religiosos e políticos, ao longo dos anos. Em numerosos países, os governos têm optado, ou sido forçados, a adotar leis e práticas mais "islâmicas", incluindo-se entre eles não apenas as nações árabes, mas também Paquistão, Bangladesh, Indonésia, Nigéria e Afeganistão. Entretanto, apesar do petróleo, o desempenho econômico das nações muçulmanas tem sido relativamente pobre. Apenas a Malásia tem conseguido continuada melhoria em seu padrão de vida; a Indonésia também o conseguiu por algum tempo, mas entrou em colapso depois de 1997. Mesmo a Arábia Saudita, apesar de estar montada sobre as maiores reservas mundiais de óleo, apenas conseguiu atingir um PIB *per capita* que é um terço menor que o do mais pobre dos países da União Européia (Portugal). É também uma sociedade altamente desigual, com torneiras de ouro nos banheiros da família real, mas abundante pobreza entre as pessoas comuns.

A característica essencial dos terroristas da al-Qaeda é sua busca por objetivos messiânicos em nome de um movimento de massas, empregando pequenos grupos ou células de combatentes. O mais bem-sucedido usuário dessas táticas foi Vladimir Ilitch Lenin, cujos terroristas bolcheviques eram verdadeiros *jihadis* pela causa do socialismo internacional. Enquanto Lenin foi meramente um terrorista, tudo o que ele podia fazer era publicar material de propaganda e provocar surtos ocasionais de agitação. Os bolcheviques e outros revolucionários sofreram um revés em 1905, quando uma revolta foi sufocada na Rússia. Mas em 1917 eles agarraram a oportunidade oferecida pelo fracasso da Rússia na Primeira Guerra Mundial para tomar o poder, e, assim, ganhar os recursos de uma das maiores nações do mundo. É por isso que o *jihadi* marxista tornou-se um dos modeladores do século XX: porque teve o controle de um Estado poderoso. Para Osama bin Laden se tornar um dos modeladores do século XXI, que é certamente seu objetivo, ele precisa imitar Lenin e tomar um país, talvez a Arábia Saudita, o Egito ou mesmo o Paquistão.

Todo esse cenário histórico existe por eliminação. Ele nos mostra o que é antigo, o que no tipo de terrorismo do al-Qaeda dá meramente continuidade a velhas tradições de desordem e dissidência. O velho mundo do século XX e o novo do XXI são ambos mundos de fanáticos suicidas, que odeiam o Ocidente, guerreiros de guerras santas, em busca de identidade através da tradição, sonhos de pan-arabismo, entrincheiramento no fundamentalismo islâmico, terroristas que procuram novas fontes de poder. As fontes de tais rebelião e terrorismo são por demais eternas, por demais variadas, para que se possa esperar que essas ações sejam suprimidas pelo desenvolvimento moderno, ou que subitamente surjam de formas totalmente novas. Osama bin Laden produziu um grande choque, mas ele apenas continuou uma longa tradição. De novo houve apenas a magnitude e o local dos ataques que ele desferiu: no próprio coração do Ocidente e com força mortal.

É isso, e apenas isso, o que distingue a *jihad* terrorista liderada pela al-Qaeda de outras fontes de turbulência e terror, do passado e do presente. Contudo, isso não é uma diferença pequena, nem um desafio pequeno. O lar da al-Qaeda — a Ásia Central, estendendo-se ao norte para dentro do Cáucaso e ao sul e ao leste para dentro do Paquistão — há muito tempo vem sendo uma região turbulenta, na qual os senhores da guerra utilizam violência e dinheiro (muitas vezes originário da venda de drogas e de pedras preciosas) e clérigos utilizam o evangelismo religioso, tudo num esforço para ganhar poder sobre lugares e grupos de pessoas. Histórias similares podem ser relatadas sobre grandes partes da África. Mas o que acontece nesses lugares não constitui, atualmente, uma ameaça direta à segurança global maior do que em qualquer época no passado. A ameaça que oferece provém do fato de que lugares sem lei tornam possível a terroristas violadores da lei viver, treinar e circular com impunidade; e também do fato de que seus atos podem deflagrar conflitos mais amplos entre países e intensificar a instabilidade em outros locais, com conseqüências que podem, ao final, ameaçar a segurança de todo o mundo.

Antes de voltar à ameaça específica constituída pelos *jihadis* da al-Qaeda e de grupos semelhantes, olhemos para um contexto mais amplo de turbulência e desordem onde eles têm podido viver. Há três coisas que pode-se dizer que conectam os elementos da desordem: um é o efeito do fim da Guerra Fria, o segundo é a ampliação de uma tendência de duzentos anos, e o terceiro é a contribuição potencialmente alarmante da nova tecnologia.

O efeito do fim da Guerra Fria é na realidade também um efeito da falência dos impérios durante todo o século XX. Impérios acarretam muitas coisas más e causam muitos conflitos. Mas ajudam a suprimir outros conflitos e a desordem, pela força das armas ou por outros impedimentos e incentivos. Muitos dos conflitos que ocorreram nas décadas que se seguiram a 1945, a exemplo do que acontecera com as guerras travadas diretamente entre países durante a primeira metade do século XX, foram lutas de libertação de um ou de outro tipo. A Guerra Fria não criou um império americano formal, e mesmo o império soviético era limitado às zonas contíguas em torno das fronteiras da Rússia. Mas as duas superpotências estenderam sua presença militar ao redor do mundo, diretamente por meio de bases e intervenções e, mais comumente, de modo indireto, persuadindo governos — isto é, subornando-os — para agirem em seu favor. O resultado foi que guerras locais e guerras civis foram suprimidas, ou então tiveram o sabor de superpotência *versus* superpotência.

Com o fim da Guerra Fria ocorreu também o fim dessa supressão e das guerras por procuração. O padrão normal com efeito voltou a vigorar — mas foi também reforçado pelo armamento deixado para trás pela Guerra Fria. Não havia agora senhores imperiais presentes e decididos a reprimir conflitos. Em alguns poucos casos — a antiga Iugoslávia, Somália, Serra Leoa — aquilo que acabou recebendo o flagrantemente enganoso nome de "comunidade internacional" interveio, geralmente já depois de alguns anos de conflito e sempre com resultados confusos. Não existe uma "comunidade internacional" desejosa e capaz de se esforçar suficientemente para controlar essa desordem, mas apenas um desconjuntado grupo de intrusos, alguns com interesses nos conflitos, outros com a consciência tocada pelas mortes.

    Juntamente com as armas deixadas para trás pela Guerra Fria, surgiu também um aspecto desagradável da vida capitalista moderna para exacerbar as coisas: o fato de o comércio de armas, grandes e pequenas, haver se tornado um negócio mundial, no qual economias de escala juntamente com novas tecnologias de fabricação implicam quedas nos preços de rifles automáticos, munição, lançadores de granadas e toda a parafernália para a desordem. Companhias do Ocidente participam desse comércio e seus governos muitas vezes regozijam-se pelos postos de trabalho por ele criados, escondendo-se atrás do pretexto de que as armas estão sendo vendidas ou enviadas unicamente para outros governos, e apenas para "propósitos defensivos". Porém os governos usam suas armas para toda espécie de propósito, e elas são muitas vezes revendidas a outros por seus mal remunerados exércitos. Em um grande número de países, o caminho para o poder vem, como diz a célebre frase de Mao Tsé-tung, "do cano de um fuzil". Assim proliferaram senhores da guerra, usando suas armas e seus exércitos próprios para controlar faixas de seus países, extraindo impostos e direitos de qualquer comércio que passe pelas áreas sob seu domínio, especialmente o de drogas ilegais.

    O Afeganistão moderno é o principal exemplo, um caso perfeito dos elementos da desordem pós-Guerra Fria. Cenário de guerras por procuração das grandes potências durante a Guerra Fria, tem armamentos largados por todo o país, deixados pelos soviéticos ao se retirarem em 1989, ou comprados barato desde então. Tem senhores da guerra e tem o comércio de drogas ilegais. Tem a religião fundamentalista trazida pelos talibãs, um dos grupos de senhores da guerra, como arma para levar seu domínio a uma área maior do país, com a ajuda de um país vizinho preocupado com a desordem afegã, o Paquistão. Nesse meio entraram Osama bin Laden e seus terroristas da al-Qaeda, com dinheiro, mais armas, crenças fundamentalistas e um programa anti-Ocidente. O coquetel específico pode variar, mas a situação básica não difere muito na Somália, no Sudão, em Serra Leoa, e num embaraçoso número de outros lugares.

Porém a tendência de duzentos anos citada acima aplica-se mais claramente a lugares que possuem entidades que podem ser reconhecidas como governos. Esse fenômeno é o nacionalismo, uma idéia que começou a prevalecer realmente apenas no século XIX, à medida que transportes e comunicações mais baratos fizeram com que as pessoas normalmente pensassem em "sua" área como algo maior do que apenas um vilarejo ou um condado, e em "seu" povo como merecedor de uma definição muito mais ampla do que antes. Todavia, graças à existência dos impérios e à difusão lenta dessas tecnologias e da prosperidade a elas associada, antes de 1914 havia apenas 62 Estados com existência formal e reconhecidos pelos demais como legítimos. Por volta de 1946 ainda havia apenas 74. Pela virada do século, num processo que deu um grande pulo à frente após o fim da Guerra Fria e da dissolução do império soviético, havia quase duzentos. Durante a Guerra Fria, os movimentos nacionalistas haviam sido muitas vezes sufocados. Mas muitos passaram sem serem notados, porque a batalha de idéias e de território entre as superpotências era mais que suficiente para fornecer um princípio organizacional ao pensamento dos comentaristas e outros analistas políticos. Na verdade, o nacionalismo estava apenas fervendo por baixo ou ao lado daquela batalha.

Um grande número dos cerca de duzentos Estados hoje existentes hospeda um ou mais movimentos separatistas, com diferentes graus de seriedade, que reivindicam para seus próprios grupos o direito de constituir uma nação. Alguns desses grupos separatistas usam de violência para levar adiante seus objetivos. Isto é menos provável de acontecer onde o Estado é uma democracia, com liberdade de palavra e de associação, mas, como podem testemunhar a Grã-Bretanha e a Espanha, não é de forma alguma impossível. Duas das mais mortais guerras separatistas ocorridas nas duas últimas décadas aconteceram em países em desenvolvimento governados democraticamente: Sri Lanka, onde a minoria tamil vem lutando para se separar, e a Índia, onde o conflito em Caxemira é, em parte, um movimento separatista, e, em parte, uma luta com um ocupante alternativo, o Paquistão.

Os fanáticos da globalização ou de instituições de governo supranacionais, como a União Européia, gostam de referir-se ao nacionalismo como uma idéia fora de moda, e à nação-Estado como uma forma de governo também fora de moda. Até onde estejam fazendo a predição de um mundo várias décadas adiante, não podem ser considerados definitivamente errados. Mas há muito pouca evidência de que o impulso emocional básico do nacionalismo esteja atualmente se enfraquecendo. Ele é ainda, como disse John Roberts, em seu livro *Twentieth Century*, "o maior dos criadores de mitos, uma força motriz para homens e mulheres que estão sacudindo a história e a história imaginada com suas esperanças, seus ressentimentos e medos em potentes coquetéis de excitação destrutiva, a maior força consciente isolada na política do século mais revolucionário da história". Nem as modernas formas de comunicação, utilizando televisão via satélite e a Internet, estão erodindo de maneira perceptível os laços de cultura local e dos nacionalismos; elas estão adicionando alguns ingredientes extras vindos de culturas estrangeiras, de alto e (principalmente) de baixo nível, mas também estão possibilitando que grupos nacionais ou étnicos interajam uns com os outros com mais facilidade. Elas fornecem mais, e não menos, meios de expressão cultural e nacional, e ajudam os grupos a se organizarem mais facilmente.

O que pode estar acontecendo no mundo desenvolvido é que, à medida que o comércio, os fluxos de investimento e o intercâmbio de pessoas tornam-se mais fáceis, a motivação no seio de uma maioria, num dado país, para resistir a dar a condição de nação a uma minoria está enfraquecendo. Se, no devido tempo, a Escócia tornar-se uma nação independente daquilo que hoje é conhecido como Reino Unido, muitos ingleses e galeses poderão acenar para ela um choroso adeus, mas sua perda não irá realmente fazer muita diferença. Talvez provocasse um desagradável regateio sobre receita de impostos e despesas governamentais, assim como sobre a propriedade de um ou outro imóvel, mas nada que pessoas razoáveis não pudessem acordar numa negociação. A vida continuaria, basicamente inalterada.

Somente em casos em que isso não acontece, ou quando uma minoria da minoria secessionista teme por suas vidas ou seus direitos em um Estado independente, é que a separação cria grandes problemas. Todavia, esses casos são suficientemente comuns para causar terrorismo e desordens.

A Irlanda do Norte é um exemplo, pois os protestantes são maioria nessa atual província do Reino Unido, mas receiam as conseqüências de passarem a ser minoria numa Irlanda unificada. A antiga Iugoslávia oferece vários outros exemplos, nos quais cada vez que uma província se separou (ou pensou em fazê-lo) na década de 1990, grupos étnicos minoritários expressaram seus temores com violência. E no mundo dos países em desenvolvimento, onde a posse de uma menor variedade de ativos na economia é pressentida de modo mais ameaçador, e onde receios entre as minorias desamparadas são ainda mais comuns, esses casos parecem ser, com maior probabilidade, regra do que exceção. A Indonésia, por exemplo, é um estranho conjunto de territórios e grupos étnicos reunidos pelos colonizadores holandeses ao longo de vários séculos de conquistas, no qual grupos separatistas em Aceh, nas ilhas Molucas e outras áreas lutam agora, não apenas por independência, mas também pelo controle de recursos minerais.

O nacionalismo conserva sua fascinação e, assim, sua utilidade para qualquer um que deseje ampliar o controle que já tenha sobre dinheiro e armas, transformando-o numa força ainda mais poderosa. A fascinação está longe de existir unicamente para países pobres, mas pode bem oferecer um incentivo especial para os cinco sextos da população mundial que neles vivem. Alguns otimistas têm declarado que no mundo moderno duas democracias nunca entrarão em guerra, nem dois países que contem com esse símbolo da modernidade globalizada, uma cadeia de lanchonetes McDonald's. A guerra entre a Sérvia e as nações da OTAN por causa de Kosovo em 1999 acabou com a segunda dessas ilusões. A primeira tem mais força, pois as democracias tendem a parar e pensar antes de agir militarmente, uma pausa durante a qual se pode esperar que cabeças mais frias venham a prevalecer. Mas não é um princípio confiável. Democracia é um termo de amplo sentido, que inclui países com uma grande variedade de organização constitucional e de restrições embutidas, mesmo antes que se exclua da definição falsificações óbvias, como o Zimbábue. E deve ser lembrado que o nacionalismo é uma força popular, e não um ideal sonhado pelas elites: não é difícil imaginar-se um intenso sentimento de ira nacional surgindo na democracia "A" porque a democracia "B" fez isto ou disse aquilo.

Assim parece que o nacionalismo veio para ficar, em paralelo ou reforçando outras forças que conferem identidade aos grupos humanos, como religião ou o fato de ser uma tribo isolada, reforçando uma sensação de ressentimento, revolta ou de esperança de aglutinação com outros grupos, estimulando guerras entre nações ou dentro delas, estimulando conflitos convencionais ou campanhas terroristas. É menos uma fonte de nova desordem mundial do que a continuação de uma velha fonte de desordem, mas está aí e não menos poderosa, e é provável que assim continue. O que nos traz à terceira das coisas que podem ser ditas sobre turbulência e terror no futuro: a contribuição potencialmente alarmante de novas tecnologias.

Um aspecto importante dos ataques terroristas da al-Qaeda de 11 de setembro de 2001 foi que usaram tecnologia simples: grupos de homens, armados apenas com facas, seqüestrando aviões comerciais e transformando-os em enormes bombas incendiárias. Porém eles fizeram seu planejamento usando tecnologia avançada: laptops, e-mails, telefones celulares. O que logo se tornou também evidente é que os terroristas haviam tentado conseguir armas mais sofisticadas, e que as teriam usado, se houvessem tido sucesso. Essas possíveis armas poderiam incluir venenos, bactérias e a espécie mais assustadora de todas, as armas radioativas ou nucleares. Conhecidos coletivamente como "armas de destruição em massa", esses instrumentos químicos, biológicos ou nucleares iriam causar justamente isso, destruição em massa. Não apenas três mil, mas talvez dezenas ou centenas de milhares ou, mesmo, milhões de pessoas podem morrer em um ataque.

Em certos sentidos, não há nada de novo neste temor. Desde o início dos anos 60, quando o número de países possuindo armas nucleares aumentou para cinco, e depois foi mais além, tem havido o perigo de que tais armas caiam naquilo que esses países chamariam de "mãos erradas". Tanto a África do Sul como Israel mostraram que podiam desenvolver capacitação nuclear. O que é novo é que, com a queda da União Soviética em 1991, a disponibilidade de cientistas capacitados e de material nuclear aumentou enormemente. A respeito desse tema assustador é melhor ler as palavras de um especialista. Escrevendo na *Economist* em novembro de 2001, Graham Allison, um especialista tanto sobre a Rússia como sobre a proliferação nuclear da Kennedy School of Government da Universidade de Harvard, declarou:

> A década passada assistiu a um grande número de incidentes nos quais grupos e indivíduos conseguiram roubar material para armas de diversos locais na Rússia e procuraram exportá-los — mas foram apanhados. O assistente de Boris Yeltsin para assuntos de segurança nacional, Alexander Lebed, relatou que, de cem armas nucleares especiais transportáveis em malas da KGB, quarenta desapareceram na Rússia. Sob pressão de seus colegas, mais tarde recuou para a linha oficial de seu país, segundo a qual todos os estoques de armas e materiais nucleares estão seguros e inalterados — mas a trama dos desmentidos deixou mais perguntas que respostas. Mais de quinhentos quilos de urânio altamente enriquecido — material suficiente para permitir a terroristas construir mais de vinte armas nucleares — permaneciam desprotegidos no Cazaquistão, em meados da década de 1990. Sentindo o perigo, o governo americano comprou esse material e o removeu para as instalações de Oak Ridge, no Tennessee...*
>
> ... A mesma dinâmica que derrubou os muros da antiga prisão liberou também indivíduos e minou os sistemas que anteriormente controlavam cerca de trinta mil armas nucleares e quantidades de urânio altamente enriquecido e plutônio equivalentes a setenta mil armas nucleares, em mais de cem locais de armazenamento através da Rússia... Graças ao extraordinário profissionalismo da parte dos militares e guardas de segurança russos que têm protegido esse arsenal, e aos grandes esforços para prestar-lhes assistência dos previdentes Programas Cooperativos de Redução de Ameaças Nunn-Lugar, cujas contribuições têm chegado a quase um bilhão de dólares por ano, muitas tentativas de roubar armas foram frustradas.

Essas palavras foram escritas no contexto do esforço para localizar e conter os terroristas da al-Qaeda. Mas antes de se voltar à questão de como

---

*Local onde os Estados Unidos desenvolvem suas armas nucleares. (*N. do T.*)

lidar com tais terroristas, vale a pena refletir sobre a possível contribuição da proliferação nuclear para o estado mais geral de desordem e nacionalismo em muitas partes do globo. A dificuldade de lidar com armas nucleares, químicas ou biológicas torna difícil que senhores da guerra ou gangues criminosas venham a procurar obtê-las, ou usá-las, para sustentar seu poder. Armas convencionais já lhes fornecem bastante potência. Mas a turbulência do mundo aumenta a pressão sobre os governos para obtê-las e usá-las, ou como meio de intimidação, ou para uma potencial retaliação, ou para venda a outros países.

No Oriente Médio e na Ásia central, por exemplo, o Irã há muito tempo acha-se num local especialmente turbulento. Ele tem o Iraque buscando possuir tais armas a seu sudoeste, o Paquistão, que já as possui, a seu leste, Israel, que já as possui, mais para sudoeste, e a Rússia, que as armazena, a seu norte. Não é de surpreender que os iranianos se sintam desejosos de conseguir essas armas. Na Ásia Oriental, Taiwan e a Coréia do Sul acham-se perto de países — respectivamente, China e Coréia do Norte — que, ou têm tais armas, ou gostariam de tê-las, e estão próximas do Japão, que provavelmente poderia desenvolvê-las rapidamente, se achasse que valeria a pena. Na África há muito pouca sofisticação tecnológica para tornar um programa nuclear facilmente viável para qualquer país, exceto a África do Sul, ou, possivelmente, a Nigéria. Mas não é de forma alguma inconcebível que um país possa pesquisar ou desenvolver armas químicas ou biológicas para usar contra outros países ou mesmo contra seu próprio povo. Acredita-se que o Sudão e a Líbia já tiveram programas de pesquisas para essas armas.

E existe ainda a confrontação aparentemente infindável entre Índia e Paquistão, ambos considerados potências nucleares. Já travaram três guerras desde sua independência da Grã-Bretanha, a primeira em 1947, e as outras em 1965 e 1971, além de escaramuças menores, tendo a última delas ocorrido em Cargil, região da Caxemira. Na passagem de 2001 para 2002, esses velhos rivais chegaram mais uma vez à beira da guerra, quando um grupo terrorista paquistanês desfechou um ataque ao parlamento indiano em Delhi e quase matou muitos membros do governo. Muito provavelmente essa guerra iria ser estritamente convencional e confinada à disputada região da Caxemira. Mas em 2002, como haviam feito em 1971, divisões do exército indiano avançaram também mais ao longo da fronteira com o Paquistão, preparando-se para invadir as terras mais planas do Punjab, além da montanhosa Caxemira. Se isso acontecesse, as forças indianas vitoriosas bem poderiam dominar rapidamente grandes áreas do Paquistão, o que, por sua vez, levaria alguns setores do governo paquistanês a pedir o uso de armas nucleares, a fim de defender a própria sobrevivência do país. Talvez a razão e o receio de uma retaliação tenham sempre prevalecido. Mas a guerra produz sua dinâmica própria, na qual não é de forma alguma impossível que armas nucleares venham a ser usadas.

O que pode ser feito para evitar que tal desordem ganhe uma nova capacidade de destruição? Isto soa como uma perspectiva bastante desagradável e aterrorizante. E é, realmente, sob certos aspectos. Mas o que se deve ter em mente é que tal desordem, na verdade, é uma característica do presente e do passado, assim como do futuro. É algo com que aprendemos a conviver, de diferentes maneiras e em épocas diferentes. A experiência indica que é demais esperar que a desordem possa ser eliminada, ou mesmo apreciavelmente reduzida, num futuro previsível. Mas ela pode ser contida, até certo ponto.

Uma maneira de contê-la seria recriar uma força policial imperial, para conseguir num mundo não-colonial um dos benefícios do colonialismo. Existem dois candidatos óbvios para esse papel: os Estados Unidos e uma ação coletiva de algum tipo, por meio das Nações Unidas. Um terceiro candidato poderia, somente poderia, ser uma ação coletiva a nível regional: europeus na Europa, africanos na África, e assim por diante. O problema com essa terceira possibilidade, entretanto, é que ela é quase sempre tolhida pelo fato de que um ou mais dos países que poderiam integrar a força policial regional também terão interesse em qualquer conflito que tenha que ser resolvido. Os outros países não querem incomodar aqueles que tenham algum interesse. Uma força regional pode, infelizmente, vir a mostrar-se não-interessada, mas raramente poderá ser desinteressada.

TURBULÊNCIA E TERROR

Antes de se estimar as chances daqueles dois principais candidatos, um outro ponto deve ser levantado, o qual se aplica a ambos. É que muitos conflitos, sejam guerras civis ou guerras entre países, não podem ser prontamente "resolvidos" por uma força policial externa. Uma intervenção pode bem tornar as coisas piores, ou apenas adiá-las, ou acabar sendo explorada por um dos lados em conflito. William Shawcross, em seu livro *Deliver Us From Evil: Warlords and Peacekeepers in a World of Endless Conflict* [Livrai-nos do mal: senhores da guerra e pacificadores em um mundo de infindável conflito], coloca bem esse ponto quando pergunta o que poderia ter acontecido se potências européias houvessem tentado interferir para fazer cessar a Guerra Civil Americana na década de 1860. Terrível como é, sem dúvida, uma guerra, o resultado desse conflito, com a nação unida e a escravidão abolida, teve seus méritos se comparado com o que teria sido alcançado por meio de algum tipo de compromisso por intermediação. É triste de se dizer, mas guerras são parte da vida, assim como a morte, e reprimi-las não soluciona necessariamente as disputas que as provocaram. Isto não é aplicável a todos os casos. Mas a tarefa de escolher quais são os casos solucionáveis e quais não o são podia muito bem ser adequada para uma divindade, mas não para um comitê internacional ou uma força-tarefa do Pentágono.

Poderiam os Estados Unidos desempenhar um maior papel como policial imperial, recebendo uma permissão para fazer essas escolhas? Poderiam, mas não é provável que o façam numa escala realmente ampla e sustentada, uma escala que deveria ser mantida durante grande parte do século XXI — mesmo agora que sua política externa é dedicada a combater ameaças à segurança global. Isso por duas razões: a maioria das desordens não representa uma ameaça direta à segurança global, e os riscos e os custos de envolvimentos em locais no exterior onde não existem ameaças claras são muito altos. Os ataques de 11 de setembro de 2001 fizeram com que os Estados Unidos ficassem novamente determinados a serem ativos fora de suas fronteiras, depois de uma década de hesitação. Não obstante, mesmo durante o tempo que dure essa nova determinação, que pode ser tanto quanto uma década, os Estados Unidos vão provavelmente concentrar seus esforços naqueles casos em que existam claramente ameaças diretas à segurança global. Neste momento, essas ameaças estão limitadas ao terrorismo internacional e a Estados "delinqüentes", como o Iraque, que possuam ou desejem possuir armas de destruição em massa. Quando este livro estava para ser editado, parecia muito provável que a América iria em breve comandar uma guerra contra esse país para fazer cumprir as resoluções da ONU com respeito aos programas armamentistas de Saddam Hussein — e o fará com apoio, ou pelo menos aquiescência, internacional.

Tal guerra tem a intenção de não apenas lidar com uma ameaça global específica, mas também deter outros Estados "delinqüentes". Além do mais, os Estados Unidos no futuro vão provavelmente responder a ameaças não-globais usando intervenções seletivas para deter países criadores de problemas. Isso foi o que fizeram durante os anos 90 na Somália, na Bósnia e em Kosovo, mas de modo intermitente, e, pode-se dizer, com promessas de mais e ação de menos. O presidente Theodore Roosevelt disse, no início do século XX, que os Estados Unidos deveriam "falar mansamente e carregar um grande cacete*." Grande parte dos alertas mais fortes da América será dirigida contra os terroristas e a ameaça das armas de destruição em massa. Mas eles podem, e provavelmente irão, intervir esporadicamente contra outros alvos, como fizeram durante os anos 90.

Não obstante, a ameaça de um grande cacete pode ter efeito salutar sobre governos que estejam pensando em exibições de força. Devido à nova consciência sobre o perigo de as armas de destruição em massa serem usadas por terroristas na própria América ou na Europa, haverá suficiente apoio público e político para que os Estados Unidos possam fazer ameaças dignas de crédito de ação militar punitiva contra os mais perigosos promotores da proliferação de tais armas ou seus possíveis utilizadores. Dado o poder dessas armas, nem sempre será necessário ou desejável esperar que ocorra uma transgressão; ação militar preventiva pode bem ocorrer, de preferência como fez Israel, bombardeando uma usina nu-

---

*Em inglês 'big stick', que deu origem à expressão "política do big stick", aplicada às vezes aos EUA. (*N. do T.*)

clear iraquiana em 1981, quando suspeitou que o Iraque também estivesse desenvolvendo uma arma nuclear. Países que promovam a proliferação de armas nucleares, ou seus possíveis utilizadores, irão agora encarar essas ameaças com maior seriedade do que o fizeram durante a década de 90. A possível punição a algum país que seja pego tentando desenvolver uma capacitação nuclear tem portanto aumentado muito acentuadamente. Ao mesmo tempo, as possíveis recompensas por desistir de tais tentativas também cresceram: maior acesso ao comércio, eliminação de sanções, recebimento de ajuda e outros benefícios. O progresso da tecnologia está fazendo cada vez mais provável que a inspeção por satélites seja capaz de detectar tais esforços. Presentemente ainda não é totalmente segura, mas muito breve poderá vir a sê-lo.

Essa combinação de castigo e recompensa deve ser capaz de reduzir o perigo representado pelas armas nucleares e outras também aterrorizadoras em mãos de governantes. Não é provável que consiga eliminá-las de todo, pois tecnologias de toda espécie podem cruzar fronteiras muito facilmente; e ela será menos efetiva como um fator de dissuasão contra armas biológicas e químicas, pois os programas para produzi-las são muito mais fáceis de serem ocultados. Nem irá tal combinação, por si mesma, lidar com a ameaça que representam essas armas em mãos de terroristas. Para aumentar as chances de reprimir essas ameaças será necessária uma ação coletiva, para suplementar os esforços dos Estados Unidos.

É pouco provável que tal ação coletiva signifique com freqüência a ONU agindo como um policial. Para a ONU é muito difícil agir de maneira rápida e decisiva, devido ao número de países a serem envolvidos tanto na aprovação como na ação. É muito mais fácil para ela montar operações utilizando forças de paz, nas quais não se espera que os soldados tenham que se envolver em muitos tiroteios. A ONU também está sujeita a conflitos de interesse, da mesma forma que ações coletivas regionais, devido à existência de nações com poder de veto no Conselho de Segurança. Finalmente, ela se defronta com exatamente os mesmos problemas que encontraria a ação individual dos Estados Unidos: a dificuldade de impor acordos e paz onde estes são inexistentes. Algumas vezes isso pode ser feito. Mas muitas vezes, não.

Todavia, há dois caminhos para que a ação coletiva possa ajudar no futuro. Um é o desenvolvimento de um sistema de leis e justiça internacionais, por meio do Tribunal Internacional de Crimes de Guerra e da Corte Criminal Internacional. Ambos sofrem da fraqueza que Stalin identificou no papa: "Quantas divisões tem ele?". Nenhum criminoso de guerra, ou criminoso comum, irá temer essas cortes se não temer também ser capturado por uma força militar internacional ou americana, ou ser entregue à corte pelo governo de seu país. Toda a dificuldade com esses senhores da guerra é que eles vivem em uma cultura de impunidade; em geral, as únicas pessoas que podem puni-los são outros senhores da guerra, que possuam mais homens, mais armas e mais dinheiro. Isto, provavelmente, continuará a ser verdade, mas as cortes internacionais podem ter um efeito limitante, demonstrando que crimes cometidos durante uma guerra têm de fato conseqüências, e que uma punição pode ser aplicada, se uma força internacional capturar um criminoso, ou se um novo governo que assuma o poder o entregar.

Muitos americanos — e uma ampla maioria no Congresso e nos governos Clinton e Bush — se opõem à idéia da Corte Criminal Internacional. Temem que esse tribunal possa ser usado contra soldados e estadistas americanos, mesmo quando estejam tentando agir em prol do bem comum, por serem eles os policiais globais. Essa oposição americana é infeliz e mal orientada: a nova corte é uma experiência, e, como tal, os Estados Unidos seriam mais sábios se a deixassem ir adiante por algum tempo antes de dar seu veredicto, pois sempre haveria a possibilidade de retirar-se dela mais tarde. Mas sua oposição não irá impedir que a corte seja criada. O apoio para essas duas cortes internacionais é forte, e provavelmente continuará sendo: vendo ser aplicada a justiça e outras nações cooperando com esses tribunais, mais países deverão fazer o mesmo ao longo do tempo.

Deve-se, contudo, ser cauteloso quanto ao potencial poder dessa justiça internacional. Mesmo após algumas décadas, é difícil imaginar-se tais cortes tendo um efeito dissuasório apreciável. O poder vem do cano de uma arma. Quando a arma está em suas mãos é tentador usar o poder. E quando em um conflito se sente que a expectativa de vida é, de qualquer modo, reduzida, a idéia de uma futura sentença de prisão provavelmente não irá fazer grande diferença.

 A segunda maneira pela qual a ação coletiva pode ser útil é no esforço para controlar a proliferação nuclear e o acesso a outras armas de destruição em massa. Sem dúvida, a tarefa imediata mais importante, como o foi na década de 1990, é bilateral: os dois geradores dos maiores estoques dessas armas e do material para sua fabricação, os Estados Unidos e a Rússia, precisam acelerar sua colaboração para controlar a gestão, a proteção e a liquidação de seus estoques. Porém a tecnologia para produzi-las não está restrita a essas duas nações, havendo já sete países reconhecidos como potências nucleares (Estados Unidos, Rússia, França, Grã-Bretanha, China, Índia e Paquistão) e, provavelmente, também Israel, existindo outros — Irã, Iraque, Coréia do Norte — que se sabe terem feito grandes progressos no sentido de se tornarem mais um entre aqueles. O *know-how* para o desenvolvimento e o emprego de outras armas de destruição em massa está muito mais disseminado ainda. E material nuclear está sendo produzido e armazenado em dezenas de países através do globo que possuem usinas nucleares gerando eletricidade. O material assim produzido não é adequado para a produção de bombas, mas poderia ser usado como componente de um dispositivo híbrido projetado para espalhar uma nuvem radioativa sobre uma grande área.

 Há uma abundância de tratados visando a restringir a proliferação e os testes de armas nucleares. Existe pouca necessidade de se inventar outros. O que está em falta são a vontade e a capacidade para aplicar os tratados. O rápido desenvolvimento das tecnologias de inspeção irá ajudar. Mas a perseverança e a pressão de diplomatas, agentes de inteligência e outros especialistas de uma grande diversidade de países, unindo-se de fato contra os suspeitos de promover a proliferação e programas armamentistas nucleares, devem desempenhar um papel importante, se esses países quiserem de fato tentar fazê-lo. Muitas vezes eles não querem: durante a década de 1990, quando inspetores de armas das Nações Unidas tentavam cumprir a resolução que determinou o cessar-fogo da Guerra do Golfo, e assegurar que Saddam Hussein não estava desenvolvendo ou acumulando armas de destruição em massa, diversos países ajudaram Saddam a frustrar o trabalho dos inspetores: os principais foram a França, a Rússia e a China. Devido a essa frustração daquilo que havia começado como uma admirável iniciativa multilateral, a única maneira que restou para impedir que Saddam se tornasse uma ameaça destrutiva para o mundo foi uma ação militar unilateral dos Estados Unidos, o que explica por que o governo Bush se tornou tão obstinado a esse respeito.

 A triste verdade é que, a não ser pelos esforços unilaterais dos Estados Unidos, o processo de controlar a proliferação de armas como um empreendimento coletivo é promovido especialmente pelo medo, um medo tão intenso que pode superar outros interesses nacionais, tais como ambições comerciais. A esperança é que a primeira prova clara que venha a acontecer de que o terror nuclear é um perigo real não passe de uma tentativa frustrada: que uma "mala-bomba" nuclear, ou um outro estratagema, seja interceptado em algum lugar do mundo. Então, com essa evidência de um perigo real e atual, deverá ser fácil envolver países, tanto desenvolvidos como em desenvolvimento, numa ação coletiva de detecção, controle e repressão. Contudo, a primeira de tais tentativas de terrorismo nuclear pode — ai de nós! — ser bem-sucedida. Mas esperemos que não seja.

O que nos leva de volta à al-Qaeda e outros terroristas. A liderança americana, combinada com a ação coletiva, tem chance de conter tanto o efeito internacional da turbulência local como do desejo de alguns governos de obter e utilizar armas de destruição em massa. O fato de que a probabilidade de tal contenção seja atualmente pelo menos razoável, quando antes era pequena, pode ser atribuído à al-Qaeda. Suas ações deram aos Estados Unidos seu prisma único para orientação de sua política externa, e apesar dos muitos escrúpulos quanto a tal prisma, tornaram os europeus e outros aliados mais determinados a reprimir a turbulência e a proliferação de armas. Mas o que é a al-Qaeda?

 O aspecto característico dos ataques do 11 de setembro foi, lembremo-nos, não a origem da hostilidade, ou a natureza da filosofia dos terroristas, mas sim as proporções e o local dos seus ataques. Isso tem aspectos tanto desencorajadores como encorajadores. O aspecto mais desencorajador é que esses ataques podem constituir um novo marco de referência para futuros mártires. Homens-bomba em potencial terão notado que a maior glória e a maior repercussão para seus atos serão conseguidas ao levar a cabo uma gigantesca e ousada atrocidade, no coração do Ocidente. Embora pareça que alguns dos dezenove seqüestradores não soubessem que estavam numa missão suicida, para aqueles que estejam agora planejando uma futura missão desta natureza o marco para causar impacto está colocado num nível assustadoramente alto. Considerando a rápida vitória americana ao desalojar o Talibã do Afeganistão e derrubar os membros locais da al-Qaeda como se fossem pinos de boliche, é difícil entender que justificativa poderia ter um futuro ataque.

Mas este é o segundo aspecto desencorajador dos ataques: o terrorismo desse tipo pode não precisar de um objetivo coerente. Atacar o Ocidente, particularmente os Estados Unidos, pode ser um objetivo em si mesmo, exatamente como Yukio Mishima fez do controle sobre sua própria morte um objetivo auto-suficiente. Essa compulsão pode enfraquecer depois que vários ataques tenham sido percebidos como não tendo nenhum efeito sobre o poder dos Estados Unidos, seu papel no mundo e sua vontade de exercitar esse poder. Mas a idéia disso como processo de aprendizagem é também assustadora.

Todavia deve-se ter em mente um outro aspecto, também desencorajador, do grupo al-Qaeda: na realidade, atingir os Estados Unidos não é o objetivo fundamental. Esse objetivo, levando-se a sério os vários vídeos de propaganda e outras declarações de Bin Laden, é construir um novo Estado pan-islâmico, do qual tenham sido excluídos os infiéis e que tenha nele incluídos diversos locais sagrados ou históricos: Meca e Medina na Arábia Saudita e a antiga sede do califado em Bagdá. Em outras palavras, o que Bin Laden e seus seguidores realmente desejam não é serem terroristas, mas sim se tornarem governo de um país, e, por esse meio, de alguns outros. A melhor analogia na história é uma já citada: Lenin e sua longa e, ao final, vitoriosa luta para conquistar o poder na Rússia. Essa analogia deveria inspirar cautela a qualquer um que se sinta inclinado a acreditar que a guerra no Afeganistão em 2001 possa ter liquidado a al-Qaeda como organização efetiva.

Contra um grupo assim, em que não está nem claro se Osama bin Laden é o equivalente definitivo de Lenin ou Trotsky, ou se algum outro líder pode surgir para assumir esses papéis, a luta será longa e árdua. O mais importante será evitar cantar vitória prematuramente e evitar ter complacência. Contudo, esse é também um ponto encorajador, de modo um tanto perverso. Pois a fraqueza dos terroristas é que quaisquer ataques futuros, seja contra os Estados Unidos seja contra outros países, irão fortalecer a vontade da América, e não enfraquecê-la. Tais ataques irão também, cada uma e todas as vezes em que acontecerem, reunir países em apoio ao lado americano. Isso seria verdade mesmo em caso de um ataque nuclear, biológico ou químico, por mais aterrador que fosse; nenhum país e nenhum governo poderia permitir-se responder a um ataque dessa magnitude encolhendo-se em sua concha, em vez de reagir combatendo.

A força do terrorismo — de ser disperso e capaz de atingir qualquer lugar, a qualquer tempo — é também a sua fraqueza a prazo mais longo, pois essa característica é suscetível de promover a união de todos os países que se sentirem vulneráveis a ele. E quanto maior o número de países que a ele se sentirem vulneráveis, maior o número dos que irão participar do esforço para localizar e aprisionar terroristas. Os riscos de ser um terrorista aumentaram acentuadamente depois do 11 de setembro, mesmo que também tenham aumentado as aparentes compensações psicológicas de ser um deles. O terrorismo pode ser contido, ainda que não possa ser completamente suprimido.

Esta é uma nota assustadora para encerrar os capítulos deste livro dedicados à geopolítica e aos desafios à paz. Mas a visão essencialmente otimista permanece inalterada. Há, de fato, uma grande quantidade de desordem e violência no mundo, mas não é de uma natureza nova. Nem se pode dizer, depois de um século em que ocorreram duas guerras mundiais e diversos genocídios, que o mundo esteja se tornando apreciavelmente mais violento quando o século XXI começa a acumular seus anos. Não, não está. Mas violência e desordem certamente não irão embora, e não se pode esperar que desapareçam em curto prazo. A desordem futura se afigura realmente mais perigosa apenas sob um aspecto: a possibilidade de que envolva armas de destruição em massa. Ela bem pode fazer isso. Mas, para dizer com franqueza brutal, as verdadeiras diferenças serão principalmente os impactos, tanto sobre a psicologia como sobre o número de mortes, de ações isoladas, e não um aumento gradual no nível de brutalidade. Afinal de contas, Hitler pôde matar seis milhões de judeus. Ele apenas o fez lentamente.

PARTE DOIS
O CAPITALISMO QUESTIONADO

7.
Impopular

A idéia da desordem é assustadora. Mas para alguém (tal como este autor) que nasceu na confortável, pacífica, democrática Grã-Bretanha da segunda metade do século XX, também é difícil imaginar agora que o fascismo e o comunismo possam ter atraído bilhões de pessoas, ou que regimes baseados nessas idéias, agora desprezadas como idiotas além de bárbaras, possam ter durado tanto tempo. Contudo, há vinte anos, teria sido natural descrever o século como uma guerra entre "ismos", uma guerra na qual o fascismo havia sido derrotado, mas na qual a batalha real, mais profunda, aquela entre o capitalismo e o comunismo, ainda estava em curso. O capitalismo, com a democracia liberal, supostamente sua associada, estava sendo atacado por ser instável, injusto, impopular e totalmente ineficaz. Era uma batalha entre idéias.

Ou pelo menos era encarada como se o fosse. O marxismo, e suas adaptações, o leninismo e o maoísmo, era considerado estar em oposição ao capitalismo democrático e liberal em suas várias formas. Uma ideologia igualitária, que rejeitava a propriedade privada e a motivação do lucro, e que era imposta por métodos totalitários, confrontava-se com uma ideologia de desigualdade tornada aceitável pelo exercício da liberdade, da democracia e da propriedade privada. A direção centralizada, exercida por especialistas ou ideólogos, situava-se em absoluto contraste com mercados livres, tolerância, o estado de direito e mudanças aleatórias. Era Karl Marx *versus* Adam Smith, ou Vladimir Ilitch Lenin *versus* Friedrich von Hayek. Em 1989, quando o Muro de Berlim veio abaixo e a União Soviética começou a entrar em colapso, a batalha estava terminada. Smith e Von Hayek haviam vencido. Marx e Lenin tinham perdido. O capitalismo estava garantido.

Mas estava mesmo? Essa percepção baseia-se na idéia de que o século XX foi, em essência, um período no qual a alternativa ao capitalismo que havia sido sonhada no século XX fora testada e mostrada como deficiente. Ela certamente foi deficiente. Todavia, alguns comunistas continuam a pensar que a alternativa nunca foi testada realmente. Esta é uma possibilidade. Uma outra é que pensar nessa alternativa e em suas fraquezas é olhar na direção errada. O que se deve fazer é olhar para o próprio capitalismo, e fazer uma pergunta diferente: por que alguém iria querer sonhar com uma alternativa? E dessa pergunta deriva-se outra, importante para o século XXI: poderia esse mesmo impulso surgir novamente?

Como se sabe, a turbulenta história do século XX pode ser reinterpretada sem se olhar de maneira assim tão crítica para o capitalismo liberal. Pode-se apostar que muitos historiadores escrevendo em 2050 ou 3000, com a isenção propiciada por tal afastamento, se perguntarão se esse foi realmente um conflito envolvendo as idéias de Karl Marx e seus seguidores e os males do capitalismo, ou se, em vez disso, pode ter sido apenas uma disputa entre diferentes formas de uma outra idéia, o nacionalismo. A maior prova em favor desta opinião é o fato de que as proposições teóricas básicas de Marx já se haviam mostrado erradas em 1917, quando os bolchevistas de Lenin tomaram o poder na Rússia. A ideologia do comunismo, no momento de seu primeiro e provavelmente maior triunfo, já se mostrava vazia — ou, pelo menos, é o que parece olhando-se em retrospecto.

Marx predisse em seus livros *Manifesto comunista* (1848) e *O capital* (1867) que a classe operária industrial iria tornar-se cada vez mais pobre, mais miserável e mais alienada das classes governantes e burguesas, num processo econômico inevitável que iria levar a uma revolução social e política. Mas isto não ocorreu. A classe trabalhadora industrial cresceu na Europa e na América à medida que as pessoas se deslocaram para as cidades, vindas do campo ou de outros países; mas pela virada do século, gozavam, na maioria dos países, de uma situação consideravelmente melhor, tanto em termos relativos como absolutos. Os ressentimentos e os interesses dessa nova classe operária urbana tornaram-se, tal como Marx esperava, o ponto focal da política, mas a revolução era defendida apenas por uma pequena minoria, mesmo na Rússia. Segundo Marx, a industrialização iria criar duas classes, a burguesia capitalista e o proletariado, que se tornariam cada vez mais alienadas uma da outra. Mas na realidade a situação ficou embaralhada pela emergência de uma classe média que compartilhava de alguns interesses de seus compatriotas mais pobres, mas também das aspirações dos mais ricos. Em 1914, ao invés de mostrarem uma solidariedade internacional de classe diante de um conflito imperialista, burguês e capitalista, os trabalhadores optaram pelo nacionalismo e lutaram nas trincheiras da Primeira Guerra Mundial, registrando-se um número surpreendentemente pequeno de motins. As leis econômicas automáticas que, ao menos para seus adeptos, haviam dado ao marxismo pretensões de ser uma ciência, afinal de contas, mostraram não serem automáticas.

Mas talvez isto não fosse importante, pois nenhum dos dois grandes países onde ocorreram revoluções comunistas, a Rússia em 1917 e a China em 1949, se parecia, nem remotamente, com as sociedades industriais capitalistas onde Marx havia dito que as revoltas inevitavelmente ocorreriam. Nem esses países, nem a Cuba de Fidel Castro, ou a Coréia do Norte de Kim Il Sung, ou o Vietnã de Ho Chi Minh, implementaram qualquer coisa que ele teria reconhecido como comunismo, pelo menos não depois dos primeiros anos da revolução. É por isso que aqueles historiadores isentos do futuro irão ser tentados a dar explicações pragmáticas e circunstanciais.

Assim, a Revolução Russa pode ser vista meramente como um ousado *putsch* executado por uma pequena seita, explorando o caos e a miséria da Primeira Guerra Mundial, *putsch* esse no qual o *timing* e o oportunismo pessoal foram de importância maior do que as supostamente inevitáveis forças da história. Afinal de contas, Lenin e Stalin copiaram em seguida as idéias do capitalismo: exploraram as modernas técnicas de produção em massa de Henry Ford, o arquicapitalista, para industrializar a

Rússia soviética, e usaram as novas tecnologias de comunicação de massa para estabelecer um controle totalitário. Eles transformaram o marxismo-leninismo em uma fé religiosa para conseguir apoio e mascarar suas barbaridades, utilizando uma mistura de terror e crença para forçar mudanças. Foi auspicioso para os comunistas russos que a década de 1930 trouxesse o fascismo de Adolf Hitler e suas ambições territoriais até a Europa oriental, pois isso serviu para galvanizar o nacionalismo russo e propiciou alguma simpatia internacional à causa soviética. Além disso, a permanência dos impérios coloniais da Grã-Bretanha, França, Holanda e Bélgica fez com que nos vários países por elas ocupados os movimentos de libertação olhassem com simpatia para a Rússia soviética, meramente porque ela era diferente dos seus opressores ocidentais e podia lhes prestar apoio.

Já são amplamente conhecidas histórias ligadas a circunstâncias especiais semelhantes a respeito de Hitler e Mussolini, o inventor menos agressivo do fascismo, e seus imitadores na Espanha e em Portugal, Franco e Salazar. Esses ditadores foram criações da Primeira Guerra Mundial, que destruiu a ordem social e política na Alemanha e na Itália, do Tratado de Versalhes, que puniu e humilhou a Alemanha, e da elevação de barreiras ao comércio nos anos 20 e 30, que produziu (ou perpetuou) o malogro econômico. Dessa maneira, as democracias capitalistas criaram seus próprios inimigos.

O credo fascista era mais vazio do que o comunismo, mais claro quanto ao que era contra do que quanto ao que era a favor, mas Hitler e Mussolini conquistaram apoio oferecendo ordem para substituir o caos (Hitler também admirava Henry Ford); transformando o nacionalismo gerado pela Primeira Guerra Mundial num credo espiritual completo, com inimigos internos e externos; e oferecendo uma indefinida "liderança", que era, na realidade, um apelo à fé naquilo que Peter Drucker em *The End of Economic Man* — o livro que em 1939 fez a reputação desse emigrante austríaco — chamou a habilidade "igual à dos feiticeiros" que tinham. Assim como Stalin se beneficiou do fato de ser um antifascista, Hitler explorou a associação da Rússia soviética com a idéia da revolução mundial, pintando os judeus e os bolchevistas como iguais ameaças internacionais.

E temos então a China. Por muitos anos foi comum, mesmo entre aqueles que estavam convencidos de que o comunismo na União Soviética e em seus satélites era mau, argumentar que a pobreza das massas camponesas da China certamente indicava que esse era um dos poucos países do mundo para o qual o comunismo era realmente apropriado. Mas a realidade da tomada do poder por Mao Tsé-tung em 1949 foi mais prosaica, sendo ainda outro reflexo de circunstâncias, oportunismo e ditadura.

Após décadas de guerra civil, caos e brutal ocupação pelos japoneses, a retirada destes da China, ao final da Segunda Guerra Mundial, deixou um vácuo. Este vazio poderia ter sido preenchido pelo Kuomintang de Chiang Kai-shek, mas Chiang já estava desacreditado e enfraquecido por suas falhas no governo na década de 1930, pela brutalidade repressiva de seu regime e pelas divisões em seu partido. Seus aliados americanos retiraram seu apoio em 1947-48, e Chiang, perdendo cada vez mais terreno para os agora bem armados comunistas, retirou-se para Taiwan no final de 1948. Os comunistas foram assim na realidade os últimos a restar de pé ao fim de um longo conflito, embora fossem também muito populares como símbolos de mudança e de libertação dos japoneses, das tradições feudais chinesas e da anarquia. Com o passar do tempo, eles passaram a situar-se entre os comunistas mais nacionalistas de todos, fechando quase totalmente as fronteiras de seu país a partir do início dos anos 50, e chegando a romper com a União Soviética em 1959.

Aquela aparente batalha de idéias pode, então, ser vista em sua totalidade como o resultado de circunstâncias históricas especiais. Isto é o que muitos futuros historiadores irão, sem dúvida, concluir, muito embora outros certamente poderão discordar. As ideologias do comunismo e do capitalismo não conduziram por si mesmas os acontecimentos, irão argumentar os defensores das circunstâncias; as ideologias foram meros instrumentos, explorados por grandes homens (pois foram quase inteiramente homens) da história quando procuravam responder às situações políticas, militares e econômicas com que se defrontavam. Essas explicações são convenientes e confortadoras para todos os países que foram vítimas do comunismo ou do fascismo, pois indicam que enquanto essas circunstâncias extremas não se repetirem esses regimes não retornarão.

(Lição que não é difícil de compreender: "evitar guerras mundiais, anarquia brutal e grandes depressões".) Mesmo sendo assim, isto ainda nos leva a uma visão grave da natureza humana, pois as soluções mágicas do fascismo e as utópicas do comunismo receberam inicialmente o apoio, ou pelo menos a aquiescência, de italianos, alemães e russos, que antes se pensava que fossem muito civilizados e racionais para isso.

Além do mais, para aumentar essa gravidade de julgamento deve-se notar que alguns dos fios que formam o tecido desses dois tipos de regime também podiam ser encontrados em países democráticos da Europa e da América do Norte, na década de 1930: o interesse pela eugenia e pela esterilização de certos grupos, tais como os deficientes mentais; a celebração da forma física; a engenharia social; preocupação com a redução da população (para combater) e de recursos (para comida e matéria-prima industrial). E como assinala Mark Mazower, um historiador inglês, em seu livro *Continente sombrio — a Europa no século XX*, os países que lutaram pela liberdade contra o fascismo e o racismo de 1939 a 1945, como a Grã-Bretanha e a França, eram realmente hipócritas completos, pois controlavam impérios ditatoriais, onde superioridade racial e governo autoritário eram temas dominantes. Os Estados Unidos não estavam muito melhor, com democracia e sem império mas com segregação racial, desigualdade de direitos e discriminação, não apenas nos estados do sul, mas também nas forças armadas. Não surpreende que Gandhi, quando lhe perguntaram em 1930 o que achava da civilização ocidental, replicasse que seria uma boa idéia.

Muitos habitantes de Estados comunistas partilhavam a opinião de que idéias não eram o problema real. "Capitalismo é a exploração do homem pelo homem", rezava uma antiga piada. "Sob o comunismo dá-se exatamente o oposto". "O socialismo", dizia uma outra piada depois da queda da União Soviética em 1989-91, "é o caminho historicamente inevitável entre capitalismo e capitalismo".

Essas explicações cínicas ou baseadas em circunstâncias da ascensão do comunismo e do fascismo são convincentes sob muitos aspectos, especialmente quanto ao fascismo. Mas não inteiramente. Elas deixam para trás uma dúvida crucial. Essa dúvida necessita ser encarada por qualquer um que escreva uma história do século XX. E é ainda mais importante para qualquer um que pense sobre o XXI.

A dúvida começa com o fato de que o sistema comunista conquistou um apoio surpreendentemente amplo em alguns países do Ocidente, tanto entre os eleitores comuns como entre os intelectuais, a despeito de suas evidentes falhas. Esse apoio manteve-se até grande parte dos anos 80, mesmo depois que assassinatos em massa, gulags e fome, tanto na Rússia como na China, haviam se tornado notórios, mesmo depois que o desespero com a economia da década de 1930 havia sido deixado bem para trás, e mesmo depois que já havia se tornado claro que o comunismo se mostrava um malogro econômico. E embora o apoio ao comunismo haja declinado nos anos 90, não desapareceu totalmente.

Por que esse apoio no Ocidente foi tão amplo e duradouro? Mais uma vez, as circunstâncias podem dar parte da resposta. Depois que o sistema alternativo foi estabelecido na União Soviética, passou-se um longo tempo antes que o confronto básico entre o comunismo com planejamento centralizado e o capitalismo com base no mercado fosse resolvido. Somente em 1990 ficou absolutamente claro qual sistema havia proporcionado os melhores resultados. Mesmo a escolha da medida certa para "melhores" não era clara. Devia ser econômica, baseada em dados que os dois lados alegavam ser dúbios? Ou levaria em conta segurança e estabilidade? Ou liberdade, em si um conceito escorregadio? Ou algum outro? Os dois sistemas eram, em sua essência, meios alternativos para vários fins: poder militar, bem-estar econômico e social da população; e, por meio destes, a sobrevivência política, tanto do regime como do próprio país.

Ao final, o comunismo — pelo menos as versões até agora tentadas — não conseguiu atingir esses fins. Contrariamente à fé marxista, mudar a propriedade de fábricas ou fazendas de privada para pública não fez os trabalhadores mais motivados, nem direcionou o uso das fábricas para coisas melhores. Quando muito foi neutro em seus efeitos, mas com o passar do tempo teve efeito oposto ao desejado. O que é ainda mais importante, o planejamento central mostrou-se claramente não-dinâmico. Mesmo o mais brilhante burocrata não poderia consistentemente resolver que produto deveria ser produzido a seguir, ou em que quantidade, nem imaginar um melhor modo de produzi-lo. O ponto forte do mercado é que, apesar de todas as suas imperfeições, é o único meio até agora encontrado para conduzir experiências quanto a essas questões e para descobrir as mutáveis preferências das pessoas. As economias comandadas centralmente não faziam experiências e funcionavam ignorando preferências.

Não obstante, as economias controladas demoraram um tempo surpreendentemente longo para esgotar-se. A Segunda Guerra Mundial prolongou-lhes a vida, atrasando o início da corrupção na Rússia, preservando a noção do sacrifício como um dever nacional, tornando respeitável a idéia da produção sob direção centralizada. Este método de promover a modernização industrial parecia funcionar passavelmente bem enquanto a estrutura industrial de um país fosse um tanto primitiva, com pouca variedade de matéria-prima e de produtos, existindo, assim, uma quantidade limitada de tarefas para planejar e coordenar. Esse ponto mostrou-se verdadeiro em países não-comunistas que utilizaram um grau razoável de direção governamental para sua industrialização: o Japão na década de 1950, por exemplo, ou a Coréia do Sul nos anos 70. Mas logo que a economia se torna madura e a gama de atividades, produtos e serviços fica mais complexa, a direção centralizada torna-se muito menos efetiva — e, ao final, contraproducente. Tais idéias de direção centralizada também podem funcionar bem em tempos de guerra, porque existe então uma clara motivação para engenheiros, trabalhadores e gerentes, e uma forte disciplina competitiva. E, é claro, a ditadura nos países comunistas eliminava os sinais de dissensão que, de outro modo, teriam se mostrado evidentes nos anos 60 e depois.

Há, contudo, uma explicação mais completa e mais importante para o apelo duradouro do comunismo. É que o capitalismo também foi um triste malogro por várias décadas entre 1914 e 1945, e levou um longo tempo para oferecer uma alternativa convincentemente segura. Mesmo quando os anos 50 e 60 trouxeram maiores prosperidade e estabilidade para as grandes economias capitalistas, a lembrança daquelas décadas de dificuldades continuava forte; os tempos podiam ser melhores agora, pensavam as pessoas, mas facilmente poderiam tornar-se novamente ruins. E apoiada neste pensamento, ganhava mais força a luta por um sistema mais "justo", o que quer que isto significasse, tanto na política como no ambiente de trabalho, pois estava abundantemente claro quais as classes que mais sofriam nos tempos ruins.

Assim, embora os comunistas pudessem estar ou não seguros de que estivessem fazendo a coisa certa, muitos ocidentais ansiosos lhes diziam que estavam. Isso acontecia tanto no que se refere às palavras de escritores como às ações de governos. Planejamento central e propriedade pública dos meios de produção tornaram-se populares por toda a Europa. O apoio e o desejo de imitação nos países do Ocidente surgiram devido, em parte, à ilusão existente especialmente na década de 1930 de que os métodos ditatoriais estivessem funcionando. A força e a popularidade de Hitler pareciam confirmar essa impressão: ele deu emprego ao povo, aumentou a produção, construiu o poder militar. A idéia de que Hitler (ou, com restrições, Mussolini) havia feito com que os trens andassem no horário pode parecer agora um clichê levemente sinistro. Mas na época, este e outros clichês semelhantes eram ditos como declarações de louvor.

A derrota de Hitler em 1945 praticamente acabou com a fé no fascismo em toda parte, exceto na Espanha e em Portugal, mas estes países eram simples ditaduras, mais do que Estados ideológicos. A fé na eficácia dos métodos essencialmente semelhantes praticados por Stalin durou muito mais tempo graças à grande participação da União Soviética na vitória dos Aliados em 1945, uma fé que estatísticas falseadas e o satélite Sputnik mais tarde ajudaram a prolongar. Os anos 30 e 40 foram um período de desespero e desilusão quanto à estabilidade e à competência das economias capitalistas; o primeiro período, em muitas décadas, em que as condições das classes trabalhadoras em numerosos países ocidentais começaram realmente a se assemelhar, embora num contexto mais moderno, à espécie de coisas a que Marx e Engels haviam se referido na década de 1840. Os trabalhadores responderam àquelas condições marchando ou emigrando; os intelectuais escrevendo romances e visitando Moscou, para tornarem-se o que Stalin descreveu como os "idiotas úteis" que ajudavam, conscientemente ou não, os comunistas em sua propaganda. Mais idiotice foi exibida nos anos 50, quando os intelectuais deliciavam-se com visões de sonho de comunas igualitárias de camponeses chineses.

Mas existiam outras razões para o apoio ocidental. Uma delas era simplesmente protesto e alienação, uma força constante, tanto nos tempos melhores como nos piores; mesmo na década de 1980, 10 a 20% do eleitorado da França e da Itália, por exemplo, votavam nos partidos comunistas, embora poucos desses votantes fossem realmente membros do partido. Nessa época as condições desses eleitores (geralmente trabalhadores manuais) eram muito melhores do que na década de 1930, mas eles ainda sofriam de um sentimento de impotência e de serem párias sociais, e faziam o esforço ou tinham prazer em votar em partidos que, pelo menos no papel, se opunham a todo o sistema político e econômico em vigor. Não importava muito se a alternativa era viável: votar contra o *status quo* era satisfação suficiente. A existência de grandes quantidades de votos comunistas também ajudava a encorajar governos de direita ou de esquerda a fazerem concessões legais e financeiras aos sindicatos e outras entidades trabalhistas, a fim de conter os comunistas. Assim, para um sindicalista ou para um simples operário, manter um partido comunista forte era uma boa maneira de fortalecer seu poder de barganha. Uma outra razão para o apoio ocidental era o romantismo da unidade e da camaradagem: até o ano 2000, o Partido Trabalhista britânico sempre encerrava sua conferência anual cantando o hino socialista "Bandeira Vermelha". Isto agora parece meramente uma relíquia do passado, porém ainda no primeiro turno das últimas eleições presidenciais francesas três dos candidatos eram reconhecidamente trotskistas e um (o primeiro-ministro socialista Lionel Jospin) um ex-trotskista.

Uma razão adicional está na natureza quase religiosa das teorias marxistas como apelo à utopia, cujo efeito ficou rapidamente desgastado nos países comunistas, mas perdurou fora deles. A idéia de uma utopia irá sempre ser atrativa em tempos de distopia; como um ideal, como um sonho, ela pôde sobreviver ao embaraçoso fato de não haverem os Estados comunistas reais correspondido a essa expectativa, talvez porque não se devesse esperar a perfeição na primeira (ou segunda, ou terceira) tentativa. Esta durabilidade foi também assegurada por um ingrediente brilhante e limitador de debates: a alegação pela doutrina marxista (conhecida como "materialismo histórico") de que toda liberdade é uma ilusão, porque todos são prisioneiros de suas circunstâncias históricas e materiais. Ninguém é verdadeiramente livre, mesmo quando pensa que é. Se você discorda dessa premissa, você é vítima de um conhecimento falso, inculcado pelas circunstâncias. Somente quando a humanidade estiver emancipada, na terra prometida, as pessoas irão agir segundo sua natureza verdadeira, cooperativa. Portanto, é necessária uma ditadura para levá-los a se tornarem livres.

Pois bem, mesmo esse raciocínio tortuoso para defender a ditadura consegue capturar muitas pessoas. Mas tão importante como o apelo do comunismo foi uma repulsa ao capitalismo, tanto aos seus êxitos como aos seus fracassos. Como diz o historiador francês François Furet em seu livro *The Passing of an Illusion*, durante décadas muitas pessoas aparentemente inteligentes na França, na Grã-Bretanha e mesmo nos Estados Unidos achavam que "o regime fundado em outubro de 1917 era bom, apesar dos desastres que se seguiram ao seu nascimento, enquanto que o capitalismo era mau, apesar das riquezas que gerou".

Apenas uma percepção errada, invertida? Isto é o que é conveniente supor, agora. Mas é conveniente também ter em mente uma outra possibilidade. O capitalismo é ainda amplamente considerado, ao menos por alguns intelectuais, imoral: demasiadamente dedicado a uma adoração vulgar do dinheiro, demasiadamente dependente do interesse próprio e da cobiça, demasiadamente baseado no individualismo hostil. Provavelmente ele sempre será. A experiência pode ter mostrado que a alternativa favorita do século XX, o planejamento centralizado por burocratas ou ditadores, foi um fracasso, exceto em tempos de guerra. Mas da próxima vez que o capitalismo tropeçar, e cair e quebrar uma perna ou mesmo as duas, podemos estar certos de uma coisa que foi mostrada de modo muito claro pelo século XX: que muita gente adoraria acreditar que deve existir uma alternativa melhor, mais confortável, mais camarada.

O capitalismo, é necessário lembrar, depende de empregar pessoas, o que pode ser encarado como exploração. Pior, não é nem mesmo uma exploração consistentemente bem-sucedida, sendo vulnerável a períodos de expansão e de retração, períodos esses em que as expectativas daqueles que ele explora são jogadas para cima e para baixo, ao final dos quais tais expectativas são cruelmente frustradas. E nesse ciclo de criação e destruição de expectativas está o germe, não apenas da alienação, mas também da revolução. Esse é, ao menos, o tipo de afirmativa arrebatadora, emocionante mesmo, que um ativista revolucionário pode fazer. Mas é realmente assim, especialmente considerando-se que, depois de mais de setenta anos de terríveis experiências destruidoras de vidas encerradas com a queda da União Soviética em 1991, as expectativas de uma alternativa viável ao capitalismo foram totalmente esmagadas?

Este é um problema cuja resposta está longe de ser "branco ou preto". Para entender por que devemos olhar o capitalismo de outro modo. O sonho no século XX de pensadores de esquerda, progressistas e utopistas, especialmente da Europa, era achar um modo de encorajar as pessoas a colaborarem. Para esses intelectuais, trabalhar como grupo, como uma comunidade, é exemplo de tudo o que é bom. Agir como um indivíduo, como um simples átomo, tem sido visto como uma coisa ruim. Uma instituição que foi inventada em essência durante o século XX tem sido extremamente bem-sucedida exatamente nesse sentido, em juntar milhares, ou mesmo dezenas de milhares de pessoas, num trabalho voluntário, de colaboração, para partilhar suas habilidades, seus conhecimentos, em prol de um propósito comum. Esse coletivo bem-sucedido chama-se companhia privada capitalista. Somente ela encontrou um modo de reunir incentivos financeiros diretos (também conhecido como exploração) com os instintos hierárquicos naturais da tribo humana, e aliar esses fatores com o desejo de trabalhar com outras pessoas e extrair auto-estima e confiança do resultante sentimento de ser parte do grupo.

Contudo o paradoxo é que, não obstante essas manifestas virtudes econômicas, psicológicas e antropológicas, a empresa privada sempre foi olhada com suspeita, que muitas vezes beira a hostilidade. Algumas vezes a visão crítica dos negócios é aquela do empregado hierarquicamente inferior, confuso diante da incompetência de seus superiores: isto pode ser visto nos quadrinhos "Dilbert", de Scott Adam, que são os sucessores, nos anos 90, de uma longa série de ridicularizações. Algumas vezes essa visão surge do sentimento alienante de que os membros do grupo, os trabalhadores, são meramente pequenas peças substituíveis das engrenagens de uma grande máquina impessoal, como foi mostrado no filme de Charlie Chaplin *Tempos modernos*, de 1930; no livro de William Whyte sobre a moderna corporação americana *Organization Man*, publicado em 1956; e em muitas das histórias em quadrinhos japonesas (manga) dos anos 90, que lamentavam a triste sorte do chamado *salaryman* (homem-salário), o funcionário de escritório comum. Algumas vezes essa visão brota do sentimento de que o capitalismo é uma força manipuladora, valendo-se das emoções e dos instintos para distorcer nosso comportamento e fazer de todos nós seus dependentes: esta era a linha de ataque de Vance Packard em seu alerta contra a propaganda, *The Hidden Persuaders*, publicado em 1957, bem como da queixa de Naomi Klein quanto aos perigos de um mundo dominado por marcas comerciais, veiculada em seu livro de 2000, *Sem Logo*.

Essa suspeita tem perdurado através de uma longa evolução das formas de organização do capitalismo. Suspeitar da ambição voraz dos capitalistas não seria de forma alguma surpreendente ao início do século XX, quando a empresa moderna estava sendo inventada. Até então, como havia observado Karl Marx, as empresas eram dirigidas por seus donos para seus donos, uma raça de capitalistas rudes, que se tornaram conhecidos na América como "barões ladrões": Andrew Carnegie, Cornelius Vanderbilt, John D. Rockefeller e outros. Esses homens eram verdadeiros piratas, muitas vezes sem escrúpulos, que existiam em todos os países, ainda mais especialmente num país razoavelmente novo como os Estados Unidos, em que novas fronteiras estavam sempre sendo exploradas e as regras sempre sendo reinventadas. Em tais empresas os trabalhadores eram meramente mão-de-obra alugada, própria para ser admitida ou dispensada a um mero capricho.

Porém, ao se iniciar o século XX, as coisas já estavam começando a mudar. Na América, e igualmente na Europa, as mudanças na tecnologia estavam tornando tanto desejável como possível aos homens de negócios empreendedores tornarem suas empresas muito maiores, o que, por sua vez, pôs à prova sua capacidade de continuar a dirigir suas firmas como feudos pessoais. A eletrificação tornou viáveis a mecanização e a produção em massa; o telefone e o rádio facilitaram e baratearam as comunicações através de longas distâncias e a coordenação da administração; os custos de transporte caíram acentuadamente graças ao navio a vapor e às estradas de ferro. Nos Estados Unidos esse progresso trouxe a maior onda de fusões de todos os tempos, quando J. Pierpont Morgan, com seu grosso nariz e seu banco cheio de dinheiro, agia como casamenteiro, juntando onze companhias para formar a U.S. Steel, por exemplo, ou criando a General Electric. Na Europa empresas também se fundiam, ou formavam alianças por meio de cartéis. Por qualquer desses métodos foram criados monopólios. Na Europa eles perduraram e, em alguns casos, expandiram-se continuamente até a década de 1950, com a conivência dos governos, que viam o gigantismo industrial como fonte de poder nacional. Nos Estados Unidos, porém, um clamor popular contra os abusos dos monopólios deu origem à legislação antitruste, criada de 1890 em diante, mas especialmente na década de 1910. Mesmo na maior fronteira capitalista no mundo, as suspeitas quanto ao capitalismo eram numerosas, e forçaram o governo e os tribunais a regular um mercado até então bastante livre.

Algumas décadas depois vieram mais duas mudanças evolutivas, que se poderia esperar que moderassem ou mesmo quase eliminassem a hostilidade contra as empresas. A primeira foi que administradores assalariados tomaram dos donos a direção das companhias agora maiores, com o corpo de acionistas tornando-se mais fragmentado e mais distante. Ainda nos anos 30, olhando do ponto de vista dos acionistas, os analistas começaram a preocupar-se com o fato de que essa mudança poderia ser responsabilizada por tornar as companhias menos eficientes como geradoras de lucro, e, conseqüentemente, de ganhos de capital e pagamento de dividendos, porque o interesse dos administradores tenderia a divergir daquele dos acionistas. Os administradores iriam querer aumentar seu próprio pagamento, assim como seu poder e seu controle, promovendo seus projetos preferidos e, chegavam a pensar alguns, exercendo controles mais frouxos sobre a produtividade e a remuneração dos trabalhadores.

A descrição seminal desse problema apareceu em um livro publicado nos Estados Unidos em 1932 por Adolf Berle e Gardiner Means, *The Modern Corporation and Private Property*. Os autores recomendavam uma nova legislação que determinasse deveres mais estritos para os administradores a fim de fazê-los agir no interesse dos acionistas. Contudo, do ponto de vista dos opositores ao capitalismo essa tendência no sentido de administradores assalariados deveria, certamente, ter sido considerada favorável. Se o retrato pintado por críticos como Berle e Means desse "problema do agenciamento" (como o chamam os estudiosos) era acurado, significava que a motivação do lucro estava sendo embotada e que os empregados (os agentes) estavam ganhando maior controle sobre os recursos e as operações de suas companhias. O velho conflito entre capital e trabalho estava se inclinando a favor do trabalho.

Talvez não de todo o trabalho; uma nova divisão estava surgindo entre os administradores assalariados, especialmente os mais graduados, e os trabalhadores de menor hierarquia. Mas, ao menos em certo grau, e especialmente nos Estados Unidos, o mal-estar causado por essa cisão era amenizado pelo fato de que os quadros da administração mostravam-se cada vez mais como uma meritocracia, na qual todos poderiam ter alguma esperança de avançar até os níveis mais privilegiados e mais bem remunerados. Essa esperança foi reforçada pela segunda grande mudança evolutiva, que foi o desenvolvimento da educação para as massas em todos os principais países capitalistas desenvolvidos, mais aceleradamente de 1920 até 1960. Isto deu aos trabalhadores o sentimento de que havia, ou logo haveria, algo como uma verdadeira igualdade de oportunidades.

Assim, a divisão entre administradores e trabalhadores parecia intransponível somente para aqueles que viam como impossível uma ascensão na escala hierárquica, devido à deficiência de instrução ou a discriminação racial ou de outra natureza. O subconjunto de trabalhadores que se sentiam destituídos, ou permanentemente alienados, estava ficando menor ou mais estreito — pelo menos mais estreito do que o previsto por qualquer análise marxista. Enquanto isso, as desvantagens para os acionistas do sistema de agenciamento ficaram cada vez mais claras durante as décadas de 1970 e 1980, quando a produtividade e o crescimento do lucro estagnaram. Isto criou uma ameaça à prosperidade e ao padrão de vida, mas teria sido necessária uma mente especialmente conturbada, ou talvez desonestamente inventiva, para transformar esse problema do agenciamento numa crítica generalizada ao capitalismo. Um crítico teria que alegar que a estrutura de incentivos das modernas corporações estaria restringindo o crescimento corporativo e, assim, o econômico, a ponto de levar o proletariado à miséria.

Tal idéia teria sido no mínimo implausível, a não ser que o que você desejasse fosse um capitalismo mais lucrativo, mais impiedoso. Em 1946, em seu livro *The Concept of the Corporation* (escrito principalmente a respeito da General Motors, mas tirando amplas conclusões do exemplo da maior empresa industrial da América), Peter Drucker observava corretamente que a companhia havia tomado o lugar da Igreja como a instituição representativa da sociedade — aquela na qual a maioria das pessoas passa grande parte de suas vidas, à qual devota a maior parte de suas energias, e da qual ganha grande parte de seu sentimento de *status* social e mérito. A companhia estava se tornando a coisa mais próxima de uma meritocracia que a sociedade possuía, e não era mais a criação de um indivíduo ou de uma família extremamente ricos. Veio então uma terceira grande mudança, principalmente nos Estados Unidos, na Inglaterra e na Holanda, e também, embora em menor grau, no Japão: o fundo de pensão da companhia. Em sua forma moderna, como um fundo que procura prover recursos para a aposentadoria dos trabalhadores por meio de amplos e diversificados investimentos em ações e obrigações, com base em contribuições financeiras dos empregadores e dos próprios empregados, foi popularizado em 1950 por Charles Wilson, o chefe da General Motors, a empresa emblemática para Drucker, que mais tarde tornou-se o secretário de Defesa do presidente Eisenhower. Em um ano, oito mil desses planos foram instituídos nos Estados Unidos.

Esses planos de pensão deram aos empregados um interesse imediato nos lucros das corporações e num amplo crescimento econômico, assim como alguma proteção de longo prazo para sua aposentadoria. Eles eram agora, usando a terminologia que se tornou popular nos anos 90, "stakeholders"* plenamente qualificados, com seus interesses não mais limitados às condições e à segurança de seus empregos, mas também àquelas preocupações econômicas mais amplas. Depois de algum tempo, a propriedade das corporações americanas e européias havia sido substancialmente transferida para os fundos de pensão e suas co-irmãs, as empresas de seguros de vida; ou seja, de maneira indireta, para os próprios empregados comuns. Em outro de seus livros identificadores de tendências, *The Unseen Revolution*, publicado em 1976, Peter Drucker chamou a esse fenômeno "socialismo de fundos de pensão", a única forma de socialismo bem-sucedido já inventada. Hoje, os maiores proprietários das corporações americanas e britânicas são pessoas comuns, por meio dos investimentos de seus fundos de pensão e de seus seguros de vida. O mesmo é verdade, direta ou indiretamente, em muitas outras grandes economias industrializadas.

Todo esse dinheiro, todo esse patrimônio, no entanto, não trouxe popularidade para a pobre da empresa privada. Mesmo em um país capitalista, ambicioso, ávido por riqueza como os EUA, onde a livre iniciativa em geral é bem recebida, o *big business* ainda atrai suspeitas. Em junho de 1999 — oitavo ano de continuado crescimento econômico, em meio a uma extraordinária euforia no mercado de ações e numa época em que recentemente se tornara popular trabalhar em companhias de novas tecnologias ou associadas à Internet, ou, mesmo, criá-las — a empresa de pesquisa de opinião Gallup indagou ao povo americano se tinha confiança nas grandes corporações. Apenas 30% disseram que tinham muita confiança (ainda menos do que os que disseram confiar na imprensa), 44% disseram com relutância que tinham pouca, e 25% declararam que tinham muito pouca ou nenhuma. Na Grã-Bretanha, pesquisas efetuadas pela MORI (Market & Opinion Research International) têm mostrado

---

*"Stakeholder" é uma palavra do jargão técnico de planejamento estratégico, que significa pessoas ou grupos de pessoas que podem influir nos resultados estratégicos, ou ser por estes influenciados, e que tenham reivindicações sobre o resultado da empresa; inclui, além dos acionistas, os empregados, os clientes, os fornecedores e a sociedade em geral. (*N. do T.*)

desde 1969 uma crescente desaprovação aos lucros das grandes companhias. Em 1969, dois terços dos que responderam achavam que esses lucros eram bons para todos. Em 1999, dois terços achavam que não eram. Quatro quintos pensavam que "à medida que crescem, as companhias tornam-se normalmente frias e impessoais em suas relações".

Isso é curioso. As pessoas parecem querer os empregos e o *status* que as empresas conferem, compram seus produtos e serviços com prazer, e suas aposentadorias são cada vez mais financiadas pelos ganhos das corporações. E contudo suspeitam delas. Simples desagrado pela motivação do lucro pode ajudar a explicar essa suspeita, mas isso não é o suficiente: poucas pessoas rejeitam o papel que o egoísmo desempenha em suas vidas, ou nas de seus amigos e familiares, então por que elas o fazem quando avaliam as empresas?

Correndo o risco de entrar na psicologia popular, uma razão para isso é que as pessoas são mais hostis aos grupos do que supõem os utopistas ou os antropólogos. Os grupos exigem conformidade e impõem incômodas obrigações mútuas. Ao contrário de pertencer a uma tribo, grupo étnico ou nacionalidade, entrar para uma companhia requer um ato voluntário, em vez de simplesmente um acidente da natureza, seguido pela criação. Pode haver uma boa razão para entrar para ela, e benefícios ao fazer isso que não poderiam ser conseguidos em outro lugar, mas talvez seja preferível manter distância. Afinal de contas, as empresas exigem muitos compromissos, mas, muito comumente, em troca pouco se comprometem.

Depois há um fato simples, ainda que corriqueiro. Pessoas podem ser empregadas por uma companhia e assim terem interesses comuns com esta e talvez fidelidade, mas mantêm alguma coisa semelhante a uma relação de confronto com as muitas outras companhias com as quais têm contato. Quando compram um produto ou um serviço de uma firma, seus interesses são diferentes dos desta firma: elas prefeririam que os preços fossem mais baixos, a quantidade fosse maior e a qualidade melhor. Da mesma maneira, se vivem próximo a uma fábrica, elas sofrem com o barulho e o pó sem terem, em muitos casos, nem mesmo a vantagem compensadora de receber um salário por trabalhar lá.

A evolução das empresas que não eram propriedade individual ou familiar tornou as grandes corporações mais, e não menos, alienantes, ainda que sejam agora dirigidas por administradores em lugar de um dono dominador. Com essa mudança do capitalismo de proprietário, que já era evidente na década de 1930, a empresa passou a ter vida própria, mais longa do que a de seus fundadores, dando oportunidade a cada geração de empregados de possuir a firma por um certo tempo. Como gerenciadores de uma instituição duradoura, cada geração de empregados tem chance de influenciar a natureza e o desenvolvimento da companhia. Todavia, como conseqüência do tamanho desta, isto também significa que os que se encontram no topo provavelmente não terão contato pessoal com os que estão no meio ou embaixo. A companhia perde sua personalidade, sua alma. Ela fica, como dizem as respostas à pesquisa da MORI, fria e impessoal.

Na ficção, esse sentimento das empresas como sinistros grupos de pessoas desprovidos de alma, nos quais os indivíduos enterram suas personalidades, foi chocantemente refletida em *Mulheres perfeitas*, um filme produzido em 1975 sobre uma cidade dependente de uma companhia, na qual as mulheres são transformadas em robôs. Esse sentimento aparece em toda uma série de outras produções de Hollywood, desde as mais recentes mega-empresas vilãs em filmes de James Bond, até a companhia poluidora, contra a qual a heroína faz uma cruzada em *Erin Brockovich*, uma história baseada na vida real. Tendo perdido a União Soviética como fonte de seus livros sobre espiões e traição, John le Carré voltou-se para a indústria farmacêutica, em *O jardineiro fiel*, para escrever uma história sobre crimes praticados na África.

É justo? Como generalização, não. Mas num caso extremo, uma companhia pode certamente perder o senso de suas mais amplas responsabilidades social e (especialmente) legal, ou pode parecer fazê-lo. Grandes grupos de indivíduos, que ganham sua direção, sua auto-estima, seu *status* e suas idéias essencialmente uns dos outros, podem correr o risco de perder de vista valores maiores. Isto pode soar como uma comparação injusta, mas o exército imperial japonês na década de 1930 foi um exemplo exagerado dessa tendência. Largado solto na China e em outras partes da

Ásia, sem qualquer supervisão política efetiva sobre suas ações, seus soldados comportaram-se abominavelmente. Seu único marco de referência, ou sentimento de responsabilidade, era de cada um para com os companheiros, e depois, de modo mais abstrato, com o imperador em Tóquio. Nenhuma empresa, é de se esperar, portou-se alguma vez como esse exército. Mas é por meio dessa mesma síndrome de uma rede totalmente internalizada de responsabilidades que acobertamentos, evasões, ou a inclinação para ignorar riscos de segurança em produtos ou processos podem acontecer naquela que parece a mais respeitável das empresas. Quando isso ocorre nas grandes companhias, ocorre em grande escala, como aconteceu em 2001 na empresa de comercialização de energia Enron, com o auxílio e a cumplicidade dos auditores da Andersen.

A descoberta de tais práticas ilícitas é desastrosa para a companhia, pois sua reputação ficará em farrapos e ela provavelmente se tornará alvo de investigação criminal ou de grandes ações legais cíveis. Por esta razão, fazer a coisa certa é também do melhor interesse próprio. Não é necessário invocar-se um senso especial de responsabilidade social da empresa — exceto em circunstâncias em que os empregados possam chegar a pensar que seus crimes podem não ser nunca detectados. Não obstante, quando casos como o da Enron vêm à luz prejudicam a reputação de todas as empresas, pois muitas pessoas irão supor que a raridade em tais casos não está na prática ilícita, mas no fato de serem revelados.

Assim, as empresas podem parecer desprovidas de alma, distantes, egoístas, rapaces. Mas o mesmo pode acontecer com pessoas e com muitas outras espécies de organização. A diferença principal quanto à empresa privada é o seu tamanho. Das demais organizações humanas, somente o próprio Estado, ou, no passado, a Igreja Católica, podem apresentar um tal aspecto de poder gigantesco, esmagador, estendendo-se muito além de suas sedes. Realmente, nos aproximadamente trinta ou quarenta anos desde que passou a haver comércio e mercados de capitais mais livres, e novas tecnologias de telecomunicações, durante os quais as empresas puderam se organizar em nível internacional, ou mesmo global, a história das firmas multinacionais se tem tornado mais e mais semelhante à da Igreja Católica na Europa e na Ásia.

As companhias multinacionais não são apenas gigantescas e esmagadoras, são muitas vezes forças controladas do exterior. Nos bons tempos, tais forças são bem-vindas, pois trazem dinheiro e novas idéias. Em tempos ruins, contudo, podem vir a ser consideradas como criaturas alienígenas, controladas de fora segundo o interesse de estrangeiros, e que podem esmagar todos aqueles que ousem atravessar seu caminho. Em tempos bons ou ruins, elas, como fazia a Igreja Católica, tendem a dividir em dois as sociedades nas quais operam: aquelas pessoas e grupos que preferem partilhar sua sorte com os de fora, tornando-se dependentes da fortuna destes; e aqueles que não o fazem, podendo até basear seus interesses no fracasso deles.

Empresas parecem tornar-se maiores à medida que se fundem e ultrapassam fronteiras em seus investimentos. Os últimos anos da década de 1990 apresentaram um dos maiores movimentos de fusões e aquisições já vistos. Isto aconteceu principalmente nos Estados Unidos, embora nele também se incluísse um grande número de compras de companhias americanas por firmas estrangeiras. Esse movimento espalhou-se também para outros continentes, atingindo a Grã-Bretanha em especial, e, em grau menor, a Europa continental. Muitas fusões fracassaram, porque é difícil combinar organizações com diferentes histórias, culturas nacionais e ambições, e também porque quanto maior se torna a empresa, mais difícil se torna dirigi-la com sucesso. Mesmo assim, nem todas as fusões malograram, e possam ou não fracassar ao final, ainda atraem bastante atenção quando negociações são inicialmente fechadas, o que por si só atua como um estímulo para outros futuros promotores de tais negócios.

Daí, um dos grandes novos medos: que algumas poucas multinacionais possam em breve dominar o mundo. Há certamente essa tendência em algumas poucas indústrias. Motores de avião é uma delas: General Electric, Pratt & Whitney e Rolls-Royce dominam o mercado para os motores maiores, pelo menos. Para os grandes aviões de passageiros, Boeing e Airbus dividem o mercado, havendo competição para aviões regionais menores, principalmente entre a Embraer do Brasil e a Bombardier do

Canadá. Petróleo é uma outra. *Softwares*, pelo menos a parte dedicada aos computadores pessoais, é uma quarta, na qual a Microsoft ocupa o lugar mais alto. A mídia sente que pode vir a tornar-se a quinta, com um pequeno número de gigantes emergentes que são capazes de produzir e distribuir conteúdos em vídeo, em áudio, e impressos, por meio de uma ampla faixa de canais por todo o mundo: AOL, Time Warner, Disney, Bertelsmann, Vivendi Universal, Sony e News Corporation simplesmente pairam acima de todo o resto.

A maneira mais comum como são expressadas as preocupações quanto a esse domínio é a observação de que muitas das maiores empresas do mundo são agora maiores do que o Produto Interno Bruto (PIB) de muitos países. Alega-se, por essa razão (como o faz, por exemplo, Noreena Hertz, uma professora universitária inglesa, em seu livro *The Silent Takeover*), que as companhias têm agora muito mais poder do que governos de países soberanos. Elas assumiram o domínio do mundo, ou podem estar perto de fazê-lo. Todavia, isso está errado, tremendamente errado, por duas razões.

A primeira é que a comparação entre o tamanho das empresas e o PIB dos países é totalmente enganosa, para não dizer desprovida de base econômica. Essas comparações sempre utilizam ou o valor da companhia no mercado de ações ou o seu nível de faturamento. O primeiro é uma medida do valor patrimonial, e não do dinheiro que entra e sai da empresa; o outro é a medida bruta das transações efetuadas por esta, que não corresponde ao valor por ela adicionado aos bens e serviços, e que, por isso, é extraído como lucro. O PIB, em contraste, é uma medida de valor adicionado: não é uma estimativa do valor total das transações em uma economia, mas, ao contrário, elimina as transações intermediárias, a fim de agregar somente o valor dos bens e serviços finais. Em outras palavras, se um pão é feito por uma fábrica e depois vendido para um atacadista, que por sua vez o vende a um varejista, que por sua vez o vende a um consumidor, o PIB adicional resultante representa o preço final pago, e não a soma de todos os preços pagos por todos os envolvidos. O modo correto de se comparar empresas e economias nacionais seria comparar o valor adicionado em ambos os casos, o que, para maior simplicidade, poderia ser simplesmente comparar os lucros após impostos da empresa com os produtos internos brutos dos países. Isso, contudo, iria fazer com que mesmo as maiores companhias parecessem bem fraquinhas, se comparadas com todas as economias, exceto as mais diminutas.

A segunda razão pela qual a alegação de hegemonia das empresas é errada é que os Estados detêm predominância não só de tamanho, como também de poder. Eles — mesmo os menores países — conservam todas as habilitações tradicionais dos Estados para controlar e punir pessoas e grupos dentro de suas fronteiras: leis, sistemas judiciais, imposição por polícias e exércitos. Muitos desses poderes nem mesmo requerem riqueza para se tornarem efetivos; embora seja necessário dinheiro para manter polícias e exércitos adequados, os governos podem usar as leis para expulsar companhias ou mesmo tomar seus ativos. O único aspecto sob o qual o tamanho das empresas deve ser uma preocupação válida decorre de sua potencial capacidade de utilizar sua riqueza para subverter pela corrupção direta os sistemas políticos, ou simplesmente pela compra de influência. Esta, na verdade, não é uma preocupação nova: o perigo da excessiva influência dos ricos e poderosos tem estado sempre presente em democracias tradicionais, como os Estados Unidos e a Grã-Bretanha, e é uma característica constante das ditaduras. Na Indonésia, governada pelo presidente Suharto como uma ditadura durante trinta anos até sua queda em 1998, por exemplo, a melhor maneira de se ficar rico era tornar-se um favorito da família Suharto; as empresas conquistavam favores por meio de propinas e assistência política, e, em retribuição, recebiam contratos e proteção. Mas o fato de este perigo não ser novo não o torna menos perigoso.

Há, porém, algumas características atenuantes no mundo globalizante desta virada de século. As próprias coisas que estão impulsionando muitas das fusões e aquisições são, ao mesmo tempo, fatores que limitam o perigo de uma excessiva concentração corporativa. Grandes fusões além-fronteiras são unicamente viabilizadas pela abertura dos mercados nacionais. Esta mesma abertura, entretanto, aumenta a competição ao permitir a entrada de novas empresas para lutar por esses mercados; enquanto as barreiras para esses novos que entram forem mantidas baixas, o perigo de monopolização também se manterá baixo.

Um exemplo de como isto tem funcionado por diversas décadas está na indústria automobilística. Ela ainda tem um alto número de empresas produtoras de grandes volumes, apesar de fusões e aquisições nos últimos anos: DaimlerChrysler, Volkswagen e BMW na Alemanha; Renault e Peugeot-Citröen na França; Fiat na Itália; GM e Ford nos Estados Unidos; Toyota e Honda no Japão. Antes que a economia japonesa entrasse em estagnação na década de 1990, existiam, somente nesse país, nove fabricantes de carros: os dois já mencionados, mais Nissan, Mitsubishi Motors, Subaru (Indústrias Fuji Heavy), Mazda, Suzuki e Daihatsu. Mazda e Suzuki tinham acionistas estrangeiros (Ford e GM, respectivamente), mas eram essencialmente independentes. Atualmente o número de produtoras verdadeiramente japonesas reduziu-se a cinco, pois Ford e GM assumiram maior controle sobre a Mazda e a Suzuki, e Renault e DaimlerChrysler compraram grandes participações, correspondendo aproximadamente ao controle, na Nissan e na Mitsubishi Motors, respectivamente.

As dez grandes indústrias automobilísticas globais atualmente existentes, muitas das quais vêm nos últimos anos engolindo firmas menores especializadas, podem crescer ainda mais no futuro. Isto é o que uma extrapolação da tendência mostrada na última década poderia indicar. Contudo, a experiência passada, ao longo de um período maior, leva a uma predição diferente. Esta predição é que não é provável que haja uma tendência firme no sentido da dominação dessa indústria por um número cada vez menor de empresas. A principal razão para esta predição é o fato de que novos competidores estão sempre chegando, especialmente oriundos de países de industrialização recente. O Japão foi a maior fonte desses novos participantes na segunda metade do século XX, fornecendo à indústria de automóveis o que seria, para todos os efeitos, nove empresas novas (embora algumas houvessem sido fundadas em décadas anteriores) para competir nos mercados mundiais. Os principais executivos da General Motors haviam, no início dos anos 70, chegado à conclusão que se tornou famosa de que jamais uma firma estrangeira iria conquistar uma fatia significativa do mercado americano de automóveis. As três grandes produtoras americanas, lideradas pela GM, estariam livres para administrar suas vendas e, principalmente, para decidir como melhor investir seus lucros. Antes de passada uma década, os japoneses haviam chegado e estavam provocando uma rearrumação no mercado. Seguindo seu exemplo, várias firmas sul-coreanas também entraram no mercado. Isto poderá voltar a acontecer? Claro que poderá: a óbvia fonte potencial de novos competidores em algum ponto do futuro seria a China. Uma outra seria a Índia.

A indústria automobilística pode também oferecer no futuro um ótimo exemplo de uma outra via pela qual a globalização mantém os monopólios acuados: a inovação tecnológica. Ela pode abrir completamente um mercado, introduzindo um novo conjunto de firmas lutando para fornecer um produto. A mudança tecnológica pode ter dois tipos de efeito: ela pode trazer novas técnicas e processos; e pode modificar os aspectos econômicos da produção e do desenvolvimento. No caso dos automóveis, a mais provável mudança tecnológica é a substituição do motor de combustão interna por novas fontes de energia, como a célula de hidrogênio. Esta célula é uma unidade que usa hidrogênio para gerar eletricidade; produz muito menos poluição do que um motor convencional, mas custa muito mais para ser feita. Todavia, esse custo está caindo. Todos os atuais fabricantes de carros estão investindo em pesquisa e no desenvolvimento dessas células de combustível, porque se a mudança está por vir, eles preferem assegurar-se de que ainda irão liderar e controlar a indústria. E pode ser que tenham êxito. Mas arriscam-se a um fracasso, se, por exemplo, a economia da produção de motores de células de combustível vier a favorecer a produção em menor quantidade, e, portanto, a beneficiar as companhias menores, ou se tentarem retardar a introdução desses motores a fim de proteger seu negócio tradicional, e depois sejam ultrapassados por empresas novas, que não tenham negócios antigos a serem protegidos.

Entretanto os melhores exemplos de como a tecnologia pode virar uma indústria de cabeça para baixo encontram-se entre as próprias empresas de tecnologia. Tem havido uma enxurrada de firmas novas acompanhando cada onda de inovação na tecnologia da informação, deslocando as que já estavam no mercado e provocando um rearranjo. Estas mudanças ocorreram tanto nas empresas de telecomunicações, como nas de computadores. Oracle, Microsoft, AOL, SAP, Dell, 3-Com, Vodafone: tais firmas não existiam há vinte anos atrás, ou se existiam mereciam um mero *blip* numa tela de radar. British Telecom, AT&T, IBM, Digital Equipment, Xerox, Eastman Kodak, Polaroid, ITT: estas firmas, e muitas mais, tiveram que lutar para sobreviver, e algumas outras malograram por completo. A ITT (originalmente International Telegraph and Telephone) era o bicho-papão das pessoas que temiam as multinacionais nos anos 60 e 70; hoje ela existe apenas nas peças produzidas pela firma, que foi completamente vendida a outras.

Portanto, a pressão pela concentração dos negócios em um número cada vez menor de mãos também enfrenta contrapressões: novos competidores, liberados especialmente pelos mercados mundiais abertos em meio à globalização; deseconomias de escala e de escopo à medida que as empresas encontram dificuldades em manter seu vigor e sua capacidade de inovação depois que se tornam enormes organizações; e a própria inovação tecnológica, que tem aptidão para quebrar indústrias inteiras por todo o mundo.

Enquanto esse confronto de forças continua, o ponto básico para observadores e definidores de políticas, em todas as indústrias e mercados, deveria ser saber se existe suficiente abertura à competição para impedir que grandes firmas explorem seus clientes, aumentando os preços e contendo as forças contrárias. As grandes firmas não são um problema em si; os problemas são causados por grandes firmas que possam manipular seus mercados. Quanto a isto, a globalização ajuda consideravelmente. Livre comércio e mercados livres aumentam acentuadamente a competição em qualquer mercado, por aumentar o número de possíveis rivais para disputar cada grupo de consumidores, e por abrir antigas muralhas de proteção e privilégio. Os monopólios têm prevalecido muito mais em mercados fechados, onde as grandes empresas costumam fazer acordos com os governos em troca de restrições a outras firmas, nacionais ou estrangeiras, do que em mercados abertos, globalizados.

Quanto mais limitado for o mercado, mais difícil será a entrada de novas firmas, mais necessária será a existência de leis para proteger e policiar a competição e para evitar monopólios. As leis antitrustes são uma parte crucial do capitalismo liberal. Contudo, pensadores a favor da livre-iniciativa sentem-se divididos quanto a esse tema. Por um lado, eles adoram os incentivos como um estímulo fundamental para o empreendedor; a vontade de dominar, de vencer, é o maior incentivo de todos. Se este for removido, eles se arriscam a prever que haverá redução do investimento e da inovação, além de acharem que se trata de uma injustiça, por retirar de alguém a devida recompensa. Mas, por outro lado, eles valorizam a competição como sendo uma forma de disciplina, e detestam concentrações de poder, seja em governos, em sindicatos superpoderosos, ou em companhias dominantes, pois pensam que, com o passar do tempo, esse poder cometerá abusos e irá ameaçar a liberdade.

A primeira dessas idéias é realmente um pensamento conservador; o segundo é liberal. Seja qual for o argumento conservador quanto à justiça daqueles incentivos, a opção liberal é, sem dúvida, a mais prudente, visto que mantém contido o abuso de poder. Porém a experiência indica que é preciso levar em conta uma das observações conservadoras: que na prática os monopólios são difíceis de se estabelecer e de se manter, porque outras empresas são atraídas para competir pelos lucros excessivos, até eliminá-los, e sonhar com inovações tecnológicas. Os governos, portanto, deviam ser cautelosos em suas intervenções, pois conhecem muito menos sobre novas tecnologias do que os diversos competidores. Mas se existir uma efetiva dominação do mercado, e novas firmas forem impedidas de entrar, os governos devem impor duras sanções. O preço da competição limitada será abusos, elevação de preços e menor velocidade de inovação.

Se olharmos para as tendências de competição no século passado, ou um pouco mais atrás, percebemos duas coisas. Uma é que a economia em que a competição foi controlada com mais rigor, foi também a mais empreendedora e a mais bem-sucedida: os Estados Unidos. Esse controle enriqueceu muitos advogados, além de economistas que atuavam como testemunhas "abalizadas", e sua aplicação seguiu algumas vezes um caminho tortuoso. Mas, de modo geral, manteve os preços reduzidos e os negócios estimulados, sem destruir os incentivos.

A segunda é que o monopólio causou maior dano quando foi instituído em colaboração com um governo, ou pelo menos com sua conivência, pois isto aumenta a concentração de poder e elimina totalmente a possibilidade de novos competidores. E é também muito provável que subverta a democracia, porque as recompensas por subornar autoridades e as agências reguladoras são maiores nesse sistema, e o risco de se chegar a ser questionado por tais ações é menor. Este foi muitas vezes o caso na Europa ocidental, onde os cartéis eram apoiados pelas leis nos anos 20 e 30, e os governos criavam seus monopólios próprios e a outros concediam licenças. Mais tarde essa política veio travestida como a idéia de que o monopólio por ser grande e dominador está, de alguma forma, prestando um serviço à nação, porque assim ele pode levantar-se e encarar as empresas estrangeiras olho no olho. O custo de se alimentar tais defensores da nação tem sido alto demais: ausência de inovação, preços elevados, subsídios.

Problemas muito mais difíceis aparecem nos países em desenvolvimento. Também neles os benefícios da competição, de serem trazidos por investidores estrangeiros novas tecnologias e capital, da possibilidade de ser utilizada uma fábrica local como base para competir nos mercados mundiais, tudo isso torna altamente desejável que se abram as portas da nação para o investimento das multinacionais. Mas existe uma preocupação adicional que não existe nas nações ricas. É que em um país pobre as instituições do Estado e a força das leis serão fracas. Isto torna difícil para esses países policiarem as condições de competição e de fazer cumprir as normas de saúde, de segurança e de proteção ao meio ambiente.

A preocupação sobre a possibilidade de as multinacionais virem a dominar o Terceiro Mundo existe desde o início da década de 1970, quando empresas de âmbito verdadeiramente mundial começaram ser notadas e, inevitavelmente, temidas. Muitos países do Terceiro Mundo fizeram o melhor possível para manter esses saqueadores estrangeiros contidos, seja nacionalizando seus ativos, seja protegendo por leis certos setores industriais, seja impedindo por completo a entrada de investidores estrangeiros. A Índia, por exemplo, era altamente restritiva, somente permitindo a atividade de firmas estrangeiras quando as empresas nacionais pareciam não ter condições de atender por si mesmas a uma necessidade (da forma que os burocratas definiam).

De modo geral, durante os anos 90 o modo de ver as multinacionais mudou por completo: os governos do Terceiro Mundo passaram a achá-las bem-vindas. Esses governos acorreram ao Fórum Econômico Mundial em Davos, Suíça, para promover seus países junto aos empresários, jornalistas e políticos lá reunidos. Abrandaram as leis que antes desencorajavam o investimento. Alguns até permitiram que firmas estrangeiras comprassem empresas domésticas. Os que não tiveram sucesso lamentaram seu malogro em conseguir atrair multinacionais. E enquanto que durante a década de 1970 e o início da de 1980 o país em desenvolvimento típico preferia receber capital estrangeiro por meio de empréstimos ou obrigações bancárias, nos anos 90 houve um forte receio quanto a esses e outros títulos financeiros, e uma clara preferência pelo investimento direto por firmas multinacionais, em fábricas e construções.

O motivo para essa mudança de atitude é que débitos têm que ser pagos, e linhas de crédito e títulos de investimento podem ser facilmente retirados. Trata-se de um dinheiro "quente" e não-confiável, como ficou demonstrado durante a crise financeira asiática de 1997-98, quando o dinheiro saiu em torrentes pelas portas dos países do leste da Ásia, derrubando o valor de suas moedas e deixando governos e empresas privadas com enormes débitos impagáveis. Mas fábricas, escritórios e edifícios ficam: as multinacionais são, apesar do tamanho assustador, mais confiáveis do que os especuladores das bolsas ou investidores em títulos. Mas são elas exploradoras? E o que dizer do velho receio de que elas irão corromper as elites locais e utilizar o poder político?

Alguns desses receios têm se mostrado procedentes. Especialmente na África e em negócios que envolvem recursos naturais, empresas multinacionais e as elites políticas locais têm trabalhado em conjunto, atendendo aos seus interesses em lugar do interesse nacional. O sucesso de uma empresa exploradora de recursos naturais, chamada Lonrho, dirigida por Roland "Tiny" Rowland até a morte deste em 1990, veio muitas vezes desses contratos feitos com as elites locais. Houve casos, como ocorreu na Nigéria com a companhia de petróleo Shell (e com outras empresas petrolíferas) em que isso não foi culpa das multinacionais: elas simplesmente representavam um fluxo de dinheiro no qual os detentores do poder político local podiam se abastecer. Mas não importa, aconteceu. Porém, em sua maior parte a história é melhor. A razão disto é uma mistura da competição por parte de outras multinacionais com a exposição ao escrutínio de clientes e acionistas no país-sede. Firmas internacionais não podem portar-se mal no exterior, porque se forem apanhadas o dano à sua reputação em sua sede será muito grande. Elas podem, é claro, cometer pequenas faltas (pelos padrões do seu país-sede): praticar corrupção nos níveis administrativos mais baixos, por exemplo, ou exercer discretas pressões sobre governos para que inclinem as leis favoravelmente a elas. Mas a maioria sabe que não pode ser apanhada na prática sistemática de exploração ou de mau comportamento.

Na verdade, pode-se dizer que elas portam-se melhor que suas competidoras de origem local. Edward Graham, do Institute for International Economics, de Washington, um especialista em investimento estrangeiro, estudou os salários pagos nos países em desenvolvimento por indústrias multinacionais de propriedade americana e procurou compará-los com os que são pagos por rivais domésticos atuando nos mesmos setores nesses países. Ele mostrou em seu livro *Fighting the Wrong Enemy* que as firmas americanas pagam salários que são, em média, o dobro daqueles praticados pelos rivais locais nos países com remunerações mais baixas, e são cerca de 40% maiores nos países com remunerações médias. Isto se torna possível porque, com sua maior capacitação tecnológica e organizacional, as multinacionais podem conseguir produtividade muito maior que as firmas nativas. Um emprego numa multinacional deve ser — e geralmente é — muito valorizado.

Entretanto, dois outros problemas são mais reais e se apresentam muito mais ameaçadores. Um é a injustiça reinante no regime de trocas comerciais praticado pelos países ricos: enquanto Europa, Japão e Estados Unidos reduziram suas barreiras para os produtos nos quais os países ricos se especializam, eles as mantiveram elevadas para a importação daqueles bens cujos grandes produtores costumam ser os países pobres, tais como alimentos, têxteis e aço. Esta é uma crítica justificada. Subsídios para os fazendeiros dos países ricos contribuem para manter pobres os fazendeiros dos países pobres, assim como o sistema de quotas para proteção das firmas têxteis dos países ricos contribui para manter pobres os fabricantes de têxteis dos países pobres. O outro problema não é tão bem definido: é o conceito de que a proteção da propriedade intelectual (ou seja, as patentes) para as firmas dos países ricos as ajuda a manter seus produtos caros nos países em desenvolvimento, ao mesmo tempo em que impede as firmas locais de competir contra elas.

Este é um problema que afeta especialmente o comércio das drogas medicinais. Remédios são mais baratos no Terceiro Mundo do que no Primeiro, mas ainda assim são custosos pelos padrões locais. As empresas farmacêuticas alegam que necessitam auferir lucros para justificar suas pesquisas; sem patentes e lucros, os remédios simplesmente não existiriam. Contudo, talvez seja mais apropriado atribuir os altos preços nos países pobres ao medo que sentem de que se aí vendessem seus remédios muito barato, os comerciantes locais os comprariam e os exportariam de volta para os países ricos, cortando, assim, seus lucros nestes mercados.

Ambos os argumentos são válidos. Sem os lucros, os remédios não seriam inventados. Mas permanece a dúvida sobre quanta proteção por patentes é realmente necessária. E, mais importante, permanece a dúvida sobre quem deveria pagar para ajudar a tornar as drogas medicinais mais baratas nos países pobres: os acionistas das empresas farmacêuticas ou aqueles que pagam impostos no mundo rico. Há um forte argumento moral a favor da segunda alternativa, para que seja utilizada a ajuda financeira internacional como meio de reduzir a brecha entre a necessidade de lucro para remunerar a pesquisa e a dificuldade que os pobres enfrentam para pagar suas contas. Isto é especialmente importante em relação às doenças que são comuns somente, ou sobretudo, nos países pobres, e que por isso não são fonte de lucros nos países ricos. Essa ajuda, direcionada claramente para remédios e defesa contra doenças, especialmente contra flagelos tais como Aids, malária e tuberculose, teria seus riscos. Com o passar do tempo, por exemplo, as empresas farmacêuticas poderiam elevar os preços cobrados dos governos doadores, colhendo, assim, uma parte maior do dinheiro destinado à ajuda. Também continuaria a haver o risco de serem os produtos contrabandeados de volta para o mundo rico. Mas seriam salvas milhões de vidas. E o aspecto moral estaria claro: não é o capitalismo o culpado de fazer os preços dos remédios muito altos, fora do alcance das massas do Terceiro Mundo, mas sim a pobreza.

Existem muitas razões pelas quais as pessoas vêem o capitalismo com desconfiança. Algumas justificadas, outras não, mas todas perduram. Ele é alienante, manipulador, ambicioso, mandão, monopolista, gigantesco. É também produtivo, inovador, fonte de bons salários e também de planos de aposentadorias e pensões, e de toda sorte de produtos e serviços maravilhosos. Quem pode lançar uma ponte entre esse ódio e esse amor? Os governos, é claro. Eles devem fazer o capitalismo comportar-se apropriadamente. Este é seu dever, especialmente numa democracia, como dizem muitos analistas. Seria bom se fosse assim tão fácil.

Durante os últimos setenta anos, aproximadamente, suspeitas quanto ao capitalismo vêm sendo um dos maiores fatores por trás de um contínuo crescimento do tamanho e dos poderes dos governos nas democracias ocidentais. Governos podem ser olhados com certa aversão, mas pelo menos têm que prestar contas em eleições periódicas, quando os eleitores podem chutar fora o mais recente bando de patifes. O povo não consegue detectar uma prestação de contas semelhante pelo capitalismo em geral. Assim é natural que tente usar o instrumento imperfeito que são os governos democraticamente eleitos para impor alguma: por meio de medidas muitas vezes bem-vindas, como legislação de proteção à saúde e à segurança no trabalho, leis trabalhistas, legislação de responsabilidade pelos produtos, de proteção ao meio ambiente, leis antitrustes, regras de contabilidade e todo o resto da parafernália de regulamentos que cerca os negócios.

Tudo isso aconteceu ao mesmo tempo em que o comunismo avançava na Rússia, na China, em Cuba e outros lugares, e mesmo enquanto ocorria a luta contra o fascismo. As expansões do estado do bem-estar e dos controles sobre as empresas foram, em grande parte, esforços para desarmar a bomba-relógio da oposição ao capitalismo na América e na Europa democrática. Eram também maneiras de desencorajar a alternativa comunista.

Esses esforços foram bem-sucedidos no sentido de que a bomba-relógio foi amplamente desarmada nos anos 70 e 80. Mas, por outro lado, essa ação armou duas novas bombas-relógio. Uma delas, que será discutida ao final do próximo capítulo, é que gastos generosos em assistência social e controles estritos sobre os negócios vieram a ter um efeito debilitante exatamente sobre aquilo que mantém viável o capitalismo — sua capacidade de propiciar a elevação dos padrões de vida — ao mesmo tempo em que esticaram ao ponto de ruptura a disposição dos contribuintes de pagar o custo dessas medidas. A outra bomba é mais insidiosa para o futuro da própria democracia. Ela consiste em que, como era inevitável, quando os gastos e os regulamentos governamentais passaram a ter influência cada vez maior sobre os negócios, as empresas tentaram cada vez mais influenciar a seu favor as decisões do governo.

Em princípio, não existe nada de errado nisso: a liberdade de palavra e a democracia aberta devem incluir o direito das empresas de expressar sua opinião. O problema surge quando os esforços destas para influenciar o processo político tornam-se tão difundidos que chega a parecer — ou, na verdade, a ser — corruptor. Doações financeiras para campanhas eleitorais, para fundos partidários, ou mesmo para despesas pessoais de políticos, têm sido as principais vias pelas quais essa influência costuma ser exercida, nos Estados Unidos, na França, na Alemanha, no Japão e, ainda que em menor grau, na Grã-Bretanha. Há ainda outras maneiras pelas quais as companhias podem tornar os políticos seus devedores ou tentá-los a agir segundo seus interesses. A mais comum consiste em encorajá-los a funcionar praticamente como seus agentes de exportação, ou como promotores de investimentos no interior de seus países ou estados. Normalmente os políticos necessitam de pouco encorajamento para cumprir essas tarefas, porque podem por esse meio associar seus nomes à mais simpática das virtudes, a criação de empregos, por mais enganosa ou distorcida que possa ser tal associação.

O colapso, em dezembro de 2001, da Enron, o gigante americano de comercialização de energia, já mencionado neste capítulo, foi um perfeito estudo de caso do problema. A Enron era uma companhia inovadora, que descobriu novas maneiras de comercializar produtos e serviços relacionados à energia, assim como de produzi-los; era dirigida por executivos que ganhavam quantidades impressionantes de dinheiro sob forma de salários e opções de ações, mas que se tornaram também filantropos eminentes. A empresa fez *lobby* junto ao governo americano para que a ajudasse a ganhar um grande contrato para uma usina termoelétrica na Índia, e seus executivos desempenharam papel saliente como assessores do governo Bush para assuntos de política energética. Todavia, ela foi à falência, porque acumulou déficits enormes para financiar várias iniciativas novas, que escondeu como sendo sociedades especiais mantidas fora de seus balanços publicados. Pressionou seus empregados a manter uma grande fatia de suas contas para aposentadoria investida em ações da companhia, e os impediu de vendê-las quando as dificuldades da empresa começaram a aparecer. Seus assessores — auditores, bancos comerciais e bancos de investimentos — tinham enormes interesses financeiros em apoiar ou concordar com o que a Enron estava fazendo, em lugar de impedi-la. A Enron tanto violou as leis, quanto esticou-as em seu proveito. E gastou mais de US$10 milhões em doações políticas nos anos de eleições importantes, espalhando sua generosidade sobre grande quantidade de políticos dos dois principais partidos americanos, como também de alguns outros países. Assim, quase todos os aspectos da democracia liberal capitalista foram atingidos por esse caso: a fé na honestidade dos executivos, a fé nos planos de aposentadoria das empresas, a fé nos padrões de contabilidade e auditoria, a fé na transparência e na confiabilidade dos mercados de capitais, a fé na aplicação das leis e a fé no governo como um árbitro para todo o sistema, destituído de outros interesses.

Na aparência, esse é um problema muito específico, particular: conduta ilegal por parte da Enron, tentativa de captura do processo político de uma democracia pelo *big business*. De certo modo é apenas isso: esses problemas precisam ser atacados com soluções específicas, criando melhores controles para o financiamento das campanhas políticas, e melhor transparência para a contabilidade das empresas. Mas é também um problema muito disseminado, o que explica por que o capitalismo está destinado a permanecer impopular e por que haverá uma luta constante para se colher o benefício de suas virtudes enquanto se reprimem os seus vícios.

As empresas precisam estar livres para atuar, assumir riscos, inovar, expandir-se. Suas atividades necessitam de uma regulamentação geral, aplicada com mão leve pelos governos para garantir jogo limpo, práticas seguras e competição franca. Porém em qualquer democracia, mas também em muitos regimes autoritários, os líderes políticos desejam o crescimento econômico, os empregos e os recursos trazidos pelo investimento privado. Assim há um incentivo quase irresistível para os supostos guardiões dos negócios também se envolverem nas decisões tomadas pelas empresas, na esperança de ganhar crédito por algumas delas aos olhos do eleitorado; e esse impulso é igualado por outro impulso de parte das empresas de conquistar para seu lado políticos e outras pessoas com poder de decisão.

Essa interação entre governo e empresas, que tem crescido na maioria dos países ricos nestas últimas décadas, mesmo quando a privatização tem reduzido o papel do Estado na direção direta de negócios, atinge o próprio coração da democracia liberal. Ela corrói a confiança popular tanto na democracia como no capitalismo. Pois cada vez que uma doação de uma empresa é aceita por um partido político, é razoável admitir-se que a doadora espera alguma coisa de volta. Sempre que um contrato de exportação é assinado graças a pressões políticas, ou uma nova fábrica é construída graças a um subsídio ou uma licença do governo, o maior beneficiário do que ocorreu é a empresa, e não é necessário muita imaginação para que se comece a suspeitar de corrupção.

Em princípio, numa democracia liberal a suspeita popular quanto ao capitalismo e as empresas deve ser atenuada pela crença de que governos democraticamente eleitos podem intervir, e o farão, para evitar excessos, para assegurar jogo limpo, para proteger o mais fraco. A separação de poderes dentro do governo serve para garantir que uma democracia não pode ser subvertida por um ou outro de seus ramos; o reinado da lei, com fundamento numa constituição, provê para todos iguais padrões de referência e proteção. Mas quanto mais as empresas parecerem controlar os governos, menos essa crença servirá para atenuar a suspeita e a hostilidade. Isto é claramente um problema em países pobres nos quais as instituições políticas e judiciárias são fracas e os processos de governo são facilmente corruptíveis. Mas tornou-se também uma fraqueza dos países ricos e desenvolvidos.

Em épocas normais, essa luta entre os vícios e as virtudes do mundo dos negócios pode esgotar-se sem provocar muito dano. Afinal, a melhor época para erradicar a corrupção e restaurar a pureza e a independência dos governos é quando as condições econômicas e sociais são boas. Mas uma coisa pode ser dita com certeza sobre o capitalismo: ele sempre irá trazer tanto bons como maus tempos. O grande perigo é que quando chegarem os maus tempos, a desilusão com a corrupção e o conluio entre governo e empresas possam tornar-se explosivos.

8.
Instável

O capitalismo, embora contestado como foi, teve um notável século XX. Teve sucesso em elevar o padrão de vida dos países ricos de forma espetacular, conseguindo o mais rápido aumento sustentado desses padrões já registrado na história do homem. Para países mais pobres, o aumento dos padrões de vida que foi alcançado, embora mais moderado do que naqueles, também significou, pelo menos segundo esse critério, que o século XX foi o melhor de sua história. Esse sucesso espetacular foi baseado na capacidade do capitalismo de provocar mudanças no modo como as coisas são feitas e para quem elas são feitas, tudo na busca do lucro. Esta busca gera a energia do capitalismo, sua capacidade de inovação, a tentação que ele oferece a pessoas e organizações de arriscar seu dinheiro e seus esforços em novos empreendimentos. Contudo, o sucesso do capitalismo tem dependido também de uma espécie de audácia financeira por parte de bancos e de investidores em ações, que é demonstrada pela sua disposição para emprestar e arriscar dinheiro, que realmente não possuem, na esperança, ou melhor, na expectativa, de que este truque de prestidigitador não será posto à prova, e que, de qualquer maneira, quando houver a prestação de contas (se isto chegar a acontecer), suficiente dinheiro já terá sido ganho para cobrir os empréstimos ou investimentos, com lucro por cima. É, pode-se dizer, um triunfo da disposição para desafiar a realidade, a fim de melhor criar uma nova realidade. Ou é um triunfo da disposição de utilizar o dinheiro alheio para criar mais para si.

Mas esse triunfo pode transformar-se facilmente em fracasso. Os mesmos elementos que contribuem para o sucesso do capitalismo — confiança, aceitação de riscos, audácia financeira, desafio à realidade — trazem também seus recorrentes ataques de insucessos. Isto pode acontecer de várias maneiras. Algumas fases de prosperidade e expansão da economia podem transformar-se em recessão porque seu próprio êxito provoca escassez de mão-de-obra ou de produtos, e, depois, inflação, forçando os bancos centrais dos países a intervir elevando acentuadamente o custo do dinheiro, ou, eventualmente, causando pânico aos financiadores por medo de que a inflação corroa o valor do que lhes é devido. Isto foi o que ocorreu nas décadas de 1970 e 1980, quando a inflação era uma preocupação constante nas nações ricas e a hiperinflação um flagelo em muitos países pobres.

Outras fases de florescimento se desfazem porque a superconfiança leva ao superinvestimento, quando os especuladores, e depois as companhias, gastam demasiadamente competindo entre si, construindo uma capacidade de produção muito maior do que a necessária para atender à demanda, a qual paira como preocupação sobre a economia por vários anos, inibindo investimentos futuros. Por que construir novas fábricas e novos escritórios quando os antigos estão lá, de pé, sem uso? Isto foi o que aconteceu no Japão quando a aparente época de ouro da década de 1980 transformou-se na queda do mercado de ações e na estagnação da década de 90; e foi o que aconteceu nos Estados Unidos no final dos anos 90 e início do século XXI, quando uma fenomenal expansão, puxada pelos investimentos, converteu-se numa súbita recessão.

Também a política intervém com freqüência para trazer recessões. Uma súbita mudança política pode ser causada por uma guerra no Oriente Médio seguida de elevação dos preços do petróleo, como ocorreu no início dos anos 70, ou por um surto de nacionalizações ou de novas regras em muitos países do Terceiro Mundo, como se verificou naquela mesma época, ou por uma troca de regime político, como aconteceu na Indonésia em 1998, ou por ataques terroristas, como os que atingiram Nova York e Washington em setembro de 2001— todas essas mudanças, entre outras, podem alterar abruptamente as expectativas e o comportamento dos homens de negócios. Podem também abalar a confiança de consumidores ou investidores quanto a gastarem seu dinheiro na região atingida, ou mesmo no mundo todo.

O fracasso tem muitas causas grandiosas. Mas criaturas mais humildes também participam da culpa. Os intermediários financeiros cheios de audácia têm, muitas vezes, tornado as recessões muito piores do que precisavam ser, pois seu desafio à realidade pode facilmente funcionar ao contrário, quando os empréstimos são cobrados e as jogadas que foram feitas a crédito durante os bons tempos se transformam em perdas e falências, gerando uma cadeia de falências financeiras ou contrações da economia. Em tais circunstâncias, a audácia tipicamente costuma se converter em cuidado extremo, quando os financiadores e investidores preferem sentar-se sobre seu dinheiro a correr quaisquer riscos. Os pânicos financeiros podem mostrar-se, realmente, a mais brutal de todas as recessões, pois surgem do nada, sucedendo diretamente a um período de abundância, durante o qual tudo parecia realizável. O que mudou foi o estado psicológico, nada mais; mas isto significa que tudo mudou, pois a atividade econômica gira toda ela em torno da psicologia humana, a confiança para assumir riscos ou a cautela para evitá-los. Quando os homens do dinheiro fogem em pânico, esperando minimizar suas perdas ou vender seus ativos para alguém mais lento em perceber a situação, e mais tolo, economias inteiras podem passar da esperança ao desespero quase que da noite para o dia. Essas situações se expressam com freqüência por pânicos nos mercados de câmbio, ou por quedas dos preços de ações, ou por colapsos dos mercados de bens de raiz, ou por pilhas de débitos incobráveis e inadimplências. A medida real, entretanto, está na vida das pessoas: nas falências, no desemprego, na queda do padrão de vida, nos débitos e até nos suicídios.

Mesmo um curto período de desemprego pode ser doloroso para os que são atingidos por ele, trazendo-lhes desgraças, além de pobreza. Mas ao mesmo tempo em que o capitalismo parece oscilar naturalmente da prosperidade para a recessão, seu próprio ritmo o leva a oscilar naturalmente em sentido contrário. Em algum ponto da recessão, os custos e os preços estão tão baixos que os investidores são novamente atraídos pela oportunidade de obter lucros, ou os poupadores são novamente tentados a gastar seu dinheiro. E assim o ciclo recomeça uma vez mais.

Tudo isso parece tão natural, quase como um documentário da TV sobre a vida na natureza: vida e morte, renascimento e envelhecimento, o ciclo das estações. Depois do sol vem a chuva, e depois da chuva vem o sol. E contudo, não foi sem razão que Karl Marx e seus seguidores falaram das "crises" recorrentes do capitalismo, e da expectativa (ou era esperança?) que tinham de que tais crises iriam, no seu devido tempo, levar o proletariado à revolta. A previsão de Marx, de crises que se tornariam cada vez maiores e de classes que se tornariam cada vez mais polarizadas e alienadas uma da outra, não se realizou. Não obstante, sua observação de que a principal fraqueza do capitalismo é sua instabilidade, sua tendência a passar por ciclos de atividade que algumas vezes se transformam em crises, está certamente correta.

Essa observação não é, em si mesma, muito útil, pois deixa de responder às perguntas mais importantes. Que as economias têm altos e baixos não é uma observação especialmente digna de nota: o mesmo acontece com quase todas as outras coisas da vida. Nós ganhamos no amor, nós perdemos no amor; nós passamos nos exames e neles somos reprovados. As perguntas importantes referem-se à maneira como esses altos e baixos rotineiros, esses dramas, podem se transformar em crises. A primeira e crucial questão diz respeito àquilo que determina se uma simples tendência de retração econômica será suficientemente longa e se tornará suficientemente drástica para transformar-se numa crise. E para um público contemporâneo, interessado no momento presente e no futuro do século XXI, uma segunda questão é se a economia do mundo moderno, com seus capitais em livre movimentação, mas também com forte presença de gastos governamentais, é mais ou é menos propensa a tais crises. Para usar uma vez mais a ótica marxista, as classes podem estar menos alienadas uma da outra do que ele previa. Mas poderia ele estar certo quanto às crises se tornarem cada vez maiores?

Com certeza o século XX assistiu a uma das maiores dessas crises jamais ocorridas. Antes da Grande Depressão da década de 1930, a opinião geralmente aceita entre os economistas ocidentais, e da qual compartilhavam empresários e políticos, era que as recessões representavam o purgante da natureza. Era necessário sofrê-las, mas as pessoas sentiam-se melhor depois delas. Isto era ótimo para alguém que tivesse uma casa de campo onde podia esperar sentado que a crise passasse, mas nada que fizesse as pessoas amarem o capitalismo, se tivessem que ficar na fila da sopa dos pobres. Ainda assim, essa visão tinha alguns elementos de verdade. Mas esquecia algo muito importante. Purgantes podem ser feitos muito piores do que necessitam ser. E quando isso acontece, podem se tornar uma ameaça à própria vida.

O que a maioria dos americanos lembra da Grande Depressão, além da quebra de Wall Street, das filas para receber o auxílio-desemprego, das terras deixadas estéreis e dos fazendeiros migrantes do livro de John Steinbeck *As vinhas da ira*, é que, inicialmente, os governos e os economistas permaneceram sem tomar qualquer providência, dizendo que era necessário agüentar o purgante. Então, surgiu John Maynard Keynes na Inglaterra dizendo que, pelo contrário, eles deviam fazer muita coisa, pois somente os gastos governamentais eram capazes de, em meio a uma recessão, estimular a demanda. Paguem às pessoas para cavar buracos, se for preciso, e depois paguem-lhes para que os encham de novo. Mas façam o que fizerem, gastem. Mas como a maioria das lembranças, esta é precisa apenas em parte. E ela pega o ponto crucial de maneira errada. Este ponto é que os governos não ficaram simplesmente sem fazer nada, esperando que o purgante fizesse efeito. Em vez disso, eles tornaram as coisas piores — e muito piores.

O Banco Central dos Estados Unidos, o Federal Reserve Board, havia ajudado a provocar o colapso do mercado de ações em 1929 por ter elevado as taxas de juros. Isto pode ter sido correto: o país tinha passado por uma enorme expansão especulativa, alimentada pela política monetária frouxa anteriormente praticada pelo Fed. A década de 1920 havia sido uma época de grande otimismo na América, quando a imigração havia aumentado a força de trabalho disponível, ao mesmo tempo em que novas tecnologias, especialmente a eletricidade, o automóvel e a produção em massa, impulsionavam o crescimento da indústria. O dinheiro a baixo custo e a especulação financeira ajudaram esse crescimento a ganhar velocidade. Como aconteceu nos anos 1990, dizia-se que os Estados Unidos estavam usufruindo uma "nova economia", que trouxe com ela euforia, entusiasmo e uma sensação de vistas infindáveis à frente, banhadas de sol. Tudo isso teve fim com a queda de Wall Sreet.

Fortunas foram desfeitas, e com elas muitas esperanças. Uma recessão era inevitável, e teve início quase de imediato. A purga estava começando. Mas o Fed tornou as coisas piores, mantendo altas suas taxas de juros muito depois da queda das bolsas. Em 1930-31, quando o dinheiro estava se tornando dolorosamente escasso, quando os bancos cortavam os empréstimos num esforço desesperado para se manterem em atividade em meio à insuficiência de liquidez, o Fed reduziu seus próprios empréstimos. E elevou novamente as taxas de juros em 1931-32, depois que a decisão da Grã-Bretanha de liberar a libra esterlina do padrão-ouro criou o medo de que ocorressem derrames de ouro, durante um período de pânico internacional. Os bancos centrais de outros países também elevaram as taxas de juros, procurando manter suas moedas ligadas ao padrão-ouro.

Por quê? Duas palavras dominavam a política econômica ortodoxa: liquidação e estabilidade. Em muitos governos, especialmente no dos Estados Unidos, as pessoas mais maduras e de mais alto nível acreditavam firmemente que o que se fazia necessário era uma liquidação, uma expurgação, dos excessos de capacidade, de débitos, de companhias, de bancos e de comportamento. Além disso, não se acreditava que se devia simplesmente deixar que tais coisas acontecessem; o governo devia ajudar, mantendo apertadas as condições financeiras e assumindo uma posição dura diante dos colapsos dos bancos. A outra palavra era estabilidade: a idéia de que a maneira de restaurar a confiança dos investidores e dos financiadores era manter as moedas estáveis por meio do padrão-ouro internacional e garantir que os orçamentos governamentais estivessem equilibrados.

Assim, quando um pouco de gastos a mais ou de impostos a menos teria ajudado a manter a economia em marcha, a maioria dos governos cortou seus gastos para equilibrar o orçamento. Este erro, cometido em nome da estabilidade, é lembrado por causa das idéias de Keynes, e por causa dos posteriores programas de gastos do New Deal do presidente Roosevelt (embora ele também fosse relutante em tomar empréstimos para financiá-los). Mas ainda que o equilíbrio orçamentário fosse prejudicial, provavelmente era menos importante do que outros erros, uma vez que os gastos governamentais eram de qualquer modo muito pequenos em relação ao total da economia nos anos 30: cerca de 8% do PIB nos Estados Unidos, embora chegasse a 20-30% na maioria dos países da Europa ocidental, incluindo a Grã-Bretanha. Os números correspondentes hoje em dia são 30-35% do PIB nos Estados Unidos e 40-55% na União Européia (com a Grã-Bretanha no extremo inferior da escala). Dessa forma, gastos governamentais e equilíbrio orçamentário hoje importam muito mais.

Os bancos centrais e os tesouros nacionais não foram os únicos definidores de políticas perversas. O Congresso americano e a Casa Branca se juntaram a eles. Em 1930, exatamente quando o comércio era mais do que nunca necessário para manter a atividade econômica para difundir a demanda ao redor do mundo, o presidente Herbert Hoover assinou a lei de tarifas Smoot-Hartley, ignorando os protestos formais de mais de trinta países, elevando enormemente as barreiras tarifárias e deflagrando uma onda mundial de protecionismo retaliatório. Os Estados Unidos tinham algumas boas razões para se sentirem irritados com o resto do mundo, porque a Grã-Bretanha, a França e a Alemanha vinham renegando débitos que tinham para com eles, acumulados durante e após a Primeira Guerra Mundial. Mas os resultados foram aterrorizantes: o volume do comércio mundial, que já vinha encolhendo desde 1929, caiu dois terços em 1933.

Há margem para dúvidas e discussões sobre qual dos diversos fatores teve o maior papel em provocar a recessão da década iniciada em 1930. Contudo, há pouca margem para dúvida sobre o fato de que aquela que teria sido uma recessão modesta e convencional, se não fosse pelos governos, foi transformada na mais escorchante do século, provavelmente de toda a história. Como outras quedas da economia, ela agiu como um purgante, mas acabou quase matando o paciente.

Para um historiador, talvez a pergunta crucial quanto às políticas adotadas seja saber se a Grande Depressão era evitável. A análise acima sugere que sim, pois os governos desempenharam um papel decisivo na transformação do drama numa crise. Mas a pergunta de maior profundidade é se, levando em conta o conhecimento e as circunstâncias da época, seria razoável esperar-se que os governos houvessem agido de forma diferente. O que fizeram parece hoje totalmente, ou mesmo criminosamente, louco, mas este é um julgamento que se faz com a vantagem de se estar olhando em retrospecto.

Provavelmente a resposta é que os governos podem ser perdoados por um de seus pecados, mas não pela maior parte deles. O pecado perdoável foi a manutenção da estabilidade da moeda por meio do padrão-ouro. Este método de fixar as taxas de câmbio com relação a um valor preestabelecido em ouro havia sido bem-sucedido antes da Primeira Guerra Mundial. Ele favoreceu o comércio, eliminando o risco monetário entre países ligados ao ouro. E, em tempos de crise, ou melhor, de drama, deu aos investidores alguma segurança quanto ao futuro padrão dos preços e ao foco das políticas governamentais. Dessa maneira, investidores que haviam fugido quando um drama econômico teve início começaram a voltar rapidamente para agarrar o que agora, graças a esse mesmo drama, havia se tornado uma barganha, contanto que se sentissem seguros de que não iria ocorrer desvalorização das moedas.

O pecado, que se vê agora com a vantagem de se olhar em retrospecto, estava em não compreender que essa credibilidade do período pré-guerra não mais existia. Os investidores, como ficou demonstrado, não mais acreditavam que os governos iriam, ou poderiam, manter sua ligação ao ouro, e assim especularam sobre rompimentos com esse padrão e sobre desvalorizações. Barry Eichengreen, professor de economia na Universidade da Califórnia em Berkeley, e uma das maiores autoridades mundiais em padrão-ouro e fluxo de capitais, em seu livro *A globalização do capital — uma história do sistema monetário internacional,* põe a culpa dessa mudança na democracia, ou pelo menos na constante mutação das instituições e expectativas das sociedades democráticas. Nas décadas de 1920 e 1930, os governos não mais podiam separar a política relativa às taxas de câmbio da política doméstica, e assim eram vulneráveis a pressões de grupos de toda espécie. Não podiam mais dar a linha.

INSTÁVEL

Uma lição da história da economia, e em particular das sucessivas experiências durante o século passado com diferentes regimes de taxas de câmbio — padrão-ouro, câmbio flutuante, taxas atreladas ao dólar depois de 1945, flutuação "administrada", o Sistema Monetário Europeu, os *currency boards*, a união monetária européia —, é que não há uma resposta "certa" para a questão de como administrar taxas de câmbio. Cada opção traz vantagens e desvantagens, porque cada uma traz suas concessões, especialmente para conseguir um equilíbrio entre a política econômica doméstica e a necessidade ou o desejo de sustentar um regime monetário. Se este deve ser mantido aparentemente inalterável, como acontece nos países que aderiram ao euro da União Européia, tem que haver uma certeza de que as opiniões domésticas, tanto a pública como a política, estão dispostas a aceitar que, num período de dificuldades, todos os ajustes econômicos que se fizerem necessários terão que ser feitos em outras áreas e outras políticas, e não no regime monetário (pelo menos, não no regime monetário usado com os principais parceiros comerciais, ou seja, os outros membros do sistema do euro).

Nos Estados Unidos durante a década de 1930, seguindo a teoria bastante plausível de Eichengreen, as pressões políticas sobre a política doméstica reduziram a probabilidade de que a administração da economia pudesse se tornar escrava da taxa de câmbio. Até certo ponto, isto é o privilégio de um grande país e de uma grande economia: a moeda pode ser tratada como uma variável residual e não como um elemento crucial, fixo, pois o comércio com outros países desempenha um papel relativamente pequeno na atividade econômica. O mesmo é verdade agora com relação à zona do euro em suas transações com outras moedas, mas não em seus acordos internos. Fora dos Estados Unidos, era também o caso nos anos 30 que os governos e todas as demais instituições sociais haviam sido gravemente enfraquecidas pela Primeira Guerra Mundial, e, no caso da França e da Alemanha, pelos termos do Tratado de Versalhes, que encerrou o conflito. Assim, apostar contra a resiliência dos governos era então uma opção razoável, tanto com relação a esse como a praticamente qualquer outro assunto. Os governos, especialmente os da Europa na década de 1920 e o dos Estados Unidos no início da de 1930, iludiam-se quando achavam que deviam, iriam e poderiam ainda dar a linha.

Esse pecado pode ser perdoado porque, naquela época, podia parecer razoável tentar restabelecer tal credibilidade. A falta desta só seria verificável por fatos subseqüentes e à luz de uma reação em cadeia de problemas financeiros e instabilidade política. O padrão-ouro, afinal, havia sido um modo bem-sucedido de lidar com taxas de câmbio e fluxos de capitais por mais de cinqüenta anos na maioria dos países desenvolvidos, de modo que, embora em retrospecto possa parecer ter sido errado tentar persistir com ele, não era indubitavelmente louco fazê-lo. Ele oferecia alguma promessa de uma âncora confiável e provada num mundo de outra forma turbulento e não-confiável. Todavia, os outros pecados são muito menos perdoáveis, pois consistiam na rejeição ou no esquecimento de algumas das lições econômicas e financeiras básicas dadas pelo século XIX.

O maior desses erros foi o descaso pelas falências dos bancos. Isto ocorreu de maneira particularmente clara nos Estados Unidos, onde bancos faliam em cascata nos primeiros anos da década de 1930. Em tais momentos de crise sistêmica, é necessário que o governo intervenha em último recurso como financiador, oferecendo fundos ilimitados mas acompanhados de penalidades a instituições escolhidas, para punir os executivos dos bancos falidos sem comprometer a confiança no sistema como um todo. Walter Bagehot, um banqueiro da época vitoriana que escreveu livros sobre finanças, que também foi editor da *Economist*, havia lançado essa idéia de um banco central agindo como financiador em último recurso em seu livro *Lombard Street*, idéia que se tornou uma nova ortodoxia. Dessa maneira, os bancos em boa situação não precisariam ser demolidos juntamente com aqueles em má situação, e a confiança poderia ser restaurada. Mas nos anos 30 isto estava em conflito com o mantra da liquidação. Assim, os bancos eram simplesmente deixados para desabar e morrer.

Além disso, esse descaso também assumiu um aspecto internacional na Europa com o colapso do Credit Anstalt, o maior banco da Áustria, em 1931. O governo austríaco agiu corretamente, intervindo em último recurso como financiador e garantindo os depósitos existentes no banco. Mas essa crise doméstica transformou-se em internacional porque os correntistas temeram que também ocorresse uma desvalorização, uma vez que a ação de salvamento efetuada pela Áustria era, de fato, inconsistente com sua vinculação ao padrão-ouro, porque esse salvamento serviu para expandir a quantidade de moeda em circulação. Tornou-se então necessária a cooperação financeira internacional, sob a forma de um empréstimo de outros países ao banco central austríaco, para permitir a este manter seu papel de financiador em último recurso, bem como sustentar a conversibilidade de sua moeda. Negociações foram realizadas, mas muito lentas, e ao final foram bloqueadas pela França, cujo governo queria concessões diplomáticas da Áustria a fim de obter ganhos às custas da Alemanha. Assim, nenhum empréstimo foi feito, a Áustria abandonou o padrão-ouro — e, no devido tempo, outros países fizeram o mesmo. Em um conflito com a política internacional, a lógica financeira saiu perdedora.

O segundo dos grandes erros foi renunciar ao comércio como motor da atividade econômica. Isto aconteceu apesar de toda a evidência mostrada no século XIX de que o comércio e o livre fluxo de capital além das fronteiras a ele associado eram uma fonte essencial de crescimento econômico. O comércio, como havia sido dito, seguia a bandeira, o que explica por que tantas ações militares foram desenvolvidas, tanto por países europeus (através do mundo) como pelos Estados Unidos (especialmente no Japão nas décadas iniciadas em 1850 e 1860) para assegurar as rotas comerciais, e para persuadir, ou forçar, outros países a negociarem. Pode ser que, entre as décadas de 1920 e 1930, os governos tenham sido cegados por essa associação de comércio com império, e por isso ficaram bloqueados pela suspensão da expansão dos impérios, ocorrida após a Primeira Guerra Mundial. Qualquer que tenha sido a razão, eles deram as costas ao comércio, elevando tarifas e outras barreiras, com funestas conseqüências.

A combinação de falências bancárias com o encolhimento do comércio fez com que o que poderia ter sido um modesto período de deflação — ou seja, preços e salários em baixa — se transformasse nas quedas de ambos em magnitudes nunca vistas antes. Em alguns países houve quedas de até 50%. Uma deflação em tal escala serve para congelar a atividade econômica, pois aqueles que possuem dinheiro ficam parados, na expectativa de que os ativos que pensam comprar estarão logo ainda mais baratos; e aqueles sem dinheiro não podem aproveitá-los porque não há emprego, ou porque as condições exigidas pelos bancos para conceder empréstimos tornam impossível às empresas obtê-los. É um ciclo vicioso: caem os gastos porque os preços irão baixar mais tarde, mas então caem também os rendimentos, porque aumenta o desemprego e os salários são reduzidos, e os gastos caem mais ainda.

Contudo, a Grande Depressão também oferece algum encorajamento para o século XXI. Este encorajamento tem dois aspectos: o primeiro é que na história da economia tais fatos têm sido extremamente raros. Mesmo Karl Marx teria ficado intensamente excitado com a década de 1930, visto que durante toda sua vida (1818-1883) nada ocorreu de tal magnitude (mesmo a depressão da década de 1870 foi menos aguda que a de 1930). A combinação de uma queda da economia com a fragilidade dos sistemas políticos e das relações internacionais que se seguiu à Primeira Guerra Mundial foi mortal, mas também muito peculiar daquele momento.

O segundo aspecto é que as lições desse terrível período estão lá para serem aprendidas por todos os que vivem depois dele: que o protecionismo torna essas crises piores; que os bancos centrais precisam intervir para evitar ameaças ao sistema bancário; que em tempos de aguda contração monetária o governo necessita continuar suprindo mais dinheiro, e mais barato; que, em circunstâncias extremas, o governo tomar empréstimos e gastar pode ajudar a restaurar a estabilidade, em vez de ameaçá-la. É claro que as crises podem vir a se repetir. Mas provavelmente não serão tão penosas, nem tão longas, se as lições forem clara e regularmente reafirmadas.

Tem havido muitos outros *crashes* e dramas econômicos em diferentes países por todo o mundo. Na verdade, grande quantidade de episódios desagradáveis vem se sucedendo mesmo nos últimos trinta anos: o colapso do sistema pós-1945 de câmbio fixo ocorrido no início dos anos 1970, por exemplo; a crise do débito da América Latina nos anos 1980; a crise financeira no Extremo Oriente em 1997-98; ou os colapsos localizados muito específicos que ocorreram na Rússia depois da queda do comunismo, e na Indonésia após a queda do presidente Suharto em 1998.

Mas, na realidade, houve apenas um outro episódio em um grande país nos últimos cem anos que se equipara à seqüência de prosperidade e depressão ocorrida nos Estados Unidos nos anos 20 e 30, e ela ocorreu no Japão, nas décadas de 1980, 1990, e, desgraçadamente, continuou adiante. Entre 1924 e 1929, a medida dos preços das ações em Wall Street mais citada, o Dow Jones Industrial Average, ou simplesmente "índice Dow Jones", subiu 300% (ou seja, quatro vezes), e depois caiu 84% entre 1929 e 1932. Como os Estados Unidos nos anos 20, o Japão na década de 1980 fora possuído por um sentimento eufórico de que as antigas regras econômicas não eram mais aplicáveis, que o Japão havia criado uma nova economia. A irresistível força industrial e exportadora do Japão estava em marcha, e seus métodos eram considerados de alguma forma superiores aos de seus rivais. O índice Nikkei do mercado de ações, equivalente ao Dow Jones dos Estados Unidos, cresceu 492% (isto é, quase seis vezes) entre 1980 e 1989. Os preços dos imóveis triplicaram. Então veio a queda: o Nikkei perdeu 64% do seu valor entre 1990 e 1998, e os preços dos imóveis caíram mais de dois terços.

Apesar disso, o Japão não seguiu o caminho dos Estados Unidos nos anos 30, não tendo entrado em uma grande depressão nos anos 90. O país teve nessa década um período de desânimo, com o crescimento econômico estagnado e surtos periódicos de aparente recuperação, sendo estas esperanças logo frustradas. Mais de uma década depois de a crise ter se iniciado, o Japão continua a ser um país vulnerável, até mesmo a uma recessão severa e prolongada, como foi afirmado no capítulo 4. Mas a comparação é ainda assim ilustrativa: mesmo depois de uma expansão tão grande como a dos Estados Unidos nos anos 20, e de uma retração dos preços dos ativos financeiros tão grande como a que aí ocorreu, não houve nenhuma repetição imediata do que aconteceu na década de 1930: o padrão de vida dos japoneses continuou elevado e o desemprego moderadamente baixo.

Seria prematuro declarar esse episódio encerrado e passado o perigo. Mas algumas tentativas de lição podem ainda ser colhidas de uma comparação entre as décadas de 1990 e de 1930. Uma é que o Banco do Japão copiou o erro do Banco Central americano, embora não com o mesmo zelo. Tal como o Fed nos anos 20, o banco japonês havia afrouxado a política monetária na década de 1980, alimentando assim a expansão especulativa dos preços das ações e dos empréstimos imobiliários. Então, ajudou a trazer a quebra em janeiro de 1990, elevando seguidamente as taxas de juros. E depois que a crise teve início, relutou em baixar essas taxas por medo de provocar o reinício da elevação dos preços dos ativos. Esta precaução bem pode ter tornado pior a crise.

Sob dois importantes aspectos, porém, o drama do Japão foi salvo de se tornar de imediato uma crise porque algumas lições haviam sido aprendidas. Uma delas foi que nem o país, nem seus parceiros comerciais, seguiram o exemplo Smoot-Hawley. O comércio mundial continuou tão aberto como era antes de ocorrer a crise, o mesmo acontecendo com o comércio do Japão. Isto permitiu que as exportações deste país continuassem a aumentar mesmo enquanto a atividade doméstica diminuía. Algumas vezes, especialmente durante uma querela com os Estados Unidos sobre exportação de automóveis em 1995, essa abertura pareceu estar em perigo, mas a ameaça passou. A demanda global e a competição puderam continuar a dar algum suporte e estímulo para o segmento comerciável do setor privado do Japão, mesmo enquanto o segmento doméstico e o não-comerciável sofriam com a estagnação.

A segunda lição salvadora foi que o governo japonês utilizou a política fiscal para moderar a curva descendente da economia. Não seguiu a idéia mágica dos anos 30 de equilíbrio orçamentário, e seus dispêndios foram suficientemente grandes para fazer uma considerável diferença — cerca de 35% do PIB nos primeiros anos da década de 1990 comparados aos 8% do PIB do governo americano no início dos anos 30. Além disso, o Japão encontrava-se em boas condições para usar sua munição fiscal. Em 1990 o orçamento do governo central tinha um saldo correspondente a 2,9% do PIB; pelo final da década, sucessivos pacotes de gastos acarretaram um déficit da ordem de 9% a 10% do PIB. Isto criou para o país o problema de como organizar suas finanças públicas no futuro, mas neste ínterim havia evitado a contração severa da economia que, de outro modo, quase com certeza teria ocorrido.

Um terceiro fator de salvação foi, porém, a sorte, e ela levou o governo japonês a agir de maneira prejudicial, a praticar sua própria espécie de erros. A economia mundial aberta e saudável, combinada especialmente com o rápido crescimento dos mercados mais próximos, na Ásia oriental, de 1990 até 1997, ajudou a segurar o Japão, e pode ter levado o Ministério das Finanças a concluir que seu problema mais sério — uma enorme pilha de empréstimos incobráveis em todos os bancos japoneses — iria se resolver no devido tempo, quando a economia revivesse. Assim, o ministério preferiu esconder a real magnitude desse problema, tanto em seus próprios relatórios como permitindo que os bancos massageassem suas contas.

De certo modo, isso representava uma lição aprendida dos anos 30, que o governo tinha que intervir para tentar solucionar os colapsos bancários. Mas a lição foi aprendida de maneira errada: o governo lidou com esse problema negando a realidade e compactuando com práticas contábeis enganosas, em vez de forçar uma reestruturação do sistema financeiro. Essa intervenção foi sob um aspecto fiel à maneira que era usual nas quatro décadas anteriores. Comparados com os dos Estados Unidos, os governos do Japão no pós-guerra foram de maneira típica bastante intervencionistas, partindo do princípio de que eram os que sabiam mais e de que o povo iria confiar no seu julgamento. Mas na década de 1990, à medida que essa intervenção passou a ser vista como sendo tanto ineficaz como corrupta, o povo, as firmas e os investidores japoneses foram perdendo a fé no julgamento dos burocratas. Pelo contrário, essa forma de intervenção governamental tornou-se contraproducente. Por esconder a verdade e fazer sistematicamente previsões superotimistas de um renascimento econômico, a burocracia governamental conseguiu apenas desgastar a confiança dos consumidores.

À medida que as pessoas se tornavam mais preocupadas com seus empregos, elas economizavam mais e gastavam menos, e as condições, tanto da economia como dos bancos, ficavam piores, e não melhores. A sorte do Ministério das Finanças inverteu-se em 1997, quando a Ásia oriental sofreu seu próprio *crash*, atingindo as exportações japonesas e abalando ainda mais a confiança dos consumidores. Somente a partir desse ponto uma grande depressão passou a ser vista como uma real possibilidade para o Japão, com os preços ao consumidor em queda, famílias adiando suas compras, e bancos começando a afundar. Em resposta a esta situação, o governo finalmente passou a agir, nacionalizando alguns bancos e colocando uma enorme rede de segurança debaixo dos outros. Mais uma vez o governo japonês cometeu um grande erro, pois atendeu apenas parcialmente à ortodoxia de Walter Bagehot: fez empréstimos como último recurso, apoiando o sistema bancário; mas não combinou isto com disposições penais visando a afastar os antigos administradores, e com uma reestruturação forçada para transformar maus bancos em outros, novos e mais limpos.

O resultado da crise japonesa de 1990 foi, em termos econômicos, menos um colapso do que um furo de pneu que esvazia lentamente. Com relação à estabilidade da sociedade, este foi um efeito na primeira década pós-*crash* muito melhor do que o que houve nos Estados Unidos durante os anos 30. O desemprego permaneceu baixo, o governo ajudou a segurar a economia e um sistema aberto de comércio mundial permitiu que, de um modo geral, as grandes firmas japonesas pudessem sobreviver. Mas foi uma desgraça para algumas pessoas: a taxa de suicídios aumentou acentuadamente, acompanhando o anúncio das falências. Mas essa política de seguir adiante tateando, com a esperança de que alguma coisa melhor iria surgir, funcionou, por algum tempo. A questão agora, no início do século XXI, é se, apenas seguindo adiante em confusão e deixando de executar mudanças e reformas reais, o governo japonês pode ter evitado uma crise, para meramente acumular problemas para uma outra. Existem alguns maus prenúncios: em 2001, algo da linguagem usada agora no Japão, mesmo por aqueles que defendem reformas radicais, repete o que era dito nos Estados Unidos no início da década de 1930. O que era necessário, disse Junichiro Koizumi, ao se tornar primeiro-ministro na primavera de 2001 com um mandato para a realização de reformas, era dor, uma purga, uma liquidação. O governador do Banco do Japão juntou-se a ele dizendo (apesar dos protestos) que seu banco central iria garantir que as condições monetárias continuassem apertadas com o objetivo de estimular o processo de purga. As possíveis implicações caso este processo venha a sair errado foram discutidas no capítulo 4.

Governos mal orientados tornam piores as crises do capitalismo pelos erros de suas políticas, e assim determinam se um drama econômico se torna uma potencial tragédia. Esta tem sido a evidência oferecida pelos dois casos de instabilidade econômica e financeira descritos até agora. Mas algumas pessoas pensam que isso é uma injustiça, que os governos simplesmente são atirados de um lado para outro por um vento muito mais forte e malévolo: o da especulação financeira. Por trás da maioria das recessões, como as dos anos 30 e 90, existem expansões e retrações financeiras. Como Walter Bagehot também escreveu: "em certas épocas, uma grande quantidade de gente estúpida possui uma grande quantidade de dinheiro estúpido... e há especulação... e há pânico". E com certeza um dos problemas do liberalismo é que nestes dias de capital globalizado, com liberdade de movimento, há mais especulação, pânicos em maior escala, e maior probabilidade de inocentes espectadores saírem feridos.

Certamente, muitas pessoas concluíram da queda dos mercados financeiros da Ásia oriental em 1997-8 que era esse o caso. Foi dito que se tratava da primeira crise da era da globalização. O *crash* começou de maneira quase inócua na Tailândia, com a desvalorização da moeda local, o baht. Muitos analistas haviam previsto dificuldades em países específicos como Tailândia, Malásia e Coréia do Sul. Mas poucos podem ter previsto a maneira como esses problemas se acumularam uns sobre outros, produzindo um efeito contagioso através de toda a região. O pânico internacional que se criou, à medida que investidores fugiam de um país e reavaliavam as chances de outros, serviu para transmitir de um país dessa região para outro essas dificuldades monetárias e de débitos e, em seguida, como uma terrível praga, através do oceano para a América Latina e através das estepes para a Rússia.

Contudo seria errado concluir apenas por esse episódio que envolveu vários países que os anos 90 trouxeram uma nova era ainda mais assustadora para os mercados financeiros. Tais pânicos, como sugere a declaração de Bagehot reproduzida acima, existem desde tempos imemoriais. São uma parte integrante e sempre perturbadora da instabilidade do capitalismo, mas não são novos. Nem pânico internacional é novidade. O *crash* de Wall Street em 1929 transmitiu-se rapidamente além das fronteiras, e, como já mencionado neste capítulo, o dano à economia internacional foi agravado pelo colapso do Credit Anstalt na Áustria em 1931, quando financiadores estrangeiros retiraram seus fundos. Muitas das crises bancárias e monetárias na América Latina no início do século XX tiveram um tempero internacional, pois Argentina e Brasil estavam importando grandes quantidades de capital da Europa.

E eis uma outra constante: um tipo de instituição financeira é muitíssimo mais perigoso do que todo o resto. É aquele que proclama ser o mais seguro: o banco. Seu perigo básico vem do velho desencontro entre ativo e passivo, embora pressões modernas sobre seus lucros tenham adicionado outros. Assim pode ser descrita de forma imaginosa a ousadia financeira de um banco comercial: ele toma emprestado dinheiro a curto prazo dos depositantes e o distribui a prazos razoavelmente longos em empréstimos. O problema é que os depósitos podem ser retirados rapidamente, enquanto que os empréstimos permanecem imobilizados pelo tempo contratado, e, assim, quando um banco entra em dificuldades, entra de maneira espetacular. Especuladores podem estar ocultos sob as asas das crises financeiras, mas os bancos sempre ocupam o centro do palco, geralmente empilhados num monte desordenado. Foi assim na Indonésia e na Tailândia em 1997-98, na Suécia em 1990-1, nos Estados Unidos nos anos 30, na Alemanha e na França em 1901 e 1907, respectivamente, e no Japão na década de 1990.

A dúvida, entretanto, é saber o que é realmente novo, se é que há alguma coisa nova. A melhor resposta apareceu num estudo realizado em 2001 por Barry Einchengreen com Michael Bordo, outro economista americano, e dois colegas do Banco Mundial, no qual compararam as crises financeiras que ocorreram durante o século XX. Esperavam poder responder a uma das perguntas colocadas no início deste capítulo: é a nossa era especialmente propensa a crises financeiras? Eles se dedicaram à sua tarefa com excelente minúcia histórica, buscando identificar e comparar as ocorrências das duas principais espécies de crise financeira — crises bancárias e crises monetárias — que ocorreram no período iniciado em 1880, quando o padrão-ouro entrou em uso generalizado. Seu estudo também revelou a existência de uma terceira espécie de crise, na qual colapsos de bancos e de moedas ocorrem juntos ou em rápida sucessão. Em virtude de não existirem em muitos países estatísticas cobrindo anos assim remotos, comparações sobre todo o período de 1880 a 2000 foram possíveis para apenas 21 países. Mas para o período após 1973 uma amostra maior de 56 países industrializados e emergentes pôde ser usada. "Emergente" era o eufemismo usado na década de 1990 para designar países pobres que tinham possibilidade de enriquecer.

Vários pontos se destacam nesse estudo. O primeiro é que o período iniciado em 1973 foi realmente uma das fases de maior instabilidade durante o século passado. Somente os anos entre as guerras de 1914 e 1939, com a Grande Depressão, superam aquele período quanto à freqüência de crises monetárias, bancárias ou de ambos os tipos. O período de 1880 a 1913 teve apenas um terço do atual número de crises; entre 1950 e 1971, a probabilidade de sucederem crises era apenas metade da que se verifica desde 1973. Mas o que se deduz disto? Muitos podem concluir que isto mostra que a globalização, um de cujos aspectos é o livre fluxo de capitais ao redor do mundo, conduz a mais crises. Mas 1880-1913 também foi um período de globalização, durante o qual o capital era incontestavelmente ainda mais livre para mover-se através das fronteiras do que é hoje.

O segundo ponto é que muitos dos episódios mais dolorosos, medidos pela subseqüente queda do PIB no país ou países envolvidos, ocorreram depois de crises gêmeas, quando coincidiram crises bancárias e monetárias; isto é, independentemente do que causou o quê, esses episódios aconteceram em momentos em que dificuldades domésticas e internacionais se realimentaram. Essas crises gêmeas foram mais comuns nos anos entre as guerras, mas o período pós-1973 segue-os de perto nesse aspecto. Quando o sistema de Bretton Woods de taxas de câmbio fixas prevaleceu entre 1950 e 1971, não houve praticamente crises bancárias, ainda que hajam ocorrido alguns colapsos de moedas quando era forçada uma desvalorização. E antes de 1913, a crença na fidelidade dos governos ao padrão-ouro fazia com que os valores das moedas, em grande medida, não fossem questionados.

Há um importante adendo a fazer a este ponto. É que quase todos esses episódios de crise gêmeas ocorreram nos chamados países emergentes ou em desenvolvimento, e não nos países mais ricos e desenvolvidos. Isto indica que a globalização em si não é o ponto certo a ser considerado, pois ela afeta igualmente países ricos e pobres. O que parece ser mais importante é a fragilidade das estruturas institucionais e políticas nos países pobres emergentes, particularmente a fraqueza da regulamentação e do controle sobre os bancos, juntamente com uma debilidade na aplicação da lei e no sistema judicial. Assim, é a combinação dos fluxos de capital globalizado com estruturas débeis que causa o problema.

Em princípio, a seqüência correta para abrir um país aos fluxos globais de capital seria, em primeiro lugar, fazer uma forte estrutura normativa, e só então abrir as portas. Mas na prática muitos países em desenvolvimento tentaram fazer as coisas do jeito contrário. O desejo pelo crescimento econômico, e pelo capital e tecnologia estrangeiros que podem ajudar a alimentá-lo, exerce uma atração mais poderosa do que o esforço mais enfadonho para desenvolver processos políticos, normativos e judiciários. Isto não é tão surpreendente: também nos países que agora são ricos, a boa regulamentação dos bancos foi produto de crises anteriores, e não algo que surgisse de uma brilhante capacidade de antevisão. Mas, embora seja reconfortante para a mente, isto não é muito tranqüilizador para o coração, pois significa que os países em desenvolvimento provavelmente irão se desenvolver saltando de crise em crise.

O terceiro ponto, porém, é que, ao longo do século, os países ricochetearam dessas crises bem rapidamente. Apesar das falhas do padrão-ouro na década de 1930, a lição de longo prazo que fica é que geralmente os países ricocheteiam com mais rapidez nas épocas em que estão utilizando um regime monetário fixo e gozando de credibilidade política, como era o padrão-ouro (e agora, espera-se, o euro). Isto porque, mesmo se a taxa de câmbio fixa de uma moeda fosse temporariamente suspensa, os investidores esperavam que, no devido tempo, ela fosse restaurada com o mesmo valor, e assim após a crise vinha um novo fluxo de capital, apostando nessa restauração. As taxas semifixas adotadas pelos países da Ásia oriental em 1997-8 não gozavam dessa qualidade auto-reguladora. E estas palavras cruciais "politicamente digna de crédito" devem ser cuidadosamente analisadas: somente amarrar a moeda a qualquer âncora, independentemente do possível impacto na economia e das opções políticas que implicaria, provavelmente não teria credibilidade por muito tempo. Durante 2000 e 2001 esta foi a desagradável situação em que se achou a Argentina, pois embora sua ligação monetária fixa com o dólar americano houvesse sido eficaz em curar a hiperinflação, essa ligação causou danos adicionais. Apenas 11% das exportações da Argentina iam para os Estados Unidos, e assim o país colheu pouco benefício da perda do risco monetário neste mercado, mas sofreu toda a má conseqüência da força do dólar em relação às moedas dos países com que a Argentina mais comerciava, como o Brasil. O resultado foi a inadimplência da Argentina com seus débitos internacionais, em dezembro de 2001, a queda do governo e a quebra da ligação peso-dólar — tudo isto com desastrosas conseqüências econômicas para o país.

Estará a fase atual da globalização tornando as coisas piores? Se, como é feito por muitos críticos da globalização, o período pós-1973 for dividido em dois, para separar a fase de globalização mais rápida e profunda, depois de 1988, da anterior, então os fatos são bastante tranqüilizadores. Einchengreen, Bordo e seus colaboradores descobriram que as crises monetárias eram na realidade mais comuns antes de 1988 do que posteriormente. Mas as crises bancárias foram mais freqüentes no período subseqüente, especialmente nos países emergentes ou em desenvolvimento, e muitas vezes estiveram combinadas com crises monetárias.

O que é crucial para tornar uma crise realmente digna desse nome, pelo menos sob o ponto de vista do emprego, das empresas e da sociedade, é o seu tempo de duração. Sobre esta questão, o estudo é animador: as crises não se tornaram mais longas com a progressão do século. Nem se tornaram mais curtas. Mas, de qualquer forma, a Grande Depressão foi a grande exceção a esta regra. E o que dizer sobre a profundidade dessas crises, se for medida comparando-se a queda de produção durante o período de dificuldades com a tendência anterior à crise? Neste caso a resposta é ainda mais tranqüilizadora. A queda de produção resultante das crises monetária situa-se hoje apenas entre metade e dois terços do que foi entre 1880 e 1913, a era de globalização anterior. A queda durante crises bancárias é estimada ser hoje de 75% a 80% do nível médio do período 1880-1913. Somente crises gêmeas mostraram maior severidade, e a diferença é mínima.

Essa descoberta é realmente confortadora: se assim for, os tempos modernos não são especialmente propensos à instabilidade financeira, como George Soros, um grande financista, filantropo e homem preocupado com a globalização, declarou em seu livro *A crise do capitalismo global,* publicado originalmente em 1998. Mas não devemos nos alegrar demais. Pois não obstante aquela constatação, o fato é que o problema que trouxe o capitalismo à beira de um colapso nos anos 30, à beira de forçar a humanidade a escolher uma terrível alternativa, ainda está conosco, mais ou menos inalterado. O capitalismo é, na verdade, inerentemente instável.

Há, contudo, uma observação atenuante, embora, em princípio, não seja especialmente encorajadora para um defensor do livre-mercado. Ela consiste no fato de que o período do século no qual praticamente não ocorreram crises bancárias, e se verificaram poucas crises monetárias, foi aquele entre 1950 e 1973, sob o regime de câmbio fixo estabelecido em Bretton Woods, em 1944, simultaneamente com a fundação do Fundo Monetário Internacional (FMI) e do Banco Mundial. Além do câmbio fixo, a outra característica financeira importante daquele período foi a imposição pelos governos de um controle rigoroso sobre as transações tanto domésticas como internacionais, controle que muitos deles não liberaram até a década de 1980. Para os países pobres esse não foi, de forma alguma, um período feliz: o capital não se movimentou em direção a eles (e nem poderia, na maioria dos casos). Mas para os felizes países ricos, foi uma época de ouro. O difícil é explicar por quê.

No centro de qualquer explicação para isso, devem estar os governos. Pois, falando cruamente, as lições aprendidas dos anos 30 pelos países desenvolvidos foram que uma alta taxa de desemprego criava o risco da devastação política, que era uma ilusão pensar que os governos deveriam — ou poderiam — permanecer imóveis durante as recessões, e que o planejamento centralizado havia ajudado Hitler e Stalin a industrializar seus países e a criar empregos. O resultado foi uma ampla expansão dos gastos e da intervenção governamentais em todas as economias mais ricas. A extensão e a natureza do crescimento do poder público variaram (menores gastos nos Estados Unidos e no Japão do que na Europa ocidental, mais regulamentação na Europa e no Japão do que nos Estados Unidos), mas o impulso foi semelhante.

Esta é uma descrição crua, mas as lições foram aprendidas cruamente. O sucesso do "pleno emprego" de Hitler e Stalin, na realidade, baseou-se na brutalidade, somada à contenção dos salários: e como ficou claro ao final, quaisquer ganhos advindos do uso generalizado do planejamento central foram temporários. Os governos socialistas (como por exemplo na Grã-Bretanha) também acrescentaram uma gota de marxismo, ao nacionalizarem os "cumes dominantes" da economia, tais como aço, carvão e ferrovias, para conseguir a mágica da propriedade estatal, mas depois viram tais cumes se tornarem poços sem fundo.

De 1950 a 1973, as economias desenvolvidas gozaram de seu mais rápido período sustentado de crescimento econômico de todo o século, com mais rápido crescimento sustentado de produtividade e de rendas, e com reduzido desemprego. O crescimento de produtividade desse período foi ainda mais rápido do que o dos anos 90 nos Estados Unidos: na realidade, a "nova economia" desse período, liderada pela tecnologia da informação, apenas estava levando os Estados Unidos de volta a taxas de crescimento da produtividade como as que o país havia gozado entre 1950 e 1973. Para alguns, esta época de ouro foi apenas uma época em que os governos cuidadosamente alimentaram e contiveram o capitalismo. Em contraste, os anos 80 e 90, durante os quais muita conversa, e alguma ação, foi feita a respeito de desregulamentação e redução do papel do Estado, foi para esses críticos um período que deixou em farrapos o tecido social, substituindo a mão benfazeja do Estado pela brutalidade das forças do mercado.

O outro lado do debate ressalta alguns outros pontos. Um deles é que, num aspecto crucial, a era do pós-guerra caracterizou-se por uma acentuada redução na intervenção governamental. A instituição do Acordo Geral sobre Tarifas e Comércio (sigla em inglês, GATT) deu início a uma progressiva redução das elevadas barreiras ao comércio, que haviam sido estabelecidas nas décadas de 1920 e 1930, pelo menos entre os países desenvolvidos não-comunistas, o que resultou numa rápida expansão do comércio e, a partir dos primeiros anos da década de 1960, na expansão dos investimentos estrangeiros pelas companhias multinacionais. O comércio e a paz, segundo essa análise, trouxeram o crescimento.

Outro ponto ressaltado por este lado do debate é que o nível dos gastos governamentais não foi, na realidade, especialmente elevado durante a época de ouro de 1950 a 1973, pelo menos não pelos padrões que vieram a seguir. Em 1970, tomando-se como um todo os 22 países ricos que então integravam a OCED — Organização para a Cooperação Econômica e o Desenvolvimento —, os gastos públicos equivaleram a 32,3% do PIB, semelhante ao atual nível nos Estados Unidos, supostamente rapaces e governados pelo mercado. Na França, na Alemanha e na Grã-Bretanha foi de 38-39%. Foi somente entre 1970 e 1995 que o gasto público atingiu seu auge, acrescentando outros 10% ao total da OCED, atingindo 15% a 20% em alguns países. Na Europa ocidental eles continuaram a aumentar durante a década de 1990. Deste ponto de vista, a elevação dos gastos governamentais nas décadas de 1970 e 1980 foi uma resposta ao crescimento lento e ao desemprego destas duas décadas, e não uma causa do sucesso que as antecedeu. Em nenhum lugar o nível da intervenção estatal, medido pelos gastos, foi substancialmente reduzido desde 1980 ou 1990.

Estado demais ou mercado demais: a discussão pode facilmente tornar-se áspera. Para alcançar um entendimento mais tranquilo sobre o papel do governo desde 1945, e assim tentar mapear um curso para ele no futuro, como um remédio ou como um fator para a instabilidade do capitalismo, precisamos olhar separadamente para suas diferentes forças e fraquezas. Uma vez que as idéias de John Maynard Keynes, o maior economista da Inglaterra, foram uma grande parte das lições aprendidas pela maioria das pessoas desde os anos 30, seria uma boa coisa começar delas.

Após a morte de Keynes em 1946, suas obras revestiram-se de um caráter religioso; em outras palavras, elas não deviam ser tomadas literalmente (ou, mesmo, lidas) mas antes deviam ser interpretadas de acordo com as conveniências. Ele se declarava um liberal atraído pela intervenção governamental e defendia controles sobre o capital. Contudo, sua prescrição mais famosa, a de que os gastos públicos devem ser usados para criar e expandir a demanda, foi criada para uma situação que raramente ocorre: uma depressão com deflação. Porém um pecado que ele partilhava com seus discípulos do pós-guerra era uma excessiva confiança em seus próprios conhecimento e julgamento.

Isto levou a um grande erro na interpretação de seu pensamento, que talvez precisasse ser submetido à experiência antes de poder ser demonstrado conclusivamente ser um erro. Foi a idéia do pós-guerra de que taxação e gastos podiam ser empregados não só para incentivar a demanda durante uma recessão, mas também, se fossem usados de um modo precisamente direcionado, para controlar o ritmo do crescimento econômico e o nível do emprego. O problema com este "ajuste fino" é simples: falta de conhecimento. A informação sobre o que está acontecendo na economia é rudimentar e sempre retardada, e alterações nos impostos e nos gastos muitas vezes levam um longo e imprevisível espaço de tempo para produzir efeito. O mesmo é verdade quanto às mudanças nas taxas de juros. Vezes sem conta os governos e suas legiões de economistas erram quanto ao momento certo para uma ação, acelerando quando a economia precisa de algum freio ou vice-versa. O erro quanto ao ajuste fino equipara-se ao erro da economia com planejamento central, a economia comandada: ela assume uma onisciência em governar que não existe e não pode existir.

Mas uma outra idéia keynesiana, a de que se deve deixar que o fluxo e refluxo natural dos gastos e receitas seja o apoio contra as recessões e contenha as expansões, parece ajudar. A força dos chamados estabilizadores automáticos (porque a receita dos impostos cai durante as recessões e os gastos aumentam automaticamente) provavelmente indica que o tamanho aumentado do governo tende a moderar as flutuações dos ciclos econômicos. Com certeza, nos países ricos os ciclos têm sido menos violentos desde 1950, embora outros fatores também estivessem em ação, especialmente uma supervisão melhor sobre os bancos. Uma explosão fiscal, geral, ampla, pode também ajudar: os enormes pacotes de gastos públicos do Japão durante os anos 90 vieram diretamente de Keynes. As crises podem, como disseram Einchengreen, Bordo e seus colaboradores, ser igualmente freqüentes nestes dias, mas sua profundidade parece estar moderada pelo vulto e pela presença dos gastos governamentais. Embora os dispêndios privados possam reagir a uma queda da economia de um modo que agrave a recessão, quando firmas e pessoas cortam despesas para se adaptarem às suas condições mais restritas, os orçamentos governamentais naturalmente se inclinam na direção oposta (até onde os governos lhes permitem fazê-lo).

Existe, porém, uma complicação adicional que deriva de uma má interpretação mais proposital de Keynes, combinada com os incentivos naturais de uma democracia. Os governos, como veio a ser demonstrado, não queriam usar a política fiscal simplesmente para manter o nível de emprego. Eles queriam usá-la para aumentar os rendimentos de todos — pois, afinal de contas, os desempregados constituem apenas uma pequena fração do eleitorado. Assim, em vez de administrar a mescla cíclica de superávits e déficits recomendada por Keynes, eles quase nunca deixaram que houvesse superávits fiscais.

Isto gerou um aumento gradual da inflação, que a Guerra do Vietnã e a elevação dos preços do petróleo em 1974 transformaram num aumento rápido. Combinado com relutância política em sacrificar objetivos domésticos em favor dos internacionais, esse quadro acabou por levar ao colapso das taxas de câmbio fixas de Bretton Woods, e ao uso de taxas flutuantes em seu lugar. A partir de então, os controles sobre o capital tornaram-se difíceis de manter — especialmente devido ao fato de que as políticas fiscais dos governos flutuaram entre déficits e déficits enormes por mais de vinte anos, forçando muitos deles a tomar empréstimos, tanto internacionais como de financiadores locais. Keynes não teria achado graça. Uma solução para a deflação transformara-se numa causa de inflação persistente.

INSTÁVEL

O problema é que a política fiscal é terrivelmente assimétrica. Em outras palavras, todos — eleitores, sindicatos, ministérios e outros grupos de pressão — podem pensar em razões por que se deveria aumentar os gastos públicos, tomar empréstimos ou taxar menos. Políticos que desejam criar empregos e aumentar rendimentos naturalmente acham mais fácil fazê-lo diretamente, expandindo o setor público, do que esperando que sejam gerados pelas empresas privadas. Mas poucas pessoas ou grupos de pressão podem pensar em razões pelas quais os governos devem cortar despesas ou aumentar os impostos. Aqueles que auferiram os benefícios de rodadas anteriores de generosidade governamental não são inclinados a abrir mão deles. Onde este problema pode ser visto em sua forma mais clara é no estado do bem-estar social — o conjunto de gastos públicos e políticas fiscais que, em graus diferentes em todos os países ricos, procura garantir serviços públicos, como educação e saúde, bem como ajudar os necessitados, por meio de suplementação de rendimentos, auxílios por desemprego e invalidez, e pagamentos de aposentadorias e pensões.

Esta é a parcela do envolvimento governamental que tem crescido com maior rapidez desde 1960, e assim tem continuado, tanto nos tempos bons como nos maus. Essas transferências e subsídios correspondiam a 10-15% do PIB nos países ricos; agora chegam a 25-35%. Grande parte desse aumento foi motivada pela melhor das intenções. Mas embora algumas vezes possa ter sido confortador, nunca trouxe felicidade. A despeito do aumento espetacular das transferências para fins sociais, a insatisfação com a qualidade dos serviços públicos aumentou, mesmo na França, na Holanda, na Escandinávia e na Alemanha, onde o estado do bem-estar social é mais exuberante. Nem reduziu o desemprego: com a força de trabalho se expandindo rapidamente nos anos 80, graças a mudanças na demografia, e com os mercados de trabalho tornando-se mais rígidos, à medida que grupos já estabelecidos utilizavam-se com sucesso de *lobbies* para obter mais e mais proteção, a Europa ocidental desenvolveu um nível de desemprego teimosamente alto, chegando muitas vezes a mais de 8% da força de trabalho, e chegando a alcançar, algumas vezes, 20%, dependendo do país. Benefícios sociais generosos faziam com que tais níveis fossem suportáveis nas décadas de 1980 e 1990, para aqueles que recebiam auxílio-desemprego, e que não houvesse nenhuma ameaça para a estabilidade política. Mas esses benefícios também contribuíram para o problema por desencorajarem as pessoas a procurar trabalho. E, ao final, longos períodos sem trabalho ainda levam as pessoas ao descontentamento e ao desespero.

A crescente insatisfação com o Estado poderia ser deixada de lado como sendo meramente resultado de expectativas cada vez maiores, ou de ingratidão, se não fossem dois outros problemas. O primeiro é o mais desagradável: a despeito de todas essas transferências e subsídios, as condições das famílias mais pobres podem realmente estar piorando em muitos países. Explicações para isto naturalmente variam, como fazem as prescrições para se chegar a uma solução. Mas aqueles que precisam de mais dinheiro — e a maioria, em certa medida, precisa — chegam ao segundo problema. Este é que, ao chegarem à cabine de votação, as pessoas têm resistido tanto à idéia de aumentar impostos quanto à de um redirecionamento dos benefícios das classes médias para os mais pobres. Assim aqui existe um problema combinado: as demandas pelo bem-estar são crescentes, mas ninguém quer dar o dinheiro para atendê-las.

As implicações são embaraçosas. A instabilidade do capitalismo, extensamente vista na década de 1930 e de novo no Japão nos anos 90, exige que os governos exerçam um papel moderador, estabilizador. Grande parte deste papel é normativo — garantir que os bancos sejam dirigidos apropriadamente e penalizar a fraude e a má administração. Uma parte dele consiste em fazer a coisa certa durante uma crise — sendo um financiador em último recurso, aumentando o suprimento de dinheiro, mantendo abertas as relações comerciais. Outra parte consiste em permitir que operem os estabilizadores automáticos de gastar e tomar empréstimos. A maioria das sociedades, porém, também deseja fornecer uma rede de segurança para ajudar os pobres, e pensam que certos serviços — educação e saúde — devem ser total ou parcialmente custeados pelos que pagam imposto. A democracia, com o sufrágio universal adotado desde 1945, também empurra na direção de um maior envolvimento governamental, uma vez que o estímulo para subornar os votantes com seu próprio dinheiro é grande, e a pressão para oferecer fazer mais, e não menos, é irresistível. Contudo, o gigantismo governamental — e nenhum país rico, nem mesmo os Estados Unidos, pode hoje dizer que tem um governo pequeno — traz consigo grandes desvantagens.

Uma dessas desvantagens, em princípio, lhe é inerente: altos impostos e regulamentos de maior amplitude constituem uma restrição à liberdade econômica das pessoas, que pode ser o preço pago por alguma outra coisa, como a igualdade, mas também deve ser questionada cuidadosamente, pois mesmo nas democracias, é geralmente imposta por pequenas minorias. As outras desvantagens, porém, são puramente de ordem prática. Uma é o problema já citado de que os governos não são oniscientes: apesar de todos aqueles espertos economistas, eles não têm o conhecimento para conduzir e controlar e alcançar objetivos brilhantes da maneira que prometem. A outra é que, como qualquer grande organização, eles não têm flexibilidade. Uma vez que um curso é definido, é muito difícil mudá-lo. Eventualmente, em qualquer sociedade, uma mudança se fará necessária. O capitalismo prefere fazer isto pouco a pouco. Governos gigantes acabam por ter que fazê-lo por grandes arrancos, radicais e penosos.

À medida que caminhamos a passos largos pelo início do século XXI, podemos assim nos sentir seguros de que os governos oferecem algum apoio face à instabilidade do capitalismo: eles fazem menos provável que futuros dramas econômicos venham a se transformar em crises. Mas os governos também se tornaram em si mesmos um problema, atuando como um obstáculo para o progresso e, certas vezes, causando sua variedade própria de instabilidade. E são sempre solicitados a fazer mais, a intervir para resolver velhos e também novos problemas. No apogeu do socialismo nas décadas de 1960 e 1970, especialmente na Europa, eram sempre solicitados a lidar com a desigualdade, outra conseqüência do capitalismo. Modas de socialismo podem ir e vir. Mas a ansiedade provocada pela desigualdade parece estar sempre conosco.

9.
Desigual (I)

As pessoas não são criadas iguais. As sociedades democráticas liberais acreditam que elas deviam ser consideradas iguais no que diz respeito a seus direitos políticos e civis, como é aspiração da constituição americana e de algumas outras. Mas as pessoas realmente não são iguais quanto a suas aptidões, independentemente do sistema político e da ideologia da sociedade em que vivem. Algumas pessoas são fortes, algumas fracas, algumas mais espertas, algumas menos, algumas enérgicas, algumas indolentes, algumas são propensas a doenças, algumas gozam de boa saúde, algumas são boas em idiomas, outras boas em ciências.

Essas espécies de diferenças, estando fora de nosso controle direto, não parecem preocupar-nos demasiadamente. Podemos invejar aqueles a quem a natureza abençoou, mas geralmente aceitamos que há pouco que possamos fazer quanto a isso (embora isso vá mudar à medida que a ciência, na verdade o negócio, da modificação genética se desenvolva). Desigualdade dessa espécie é considerada simplesmente um fato da vida. Todavia, o modo como são criadas e educadas complica grandemente as coisas. Pessoas com a mesma composição genética básica se desenvolvem de maneira diferente, devido a fatos acidentais ocorridos, não apenas em seu nascimento, mas especialmente no decorrer de sua formação. Historicamente, isto tem causado muito mais preocupação às pessoas: um acidente de nascimento que confere a alguém uma grande herança tem causado mais inveja do que um acidente que lhes dá um conjunto particular de genes. Afinal, uma herança é suscetível de sofrer interferências governamentais, por meio do sistema de impostos, ou de outras formas mais claras de confisco.

O que também é claro, porém, é que a desigualdade é uma parte inerente do capitalismo, assim como da luta pela vida. Competição e desigualdade são as duas faces de uma mesma moeda. É natural para as pessoas competirem por alguma vantagem, seja ela alimento, estima, poder, parceiros sexuais ou riqueza (que, ao menos aos olhos dos que não a têm, pode trazer todas as outras quatro). Poucas pessoas acham estranho competir por essas vantagens. O impulso para trabalhar, para investir, para correr riscos, provém diretamente do desejo de provar que são elas desiguais, diferentes, superiores — ou, dizendo de outro modo, do desejo de superar desvantagens e criar vantagens.

Na verdade, para funcionar adequadamente, o capitalismo requer que as pessoas tenham assegurada a posse de algumas vantagens — especificamente, a posse de direitos de propriedade — que elas podem ter conseguido pelo trabalho, por mérito, assumindo riscos ou, certamente, também por herança. Propriedade — isto é, terra, dinheiro, bens de produção — é o que um investidor utiliza ao se lançar a um novo empreendimento ou um comerciante usa em sua atividade. Porém, se houver dúvida quanto à segurança de sua posse, o possuidor relutará em investir, e outras pessoas relutarão em acreditar nas promessas do investidor ou do comerciante. Assim, a propriedade — ou seja, uma vantagem presente ou potencial — é crucial para o capitalismo, e seu uso é ameaçado se seus detentores sentem-se sob constante risco de confisco, taxação penalizadora ou outra restrição, ainda que baseada em correção de uma desigualdade. A afirmação de Proudhon em 1840 de que "propriedade é roubo" foi então simplesmente uma afirmação de que o capitalismo é roubo.

Contudo, a questão importante é quanto ao grau, mais do que quanto à espécie. Desigualdade sempre haverá, e sempre haverá inveja e competição; e tais coisas não são somente inerentes ao sistema mas são também construtivas. Quanta desigualdade é demais? Mas quanta é considerada justa e quanta é injusta? Em que ponto um grau muito grande de desigualdade faz com que o tecido social de um país se rompa? Essas perguntas mostraram ser sérias durante o século XX, ou, pelo menos, são perguntas cujas respostas podem ter conseqüências sérias. Ademais, este problema é amplamente considerado como uma das maiores fraquezas do capitalismo, e de sua expressão em base planetária, a globalização: a crescente desigualdade trazida pela globalização, é crença geral, poderia ameaçar todo o processo.

Em princípio, essa preocupação é certamente correta. Grandes diferenças em meios, em padrões de vida, em oportunidades, podem realmente ameaçar a estabilidade de toda uma sociedade, porque tendem a pôr em questão os meios convencionais de se conseguir e utilizar recursos. Os que nada têm (ou que têm muito menos) sentem-se tentados a abandonar seu comportamento normal, submisso, e a reunir-se para desafiar os que têm, e assim melhorar sua condição, apossando-se de maior porção da renda ou da riqueza. Isto pode acontecer por meio de taxação e legislação impostas pelo processo democrático (os que têm muitíssimo constituem geralmente uma pequena minoria), ou pode ocorrer pela imposição de meios mais diretos, coercitivos, violentos mesmo. Ou, para levar o problema a uma escala internacional, os que nada têm podem ser tentados a mudar de residência, de país ou de continente, para ir viver onde a grama parece mais verde a fim de partilhar das vantagens que outros possuem, ou podem, em sua raiva quanto à sua condição de inferioridade, simplesmente procurar ferir aqueles que estão melhor do que eles por meio do terrorismo. Ou então, seus governos podem decidir que é justificado, pelo interesse nacional ou simplesmente da elite política, apossar-se do território ou dos recursos de outro país por meios militares a fim de pegar um atalho para maior prosperidade e poder. Saddam Hussein queria corrigir a desigualdade, como ele a via, entre seu poder e o de outros, tomando o Kuwait e seus campos de petróleo em 1990.

Entre essas possíveis respostas à desigualdade, o que há em comum é que, em certas circunstâncias, ou além de algum grau de aceitabilidade, a diferença pode se tornar tão grande que provoque uma reação não-convencional e destruidora. Mas em que ponto e com quais conseqüências? Para se tentar encontrar uma resposta, o problema precisa ser dividido em duas partes: desigualdade *dentro* de sociedades ou nações, e desigualdade *entre* sociedades ou nações.

Os mesmos princípios aplicam-se às duas. Porém, um simples contraste entre dois fatos oferecerá uma pista para a razão pela qual faz sentido separá-las. Por um lado, *dentro* da maioria dos países do mundo, mas particularmente dentro dos mais ou menos trinta países mais ricos, no transcorrer do século XX as sociedades tornaram-se mais iguais: a distribuição tanto da renda quanto da riqueza tornou-se mais nivelada. É claro que durante esse período essa distribuição sofreu flutuações, e nos últimos vinte anos as rendas e a riqueza tornaram-se de novo mais desiguais. Mas ainda assim, comparando-se 2000 com 1900, a amplitude da desigualdade foi grandemente reduzida. Por outro lado, o quadro *entre* os países mostra-se totalmente diferente. Durante o século XX, a distância entre os países mais ricos e os mais pobres aumentou virtualmente de maneira contínua. Os únicos períodos em que ela diminuiu foram aqueles em que as rendas dos países ricos estavam em queda ou com quase nenhum crescimento. Alguns poucos países com certeza alcançaram os ricos. Mas a maioria ficou ainda mais para trás, pelo menos até bem recentemente.

O padrão do que ocorre nessas duas categorias — *dentro* e *entre* — tem sido, assim, totalmente diferente. Os fatores que impulsionam a desigualdade, e as repostas políticas e sociais a eles, são diferentes para cada uma dessas categorias. Na verdade, o que esses diferentes padrões nos revelam é que a desigualdade *dentro* das nações é muito mais importante, como uma influência contínua sobre o modo de agir, a política e o comportamento, do que a desigualdade *entre* países. Preocupação com a desigualdade *dentro* tem forçado mudanças, de tal modo que regula o grau de desigualdade ao longo do tempo. Mas isto não aconteceu na escala internacional. Por esta razão, neste livro o assunto será tratado em capítulos separados: este será dedicado ao problema das desigualdades dentro das sociedades, enquanto que o capítulo seguinte irá tratar das desigualdades entre elas.

Por que deveria a desigualdade ter diminuído nas sociedades ricas durante o decorrer do século passado? O quadro estatístico é mais incompleto e mais complexo do que implica essa sumária afirmativa. Todos os países passaram por diferentes fases de desigualdade e igualdade. Muita coisa depende exatamente daquilo que está sendo medido: o quadro muda se o que está sendo considerado é a distribuição dos ganhos individuais, dos ganhos das famílias, dos rendimentos de todos os tipos, dos rendimentos antes ou depois dos impostos, ou o do patrimônio. Mas não é necessário fazer-se um exame estatisticamente perfeito para se poder chegar a conclusões políticas e sociais gerais. Através de um longo período de tempo, estreitaram-se as divisões políticas e sociais dentro das sociedades ricas. Voltaram a alargar-se novamente nos anos 80, mas numa visão de prazo mais longo elas se estreitaram.

Uma boa fonte de dados em apoio a essas afirmativas é um especialista inglês em estudos sobre desigualdade, A. B. Atkinson, do Nuffield College, de Oxford, e seu artigo *The Distribution of Income in the U.K. and OECD Countries in the Twentieth Century* [A distribuição de renda no Reino Unido e nos países da OCED no século XX], publicado na *Oxford Review of Economic Policy*, edição do inverno de 1999. Ele explica nesse artigo como são incompletos os dados disponíveis, especialmente os de antes de 1950. Não obstante, fica evidente que na Grã-Bretanha os maiores surtos de equalização de rendas ocorreram nas duas primeiras décadas do século, e depois de 1940 até o final da década de 1970. Nos Estados Unidos os dados são igualmente pobres, mas Atkinson conclui que lá a desigualdade de renda diminuiu de 1929, aproximadamente, até o início dos anos 50, tendo havido depois um novo declínio durante a década de 1960. A desigualdade começou a crescer novamente nos Estados Unidos a partir de 1970. Na França houve um período semelhante de equalização, que durou até meados da década de 1980, depois do qual tem havido poucos sinais de mudança, enquanto que na Alemanha Ocidental as rendas recomeçaram a tornar-se mais desiguais durante os anos 80, mesmo antes da unificação com a Alemanha Oriental em 1989-90.

A má qualidade dos dados torna difícil tirar conclusões firmes sobre a razão pela qual as diferenças de renda se estreitaram, especialmente conclusões que sejam válidas para uma larga faixa de países. Não obstante, algumas afirmações de caráter geral podem ser feitas, que podem não se aplicar a todos os casos, mas são indicativas das tendências maiores. As diferenças de rendas se estreitaram, em primeiro lugar, porque a educação tornou-se mais amplamente disponível e utilizada, diminuindo a diferença de aptidões de mercado entre os mais ricos e os mais pobres, e acarretando mobilidade social. Também se estreitaram porque as rendas e o patrimônio daqueles nas camadas mais altas da sociedade, que eram em geral aristocratas proprietários de terras e detentores de títulos financeiros ou outros membros da nobreza, decaíram por força de reformas agrárias em alguns países, do declínio da agricultura e dos crescentes custos de manter grandes propriedades.

Mudanças nos costumes (e, em alguns casos, leis) relativos a heranças também afetaram as elites. Anteriormente, uma tradição de primogenitura (um único herdeiro herdando tudo) tendia a manter intactas enormes propriedades e patrimônios; uma prática de distribuir os legados numa família com maior amplitude tende a quebrar e reorganizar a riqueza muito rapidamente. Diferenças nos costumes que regiam a herança ajudam a explicar as diferenças no fluxo da riqueza nos Estados Unidos em comparação com a Europa: como os Rockefellers, Vanderbilts e (agora) Bill Gates, muitos aristocratas europeus do século XIX construíram suas fortunas nos negócios, mas depois as usaram para criar grandes patrimônios que eram passados principalmente para um herdeiro, que muitas vezes via como seu dever a preservação e a manutenção daquilo que herdava, em vez de reinvestir seus recursos. Os filhos dos super-ricos americanos no século XX também tornaram-se ricos por meio de heranças, mas em menores parcelas em lugar de um único grande pedaço, o que serviu para estimular que a riqueza fosse aplicada com mais largueza e, mesmo, gasta. A prática da herança na Europa veio a tornar-se mais semelhante à americana, mas de maneira significativa somente no último meio século.

A queda no nível de riqueza das camadas mais altas da sociedade sofreu uma brusca reversão nas fases de alta do mercado de ações no decorrer dos anos 90, embora criasse uma espécie diferente de super-ricos. Todavia, por um período mais longo a diferença entre os ricos e todos os demais estreitou-se porque, graças à tecnologia e à competição, os preços, tanto para as coisas básicas como para o que as pessoas compram para seu lazer, caíram com relação aos rendimentos, enquanto que os preços das pessoas (isto é, seus salários) aumentaram. A classe de gente que paga os salários inclui somente aqueles que estão no topo, enquanto que as pessoas mais pobres dedicam uma porção maior de seus rendimentos às suas necessidades básicas.

As divisões se estreitaram porque os serviços públicos, não apenas de educação mas também de proteção à saúde e outros benefícios sociais, tornaram-se amplamente disponíveis. Estreitaram-se também por razões não-financeiras: as relações trabalhistas e, em alguns países, a legislação fizeram com que as pessoas mais pobres passassem a receber pagamento pelas férias e licença-maternidade e, até mesmo, licença-paternidade remuneradas, benefícios que elas nem sonhavam em ganhar no início do século XX. Viagens aéreas, automóveis, telefones, diversões em casa, campos de golfe: todas estas comodidades estão agora ao alcance das famílias com rendimentos médios e baixos, embora não das mais pobres.

Dora Costa, uma economista do Massachusetts Institute of Technology, estudou esse fenômeno da disseminação do lazer em um artigo escrito em 1997 para o National Bureau of Economic Research. Avaliando a distribuição, não da renda, mas dos padrões de vida pela análise das despesas com recreação, ela utilizou pesquisas de consumo nos Estados Unidos que retrocediam a 1888. Nesse ano, a família média dos trabalhadores na indústria incluídos na pesquisa gastava menos de 2% de sua renda em atividades de lazer, enquanto que despendia três quartos do que ganhava para atender às necessidades básicas de alimentação, moradia e vestuário. Em 1991, a família média tinha que gastar apenas 38% de sua renda nestas necessidades, e podia dedicar 6% dela à recreação.

No total, os gastos com lazer — que são difíceis de se definir, mas que incluem viagens, entretenimento e férias — aumentaram nos Estados Unidos de aproximadamente 2-3% do PIB, nos primeiros anos do século, para cerca de 10% atualmente. Houve uma grande queda nas horas trabalhadas pelo cidadão comum, embora recentemente elas possam ter aumentado para o profissional de mais alto escalão. Enquanto na virada do século um inglês trabalhava 2.700 horas por ano, nos anos 90 o número de horas trabalhadas nos países ricos havia caído para 1.400-1.800 por ano. Férias remuneradas tornaram-se norma depois de 1940, variando de duas a três semanas por ano nos Estados Unidos e no Japão a seis semanas por ano na Alemanha. A partir das décadas de 1960 e 1970, as pessoas comuns passaram a se juntar-se aos que integram o chamado *jet-set*.

Outro importante sinal da maior igualdade é a evolução dos serviços domésticos. Cem anos atrás, mesmo uma família moderadamente abastada teria uma dupla de empregados, que geralmente moravam no porão ou no sótão da casa. Famílias realmente abastadas tinham dúzias de empregados residentes. Agora, somente os muito ricos têm tais empregados morando em casa, e poucos mantêm um grande número de serviçais. A utilização ocasional de serviços de limpeza ou de cuidados para crianças nos países ricos é agora bem menor, nada que se compare em extensão e intensidade à utilização desses serviços na virada do século XX.

A tecnologia foi responsável em parte por essa mudança. O aspirador de pó, a máquina de lavar, os automóveis, os fornos a gás e elétricos foram todos casos de máquinas que substituíram pessoas. Os automóveis e melhores transportes públicos também ajudam a explicar por que hoje mesmo as faxineiras, as babás e outras empregadas que cuidam de crianças raramente moram com seus patrões. Ajudam a explicar por que os motoristas não são tão numerosos como alguns analistas acharam que iria acontecer, quando os motores dos carros deram seus primeiros sinais de vida no início do século: os carros são fáceis de dirigir e sua manutenção pode ser entregue a oficinas especializadas — ao contrário do que acontecia com cavalos e carruagens cuja "manutenção" era intensiva em mão-de-obra e, na maior parte das vezes, tinha que ser executada a domicílio.

A educação teve, também, influência: o suprimento de jovens, criadas e empregados domésticos, nos seus anos de adolescência, desapareceu com a disseminação da educação pública nos níveis médio e superior, em tempo integral. Mas a outra grande causa tem sido a aproximação entre os rendimentos — isto é, o aumento do custo de manter tais empregados com relação à renda dos ricos. Quando a diferença era grande, a riqueza dava a algumas pessoas um acentuado comando sobre outras. Hoje, quando a diferença se estreitou, os ricos têm comando principalmente sobre coisas — seus barcos, equipamentos sofisticados ou carros de luxo. Em termos de conveniências domésticas proporcionadas por empregados, o homem moderadamente rico na Índia ou na África do Sul, por exemplo, pode sentir os benefícios de sua riqueza muito mais intensamente do que seus equivalentes na Alemanha ou nos Estados Unidos, países onde eles agora têm muito menor probabilidade de ter empregados.

Porém tudo isto são sintomas, não causas. Por que a educação tornou-se mais acessível? Por que a diferença de remuneração diminuiu o suficiente para fazer com que ter empregados domésticos se tornasse viável apenas para uns poucos? Por que os serviços públicos se tornaram mais largamente disponíveis? A resposta em termos gerais é que tais mudanças provieram de duas forças: a primeira, a operação da política democrática — a qual, por sua vez, foi estimulada pela pressão exercida pela massa dos trabalhadores e das classes médias urbanas exigindo mudanças; a segunda, a pressão competitiva do desenvolvimento econômico, que levou as empresas a exigirem maiores aptidões intelectuais para sua força de trabalho e impulsionou as sociedades no sentido de adotarem sistemas de ascensão por mérito, em vez de estruturas estratificadas, hierarquizadas.

Um artigo no número de novembro de 2000 do *Quaterly Journal of Economics*, escrito por Daron Acemoglu e James A. Robinson, forneceu evidência empírica em apoio àquilo que o senso comum sugeriria ser realmente o caso: que as principais reformas democráticas (ampliando o direito de voto e outras franquias) na Grã-Bretanha, na Alemanha, na França e na Suécia, no século XIX e no princípio do século passado, coincidiram todas com picos na desigualdade. Em outras palavras, um aumento da desigualdade provocou pressões por reformas, às quais as elites dominantes responderam dando aos descontentes maior representação democrática. O elástico ficou esticado, e por medo de que se rompesse, trazendo violência e tumulto, reformas políticas foram oferecidas e aceitas.

Isso, por sua vez, tem tido um efeito nivelador. Pois, com o tempo, a reforma democrática influencia aqueles que estão no governo: os que desejam ser eleitos querem se assegurar de que suas políticas beneficiam amplamente aqueles de quem esperam receber os votos. Daí, a oferta de educação e outros serviços públicos, e a facilitação do acesso a eles; daí a concessão de cada vez maiores direitos e proteção ao trabalhador comum; daí a introdução gradual dos impostos progressivos, mesmo sem que houvesse pressão por parte dos socialistas. Por esse sistema os governos podem extrair uma parte maior de suas rendas de poucos do que de muitos. O efeito desta taxação sobre os rendimentos pós-impostos é complexo, pois os impostos alteram o comportamento das pessoas. Mas, como regra geral, ela estreitou a diferença entre os rendimentos pós-impostos.

O outro efeito importante da democracia sobre as desigualdades de renda e de patrimônio foi tornar as sociedades, ou melhor, os *establishments* políticos, menos tolerantes com relação a altos níveis de desemprego. "Que comam brioches!" não é mais uma reação viável ou aceitável. O resultado foi que, nas democracias, fizeram-se esforços tanto para reduzir o desemprego como para torná-lo menos desastroso financeiramente, expandindo os benefícios sociais. Isto tem sido menos verdade com relação aos Estados Unidos do que à Europa ou ao Japão, mas, a partir do New Deal dos anos 30, tem sido a tendência americana também.

Seria errado sugerir que as conexões entre desigualdade, reformas democráticas e o processo de nivelamento sejam ou diretas ou exclusivas. Na verdade o que parece ter acontecido, e estar ainda acontecendo, é mais uma interação entre esse processo político e as forças mais amplas do desenvolvimento econômico. Crescimento e tecnologia têm aumentado continuadamente a demanda por parte dos empregadores por melhores habilitações e níveis de educação, enquanto dão também aos governos, ao longo do tempo, a receita de impostos necessária para financiar a educação e outros serviços públicos. Marx não podia ter previsto isso na década iniciada em 1840, mas longe de exigir massas de trabalhadores manuais cada vez maiores, mais oprimidas e mais miseráveis, a economia moderna, amadurecendo, veio a requerer, ao invés, injeções sempre maiores de conhecimentos e capacidade intelectual, à medida que mudou sua ênfase do trabalho manual e da manufatura rude para produtos de tecnologia superior, para *design* imaginativo e para serviços analíticos ou criativos. A educação em massa serviu ao capitalismo, ao mesmo tempo em que se tornou acessível graças a ele; e a necessidade de educação, por seu turno, ajudou a salvar o capitalismo de si mesmo, por levar à redução da desigualdade, ao longo do tempo.

DESIGUAL (I)

Essa mudança para uma "economia do conhecimento" e para "trabalhadores do conhecimento" tem sido um tema discutido há, pelo menos, cem anos ou mais. Já em 1910, Norman Angell, um socialista inglês, proclamava em seu livro *The Great Illusion*, um bestseller na época, que "a força do cérebro substituiu a força do homem, a força do cavalo e a força material como a principal força de nossa época". Peter Drucker, o mais respeitado guru da administração, afirma que criou a expressão "trabalhadores do conhecimento" (*knowledge workers*, em inglês) no início dos anos 60; Tony Blair, Bill Clinton e uma geração de outros políticos aderiram no final dos 90. Entusiastas da Internet, prontos a descobrir a chegada de uma nova "era da informação" e de uma economia "virtual", fizeram esse tipo de observação com vigor renovado, como se fosse uma revelação. Mas não é nada de novo. O impulso em direção ao conhecimento, por meio de educação média e superior em massa, tem sido uma força equalizadora ao longo do século que passou, ainda que a natureza do conhecimento alvo da demanda tenha mudado com o passar das décadas e à medida que a sociedade e a economia foram mudando. Entretanto, há uma importante advertência a ser feita. É que a educação é uma força equalizadora para todos aqueles que têm acesso a ela ou que conseguem utilizá-la. Mas ela coloca uma nova linha divisória entre os que a utilizam e os que não o fazem, ou não podem fazê-lo.

Tornou-se moda agora lamentar a nova "exclusão digital" entre os que possuem computadores pessoais e a aptidão para usá-los, e aqueles que não os têm. Esta idéia pode ter algum valor quando aplicada a desigualdades entre países, pois pode indicar o fato de que alguns tipos de investimento estão bloqueados nos países pobres por falta de infra-estrutura de tecnologia da informação. Mas dentro dos países o problema é mais direto. Na realidade, a exclusão digital é apenas uma maneira fantasiosa de descrever uma divisão educacional existente há longo tempo. A divisão que importa não é estabelecida pela capacitação para usar computadores, pois esta tornou-se fácil de conseguir, e os computadores ficaram muito mais fáceis de usar. A divisão que importa é estabelecida pela falta de capacitação, no seu sentido mais amplo.

O problema para aqueles que estão do lado errado da exclusão digital não é apenas a falta do acesso a um computador e de se tornar assinante de um provedor da Internet. Se fosse este o caso, as bibliotecas públicas poderiam ser a solução. O problema é, em primeiro lugar, a falta da preparação educacional (isto é, de conhecimentos básicos de linguagem e de matemática) necessária para usar o computador; a falta desta e de outras habilitações educacionais gerais que são necessárias para se conseguir um emprego que pague um salário razoável; possivelmente associada a outros fatores que tornam difícil conseguir trabalho, tais como antecedentes criminais, deficiência de transportes ou alguma doença. Todos esses fatores, a seu turno, deixam as pessoas sem condições de comprar um computador ou de se conectar à Internet. Mas na realidade esses aspectos "digitais" não são mais do que sintomas do problema subjacente. O problema não é falta de informação ou falta de tecnologia. É a falta daquilo que é necessário, numa economia moderna, para se ganhar dinheiro.

Há duas implicações. Uma é que houve por muitos anos, e sempre haverá, a necessidade de que o governo melhore e amplie o sistema público de educação. Essas melhorias e ampliações beneficiam especificamente os eleitores, pelo menos os eleitores com filhos, pois eles recebem o serviço educacional que é prestado; mas também é de benefício geral, porque há um amplo ganho econômico e social para a sociedade por ter uma grande quantidade de adultos bem-educados. Um subproduto deste benefício é a redução da desigualdade resultante da exclusão educacional.

A segunda implicação, porém, é mais restrita e mais incômoda, e pode militar contra essa solução. É que, pelo menos numa democracia madura em um país rico, aqueles que estarão do lado errado da divisão educacional serão uma minoria, em vez da maioria que eram antes, há cem ou mesmo cinqüenta anos atrás. No linguajar moderno, o problema mais "delicado" da desigualdade, neste sentido, deixou de ser um que dizia respeito a uma ampla divisão entre classes para se transformar em outro, resultante da diferença entre a massa das pessoas da sociedade e uma "subclasse" dos "socialmente excluídos". A existência deste grupo, estimado nos Estados Unidos como algo entre 10 e 20% da população, e na Europa ocidental como cerca de metade disso, coloca um problema humanitário, de piedade e decência, assim como um de criminalidade.

Isto faz da desigualdade, em alguns aspectos, um assunto menos influente do que era antes: não é mais uma questão de colocar aqueles poucos que são felizes contra os muitos que têm menos sorte, e nem é mais um problema que coloca uma forte pressão sobre os políticos que esperam garantir maioria nas eleições. Mas também a torna um problema mais intratável. Pois a maior parte das soluções para a pobreza requer dinheiro público, e os que fornecem esse dinheiro, os que pagam impostos, constituem a maioria do eleitorado. Em lugar de uma democracia operando para servir aos interesses da maioria, o que irá agora ser necessário é que a maioria concorde em ajudar à minoria. Uma das maiores dúvidas sociais e políticas que se apresenta para o próximo quarto de século é se ela estará ou não disposta a fazê-lo.

Isto nos traz de volta ao tema delineado ao final do capítulo 8, aquele referente aos limites do ativismo governamental. Tal espécie de limite é estritamente empírica: os esforços diretos dos governos para redistribuir renda para os pobres não tiveram sucesso. Benefícios sociais não são suficientes, e tendem apenas a tornar as pessoas dependentes deles e permanentemente pobres. Em qualquer caso, numa sociedade democrática, os políticos geralmente não concentram a maior parte dos gastos públicos em uma pequena minoria de eleitores, que é o que os pobres constituem agora. Ao contrário, eles canalizam grande parte desses recursos para as classes médias, enquanto oferecem uma pequena fatia aos pobres. Assim agindo, eles terão maior probabilidade de serem reeleitos.

Uma outra espécie de limite, porém, é o efeito debilitante que medidas equalizadoras, ou elevados gastos públicos, podem ter sobre o crescimento econômico como um todo. Um crescimento pequeno afeta não apenas a capacidade do Estado para financiar essas medidas sociais, mas também torna menos provável que os não-pobres — isto é, os escalões médio e superior da sociedade — queiram votar a favor de um governo igualitário e gastador. Essa má vontade pode até mesmo afetar a orientação e a magnitude dos gastos com educação: a pressão da maioria pode ser por investimentos maiores na educação superior ou no ensino médio, enquanto são ignoradas as necessidades das classes menos favorecidas por maiores gastos na educação fundamental ou na supletiva.

Será por isto que na maioria dos países, mas especialmente na Grã-Bretanha e nos Estados Unidos, as desigualdades de renda voltaram a crescer nos anos 80 e 90? Terá a balança da política oscilado, afastando-se da redistribuição e favorecendo menores impostos sobre a renda, e isto, por seu turno, resultado em maior desigualdade?

A resposta cabal é complexa, e difere de país para país. Nos Estados Unidos, por exemplo, houve altos níveis de imigração, o que aumentou a oferta de mão-de-obra não-qualificada; isto não aconteceu na Grã-Bretanha. Nesta, um impacto maior foi causado pela redução dos auxílios governamentais pagos aos desempregados e a outros beneficiários, um movimento que coincidiu com elevado desemprego nos anos 80, em particular. O mesmo tipo de mudança ocorreu em alguns países da Europa continental, especialmente na Holanda, e também, mais recentemente, na Alemanha. A taxação sobre a renda também se tornou menos progressiva em todos os países, embora o efeito tenha sido moderado: as taxas mais altas foram eliminadas, não obstante, altas alíquotas tendem a se aplicar aos rendimentos médios, de modo que uma porção desproporcional da receita dos impostos é ainda paga pelos mais ricos.

Grande parte da explicação deve ser procurada na faixa superior da escala de rendimentos. Bolsas de valores em alta até 2000 fizeram crescer o patrimônio daqueles que possuem ações, e estes são, em sua esmagadora maioria, pessoas já moderadamente ou muito ricas. O efeito foi amplificado, especialmente nos Estados Unidos, em decorrência da moda que passou a vigorar entre as empresas de remunerar parcialmente os executivos superiores com ações ou opções para ações — em geral não como um substituto da remuneração básica, mas como uma substancial suplementação a esta. A febre das bolsas de valores e o desejo de compatibilizar os interesses dos executivos com os dos acionistas explicam isto em parte; mas também as regras contábeis que determinavam que o custo total das opções não tinha que ser levado às demonstrações de lucros e perdas, de modo que as companhias competiam entre si por pessoal de uma maneira que não afetava seus lucros declarados. Ou, no caso de companhias que surgiram com o sucesso da Internet, elas ficavam habilitadas desse modo a competir pelos executivos mais valorizados, mesmo não tendo lucros nem dinheiro em caixa.

Este fenômeno trouxe de volta à preeminência, em jornais, ensaios intelectuais ou foruns políticos, uma discussão pública sobre a aceitabilidade e a justiça de tais extremos de opulência e rendimentos. Esse debate poderia ter revelado (ou provocado) uma disposição entre as classes mais ricas para ajudar a classe inferior. Mas até agora ainda não o fez, pois este tipo de discussão normalmente deixa de fornecer respostas simples ou claras quanto ao que é ou não é considerado como aceitável ou justo. Os problemas não são simples. Sua complexidade é talvez mais bem ilustrada pela atitude social mais aparente, que é refletida ou reforçada nos meios de comunicação, a respeito da sorte.

Se um astro dos esportes ganha por ano centenas de milhões de dólares (ou libras, ou praticamente qualquer outra moeda), isto é justo? Provavelmente não, se a medida de justiça tem algo a ver com esforço, execução, dedicação e coisas semelhantes, proporcionalmente aos esforços de outros. Aqueles que não chegam ao topo muitas vezes fazem o mesmo esforço que os astros, mas seus ganhos são muito menores. Os dons que os astros possuem podem ser, principalmente, assim considerados: dons naturais, indubitavelmente afiados pela psicologia. E a economia regida pela televisão tem servido para amplificar as recompensas dos astros, reforçando sua celebridade e permitindo que milhões e milhões de pessoas possam vê-los. Nesta sociedade que por isso tem sido apropriadamente qualificada como aquela onde "o vencedor leva tudo", a diferença entre os ganhos daquele punhado de astros e os dos segundo ou terceiro níveis que são apenas excelentes tornou-se imensa.

Assim, mais uma vez, é justo? É justo existir tal diferença entre rivais pertencentes a uma mesma geração, ou entre astros de equivalente qualidade mas de gerações diferentes? Babe Ruth não era rico como um astro do beisebol; Stanley Mathews seria pobre, se comparado a um jogador do futebol europeu contemporâneo. Bem, se não é justo, ninguém parece se preocupar muito com isso. As pessoas parecem não fazer muita objeção a essa espécie de sorte. A coisa importante em relação aos esportes, ou ao cinema, é que, de um modo geral, o dom para se ter um bom desempenho nessas atividades podia ter sido dado a qualquer um de nós. Ou, pelo menos, é o que as pessoas parecem pensar. O mesmo acontece com a sorte de se ganhar numa loteria, ou em outra espécie de jogo: o vencedor de um prêmio milionário não é alvo de ressentimentos. Ele ou ela apenas tiveram sorte. Se surge algum ressentimento é geralmente devido ao que eles escolheram fazer com o dinheiro, e não devido à sorte que tiveram.

Contudo parece haver alguma diferença entre as atitudes das pessoas com relação às recompensas na atividade empresarial e à sorte no emprego convencional. Se Bill Gates, da Microsoft, ou Larry Ellison, da Oracle, se tornam extraordinariamente ricos devido ao aumento do valor das ações de suas empresas de *software*, isto não parece causar um grande ressentimento. Suas idéias e a bem-sucedida aplicação delas fazem com que a riqueza pareça merecida, quer se pense ou não que a recompensa possa ser desproporcional ao esforço e ao talento empregados. Poderia ter acontecido com qualquer um de nós, se tivéssemos a sorte de ter as idéias de Bill Gates, e então a determinação para fazê-las funcionar. Porém se um mero executivo principal de uma empresa, um empregado, ganha centenas de milhões como remuneração e opções para ações, há, às vezes, um clamor de descontentamento, porque ele não é um empresário, alguém que corre riscos, não é um introdutor de novas idéias ou claramente um gênio. Isto difere entre países. O enorme pagamento que recebe Michael Eisner, da Disney, provoca nos Estados Unidos um simples murmúrio, ao passo que causaria muita desaprovação na Grã-Bretanha, na França ou na Alemanha.

Um problema é saber se a recompensa deveu-se a algum claro abuso de posição — em outras palavras, se foi a própria pessoa que aumentou sua remuneração — ou se provém de uma mescla de sorte e boa performance da companhia. Na verdade, durante os anos 90 as expectativas pareceram mudar com respeito ao que os jornais ingleses apelidam de "salários de gatos gordos". Remunerações enormes provocavam pouco barulho se pareciam estar ligadas a resultados especialmente positivos da empresa do executivo. Na realidade, muitos dos pacotes salariais realmente grandes em ambos os lados do Atlântico ao final dessa década surgiram por causa de algo que era, mais ou menos, inesperado: os pagamentos eram ligados à elevação dos preços das ações da companhia, e esse foi um período no qual virtualmente todo o mercado acionário aumentou substancialmente de valor. Desse modo, aqueles executivos que estavam ocupando os principais cargos ao final da década de 1990 e em 2000 viram-se mais ricos do que jamais haviam sonhado, e bem além do que seus antecessores no início dos anos 90 ou 80. Embora fosse possível alguém se dar mal, era difícil não se dar bem. Grande parte dos ganhos era resultado da sorte, exatamente como acontecia com os astros do esporte ou com os premiados pelas loterias, e os felizes ganhadores justificavam seus recebimentos com o fato de que outros executivos também estavam tirando a sorte grande naquele mesmo momento. Em outras palavras, tratava-se principalmente do mercado em operação, e ele estava trazendo sorte. Todavia, não era apenas isto: como mostraram os grandes escândalos corporativos nos Estados Unidos em 2002 que se verificaram em firmas como Enron, WorldCom e Tyco, altos executivos também usavam seu poder para amplificar sua sorte, distorcendo as contas de lucros e perdas para que mostrassem números que aumentassem os seus bônus, ou persuadindo dóceis conselhos de administração a votar gigantescos prêmios em opções de compra de ações e lhes emprestar enormes somas de dinheiro que depois eram "perdoadas" e, assim, se transformavam simplesmente em remuneração.

Enquanto isto acontecia no topo da escala dos rendimentos e da riqueza, os pobres tanto na Europa como nos Estados Unidos não estavam se tornando muito mais ricos, se é que melhoravam alguma coisa. Um grupo estava ficando um pouco melhor: os que haviam estado desempregados e que agora encontravam trabalho numa economia em crescimento. Mas em sua maior parte, os grupos de mais baixa renda não se saíram bem. Também não pioraram, pela maioria dos critérios. Mas a diferença se alargou acentuadamente. Uma subclasse sempre havia existido, mas agora seu número aumentara.

Se o passado fosse um guia, seria de se esperar que isto significasse que uma nova reforma democrática estaria para acontecer, sob a pressão dos despossuídos. Mas ela é improvável, para se dizer o mínimo, pelo menos nos Estados Unidos e na Europa ocidental, porque todos nesses países já têm o direito de voto e direitos civis igualitários. Não existe nenhuma nova ampliação da democracia que possa ser oferecida para subornar os dissidentes. O mesmo é verdade quanto ao Japão. Contudo, em países desenvolvidos, mas não-democráticos, o que significa essencialmente alguns dos "tigres" do Extremo Oriente, e também algumas partes da América Latina, a pressão por uma reforma democrática irá crescer. Se os governos desses países não encontrarem um modo de aliviar a pressão, esta pode se tornar explosiva. E o mesmo irá ser verdade, no devido tempo, para a China, como já foi discutido no capítulo 3, pois à medida que esse enorme país se desenvolve, as desigualdades nele existentes irão causar problemas sociais e políticos, se não houver um canal político por meio do qual elas possam ser resolvidas pacificamente.

Contudo, o aumento da desigualdade significa que os governos democráticos se sentirão obrigados, sob a pressão do descontentamento dos eleitores, a redirecionar seu dinheiro e seus recursos legislativos no sentido de reduzir a desigualdade? Voltando à pergunta com que foi iniciado este capítulo, a desigualdade irá ser novamente um dos principais temas políticos das primeiras décadas do século XXI, assim como foi no início do século XX?

Para se encontrar uma resposta, as democracias precisam ser separadas umas das outras. As democracias plenas têm os canais e os meios para aliviar qualquer pressão gradualmente, muito antes que se torne explosiva. Isto não impede que a desigualdade seja um problema importante: ela apenas pode exercer sua influência no decorrer de um longo período em vez de explodir num "big bang". Mas existem também muitas razões para se perguntar se a desigualdade virá a ser um problema realmente muito importante. Isto pode soar como complacência. Mas não é esta a intenção; pelo contrário, a intenção é que isso seja analiticamente preciso. Pobreza, dor e sacrifício podem perfeitamente se tornar problemas políticos importantes no Ocidente, sempre que sejam sofridos por um grande número de pessoas. Se expansões econômicas se transformam em recessões, as pessoas sofrem e ficam irritadas com isso. Podem até acumular algum

DESIGUAL (I)

ressentimento contra aqueles que mais se beneficiaram com a sorte durante os tempos de expansão. Mas nesses momentos o conflito será, na realidade, a respeito de empregos e pobreza, ou sobre como impedir que as empresas cometam abusos que fazem com que os executivos recebam mais do que merecem. Isto não é o mesmo que luta sobre a desigualdade em si.

A razão para isso encontra-se no ponto exposto anteriormente, de que, graças à economia baseada na educação em massa e no conhecimento, a dolorosa divisão na sociedade não é mais entre grupos da massa da população, ainda menos entre os muitos infelizes e os poucos felizes. É agora uma divisão entre os muitos felizes e os poucos infelizes; entre as massas razoavelmente satisfeitas e a subclasse dos socialmente excluídos.

Certamente existe também uma divisão entre as massas satisfeitas e o pequeno grupo dos super-ricos. Mas isto não parece ser uma divisão perigosa, enquanto as sociedades respeitarem uma condição importante: a meritocracia ou alguma coisa parecida. Enquanto o acesso ao grupo no topo parecer estar aberto a todos, com base em mérito ou na sorte, em vez de ser restringido ou protegido de algum modo pelos membros desse grupo, essa divisão provavelmente será aceita. Não irá ser necessariamente considerada bem-vinda ou apreciada; os gostos variam sobre este ponto de acordo com as circunstâncias econômicas, e diferem entre os países. Mas o ressentimento contra os super-ricos provavelmente não irá provocar uma ação política significativa porque não há razão para a maioria concluir que iria ganhar muito, ou alguma coisa, por tomar, total ou parcialmente, a riqueza do grupo no topo (pois distribuída pela maioria, essa riqueza não chegaria muito longe). E o pensamento de que eles, ou seus filhos, possam, algum dia, pertencer ao grupo super-rico age como mais um desestímulo a tomar o dinheiro ou a ferir os seus atuais possuidores.

O problema real em potencial para as sociedades democráticas nas próximas décadas será a divisão entre os muitos felizes e os excluídos. Esta divisão é mais claramente definida pela educação (a proporção de pobres entre os que abandonam o ensino médio nos Estados Unidos é sete vezes maior do que a que existe entre os diplomados pelas faculdades), mas não se limita a ela. Nem é um problema cujo tamanho está fixado. Naqueles períodos em que o capitalismo nos faz lembrar sua inerente instabilidade, o número de excluídos irá aumentar, quando os que trabalham em funções que não requerem qualificação começam a perdê-las, e se vêem impossibilitados de encontrar novos empregos. A diferença entre essa mão-de-obra não-qualificada e os excluídos não é, de forma alguma, nítida; na verdade, pesquisas indicam que existe, ao longo do tempo, uma considerável movimentação entre essas duas categorias, à medida que as pessoas entram ou saem dos trabalhos mal remunerados. Durante as recessões, os ricos perdem mais dinheiro do que os pobres, porque seus ativos perdem valor, mas eles ainda ficam com muito. Os pobres perdem menos, mas têm menos para perder.

Estes também têm menos para perder se procuram desafiar o sistema político, social e judicial da sociedade em que vivem. Afinal de contas, antes de tudo, eles não estão recebendo muita coisa desse sistema. E são uma minoria, assim não irão ser capazes de ganhar mais recursos por meio dos métodos democráticos normais, a não ser que as classes médias votem com eles por medo da instabilidade ou por preocupações humanitárias. O incentivo para eles criarem problemas, agindo em grupo ou individualmente, será forte.

A questão, então, é saber se é provável que esse venha a ser um problema significativo, definidor do novo século, ou apenas uma permanente dor de cabeça. A última hipótese é mais provável do que a primeira. Se a pobreza chegasse a tornar realmente um assunto explosivo, teria sido porque todo o sistema econômico estava falhando, como aconteceu na década de 1930, e não porque estivesse atendendo razoavelmente bem à maioria e de maneira insatisfatória a uma minoria.

Mesmo que não ocorra um desastre econômico, haverá, porém, uma dor de cabeça para as sociedades ricas modernas enquanto a existência de uma ponderável subclasse de excluídos alienados for capaz de ameaçar a segurança e o padrão de vida da maioria. Será uma dor de cabeça para a polícia, para o sistema judicial e para as prisões, e irá aumentar os respectivos custos. Será uma dor de cabeça para a democracia representativa: lidar com minorias nunca é algo que a democracia possa fazer com

DESIGUAL (I)

facilidade, como tem sido demonstrado, através de décadas, em qualquer país no qual uma grande minoria étnica viva ao lado de uma maioria homogênea (como é o caso de muitos dos países da Europa central e oriental e dos Bálcãs).

Essa dor de cabeça, todavia (repetindo esse ponto para lhe dar maior ênfase), não é diretamente o resultado da desigualdade em si. Ela não se tornará pior quando a distribuição geral da renda apresentar maior dispersão, nem melhor quando a distribuição se tornar mais uniforme. O problema real independe do grau geral de desigualdade em sociedades democráticas. Ele é, e continuará a ser, um problema de uma subclasse, despossuída, deprimida e alienada, problema que é agravado de tempos em tempos pelo crescimento desse grupo durante as depressões econômicas.

A solução desse problema, a longo prazo, dependerá quase inteiramente da melhoria da educação pública, e de outras iniciativas para garantir que todos os habitantes de um país possam partilhar dos benefícios do crescimento econômico. O desafio para os políticos no poder será persuadir seus eleitores de classe média a pagar por esse investimento educacional, mesmo quando ele não os beneficie diretamente. Mas seja em fases de expansão ou de depressão, o diferencial em riqueza entre alguém nesse grupo e alguém como Bill Gates não será o que importa. O que irá importar será a diferença entre a subclasse e todos os demais. Em outras palavras, o confronto será aquele em que os poucos pobres serão enfileirados contra os muitos que estão bem de vida. E isto é o oposto do problema criado pela crescente desigualdade entre os poucos países ricos e os muitos países pobres.

10.
Desigual (II)

O mundo nunca foi mais rico. Para dizer isto de outro modo, mais preciso, as pessoas ricas do mundo nunca foram mais ricas, mais numerosas e mais produtivas. Mas, como uma proporção da população do mundo, os ricos (palavra que neste capítulo abrange todos os habitantes dos países industrializados e desenvolvidos, situados principalmente na América do Norte, na Europa ocidental e no Japão) constituem uma minoria bastante pequena. Com generosidade, podem ser definidos como sendo cerca de um bilhão do total de 6 bilhões de pessoas do mundo. Dos outros 5 bilhões, 2,8 bilhões vivem com uma renda de menos de US$ 2,00 por dia, segundo o Banco Mundial. Destes, 1,2 bilhões vivem com menos de um dólar por dia. Mais de 40% destes 1,2 bilhões estão no sul da Ásia — isto é, na Índia, em Bangladesh, no Paquistão e em Sri Lanka; 23% estão no leste da Ásia, que inclui a China. Não se preocupe com a exclusão digital, que atinge aqueles que não podem usar a Internet: existem bilhões de pessoas que nunca usaram sequer o grande avanço tecnológico do final do século XIX, inventado por Alexandre Graham Bell, o telefone.

Os pobres, disse Jesus Cristo, estão sempre conosco. Contudo, alguns princípios econômicos básicos sugerem que eles poderiam não ter estado, pelo menos não em tão grande número. Em 1900, se fosse mostrado a um economista todo o progresso tecnológico que iria acontecer no transcorrer do novo século, especialmente em transportes e comunicações que encolheriam o mundo, ele (pois naquela época um economista seria certamente do sexo masculino) teria inicialmente tido um choque de incredulidade. Mas depois ele bem podia ter feito a seguinte previsão: que a diferença de patrimônio e de renda *per capita* entre países ricos e pobres iria diminuir à medida que o mundo encolhesse e as idéias cruzassem as fronteiras. Quanto a diferença iria diminuir ele não teria certeza. Mas diminuir ela iria.

Uma razão óbvia pela qual existem tantas pessoas pobres é que existem agora tantas pessoas a mais do que antes. Mas mesmo as proporções de ricos e pobres descritas no parágrafo inicial iriam parecer estranhas a qualquer economista que tivesse estado realmente convencido de que o mundo iria assistir a um crescimento econômico acelerado como aquele de que gozou, e de que iria haver tamanho progresso tecnológico. Em certo sentido, as idéias de Karl Marx se confirmaram: o mundo tornou-se mais e mais dividido entre os poucos ricos e os muitos pobres — exceto que ao invés de se entreolharem com raiva dentro do mesmo país, os dois grupos vivem separadamente, não apenas em diferentes países mas em diferentes continentes.

A diferença entre nações devia ter diminuído por duas simples razões. A primeira é que as idéias podem cruzar as fronteiras com facilidade, disseminando ganhos de produtividade ao longe e ao largo. É difícil inventar a eletricidade, ou uma nova maneira de fazer um arado, ou uma nova variedade de arroz de alto rendimento. Mas uma vez que a invenção está feita, deveria ser fácil aplicar essas idéias por todo o mundo, onde quer que os benefícios de fazê-lo fossem potencialmente maiores. E esses benefícios deveriam ser maiores nos países que estão mais atrasados, porque o ganho adicional de uma nova idéia deveria ser maior nesses lugares. Em princípio, isto indicaria que aqueles países que se desenvolvem mais tarde deviam ser capazes de progredir mais rapidamente, e deviam, por isso, ser capazes de alcançar os países mais ricos que se desenvolveram antes.

Um obstáculo a esse processo que pode ser lembrado de imediato é a propriedade dessas novas idéias, por meio de patentes, marcas comerciais e leis sobre direitos autorais. Isto é verdade. Mas a segunda razão para se esperar que as rendas e a riqueza entre as nações se aproximem pode contradizer essa objeção. Essa razão é o instinto próprio do capitalismo de investir dinheiro onde quer que os potenciais retornos sejam maiores. Para as novas idéias, estes deveriam ser maiores nos países mais atrasados, ainda uma vez porque, neles, o ganho adicional da aplicação de novas idéias deveria ser maior. Assim, todos os incentivos para os detentores de patentes, marcas comerciais e direitos autorais — ou propriedade intelectual, como são coletivamente designadas essas prerrogativas — deveriam investir nos países atualmente mais pobres ou licenciar suas invenções a outros que desejassem lá investir, ajudando-os, dessa maneira, a diminuir suas diferenças em relação aos países mais ricos. A abertura das fronteiras ao comércio e aos investimentos deveria significar que patentes e outros direitos se tornariam agora ainda mais valiosos, porque existe a oportunidade de sua exploração por todo o mundo. A própria natureza do capitalismo deveria, nesta análise, querer dizer que o hiato internacional entre ricos e pobres deveria diminuir.

Estas razões são simples, mas também simplistas — o que é outra forma de dizer que provaram ser erradas. Em si mesmos, ambos os princípios são plausíveis e até, em um sentido limitado, corretos, mas eles não operam por si mesmos. Outros fatores têm bloqueado o fluxo de idéias — ou têm feito os retornos a serem ganhos com sua implementação nos países pobres muito menos atraentes do que poderiam ter sido.

O duro fato é que o hiato entre ricos e pobres não diminuiu. Ao invés disso, o hiato aumentou substancialmente. De acordo com um estudo de Lant Pritchett, do Banco Mundial, na edição do verão de 1997 do *Journal of Economic Perspectives*, em 1870 as nações industriais mais ricas do mundo, Grã-Bretanha e Estados Unidos, tinham uma renda *per capita* cerca de nove vezes maior do que a da nação mais pobre. Em 1990, a renda *per capita* dos Estados Unidos era mais do que 45 vezes a renda *per capita* do Chade ou da Etiópia, digamos. Pritchett calcula que em 1870 as dezessete nações mais ricas tinham em média uma renda *per capita* 2,4 vezes mais alta do que todas as outras; em 1990, as dezessete no topo eram 4,5 vezes mais ricas do que o restante. Mais recentemente, para citar uma medida diferente, o Banco Mundial calculou que a renda média nos vinte países mais ricos do mundo é 37 vezes a renda média dos vinte países mais pobres, e o hiato dobrou nos últimos quarenta anos. Daí o título do estudo de Pritchett: *Divergence, Bigtime* [Divergência, a grande estrela].

Isto é especialmente surpreendente dado um dos primeiros grandes eventos do século: a derrota naval da Rússia pelo Japão em 1905. Isto foi tido como um sinal de que o equilíbrio do poder mundial estava se afastando dos europeus; ou, de maneira mais neutra, que a Revolução Industrial poderia agora se enraizar em outras culturas, não-européias. O Japão, desde 1860, estava importando tecnologia e, embora tivesse um alto padrão de vida antes disso, estava ansioso por se equiparar ao Ocidente e assim o fez em termos industriais, primeiro na década de 1930 e de novo no início dos anos 60. Idéias vieram da Europa e da América do Norte e foram aplicadas com sucesso no Japão. Este país não-europeu, bem distante da Europa e dos Estados Unidos, conseguiu se equiparar ao Ocidente e até (durante os anos 1960, 1970 e 1980) sobrepujar os países ocidentais, exceto os Estados Unidos, em termos de PIB total.

Depois de 1950, este mesmo truque de estreitar o hiato foi efetuado por um pequeno grupo de outros países no leste da Ásia: primeiro a Coréia do Sul, Taiwan, Cingapura e Hong Kong, e depois China, Malásia, Tailândia e Indonésia. Nenhum conquistou ainda o mesmo grau que o Japão, mas todos diminuíram o hiato e aumentaram seu padrão de vida de maneira espetacular. Por esta razão, o número de pessoas no leste da Ásia vivendo com menos de US$ 1,00 por dia caiu, entre 1987 e 1998, de 420 milhões para 270 milhões. Mas em outras partes do mundo — notadamente na África subsaariana, Europa oriental, Ásia central e sul da Ásia — os números em pobreza abjeta subiram. O total conjunto caiu, graças àqueles grandes ganhos no leste da Ásia, mas apenas levemente. No todo, a desigualdade estava tão mal como sempre.

Talvez, como em tantas coisas, são só os economistas que acham isso surpreendente. Muitas pessoas pensam que os dados estão viciados, e sempre estarão, para ajudar os sortudos a terem sorte e assegurar que os pobres permanecerão pobres. No entanto, também houve vezes, nos anos 20, por exemplo, e no início dos anos 90, quando os povos mais ricos

DESIGUAL (II)

temiam que sua sorte fosse virar: que capital móvel mais custos baixos de transporte significariam que sua indústria estava para se mudar para onde quer que os salários fossem mais baixos. Ross Perot, flagelo do Tratado Norte-Americano de Livre Comércio (NAFTA), que em 1994 uniu México, Canadá e Estados Unidos em uma zona livre de comércio, falou de um "grande som de sucção" que iria empurrar empregos americanos sul abaixo, através das fronteiras, para o México. Seu argumento se baseava naquele simples raciocínio usado anteriormente: uma vez que não houvesse mais barreiras entre os dois países, seria mais barato produzir coisas no México, e assim qualquer empresário racional iria levar sua tecnologia e capital para lá. O México se daria bem com o negócio, enquanto nos Estados Unidos as taxas de desemprego se elevariam e as de crescimento econômicos ficariam estagnadas. Em outras palavras, o hiato econômico entre os dois países se estreitaria.

De fato, nos anos desde que o NAFTA nasceu, ambos os países têm ido bem. O México começou com uma crise de desvalorização em 1995 e uma recessão, ao contrário dos avisos de Perot, mas se recuperou rapidamente. Os Estados Unidos, longe de ter seus empregos sugados para longe deles, têm usufruído queda no desemprego, e, ainda mais, têm sugado trabalho mexicano norte acima, através do Rio Grande, por meio de imigração legal e ilegal. O NAFTA não causou a animação na economia americana e todo aquele crescimento na oferta de emprego, no final dos anos 90; seus efeitos na economia como um todo foram mínimos. Mas foram minimamente positivos mais do que negativos.

Na verdade, crescimento mais rápido nos países pobres não seria uma ameaça aos países ricos; seria bom para todo o mundo, uma vez que se ocorresse nós iríamos cada um comprar mais do outros seus bens e serviços e ter a chance de ficar ainda mais ricos. Assim pessoas mais radiantes têm também periodicamente previsto que a mais recente dessas predições estava em *The Race to the Intelligent State,* um livro de 1993 de Michael Connors, um gerente de fundos (antes economista trabalhista) britânico, que argumentava que a tecnologia de informação poderia muito bem chegar mais rápido aos países mais pobres do que nos ricos, assim como ajudar os pobres a subverterem suas ditaduras.

Não aconteceu até agora, ao menos não extensivamente. Mas se acontecesse, seria uma mudança bem-vinda.

Estes são os fatos desalentadores. A desigualdade entre os países tem aumentado mais do que diminuído, por um longo período. Na maior parte, isso tem ocorrido mais porque os países ricos ficaram mais ricos do que porque os pobres ficaram mais pobres, embora também seja o caso que os países pobres tiveram um crescimento populacinal mais rápido nas décadas recentes e assim os pobres se tornaram bem mais numerosos. E alguns países na África subsaariana de fato ficaram mais pobres em termos absolutos também.

Para sermos um pouco mais otimistas a esse respeito, precisamos deixar a história um pouco para trás e focalizarmos o passado mais recente. Nos últimos vinte anos, algumas medidas demonstraram que a desigualdade de renda começou a diminuir de novo, especialmente naqueles países do leste da Ásia já citados. "Especialmente" dá a pista: a razão pela qual a desigualdade parece ter diminuído nesse período é porque o maior país do mundo, a China, tem crescido rapidamente desde 1980, tirando centenas de milhões de chineses da absoluta pobreza. A Índia, também, começou a ter maior crescimento econômico desde 1990. Este fenômeno de mais rápido crescimento nos dois países mais populosos do mundo sobrepõe todos os outros nas décadas finais do século XX. Se os excluíssemos dos dados, voltaríamos à tendência de longo prazo — a desigualdade vem crescendo. Mas é crucial incluí-los.

As medidas de desigualdade que são usadas por economistas e comentaristas variam enormemente. Rendas podem ser comparadas por países ou pesadas por população, ou usando taxas normais de câmbio, ou ajustadas por diferenças no poder de compra. Os desoladores e básicos dados demonstrados acima são baseados na taxa normal de câmbio. Mas isso aumenta o hiato, porque, usando as taxas comuns de moeda, estamos efetivamente comparando a capacidade de um americano e um malásio comprarem iguais bens e serviços na cidade de Nova York, enquanto que o que realmente determina o hiato entre os dois padrões de vida são as respectivas capacidades de comprar bens e serviços comparáveis em seus países de origem. Assim, a medida mais justa de desigualdade de renda seria aquela ajustada para obter paridade de poder de compra (PPC), porque tais ajustes suavizam flutuações de moedas e também levam em consideração os custos dos muitos bens e serviços que não são comercializados além das fronteiras mas que fazem grande parte dos gastos das pessoas.

Se em 1997, às taxas de câmbio do mercado, as rendas dos 20% de pessoas mais ricas do mundo eram 74 vezes mais altas do que as dos 20% mais pobres (de acordo com a ONU), em termos de poder de compra essa diferença se estreita enormemente, caindo para cerca de 15 vezes apenas.

Segundo um artigo publicado na *Economist* em abril de 2001 por Robert Wade, um professor de Economia Política e Desenvolvimento da London School of Economics, se utilizarmos aquela que ele considera a medida mais justa, isto é, baseada na PPC e ponderada pela população, e incluindo-se a China, então nos últimos 25 anos, constatamos que, no total, tem ocorrido pouca alteração da desigualdade de renda. Isto pelo menos já é uma melhoria, se comparado com os 75 anos anteriores, período em que a desigualdade por essa mesma medida aumentou. Contudo, ele argumenta também que a China distorce o quadro. Se considerarmos a realidade econômica e social subjacente da China em lugar das fronteiras oficiais, então, afirma ele, a China deve ser encarada como, pelo menos, dois países, a China-urbana, incluindo as cidades costeiras onde a maior parte do recente crescimento tem ocorrido, e a China-rural, onde houve muito menos progresso. Xavier Sala-i-Martin, da Universidade de Colúmbia, porém, discorda. Em um artigo escrito para o National Bureau of Economic Research em 2002, intitulado *The Disturbing 'Rise' of Global Income Inequality*, ele afirma que esses ajustes distorcem o verdadeiro quadro. Graças ao crescimento da China e da Índia, a proporção da população mundial que vive com menos que US$ 2,00 por dia caiu realmente de 44% em 1970 para 8% em 1998. A desigualdade, portanto, deve estar diminuindo.

Ainda assim, pobreza e desigualdade continuam imensas, qualquer que seja a medida empregada. Isto nos deixa com duas perguntas. Primeiro, de que maneiras pobreza e desigualdade devem nos preocupar? E, segundo, por que elas perduram? Às quais pode ser acrescentada uma terceira: o que pode ser feito acerca delas?

Por que a desigualdade tem importância? A resposta mais imediata é que a desigualdade de rendas no mundo tem importância por razões humanitárias. É trágico que as vidas de tantas pessoas sejam estragadas por falta de recursos e de tecnologia moderna, quando esses recursos e essa tecnologia estão à distância de um telefonema ou de poucas horas de vôo. É não somente uma tragédia, é uma tragédia aparentemente evitável: se os países ricos sabem como enriquecer, assim como curar toda espécie de doenças, é uma tragédia que tantos dos países pobres tenham sido incapazes de imitá-los. Além do mais, essa mesma tecnologia moderna faz com que seja possível para os ricos tomar conhecimento de tal pobreza com muito mais facilidade do que no passado, graças às viagens a jato e à televisão, e assim fomes e miséria são muito mais visíveis. A pressão humanitária para se tentar fazer alguma coisa a respeito da pobreza deve, portanto, crescer cada vez mais.

Colocando de um modo mais voltado ao interesse próprio, essa desigualdade também tem importância porque representa uma imensa oportunidade perdida: se os países pobres fossem mais desenvolvidos e mais ricos, poderíamos todos nos tornar ainda mais ricos, por causa de todo o comércio, investimento e inovação tecnológica adicionais que iriam ocorrer. Isto poderia alarmar os ambientalistas que temem o desenvolvimento (ver mais sobre eles no capítulo 11), mas não deveria alarmar as pessoas em quaisquer outros aspectos. Há aqui um paralelo com as décadas de 1940 e 1950, quando os Estados Unidos eram de longe o país mais rico do mundo, e a economia da Europa estava devastada pela guerra. Os americanos criaram o Plano Marshall para canalizar recursos de investimento para a Europa, com a esperança de que esta se tornasse assim mais rica, o que, por sua vez, iria ajudar os Estados Unidos a também prosperar. O mundo rico tem interesse em ajudar o mundo pobre a prosperar porque também ele irá se beneficiar.

Existem outras razões de interesse próprio para se preocupar com a desigualdade e com aquilo que a sustenta, a pobreza. Uma delas é que um país mais pobre é mais propenso a ter instituições políticas e sociais débeis, que têm maior probabilidade de depois afundarem em caos ou guerra civil. Isto é mais provável quando o país é pobre em termos de atividade econômica direta de seus cidadãos, mas, por outro lado, possui alguns recursos naturais valiosos, como os diamantes em Serra Leoa. Forças internas e forças vindas do exterior provavelmente irão lutar para botar as mãos nesses recursos. Caos e guerra civil são, em sua essência, problemas locais que não precisam afetar o resto do mundo, mas irão provavelmente envolver seus vizinhos, com risco de criar um conflito regional mais amplo quando países ou facções entrarem em disputa para explorar o vácuo deixado pelo Estado em colapso.

Países mais pobres e instáveis são mais propensos a abrigar e fomentar dois outros males: doenças e terrorismo. A doença pode muito bem contribuir para a pobreza, em vez de ser uma conseqüência dela. Mas acontece também que um país pobre provavelmente carece da infra-estrutura, bem como dos recursos para poder lutar contra doenças epidêmicas, como os vírus da imunodeficiência humana que causam a Aids ou o Ebola, e estas doenças podem então se tornar capazes de se disseminar através das fronteiras por outros países.

O perigo do terrorismo é mais óbvio: pessoas descontentes, sem esperanças, podem querer descarregar suas queixas sobre os ricos, mais felizes, e provavelmente irão encontrar grande quantidade de recrutas prontos para cumprir missões terroristas perigosas ou mesmo suicidas. Os ataques terroristas de 11 de setembro de 2001 confirmam este ponto apenas indiretamente, pois os terroristas que os executaram não eram nem pobres nem destituídos de esperança. Mas eles e seus seguidores, ao que parece, acreditavam que os países islâmicos em geral eram pobres e sem esperança, depois de séculos de humilhação nas mãos do Ocidente. E esta afirmação aplica-se diretamente ao Afeganistão: se este país não fosse extremamente pobre seria improvável que viesse a abrigar os terroristas da al-Qaeda. Países ricos também criam terrorismo, mesmo sem os movimentos separatistas que existem no País Basco e na Irlanda do Norte; a Alemanha teve a gangue do Baader-Meinhof nos anos 70, a Itália as Brigadas Vermelhas e mesmo os Estados Unidos tiveram a Frente Simbionesa de Libertação. Mas os participantes desses movimentos não foram suficientemente numerosos para constituírem um problema para seus governos ou para qualquer outro país. A pobreza e o desespero atuam como um agente de recrutamento para terroristas mais poderoso do que a simples alienação ou a crença anarquista.

Uma razão mais direta pela qual as pessoas se preocupam com a desigualdade é a migração. Ao longo do tempo, a imigração tem sido um enorme benefício econômico para o mundo rico, porque ela tem trazido novas energias, novas aptidões e mão-de-obra barata para suas economias e sociedades. Todavia, no curto prazo ela pode provocar hostilidade política e social, devido ao medo das comunidades receptoras de mudanças súbitas, de pressões sobre o mercado de trabalho e os serviços sociais, e pela mera perturbação cultural. Quanto maior a diferença de rendas e de padrões de vida entre os países, maior o incentivo para os habitantes dos países mais pobres emigrarem para lugares onde possa haver maiores oportunidades. No início do século XX, ocorriam grandes movimentos de pessoas, principalmente das Europas ocidental e central, para os países da nova fronteira que se abria, como Estados Unidos, Canadá, Argentina, Austrália e Nova Zelândia, onde parecia haver muito mais oportunidade, tanto econômica como socialmente. Hoje, o homem pobre está novamente batendo à porta dos Estados Unidos, que na década de 1990 recebeu a maior onda de imigrantes de todos os tempos, como também dos países europeus. No caso dos Estados Unidos, a maioria dos pobres que bate à sua porta vem das Américas do Sul e Central. No caso da Europa, a maioria vem da África, da Europa oriental (especialmente dos Bálcãs), do mundo árabe e até mesmo da China.

Porém a História não mostra que haja uma relação simples, linear, entre desigualdade e migrações. A motivação para alguém transferir seu lar, e mesmo sua família, de um país para outro é muito mais complexa, pois os incentivos para permanecer num mesmo lugar são fortes: língua, cultura, a rede de amigos e parentes e a relação entre os custos de vida, isto sem se levar em conta as barreiras legais quanto a saída e entrada. Se diferença de renda fosse tudo o que importa, então a maior parte da população da Rússia teria certamente pulado num trem e rumado para oeste durante os anos 1990.

DESIGUAL (II)

Para explicar o fluxo de migrantes, o bom senso requer uma combinação de circunstâncias: leis permissivas e oportunidades econômicas e sociais no país de destino; um sentimento de desespero e desesperança, ultrapassando um mero desapontamento ou resignação, no país natal. Até pode acontecer que um crescimento modesto em um país encoraje a emigração, pois dá às pessoas os recursos para pagar a viagem para um novo lar em potencial, e as faz se sentirem a ponto de poderem enfrentar os consideráveis riscos envolvidos. Contudo, esta não é uma razão para que haja oposição ao crescimento do mundo pobre, mas antes uma razão para querer que ele se faça de modo sustentado e mais vigoroso. Se o mundo pobre estivesse, de modo amplo e sustentado, alcançando o mundo rico como fez o Japão nos anos 60 e 70, haveria muito menos migrantes batendo às portas dos ricos — ou, então, aqueles que migrassem apenas por um certo tempo iriam em breve retornar para explorar novas oportunidades no país natal.

Outras pessoas preocupam-se com a desigualdade por medo de uma guerra: o medo de que países que sentem que são incapazes de melhorar seus padrões de vida e seu sentimento de poder pelos meios econômicos convencionais podem ser tentados a usar métodos militares como um atalho. Como uma proposição geral, este argumento não convence, pois um país mais pobre em geral é militarmente fraco, embora, apesar disto, os países do Pacto de Varsóvia liderados pela União Soviética tenham sido um inimigo formidável da OTAN durante a Guerra Fria. De uma maneira geral, contudo, os ricos serão sempre capazes de derrotar países pobres em qualquer coisa que não seja uma guerra de guerrilha — e este método de luta pode ser comum em guerras civis ou em guerras de libertação, mas não coloca outros países em perigo físico, exceto o causado pelo terrorismo. Mas em certas circunstâncias o argumento pode ter validade. A Coréia do Norte, por exemplo, há muito tempo tem usado a ameaça de um ataque militar, tanto contra seu compatriota ao sul como contra o Japão ou os Estados Unidos, como meio de chantagear os ricos. O Iraque invadiu o Kuwait em 1990 para apossar-se de seu petróleo, e também, simplesmente, para fazer uma afirmação territorial. Em outras palavras, a desigualdade pode levar ao aumento do número de ditaduras imprevisíveis

— um tanto eufemisticamente chamados de "Estados delinqüentes" (e ainda mais eufemisticamente chamados pelo Departamento de Estado dos Estados Unidos de "Estados preocupantes"). Esses delinqüentes se tornaram mais perigosos, à medida que a tecnologia avançou suficientemente para que sejam produzidos mísseis de longo alcance baratos o bastante para comprar e desenvolver, e utilizar como ameaça. Estes podem se tornar extremamente mortíferos se algum deles conseguir os meios para desenvolver e posicionar para ataque armas nucleares, químicas ou biológicas.

A desigualdade pode trazer também um risco de degradação ambiental, pois países pobres podem ser incapazes de lidar com segurança com poluentes tóxicos, ou estar tão desesperados em face do crescimento de sua população e da pobreza que irão permitir ações, como o desflorestamento, que têm efeitos danosos sobre o clima global. Em geral, um aumento da renda leva a um melhor controle dos danos ambientais, como será visto no capítulo 11. Alguns ambientalistas extremados mostram preocupação quanto a todo e qualquer crescimento econômico em países pobres, pois, no curto prazo, este crescimento poderia trazer novos desafios ambientais, como a queima de carvão e de outros combustíveis sujos nos lares e fábricas chineses. Mas seria com certeza intoleravelmente egoísta negar aos países pobres o progresso por essas razões. A principal razão para preocupação é a poluição que vem do desespero: o recurso pelos mais pobres a formas imprevidentes de agricultura ou de indústria, na ausência de qualquer outro meio de sobrevivência.

Essa dificuldade em comparar um tipo de receio ambiental com outro levanta uma dificuldade maior quanto ao problema da desigualdade entre países. É que é difícil descobrir que peso dar a esse problema. Como mostrado acima, existem muitas razões para preocupação com a desigualdade internacional. Qualquer pessoa dotada de coração ou consciência desejaria, ardorosamente, que a pobreza diminuísse e as oportunidades de vida para bilhões de pessoas melhorassem. Mas desejar e fazer são coisas diferentes. O que todas essas preocupações sobre a desigualdade têm em comum é que nenhuma delas produz realmente uma pressão forte, difícil de resistir, para mudanças. Enquanto que *dentro* de um país a desigualdade força a mudança política por medo de uma rebelião ou de

DESIGUAL (II)

uma subversão da democracia, não existe tal mecanismo confiável ou irresistível *entre* países.

Na verdade, é difícil evitar a conclusão de que se a desigualdade entre países tivesse realmente importância ela teria há muito tempo provocado pressões que teriam levado à sua correção, ou, pelo menos, ao seu abrandamento. O constante aumento da desigualdade dá testemunho, não de sua importância como uma *crescente* ameaça à estabilidade global, mas, sim, de sua pouca importância nesse contexto.

Essa é uma posição bastante otimista, talvez complacente, especialmente considerando-se os ataques terroristas do 11 de setembro. Mas ao menos como uma descrição do passado ela é verdadeira. É possível que as recentes mudanças ocorridas no mundo venham a tornar o futuro bastante diferente a esse respeito. A globalização tornou o mundo cada vez mais aberto, sendo agora tanto os transportes como as comunicações muito mais baratos do que antes. Isto vem melhorando continuamente o conhecimento das pessoas pobres sobre os padrões de vida existentes em outras partes do mundo, assim como aumentando sua capacidade de migrar para esses lugares, ou para neles realizar ataques terroristas. E os avanços em miniaturização e na capacidade de processamento dos computadores tornaram mais fácil, tanto para terroristas como para ditadores fora da lei, desenvolver e transportar armas de destruição em massa.

Por outro lado, a globalização está também pondo em marcha algumas forças que atuam na direção oposta. Um melhor conhecimento sobre o mundo rico também pode fazer os pobres menos suscetíveis aos radicais exaltados de seus países, pois serão enganados menos facilmente pelos esforços destes para demonizar o Ocidente. Esse melhor conhecimento, como será demonstrado no restante deste capítulo, também possibilita aos países pobres se modernizarem, diminuindo a diferença que os separa do mundo rico. Essa modernização pode, no entanto, ser pelo menos tão perigosa quanto a desigualdade que provoca instabilidade e terror, pois poderá derrubar instituições tradicionais. O Irã sofreu em 1979 uma revolução islâmica, que trouxe um regime conservador teocrático. Agora, mais de vinte anos depois, a modernização gradual da economia está afrouxando o domínio dos teocratas.

Isso se coaduna com a experiência passada. Conflitos militares desestabilizantes que mudam o mundo tendiam no passado a ocorrer principalmente quando os países estavam *melhorando* em poder econômico relativo, em vez de estarem piorando. A Alemanha, em 1914, não teria invadido a Bélgica e a França se não tivesse os recursos para pensar numa guerra, e se o seu progresso econômico não lhe houvesse trazido também frustrações quanto ao seu *status* internacional e à percepção de sua própria segurança. A Revolução Russa de 1917 ocorreu no contexto de uma guerra humilhante, mas veio após um período no qual o país havia estado bastante bem, economicamente. Os protestos na praça da Paz Celestial na China, em 1989, ocorreram ao final da melhor década de crescimento econômico daquele país em todo o século XX.

A desigualdade entre países não oferece para o mundo no século XXI um conjunto de perigos claro e conclusivo. A globalização e a tecnologia podem fazer dela uma maior preocupação para os países ricos. Mas existem também forças que atuam na direção oposta: globalização e tecnologia podem ser simultaneamente causas e soluções de problemas.

Em vez de se focalizar a desigualdade, é mais proveitoso focalizar-se a própria pobreza e o desafio moral que esta constitui. A desigualdade é causada, em primeiro lugar, pelo sucesso do país rico, não pelo fracasso do pobre. Nada se iria conseguir pela insistência em que o rico tenha menos sucesso, embora houvesse assim menos desigualdade. Mas a continuação, e mesmo a ampliação, da pobreza projeta uma sombra moral sobre esse sucesso. Serve também para definir uma imensa oportunidade, a de compartilhar mais amplamente o sucesso dos países ricos e também as idéias e os métodos que levaram a esse sucesso. Se os êxitos do mundo rico fossem realmente compartilhados, as recompensas no longo prazo seriam mútuas, porque o bem-estar de todo o planeta aumentaria enormemente, acelerando o progresso do gênero humano, tanto nos países ricos de hoje como nos de amanhã. Seria um belo resultado, quer em termos morais quer em termos práticos, um resultado que iria ajudar a embelezar aquela feia palavra, "globalização". Será possível consegui-lo?

Antes vamos tentar uma outra pergunta. Por que mais países pobres não conseguiram sair do atraso? Muitas das respostas a essa pergunta são essencialmente tautológicas. Esses países não dispõem de capacitação, seus sistemas educacionais são inadequados, sua história os bloqueia, eles têm muito pouco capital, sua cultura não é empresarial. Essas são apenas maneiras detalhadas de se dizer que os países pobres são pobres.

Dessa relação de generalizações tautológicas mas tristemente comuns, aquela que a história condena com mais clareza é a que envolve a cultura. Diz-se que os mexicanos, ao invés de trabalhar duro ou criar empresas, preferem dormir debaixo de árvores, ou mesmo de cactos, cobertos com seus *sombreros*. Tirando os *sombreros*, e talvez os cactos, você poderia substituir nessa frase depreciativa os mexicanos por qualquer outra nacionalidade, e ter uma certa chance de estar repetindo uma afirmativa feita a respeito desse outro país pobre por alguém, provavelmente um europeu ou americano expatriado, muito possivelmente, sentado à mesa de um jantar de gala na embaixada de seu país, em um passado não muito distante. "O problema é que esses nigerianos/indianos/mexicanos/papuas não querem trabalhar; nunca quiseram, nunca vão querer..."

Você pode tomar também qualquer um dos países recentemente desenvolvidos com sucesso — Japão, Coréia do Sul, China, e mesmo Itália ou Espanha, na Europa — e achar julgamentos depreciativos semelhantes quanto à sua cultura feitos no passado. Por causa de sua cultura, dizia-se, eles jamais conseguiriam progredir. Mas eles conseguiram. Ainda recentemente, nos anos 80, muitos artigos supostamente bem fundamentados estavam sendo escritos explicando que a forma da cultura confuciana individualista e fragmentária da China era a razão pela qual a economia desse país não conseguia crescer, enquanto que a cultura do Japão, voltada para o grupo, mostrava por que este havia se desenvolvido. Os chineses teriam perdido a capacidade de cooperar, de trabalhar como um grupo, característica que os japoneses haviam estimulado de maneira tão frutífera em suas fábricas maravilhosamente produtivas. Todavia, mesmo enquanto esses artigos eram escritos, o período de decolagem da China, agora já com vinte anos de vida, estava tendo início. Sem dúvida, poderão ser encontrados agora artigos que atribuem o novo sucesso da China à sua cultura individualista, ou a outra coisa qualquer. Certamente existem atualmente muitos analistas que atribuem a década ruim do Japão nos anos 90 à sua cultura orientada ao grupo.

O problema com a "cultura" começa com a natureza demasiado abrangente da palavra. Mas provém também do fato de que as culturas não são estáticas; elas mudam, juntamente com as circunstâncias em mutação. Certamente podem afetar a maneira como as nações respondem a estas circunstâncias, mas elas também são alteradas por tais circunstâncias. Em resumo, elas são inúteis como idéia explanatória independente para a razão por que certos países permanecem pobres.

Existem idéias explanatórias úteis? Considerando que a questão do porquê de alguns países permanecerem pobres e outros se tornarem ricos é um dos temas mais fundamentais da economia e da história econômica, seria tolo pretender que haja uma concordância universal sobre a resposta. Todas as tentativas de resposta são, por sua própria natureza, supersimplificações, e o restante deste capítulo não será exceção. Mas especialmente quando os legados tanto do domínio colonial como do planejamento centralizado do comunismo entram para a história, o quadro fica pelo menos mais claro.

As constatações da história são bastante simples, ainda que não esteja se tornando mais fácil implementá-las. De qualquer modo, para se acreditar nelas é necessário antes de tudo acreditar no capitalismo e no fato de que ele foi o único gerador bem-sucedido de melhorias sustentadas do bem-estar da humanidade até agora descoberto. Em seguida é necessário descobrir o que é que faz o capitalismo funcionar. Ou, em outras palavras, é preciso descobrir o que há de diferente entre os lugares onde ele funciona e onde ele não funciona.

É isto exatamente o que um estudo internacional, *Economic Freedom of the World*, tem procurado fazer todos os anos, desde que foi publicado pela primeira vez em 1996 por onze grupos de estudiosos de várias partes do mundo, liderados pelo Fraser Institute do Canadá. As correlações encontradas entre o sucesso econômico sustentado e as condições do capitalismo indicam que a maior parte das explicações situa-se no modo como são governados os países pobres, em lugar de desvantagens naturais ou de injustiças praticadas pelos ricos. Aqueles que suspeitam dos que defendem um mercado livre devem atentar para esta conclusão: é o governo, ou a falta dele, que faz a diferença crucial.

O objetivo do estudo era apurar se países em que as pessoas tinham maior liberdade econômica eram também mais ricos e cresciam mais rapidamente. Mas esse trabalho também procurou definir liberdade econômica, com a esperança de captar e medir o que é importante para fazer o capitalismo funcionar. Em termos gerais, liberdade econômica significa a possibilidade de fazer o que você quiser com qualquer coisa que tenha adquirido legalmente, até onde seus atos não violem os direitos de outras pessoas fazerem o mesmo. Infelizmente, bens e serviços não caem do céu, como o maná; sua disponibilidade depende de direitos de propriedade e de incentivos para usá-los e criá-los. Assim os problemas que cercam estes fatores são o que importa: estão os direitos de propriedade protegidos por leis? Estão as pessoas cerceadas por regulamentação governamental e barreiras comerciais, ou temerosas de confisco? Estão suas poupanças sob ataque da inflação, ou podem elas fazer o que quiserem com seu dinheiro? É economicamente viável para os pais mandarem seus filhos à escola?

Os autores do estudo encontraram inicialmente dezessete medidas desses fatores, aumentaram esse número para 21 na atualização de 2001 e avaliaram 102 países (agora já são 123) segundo cada uma delas, retrocedendo, quando possível, até 1975. Em seguida tiveram que achar maneiras de dar um peso a cada medida, segundo sua importância, usando para isto um painel de economistas. A conclusão foi cristalina: quanto mais livre a economia, maior o crescimento e mais ricas as pessoas. Isto acontecia especialmente nos países que mantinham por muitos anos uma economia razoavelmente livre, pois antes que indivíduos e empresas possam responder a tal liberdade eles têm que se sentir confiantes em que ela irá durar.

Isto não é, repetindo, um argumento a favor do puro *laissez faire*, economias ou sociedades onde tudo é permitido. Ao contrário, o estudo indica que o governo é a coisa mais importante. Liberdade econômica é um conceito muito amplo, que deve exigir muito dos governos para que possa prevalecer e fazer sua mágica de melhoria de padrão de vida. Os governos devem definir um clima normativo e macroeconômico claro e previsível: protegendo os direitos de propriedade, fazendo cumprir as leis, evitando a inflação e, o que é igualmente importante, não tomando todo o dinheiro para si. As coisas devem ser colocadas de tal maneira que dêem às pessoas incentivo para investir. O que significa incentivos não apenas para construir novas fábricas e fazendas, mas também, por exemplo, para estimular as decisões dos pais sobre a educação dos filhos ou dos trabalhadores sobre seu treinamento. Para as pessoas e as famílias envolvidas, trata-se de investimentos consideráveis, que implicam dedicação de bastante tempo e dinheiro muitos meses ou anos antes que seja colhido qualquer benefício financeiro, e abrir mão de outros rendimentos e oportunidades.

As pessoas não reagem bem quando lhes dizem o que devem fazer, e os instrutores — os burocratas do planejamento central nos países comunistas — de qualquer maneira nunca souberam as respostas certas. Ninguém poderia dá-las, pois é uma missão que vai além dos cálculos humanos. O que as pessoas exigem, se vão investir seu tempo e seus recursos produtivamente, é ter assegurada a posse desses recursos; a possibilidade de tomar empréstimos com base nessas posses e uma razoável expectativa de que os frutos de seu investimento (se houver algum) não lhes será retirado nem desvalorizado pelo aviltamento da moeda. Hernando de Soto, um economista peruano, mostrou como uma coisa tão simples como a inexistência da posse estabelecida por lei de casas pode ser um grande obstáculo ao desenvolvimento empresarial. Se (como acontece em muitos países em desenvolvimento) as pessoas não têm direitos legais sobre sua terra ou sua casa, elas não poderão tomar emprestado muito dinheiro, e, portanto, não poderão expandir muito seus negócios. Também complicações burocráticas absurdas, que acarretam perdas de tempo e desperdício de recursos, refreiam desastrosamente as empresas em muitos países.

Na Rússia pós-comunismo existe agora uma economia de mercado, e os direitos de propriedade estão razoavelmente estabelecidos. Mas inflação alta, restrições monetárias e controles sobre o crédito se interpõem como obstáculos ao desenvolvimento, assim como criminalidade, corrupção, regulamentações imprevisíveis ou arbitrárias e instabilidade política. Em conseqüência, apesar de vigorar no país aquilo que os críticos consideram um mercado ridiculamente livre, estabelecido supostamente por exigência dos "fundamentalistas" das universidades do Ocidente e do FMI, a Rússia ficou classificada em 116º lugar entre os 123 países na pesquisa de 2002 sobre liberdade econômica. Ela pode ter mercados, mas seu povo não tem verdadeira liberdade econômica. Também a Índia apresenta alguns dos pré-requisitos, e sua pontuação em liberdade econômica tem melhorado desde 1990, mas regras de licenciamento pelo governo, controles de preços e propriedade estatal, controles sobre a moeda e altas barreiras ao comércio ainda constituem obstáculos, assim como a corrupção desenfreada. Sua classificação em 2002 foi 73º, melhor que no ano anterior, mas abaixo de países emergentes mais livres como o México (66º) e as Filipinas (38º).

Além da objeção de que a análise liderada pelo Fraser Institute é por demais simples, duas críticas mais severas têm sido feitas ao argumento de que aquilo de que os países pobres precisam é apenas de um governo estável, respeito às leis e liberdade econômica. Uma é a idéia de que, independentemente de governo ou de liberdade econômica, importar tecnologia moderna custa muito caro. Direitos de patente detidos pelo Ocidente funcionam como guardas de prisão para os países pobres. Mas os fatos históricos refutam este argumento. Como afirmou Mansur Olson em um artigo no número da primavera de 1996 do *Journal of Economic Perspectives*, a experiência da Coréia do Sul na década de 1970, quando o crescimento econômico desse país se acelerou, mostra que os *royalties* e outros pagamentos por tecnologia foram insignificantes se comparados com o crescimento alcançado. Esta técnica — de importar tecnologia por compra de licenças — também teve papel importante no sucesso do Japão durante longo prazo no decorrer do século XX. A outra objeção comum é a idéia de que "superpopulação" inevitavelmente mantém os países em atraso. Olson refutou essa idéia naquele mesmo artigo, mostrando que quando um grande número de pessoas emigra de áreas densamente povoadas, as rendas dos que ficam não crescem, como seria de se esperar se o verdadeiro problema fosse a pressão sobre a terra ou o capital.

Porém existe uma objeção melhor: essas observações são todas muito boas, mas, tal como as explicações tautológicas expostas acima, elas não levam ninguém muito longe. Quais, afinal, são as razões por que muitos governos não conseguem proporcionar todas essas liberdades e segurança para melhorar a vida de seus povos? Tudo isso parece tão simples: instale um governo, estabeleça proteção legal para os direitos de propriedade, crie uma força policial e um sistema judiciário para fazer cumprir as leis, evite o aviltamento da moeda, e — pronto! — o país irá crescer sem parar.

A objeção é justa. Pois a conexão entre as fraquezas econômica, social e ambiental e a instabilidade ou a inexistência de governos torna-se, com muita freqüência, um círculo vicioso. Jeffrey Sachs, da Universidade de Harvard, mostrou como as doenças tropicais estão correlacionadas com a pobreza e a instabilidade; por enfraquecer a população, essas doenças contribuem para bloquear qualquer esforço para estabelecer o círculo virtuoso de crescimento e governos mais fortes. Mas não é uma barreira absoluta: Cingapura era um pântano infestado de malária antes que fosse desenvolvida como um porto nas épocas colonial e pós-colonial. Mas é uma grande desvantagem.

Em termos gerais, os países que não conseguem crescer e melhorar os padrões de vida de seus povos, pelo menos além de um nível básico, podem ser divididos em dois grupos. Num deles, o problema é que não existe um governo real ou que se sustente, graças à anarquia, guerra civil ou guerra com outro país. No outro, o problema é que o governo obstrui o caminho, quer porque rouba o dinheiro quer porque falha em prover as necessárias liberdades e oportunidades.

A primeira dessas categorias, composta por países que estudiosos de fama internacional chamam de "Estados fracassados", é a mais difícil de se analisar. Exemplos de países nessa categoria são Sudão, Serra Leoa, Afeganistão, Somália e Congo. Outros pairam à beira de cair nela, como Geórgia, Argélia e Colômbia. Auxílio externo, seja de países, seja da ONU ou de ONGs, pode ajudar, e deveria fazê-lo, mas, para que consiga sucesso em reconstruir as instituições do país, tal auxílio depende da cooperação das facções locais. A segunda categoria é mais fácil de se avaliar e prescrever soluções. Mas isto não torna o sucesso mais fácil.

As coisas parecem melhores para este grupo, que inclui a maioria dos demais países em desenvolvimento, exceto para aquelas ditaduras mais autárquicas, como Coréia do Norte, Iraque, Mianmar e Líbia. Muitos países se deixaram retardar pelo falso caminho do socialismo, que aprofundou a pobreza. Mas desde que a União Soviética ruiu em 1991, muitos outros países tomaram um novo caminho mais liberal, e muitos começaram a ter sucesso: entre estes inclui-se a Índia, com seu progresso em termos de liberdade econômica a partir de uma base muito reduzida, bem como antigos países comunistas da Europa oriental e países sob regime autoritário da América Latina, que de 1950 a 1990 tentaram pôr em prática sua própria espécie de autarquia, liderada pelo governo. Privatização vem sendo a nova mania e tem funcionado bem, contanto que os monopólios estatais não tenham sido simplesmente substituídos por monopólios privados. Os investimentos em instrução pública estão crescendo. O controle da inflação, flagelo da América Latina, tem se tornado mais rigoroso. Este é um tempo de esperança para muitos desses países, por todo o globo.

Contudo, ter um governo e exemplos bem-sucedidos para imitar não garante o sucesso. Os governos freqüentemente preferem não conceder liberdade econômica ou política de verdade, e desperdiçam os recursos que têm à disposição. Muitas vezes, como no Zaire de Mobutu (ou no redenominado Congo, dirigido por seu sucessor, Laurent Kabila), ou na Nigéria dos generais da década de 1990, ou no Mianmar governado por uma junta há várias décadas, isso acontece porque os interesses dos governantes se concentram em poder pessoal e enriquecimento e não no progresso da nação. Esses países são Estados de bandidos, e não Estados nacionais. Infelizmente Estados que pareciam ser bem dirigidos caem mais tarde no banditismo: o Zimbábue de Robert Mugabe é um exemplo.

Em outros casos os problemas surgem exatamente porque a liberalização causa uma ruptura: ela retira o poder da mão dos seus felizes detentores atuais (tais como, na Índia, os trabalhadores das empresas estatais, ou os titulares de monopólios concedidos pelo governo), e esses perdedores fazem vigoroso *lobby* contra as mudanças. A Hindustan Motors, sediada na Bengala Ocidental, um estado indiano nominalmente comunista, que por muitos anos foi um quase monopolista fabricante de automóveis para todo o país, constitui um monumento para tal inércia.

Ela ainda produz uma versão pouco melhorada de um modelo do Morris Oxford dos anos 50, o Ambassador. O governo local está procurando um meio de se haver com as perdas que a companhia vem sofrendo, agora que ela enfrenta a competição de companhias que produzem os carros que as pessoas realmente desejam.

A Índia é talvez o principal símbolo tanto da penosa luta que representa seu esforço para eliminar a pobreza como do potencial para fazê-lo. É uma luta penosa por causa do peso de sua enorme população; por causa das táticas de obstrução exercidas por aqueles grupos de interesse que se beneficiam do atual *status quo*, rígido, sem liberdade; por causa da maneira como o analfabetismo e as doenças bloqueiam o caminho do progresso; por causa do dano ambiental que pode ser causado ao mesmo tempo pela pressão da população, pela pobreza e pelo desenvolvimento. Mas, por outro lado, o potencial também é claro: o potencial desse país repleto de empreendedores talentosos e decididos, que podem ser vistos em multidão em qualquer estação ferroviária se atropelando para conseguir vender alguma coisa ou fornecer um serviço; o potencial desse país onde a democracia e o aparato do sistema jurídico oferecem a chance de se impor o domínio da lei; o potencial desse país que por cinqüenta anos permaneceu afastado do comércio, do capital e do investimento estrangeiros, de grande parte da tecnologia estrangeira e da maioria dos mercados externos. O potencial para aliviar a pobreza e para melhorar o padrão de vida de seu povo é, assim, simplesmente enorme.

Potencial, potencial, potencial. Uma velha piada sobre o Brasil, muito comum entre os próprios brasileiros, diz que "este é o país do futuro, e sempre será". Ao se iniciar o século XXI não é bastante saber que existe potencial para melhorar o padrão de vida de países como a Índia. Se nós realmente nos preocupamos com esse problema, nossa dúvida é, ou devia ser: que probabilidade existe de que esse potencial se transforme em realidade?

O que é importante ter em mente é que a principal fonte de respostas a essa dúvida está dentro de casa — isto é, dentro dos países pobres. O que é necessário é um governo que dirija uma economia aberta e competitiva, mantenha uma estrutura macroeconômica estável, mantenha o domínio da lei, aumente os recursos públicos para saúde e educação e os gaste adequadamente, elimine distorções de preços, construa uma infra-estrutura e mantenha paz e consenso, talvez por meio de uma democracia de estilo ocidental — um país com um governo assim irá, pelo que mostra a história, gozar de um desenvolvimento econômico sustentado. Mas também o rico mundo ocidental pode ter um efeito importante: promovendo estabilidade ou instabilidade financeira; mantendo os mercados abertos; prestando assistência em caso de algum desastre ou para investimento em infra-estrutura, e ajudando a resolver problemas especiais como Aids, malária e outras doenças devastadoras; preservando a paz, regional e globalmente; sustentando economias sólidas.

A experiência do século XX, é necessário admitir, não foi por demais encorajadora. Na maior parte desse período, a maioria dos países pobres ficou estacionada em termos econômicos. Não ficaram muito mais pobres, mas também não ficaram mais ricos. Tornaram-se mais populosos, e qualquer aumento de riqueza ocorrido foi meramente distribuído por mais gente.

Contudo há também motivo para algum otimismo quanto ao século XXI. As condições nunca foram tão favoráveis para que mais países cresçam: o comércio mundial e os fluxos de investimento são maiores e mais abertos, a transferência de tecnologia é rápida e ampla, a paz prevalece no mundo. Estas condições vêm despontando desde os anos 70, mas somente se solidificaram na década de 1990 com a queda da União Soviética. Os doze anos passados desde então constituem um período ainda muito curto para permitir que o otimismo crie raízes profundas. É também desanimador que tão cedo durante esse período de maior globalização manifestantes tenham ido para as ruas pedir limitações ao crescimento e ao comércio e ao desenvolvimento. Sem dúvida defendendo aparentemente a causa da redução da desigualdade, esses manifestantes estão tornando mais provável que a desigualdade continue a aumentar. Mas a discussão entre os partidários da globalização e seus opositores irá continuar e deve continuar, pois na realidade é uma discussão sobre como, e se, os cinco bilhões mais pobres da população mundial podem se tornar mais ricos mesmo quando se tornam mais numerosos. O que é importante é vencer a discussão sobre a globalização, e depois que se continue a vencê-la. O prêmio é enorme. A promessa que apresenta o século XXI de desenvolvimento econômico e social para os pobres do mundo é real.

11.

Impuro

"O meio ambiente do mundo está surpreendentemente saudável. Comente esta afirmação".

Se essa frase fosse questão de um exame, a maioria dos estudantes iria arrasá-la, apresentando uma longa série de lamentações, indo da poluição das cidades à alteração do clima mundial, da derrubada das florestas à proliferação de novas estradas e cidades, de águas de portos venenosas à extinção de espécies. Essa preocupação seria perfeitamente legítima. Contudo o que verdadeiramente causa surpresa é como as coisas estão bem, e não como estão mal. E isto não é apenas um modo hábil de dizer que as coisas podiam estar ainda piores. Para numerosas pessoas no mundo, e para quase todas as que vivem no mundo rico, o meio ambiente vem se tornando melhor nas últimas décadas. Há exceções significativas a esta afirmativa. Mas são apenas isto: exceções, e não a regra.

Certamente as coisas mudaram. Afinal, a população mundial mais do que triplicou nos últimos cem anos, e a produção global tem aumentado ainda mais rapidamente. Assim é perfeitamente natural esperar que o planeta tenha sido afetado. Mas também seria de esperar que o comportamento das pessoas se modificasse em resposta. As pessoas dependem da Terra para ter alimento, ar e água, e também para outros recursos menos vitais. Sendo assim elas têm um forte incentivo para proteger o ambiente em que vivem de forma relevante para suas necessidades, conforto e sobrevivência, e um forte incentivo para aprender de suas experiências passadas e de novas descobertas científicas. Se elas normalmente vivessem, consumissem e produzissem bens do mesmo modo como faziam em 1900 (ou em 1950, ou mesmo em 1980), o mundo seria um lugar bastante desagradável: mal cheiroso, perigoso, insalubre, tóxico, ou ainda pior.

Mas isso não acontece. As ruas de Londres e outras cidades grandes e ricas não estão mais cheias de estrume de cavalos, ou cobertas por névoa fumarenta, ou cheias de esgoto a céu aberto; as casas não estão mais cheias de fumaça nociva (nem mesmo da que é produzida por cigarros, uma das maiores causas de mortes), e a água é mais limpa, tanto nas torneiras como nos rios e mares. As razões pelas quais os habitantes no mundo rico e desenvolvido mudaram seu modo de viver e o meio ambiente não se arruinou consideravelmente têm a ver com preços, inovação tecnológica, mudanças sociais e, nas democracias, regulamentação governamental em resposta à pressão popular. E essas são as razões pelas quais os problemas ambientais muito maiores hoje existentes nos países em desenvolvimento devem ser, em princípio, passíveis de solução.

Em contraste com esta visão otimista, muitas pessoas acreditam que os problemas ambientais do mundo estão crescendo dia a dia, visto que o apetite do homem pelo crescimento econômico coincide com uma também crescente população humana e se choca frontalmente com os limitados e frágeis recursos deste pequeno e solitário planeta. Um anúncio colocado nos jornais americanos em 2001, promovendo um seriado do Public Broadcasting System, apresentado por um repórter muito sério e respeitado, Bill Moyers, sintetizava perfeitamente essa preocupação. Intitulado *Earth on Edge*, o seriado era assim anunciado: "Metade das áreas alagadas do mundo perdidas. Metade das florestas derrubadas. Metade das áreas de pesca esgotadas. Vivemos em um planeta levado à beira do desastre pelas demandas de uma única espécie. A nossa." As afirmativas soam dramáticas. Se foi totalmente usada metade disto ou daquilo, se nos lembrarmos que a era industrial começou há apenas um par de séculos atrás e que a população do mundo aumentou, somente nos últimos cem anos, de 1,6 bilhão para seis bilhões, e caminha para nove bilhões, então não deve faltar muito para que a outra metade de todos esses recursos tenha sido usada. E, muito provavelmente, essa velocidade de utilização aplica-se também a todas as outras partes do mundo. O dia do ajuste de contas deve estar se aproximando. Depois desse dia, as antigas visões da ficção científica de naves espaciais carregadas de humanos cruzando o espaço em busca de matérias-primas e de lugares para viver podem se tornar realidade.

Esse tipo de preocupação, e esse modo de argumentação, não são novos. Em 1972 um grupo ambientalista, denominado Clube de Roma, publicou um livro, que se tornou um bestseller, *Limits to Growth* [Os limites do crescimento], que afirmava que o homem em breve iria ter muitos de seus recursos esgotados: o ouro estaria esgotado em 1981, a prata e o mercúrio em 1985, o zinco em 1990, o petróleo em 1992, e o cobre, o chumbo e o gás natural em 1993. A atividade humana foi comparada a um lírio aquático em um tanque, duplicando continuamente seu tamanho, até que sua duplicação final recobrisse todo o tanque. Não se preocupe com o fato de que o lírio iria necessitar de uma alteração genética para chegar a esse ponto. A intenção é dizer que o homem egoísta, míope, irá um dia arruinar o planeta — ou melhor, irá exauri-lo.

Limits to Growth é, como fica óbvio, um alvo demasiadamente fácil Nenhuma dessas previsões se realizou. Hoje elas parecem cômicas. Mas, pode-se retrucar, um dia elas se tornarão verdadeiras: a advertência merece ser ainda digna de crédito, ainda que as datas estejam um tanto fora de propósito. Essa visão está implícita na atual moda de se usar a expressão "desenvolvimento sustentado", que significa que grande parte do desenvolvimento ora existente é de alguma maneira insustentável. Além do mais, dificilmente os economistas poderão criticar alguém por fazer previsões incorretas.

É fato, todavia, que essas previsões provavelmente nunca irão se tornar verdadeiras de qualquer maneira significativa. A Terra é na realidade bastante grande. Há uma enorme quantidade de recursos inexplorados nela enterrados. O homem continua a descobrir novas maneiras de achar e extrair maior quantidade deles, razão pela qual, desde a predição de 1972 do Clube de Roma, as reservas conhecidas de todos os recursos que ela menciona aumentaram, e o seu preço caiu. Mesmo quando esses recursos começarem a se esgotar (se algum dia isto vier a acontecer), muitos minerais poderão ser extraídos da água do mar, por exemplo, ou tirados do fundo dos oceanos. Há um longo caminho à frente, mesmo para um animal rapace como o homem. No caso do petróleo e de outras formas do carbono, o perigo real é, na realidade, o oposto daquilo com que se preocupou o Clube de Roma em 1972: é que o petróleo permaneça tão abundante, e, portanto, barato, que haverá muito pouco incentivo para reduzir seu uso e tentar desenvolver novas e mais limpas formas de energia. Ou seja, a preocupação errada é o esgotamento dos recursos. As preocupações corretas são o aquecimento global e a poluição.

Ao mesmo tempo, porém, o meio ambiente tem oferecido um argumento aparentemente plausível, e, para alguns, convincente da razão por que, sejam quais forem os dados recentes e atuais, um desastre poderia acontecer no futuro. Este receio fundamenta-se na idéia de que o ecossistema do planeta é uma coisa delicada, cujo equilíbrio poderia ser facilmente rompido. E vai mais adiante com a observação de que o crescimento econômico e populacional desde a Revolução Industrial já teve um forte impacto sobre o planeta, levando a escavações em busca de minerais e à coleta de outros recursos, e à disseminação de gases e produtos químicos de toda espécie ao processar e usar esses recursos. Na verdade, o impacto da humanidade sobre o planeta, medido quase que de qualquer forma, tem sido maior no decorrer dos últimos dois séculos e pouco da Revolução Industrial do que nos mil anos que a antecederam ou, possivelmente, em toda a história do homem. Isto não é de surpreender, dado que aproximadamente um quinto do total de anos vividos pelos homens desde o princípio dos tempos foi vivido somente no século XX. O professor J. R. McNeil, da Universidade de Georgetown, em seu livro *Something New Under the Sun: An Environmental History of the Twentieth-Century World*, estimou que mais energia foi usada durante este século do que em toda a história humana antes de 1900.

Os ambientalistas mais radicais partem dessas observações para ressaltar que, às vezes, quando a mudança ultrapassa um certo limiar, ela provoca aquilo que os cientistas chamam um "efeito não-linear": em outras palavras, uma alteração dramática em lugar de uma gradual, proporcional. O exemplo mais claro é a relação entre a temperatura dos oceanos e o clima. Quando a temperatura da água do Atlântico tropical está abaixo de 26°C não há furacões nessa região; acima dessa temperatura, toda uma série de furacões irá subitamente ocorrer. Este receio figura com destaque nas preocupações mais extremadas quanto ao aquecimento global. Outra versão é apresentada pelo eminente biólogo E. O. Wilson, que fez uma advertência sobre a extinção maciça de espécies em algum ponto do futuro, mas sem mostrar qualquer relação linear entre causa e efeito.

Em seu livro *A Terra em balanço*, publicado inicialmente em 1992, o ex-vice-presidente dos Estados Unidos Al Gore fez uma analogia com um monte de areia para ilustrar esse pretenso fenômeno, que ele denomina "criticalidade auto-organizada". Enquanto grãos de areia são adicionados ao monte pouco a pouco, durante muito tempo o monte apenas aumenta de tamanho, ocorrendo apenas pequenas avalanches. Mas cada grão depende de todos os outros. Chega um momento em que quando novos grãos são adicionados o monte atinge um "estado crítico" e avalanches muito maiores ocorrem. Gore usa esta teoria para explicar suas preocupações com o clima, mas depois a leva muito mais longe. Escreve ele:

> Independentemente de nossas crescentes ameaças à integridade do sistema ecológico global, as mudanças dramáticas que estão ocorrendo na própria civilização podem também constituir sérias ameaças à integridade e à estabilidade dessa civilização. O acréscimo de um novo bilhão de pessoas a cada dez anos vem criando uma série de difíceis problemas, e por si mesma a população em crescimento explosivo é capaz de levar a civilização mundial a um estado supercrítico, deixando-a vulnerável a enormes "avalanches" de imprevisíveis mudanças.

Nós não estamos apenas em cima de um planeta que é um monte de areia; nós, humanos, estamos formando também um monte de areia.

Esta espécie de argumento, seja quando parte de políticos melodramáticos, seja de cientistas respeitáveis como E. O. Wilson, é difícil de ser confrontada porque não leva em consideração fatos atuais ou passados. A ciência do desmoronamento dos montes de areia é débil. É uma teoria que não pode ser testada porque se apóia na idéia de que o futuro pode de repente tornar-se drasticamente diferente do passado. Mas qual a probabilidade de acontecerem tais mudanças drásticas? Podem elas acontecer sobre grandes áreas do planeta, devido a alguma outra causa que não o choque externo comumente citado, como a queda de um meteoro ou asteróide sobre a Terra? Por definição, não podemos saber: não podemos prever o imprevisível. É um argumento tão brilhante quanto irritante, que lembra o truque marxista do "materialismo histórico", ou a "percepção errada", discutida no capítulo 7: nada pode refutá-lo.

Podemos, contudo, avaliar certos fatos, a fim de separar os problemas ambientais reais e conhecidos daqueles que são falsos, assim como de entender por que nenhum problema ambiental é uma questão de ou preto ou branco. Um ponto de partida conveniente é o alarmante conjunto de afirmativas enfatizadas no anúncio do seriado da televisão *Earth on Edge*. Eram elas verdadeiras, ou mesmo aproximadamente verdadeiras?

"Metade das florestas do mundo" foi derrubada? Não. É sabidamente difícil dizer quanta terra estava coberta por florestas antes que o homem começasse a removê-las. A derrubada começou durante a Idade do Bronze, ou ainda antes. Como resultado, as estimativas sobre quanto desflorestamento ocorreu desde a aurora da agricultura variam enormemente. O professor J. R. McNeill, em seu livro *Something New Under the Sun*, estima que a redução ocorrida desde que a agricultura teve início é de cerca de 26%. Outras estimativas acadêmicas respeitáveis chegam a apenas 7,5%. O World Resources Institute, um grupo de estudiosos do meio ambiente, cita o valor excepcionalmente alto de 46%, que pode ter sido a fonte daquele anúncio. Mas um valor assim tão alto parece basear-se em suposições muito ousadas sobre que florestas podem já ter existido em lugares dos quais pouco se conhece, como grande parte da África; não está baseado em derrubadas conhecidas de florestas conhecidas, provocadas pelo desenvolvimento econômico.

Talvez um ponto de partida mais recente possa ajudar, uma vez que registros históricos poderiam permitir uma comparação mais confiável. Ainda não será totalmente segura, porque, por exemplo, se for tomado o ano 1700 d.C., ou mesmo 1850, como ponto de partida, os registros da cobertura florestal da África continuam pobres. O professor McNeill apresenta em seu livro uma tabela mostrando estimativas de que proporção da terra do mundo era ocupada por florestas e matas em diversas datas. Ele estima que 62% eram assim ocupados em 1700 e ainda 60% em 1850, mas essa cobertura caiu para 48% em 1990. Então estará ela agora caindo aceleradamente? As medidas variam porque as definições variam, mas segundo números da Organização para Alimentos e Agricultura da ONU (mais conhecida pela sigla em inglês FAO), o mundo tinha 40,24 milhões km² de florestas em 1950. O relatório da ONU *State of the World Forests 2001* diz que o total de cobertura florestal no ano 2000 era 38,7 milhões de km². Houve, assim, uma queda, mas não uma queda drástica.

O que vem acontecendo, porém, é que o tipo de floresta vem mudando. Florestas em países de clima temperado têm se expandido porque a agricultura vem tomando menos espaço e a terra tem voltado a ser ocupada por matas naturais, e porque vêm sendo criadas plantações de árvores (por exemplo, para fornecer polpa de madeira para fabricação do papel em que este livro foi impresso). Em 1895, meros 5% da superfície da Grã-Bretanha eram cobertos por matas; segundo a Forestry Comission desse país, esse percentual hoje chega a 11,8%. Entretanto as floretas tropicais vêm encolhendo. A FAO estima que o desflorestamento líquido nos trópicos cresceu à razão de 0,8% ao ano, durante a década de 1990.

É provavelmente verdade que uma grande proporção das "áreas alagadas do mundo" tenha desaparecido, embora seja altamente discutível se a proporção correta é metade, ou 70%, ou 30%, visto que não há nenhuma definição clara, nem registros históricos de aceitação geral. O professor McNeill pensa que aproximadamente 15% dos 10 milhões de quilômetros quadrados dessas terras existentes no mundo hajam sido drenados somente no século XX. Todavia, a melhor pergunta a fazer é se isso tem importância, ou, ao menos, por quê? Deveria uma pessoa que se preocupa com o meio ambiente pedir a imediata evacuação da maior parte da Holanda e a reinundação, ou a remoção da terra, de todos os polders*

---

*Na Holanda, lotes de terra anteriormente cobertos pelo mar, agora secos e protegidos por diques ou muralhas. (*N. do T.*)

daquelas terras antes cobertas pelo mar? O mesmo seria aplicável às planícies inundáveis que se estendem ao longo do rio Mississipi, e a muitas partes modernas de Cingapura. As tais "terras alagadas" desapareceram porque as pessoas drenaram os pântanos e alagadiços, recuperaram terra do mar ou de lagos, e controlaram (com grau variável de sucesso) as inundações dos grandes rios. Ao fazer isto, elas ganharam excelentes terras para agricultura, além de criarem novos espaços onde construir cidades e aeroportos. Tornaram assim a terra muito mais útil para elas, mas deslocaram outras criaturas e formas de vida que vivem na água. Se você considera esta tendência benigna ou maligna depende de sua opinião sobre essa troca entre benefícios que se opõem.

Metade das áreas de pesca do mundo estarão esgotadas? Segundo a FAO, cerca de 35% do total de peixes pescados no mundo provêm de um suprimento cujo rendimento vem declinando. Este é um significado justo para a palavra "esgotadas" na pergunta acima: esgotadas demais para manter rendimentos constantes ou crescentes para os pescadores. Alguns estudos indicam que algumas poucas espécies marinhas foram levadas à extinção por serem pescadas séculos atrás pelos homens que habitavam a vizinhança de seus habitats, muito antes do aparecimento da pesca industrial, mas também muito antes do acúmulo de conhecimento científico sobre que tipos de pesca seriam sustentáveis. Coisas semelhantes aconteceram durante o século XIX e no início do século XX com algumas espécies de baleia. Quando o homem em terra já havia há longo tempo se transformado de caçador-coletor em fazendeiro, no mar persistiu o espírito de caçador-coletor.

Porém hoje o conceito de fazenda se estendeu ao mar. A produção total de peixes está crescendo, apesar daqueles rendimentos em declínio, porque uma crescente proporção do consumo total de peixe, em todo o mundo, é de fazendas de criação de peixes. Este argumento pode ser deixado de lado se o peixe dessas fazendas não for considerado "real", talvez porque não seja criado naturalmente. (É de se notar, contudo, que nesse caso o mundo estaria passando por uma crise tanto de bois como de carneiros, pois muito poucos desses animais vivem ainda em estado selvagem. Evidentemente, os rebanhos nessa situação que existiam pelo mundo estão lamentavelmente esgotados.) Se a criação de peixes retira parte da pressão sobre as áreas naturais de pesca, ela deve ser benéfica, pelo menos sob este aspecto (embora como uma parte dos peixes criados em fazendas é alimentada com farinha de peixe pescado convencionalmente, esse alívio possa ser modesto).

Existe certamente o "problema da pesca excessiva dos estoques naturais". Pois é uma verdade conhecida que quando um recurso é de propriedade coletiva, ou não é de propriedade de ninguém, aqueles que o utilizam têm pouco incentivo para conservá-lo e muito incentivo para colhê-lo tão depressa quanto possível, antes que outros o façam. Assim o controle da pesca, especialmente o controle cooperativo entre países, é importante e necessário. No mar existem também espécies em situação equivalente às espécies terrestres ameaçadas, as quais, tal como os tigres e os elefantes, são geralmente escolhidas por seu tamanho e sua aparência atraente: as baleias e muitas espécies de tartarugas.

Assim, cada uma das afirmações daquele anúncio eram falsas ou altamente enganosas. Talvez isto não devesse ser considerado importante: anúncios normalmente são exagerados, e tratava-se apenas de um seriado da televisão. Todavia a idéia que ele expunha não era de forma alguma excepcional ou incomum. A lista de afirmações pode ter sido uma escolha particular do seriado. Mas sua tese geral, de que o planeta tem sido levado ao limite, é compartilhada por muitas pessoas. Antes de buscar as soluções, portanto, vale a pena explorar um pouco mais os problemas alegados.

Em primeiro lugar, a perda de espécies e daquilo que é conhecido como biodiversidade. Este problema, bastante importante, também é complicado pela falta de conhecimento (ou pelo menos de concordância) sobre o ponto de partida. O problema com as espécies é que, mesmo atualmente, é difícil defini-las e, portanto, contá-las, pois a grande maioria consiste em insetos. Como não sabemos quantos insetos existem hoje, é também impossível saber quantas espécies existiam há cem, quinhentos ou mil anos atrás. Foram registradas aproximadamente 1,6 milhões de espécies, e as estimativas dos cientistas sobre quantas realmente existem variam entre dois milhões e 80 milhões, segundo um livro do estatístico dinamarquês e antigo integrante do Greenpeace, dr. Bjorn Lomborg, intitulado

The Skeptical Environmentalist (O ambientalista cético); ou entre três milhões e cem milhões, de acordo com o professor McNeill. Por outro lado, algumas delas estão claramente desaparecendo. Desde 1600, de acordo com McNeill, desapareceram cerca de 484 espécies de animais e 654 de plantas. Algumas foram caçadas até o esquecimento. Algumas espécies foram introduzidas através do mundo em habitats estranhos, e deles expulsaram seus competidores. E algumas espécies, propagadas ou fomentadas pela agricultura, se multiplicaram enormemente (novamente os bois e carneiros).

A velocidade de extinção de espécies é bem maior do que os cientistas chamam de "velocidade natural de origem", isto é, a velocidade que existiria de qualquer maneira como resultado da evolução e de alterações do clima, do terreno, etc. Mas até onde isto é preocupante? De acordo com o órgão da ONU para avaliação da biodiversidade no mundo, alguma coisa entre 0,1% e 1% das espécies é extinta a cada cinqüenta anos. A esta velocidade, mesmo ao longo de dois séculos, no máximo 4% das espécies desapareceriam. O dr. Lomborg, citando o estudo de um biólogo, escolhe a taxa de 0,7% a cada cinqüenta anos. Considerando que ele é um estatístico e não um biólogo, esta pode ser uma opção errada. Não obstante, se (um grande "se") atualmente o total fosse de 1,6 milhões, isso significaria a perda de 11.200 espécies ao longo de cinqüenta anos.

Alguns acham que essa pode ser uma estimativa muito baixa devido à destruição das florestas tropicais, pois cerca de metade de todas as espécies terrestres vive nessas florestas. Se as florestas continuarem a ser derrubadas, pode acontecer uma extinção súbita, catastrófica, das espécies que nelas vivem. Segundo a World Conservation Union, cerca de 20% do que se pensa ter sido a extensão original da cobertura das florestas tropicais já desapareceram. Aproximadamente 14% da floresta amazônica, a maior do mundo, já foram cortados. A velocidade com que a floresta brasileira (cerca de dois terços da floresta amazônica estão no Brasil) foi abatida durante a década de 1980 e no início da de 1990 causou grande preocupação. Atualmente, a velocidade de desflorestamento na Amazônia se reduziu para cerca de 0,5% da área terrestre total por ano. Todavia, se essa taxa continuar sem ser controlada, isto significa que toda a floresta desaparecerá em duzentos anos. Não é provável que isto aconteça: a legislação já restringe a continuação do desflorestamento; esta restrição, associada a maior pressão dos eleitores brasileiros, provavelmente forçará mais empresas madeireiras a usarem métodos de corte que deixem intacta uma parte maior da floresta. Corrupção e crime podem retardar essa melhora das atuais condições, mas não impediram que houvesse um certo progresso na última década. Mesmo assim, a evidência fornecida por outras florestas tropicais, como a citada pelo dr. Lomborg, em Porto Rico, é que a extinção de espécies não ocorre de maneira catastrófica, ou mesmo extremada, quando parte da floresta é derrubada. A principal razão é que uma grande parte desta não desaparece por completo: é substituída por nova mata e outra vegetação, onde muitas espécies sobrevivem. Somente se a área fosse completamente limpa e recoberta com cimento uma perda dramática de espécies iria ocorrer.

A poluição atmosférica, como discutiremos mais adiante neste capítulo, está trazendo à discussão o problema real, e realmente preocupante, do aquecimento global e da mudança do clima. A temperatura média mundial parece ter subido devido às ações humanas, e continua a subir. Mas, enquanto isso, a poluição não está tornando o ar que é respirado por nós, habitantes dos países ricos, nada mais sujo. Longe disso, o ar está ficando ainda mais limpo nos países desenvolvidos.

O ar nas cidades da América do Norte, Europa ocidental e Japão tornou-se progressivamente mais sujo no século XIX e no começo do século XX, porque mais e mais fábricas e residências queimavam madeira e carvão para obter energia e calor, e porque as pessoas vieram viver perto das fábricas. Duas coisas mudaram depois, tornando as cidades cada vez mais limpas: as empresas e as pessoas passaram a usar combustíveis fósseis mais limpos, como petróleo e gás, ou então eletricidade, que podem ser produzidos a milhares de quilômetros de distância das casas e das fábricas que utilizam sua energia. O alarma quanto ao ar nocivo fez surgir nas democracias legislação que impôs restrições severas ao direito de poluir. O resultado foi uma queda acentuada em todas as medições de partículas e substâncias químicas de toda espécie, incluindo fumaça, fuligem, chumbo, óxidos de nitrogênio, dióxido de enxofre, ozônio e monóxido de carbono, existentes na atmosfera. As datas em que essas quedas começaram a se registrar variam do início dos anos 50 (fumaça) até os anos 70 (chumbo e óxidos de nitrogênio e monóxido de carbono emitidos pelos veículos automotivos). Elas ocorreram apesar do grande aumento, em todos os países ricos, do número de automóveis e de outros veículos a motor, e do seu grau de utilização. Nos Estados Unidos, por exemplo, de acordo com a Agência de Proteção Ambiental (sigla em inglês EPA), entre 1970 e 2000 o total de emissões dos seis principais poluentes que são monitorados em todo o país diminuiu 29%. Durante esse mesmo período, segundo a mesma EPA, o PIB americano aumentou 158%, o consumo de energia 45%, e o número de milhas percorridas pelos veículos 143%.

A história a respeito da poluição da água é semelhante, embora as primeiras melhorias tenham sido realizadas há muito mais tempo do que aconteceu com o ar. A descoberta das bactérias e de sua ligação com as doenças do homem fez surgir, já no decorrer do século XIX, os primeiros sistemas de esgotos urbanos e as primeiras estações de tratamento de água potável. Mas não foi senão na década de 1950 que se fizeram sérios esforços, nos Estados Unidos, na Europa ocidental e no Japão, para limpar os rios urbanos e os lagos nas vizinhanças das cidades, que estavam seriamente poluídos pelos despejos domésticos e comerciais. Isto se fez não só devido às preocupações com a segurança, mas também por razões de ordem mais geral, estéticas ou ambientais. O maior uso do tempo de lazer tornou mais importante a possibilidade de nadar em rios, lagos e águas costeiras, e fez com que mais pessoas se preocupassem com a ausência de peixes e outros animais nessas águas.

Existe uma persistente preocupação com respeito à utilização de fertilizantes artificiais e pesticidas na agricultura e nas fazendas de criação de peixes, os quais contaminam depois os cursos de água e, talvez, finalmente, a água potável. Esses produtos inspiram cuidados mais diretos com relação ao câncer e outros males que podem sobrevir a longo prazo, e indiretos, devido ao crescimento de algas provocado por nitratos e fosfatos, as quais, por sua vez, podem reduzir o teor de oxigênio da água, afetando outros organismos. Estes receios são algo recentes, e, em conseqüência, as pesquisas científicas necessárias, para mostrar se são razoáveis ou não, são também recentes. Este assunto é um bom exemplo das opções entre benefícios que se opõem que se apresentam em muitos problemas ambientais: caso se utilize menos fertilizante artificial, para produzir a mesma quantidade de alimento, seria necessário maior extensão de terra agricultável, o que significaria a derrubada de mais florestas, e suas conseqüências. Serve também, em algumas regiões, para ilustrar os efeitos de uma lei cujas conseqüências sejam imprevisíveis: o uso intensivo de fertilizantes é, muitas vezes, a resposta a um subsídio que recompensa os fazendeiros por produzirem mais alimento em menos terra. Se mais alimento fosse importado dos países em desenvolvimento, onde a terra é freqüentemente abundante, menos fertilizante seria utilizado e os fazendeiros pobres ficariam mais ricos.

Essa relação de fatos não tem a intenção de mostrar nem que tudo tem estado bem, nem que tudo irá estar bem. O século XX teve como característica muitos desastres ambientais causados pelo homem: guerras mundiais destrutivas; dois bombardeios nucleares; o desastre nuclear em Chernobyl; o horror da doença provocada pelo envenenamento por mercúrio em Minamata, no Japão; o escapamento de gases tóxicos da fábrica da Union Carbide em Bhopal, na Índia; os horríveis vazamentos de petróleo provenientes dos naufrágios dos navios-tanque Exxon Valdez (1989) e Atlantic Empress (1975), ou do derramamento proposital de óleo das refinarias do Kuwait, por Saddam Hussein em 1991; a destruição do Mar de Aral no que era então a Ásia central soviética; a chocante poluição do ar de muitas cidades por fumaça, gases de fábricas ou descarga de automóveis. Todos esses problemas — em alguns casos, catástrofes — ambientais resultaram do desenvolvimento econômico do homem, de sua propensão para o conflito, e de sua capacidade de inventar novas maneiras de explodir, de destruir, de matar. E tudo isso sem que seja sequer mencionado o aquecimento global. O século XX foi o século mais quente do segundo milênio, com um aumento da temperatura média na superfície do globo de cerca de 0,6° C. Grande parte desse aumento — os cientistas não sabem exatamente quanto — foi provavelmente causada pela atividade humana.

A primeira lição a ser tirada do século XX, porém, é que ele mostrou para a espécie humana que é possível aprender a lidar com tais desastres: curar a terra e o mar (ou, algumas vezes, deixar eles mesmos se curarem), e, também, encontrar meios de tornar tais acontecimentos menos prováveis no futuro. Tanto a natureza como o homem mostraram serem bons em se adaptar e se recuperar. A segunda lição é que embora o desenvolvimento econômico, inevitavelmente, tenha provocado grande parte dos problemas ou alterações, no final a riqueza provou ser a solução, e não o problema. Hoje as sociedades mais limpas, mais ambientalmente seguras, são as ricas; de fato, essas sociedades gozam agora de ar e água mais limpos do que vinham sendo há centenas de anos. As mais sujas, mais ambientalmente inseguras, são as pobres.

Para se ter alguma idéia do que o futuro, pelo menos o século XXI, pode reservar é necessário tentar entender por que isso ocorreu. A primeira razão não é, à primeira vista, por demais confortadora. É uma coincidência. A coincidência é que as piores fontes de poluição atmosférica — tanto ao ar livre como, de maneira mais perigosa, dentro das habitações — resultavam de ineficiência. Partículas de fuligem e de fumaça que estavam no ar eram, por definição, resíduos não aproveitáveis. Um processo eficiente teria convertido essas partículas em energia utilizável. Conseqüentemente, a previsível exigência de fontes de energia mais eficientes — ou seja, mais baratas e mais confiáveis — resultou na descarga de menor quantidade dessas partículas no ar e, logo, nos pulmões. A conversão para o petróleo proporcionou uma fonte de energia e calor mais eficiente. A legislação direcionada em algumas cidades (especialmente Londres) para incentivar a mudança para combustíveis "sem fumaça" coincidiu, assim, com um estímulo econômico para o mesmo objetivo. Essa motivação provavelmente irá se repetir nos países emergentes. Pois ineficiência custa dinheiro, e os recursos técnicos para reduzi-la já estão prontamente disponíveis nos países ricos. A China queima atualmente grande quantidade de carvão, tanto em prédios comerciais como residenciais. O desejo de maior eficiência nos dá razões para otimismo quanto à mudança para combustíveis e tecnologias menos poluentes por parte de países como a China com muito maior rapidez do que o fizeram os países mais ricos.

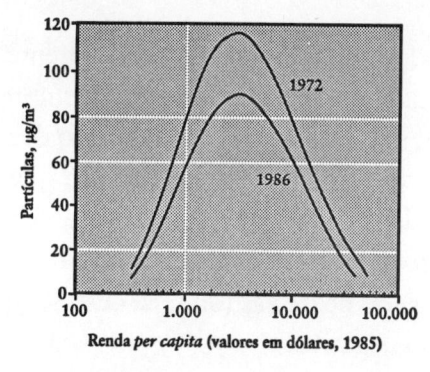

Figura 1. Conexão entre renda nacional per capita e poluição por partículas em 48 cidades de 31 países, 1972 e 1986.
Fonte: Bjorn Lomborg, The Skeptical Environmentalist.

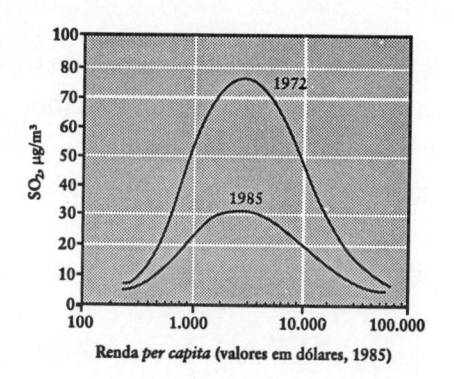

Figura 2. Conexão entre renda nacional per capita e poluição por SO_2 em 47 cidades de 31 países, 1972 e 1985.
Fonte: Bjorn Lomborg, The Skepical Environmentalist.

Estudos do Banco Mundial mostraram duas coisas reconfortantes. A primeira é que existe uma conexão muito clara entre riqueza e poluição atmosférica: a quantidade de partículas e gases no ar aumenta até que um país atinge uma certa renda *per capita* da população, e depois cai rapidamente. A outra é que o nível de poluição em que esta mudança ocorre tem declinado substancialmente ao longo do tempo. As figuras 1 e 2 acima mostram a conexão entre poluição atmosférica e níveis de renda em 1972 e depois em meados da década de 1980. Esta última conexão tem uma curva tranqüilizadoramente menos acentuada do que a anterior: a poluição tem sido declinante em níveis de renda mais baixos.

Contudo, isso requer uma explicação adicional. Pois a coincidência entre eficiência crescente e limpeza é uma exceção à mais fundamental das regras ambientais. Qual seja, a razão pela qual as empresas poluem e degradam o mundo de outras maneiras é que elas não arcam com os custos da degradação que causam. Se estes custos entrassem em seus cálculos sobre como e o que produzirem, elas se comportariam de modo diferente, esforçando-se para reduzir custos e aumentar seus lucros. Em vez disso, outras pessoas arcam com esses custos, seja limpando os resíduos, seja convivendo com um ambiente esteticamente arruinado, ou, então, sofrendo diretamente com a saúde comprometida ou com outros malefícios causados à vida. Esses custos são suportados muito localizadamente, e não pela sociedade como um todo; os chefes e os donos de uma empresa podem viver em esplêndida limpeza, mas aqueles que vivem perto de sua fábrica respiram poluição. Esses custos são um exemplo daquilo que os economistas chamam de "externalidades"; eles são custeados externamente à atividade ou transação diretamente envolvida. Externalidades podem ser positivas (isto é, benéficas) ou negativas (ou seja, custosas); as que resultam da poluição são do tipo negativo.

Colocando de maneira simples, o meio ambiente fica mais limpo quando as empresas e as pessoas podem ser persuadidas a absorver a maior parte dessas externalidades (isto é, a lidar com elas) em suas atividades particulares. A experiência clara do século XX é que tal persuasão acontece bem prontamente em democracias, mas com grande dificuldade (se chegar a acontecer) em ditaduras. Aqueles que arcam com os custos sociais dispõem, nas democracias, de meios de fazer suas queixas ouvidas e de convencer os legisladores eleitos a alterarem as leis a fim de limpar o meio ambiente. Se aqueles que arcam com os custos são algo como uma maioria, eles têm uma boa chance de forçar a efetivação dessas alterações.

Nas ditaduras, tais mudanças dependem, ou da benevolência dos ditadores, ou de que demonstrações de massas consigam forçar o ditador a agir, ou, então, que os próprios ditadores se sintam afetados por algum flagelo que esteja em discussão. Assim, portanto, os casos de melhorias ambientais são muito mais raros em ditaduras. Os países comunistas, nos quais as autoridades não podiam ser cobradas, mostravam-se muito mais sujos do que aqueles em que vigorava a democracia capitalista. Por isso podemos nos sentir otimistas quanto à possibilidade de vir a China procurar, cada vez mais, utilizar a energia de maneira mais eficiente, e, assim, menos propensa a causar poluição por partículas, porque o estímulo para isto é puramente econômico. Mas não podemos ser tão otimistas quanto à possibilidade de a China procurar cada vez mais lidar com as externalidades, ou com os custos sociais causados por outros tipos de poluição, nos quais o problema não seja ineficiência, mas, sim, quem é que arca com esses custos.

IMPURO

A melhoria do meio ambiente nos países ricos tem estado intimamente associada ao desenvolvimento da democracia. As primeiras leis severas antipoluição foram introduzidas na década de 1950, quando a democracia estava se desenvolvendo em muitos países. O Japão sofreu a terrível doença de Minamata, provocada pelo envenenamento por mercúrio no final dos anos 50; este e mais uma série de outros desastres causados pela poluição deram origem aos primeiros movimentos de protesto populares, e só então, com muito atraso, a novas leis para o controle de efluentes tóxicos e da poluição atmosférica. No seu modo imperfeito, as democracias são capazes de dar voz aos custos sociais da sujeira e do perigo, e seus sistemas políticos oferecem um mecanismo simples e rápido para fazer a compensação entre os que ganham e os que perdem com esses custos, ou com sua prevenção. Isto é especialmente verdadeiro quando democracias localizadas — por exemplo, num estado americano como a Califórnia, ou numa prefeitura no Japão — controlam leis ambientais de âmbito local que podem se sobrepor ou substituir leis de âmbito nacional.

Isso não ocorre prontamente quando os governos são autoritários e podem se manter cegos à poluição. Assim, a ascensão da democracia através do mundo (cujos detalhes serão explorados no capítulo 12) oferece uma razão prudente para otimismo. Na maioria dos países ricos não havia democracias nos períodos iniciais de seu desenvolvimento industrial. Como mais países pobres estão se tornando democracias, cresce a possibilidade de que seus cidadãos optem por um desenvolvimento menos poluído num estágio mais no início de seu crescimento do que ocorreu na Europa ocidental, nos Estados Unidos e no Japão.

Isso é uma esperança, não uma previsão confiável. É tudo o que se pode dizer, pois estamos falando do futuro. Há numerosas variáveis envolvidas: os países pobres continuarão a adotar a democracia? Seus habitantes irão adquirir o mesmo gosto por um meio ambiente mais verde que adquiriram os habitantes dos países ricos? Irão eles fazer as mesmas escolhas quando se defrontarem com as mesmas opções impostas pela proteção ao meio ambiente? Ou poderão suas preferências ambientais ir contra as dos habitantes do mundo rico, provocando um conflito? Poderia esta esperança saudável, gradativa, ser subvertida por um conflito militar, pois é em época de conflitos que os maiores danos ambientais acontecem? Nenhuma dessas perguntas pode receber automaticamente uma resposta favorável. Mas, não obstante, as razões para se ter esperança são fortes. A história mostra que, ao menos fora das guerras, as democracias tornam-se mais verdes, e que o nível de poluição no qual as sociedades fazem aquela mudança está declinando mais. Se os países pobres vierem a crescer e ficar muito mais ricos, e é de se esperar que o façam, então o crescente número de democracias entre eles provavelmente significará que seu desenvolvimento econômico se tornará mais verde muito mais depressa do que aconteceu com os países atualmente ricos.

Porém este não é o fim da história. Pois ainda restam dois problemas a resolver. Um é o megaproblema do aquecimento global. Mas, antes, há um outro, de efeito mais pessoal e local, aquele do brinquedo favorito de todo mundo: o automóvel. O carro merece ser explorado porque põe em severo relevo a espécie de escolhas que devem ser feitas. Estas não são entre a natureza intocada e a poluição industrial. São entre espécies diferentes de atividades humanas e diferentes espécies de efeitos humanos sobre o meio ambiente. A poluição está envolvida, mas não é o principal problema: o problema é que espécie de liberdade, e que espécie de desenvolvimento urbano, as pessoas vão acabar por preferir. E à medida que ficam mais ricas, elas habitualmente têm preferido mais liberdade e mais carros.

"Oh, que alegria! Oh, meu Deus! Oh, meu Deus!" Estas palavras, especialmente queridas para um inglês, são uma citação do personagem Mr. Toad (Senhor Sapo), um sapo, da obra de Kenneth Grahame *O vento nos salgueiros*, um encantador livro para crianças publicado em 1908. As exclamações de Mr. Toad sobre as alegrias de dirigir um carro — a liberdade, a sensação de poder, o prazer de forçar outras pessoas a saírem da frente — resumem perfeitamente o apelo do automóvel. Ele falava da "poesia do movimento", e certamente apenas aqueles de coração duro iriam negar que isto é realmente o que muitas pessoas sentem quando estão dirigindo seu carro. Nesse livro, porém, Mr. Toad também se mete em um monte de encrencas: ele bate com o carro, é preso etc. O que também é apropriado, em vista da quantidade de angústia que o automóvel causa nestes dias.

Ele causa essa angústia devido ao seu efeito sobre o meio ambiente, o que significa de fato seu efeito sobre outras pessoas. Comparado com outras máquinas, o automóvel não é terrivelmente barulhento (isto com certeza se comparado com as motonetas, supostamente inofensivas ao meio ambiente), nem terrivelmente poluidor, nem terrivelmente perigoso; e em todos estes aspectos tem melhorado muito com o passar do tempo. Ele causa dificuldades devido à sua ubiqüidade e aos custos sociais que resultam do uso por grande parte das pessoas de uma coisa que poderia ser razoavelmente inofensiva se, por exemplo, fosse utilizada somente pelos ricos. É um preço que pagamos pela igualdade.

Contudo, antes de nos deixarmos consumir pela tristeza e pela fumaça do tráfego, vale a pena relembrar por que o automóvel foi, pode-se afirmar, o mais bem-sucedido e popular produto dos últimos cem anos — e continua a sê-lo. A começar pela melhora ambiental que ele trouxe para as grandes cidades no século XX. Na cidade de Nova York em 1900, segundo *The Car Culture*, um livro publicado em 1975 por James Flink, um historiador, os cavalos depositavam mais de 1.100 toneladas de estrume e 225 mil litros de urina por dia. Os administradores da cidade tinham que remover das ruas em média 15 mil cavalos mortos por ano. Comparado com tudo isso, o automóvel parecia quase anti-séptico.

E havia também a flexibilidade do carro. A primeira solução para a poluição e a congestão eqüinas foi o bonde elétrico. Mas isto exigia cabos elevados fixos, e trilhos, e, em certos lugares, plataformas de embarque, que eram custosos, feios e sem flexibilidade. O automóvel requeria simplesmente o asfaltamento das estradas, o que as tornava melhores, e o desenvolvimento de uma rede de postos onde se comprar combustível. Podia ir de qualquer A para qualquer B, e permitiu que as cidades se expandissem em todas as direções com baixa densidade de construções, em vez de uma fileira de casas espremidas ao longo dos trilhos dos bondes ou dos trens. As áreas rurais também se beneficiaram, pois deixaram de parecer tão remotas depois que os carros se tornaram comuns. Os carteiros podiam entregar a correspondência; as crianças das fazendas podiam freqüentar maiores escolas.

Porém, sobretudo, o automóvel trazia liberdade e representava igualdade. Ele se disseminou muito mais rapidamente nos Estados Unidos, porque lá os rendimentos eram mais altos e mais igualitários, os espaços mais amplos, e o mercado mais competitivo. Em 1927, os Estados Unidos contavam com 80% do estoque mundial dessa máquina que havia sido desenvolvida originalmente na França, e possuía um carro por 5,3 habitantes. Ele também se espalhou rapidamente em outros países onde havia espaço, imigrantes europeus e uma estrutura social fluida: Nova Zelândia (10,5 habitantes por carro em 1927), Canadá (10,7), Austrália (16) e Argentina (43). Tanto na França como na Grã-Bretanha, a relação era de 44 habitantes por carro. A Alemanha, enfrentando nessa época grandes dificuldades econômicas, estava quilômetros atrás, com 196 habitantes por carro.

Aquela sensação de independência, de podermos nos levantar e ir aonde quisermos, fazer o que quisermos, acompanha o automóvel até hoje. No Japão, na década de grande crescimento dos anos 60, quando a guerra estava finalmente sendo deixada para trás, a aspiração básica de uma família comum era constituída por um carro, uma geladeira e uma televisão colorida. Surgiu uma nova frase em japonês: *mai car suru*, dar um passeio em seu carro no fim de semana. Era uma declaração de liberdade, de independência. Frases com sentido semelhante irão se repetir nos países atualmente emergentes, logo que a renda *per capita* ultrapasse os US$ seis mil, nível acima do qual as vendas de carros parecem aumentar acentuadamente.

Outra constante é que desde que a poluição tornou-se uma preocupação, nos anos 50, os analistas têm predito — erroneamente — que o *boom* dos carros estava a ponto de acabar. O livro de Flink, *The Car Culture*, afirmava que em 1973 o mercado americano estaria saturado, com 2,25 carros por habitante, e o mesmo iria acontecer (devido à limitação territorial) com os mercados do Japão e da Europa ocidental. Preocupações ambientais e reservas de petróleo minguantes iriam proibir o uso do automóvel em massa em qualquer outro lugar. A força política da indústria estava diminuindo, disse ele: a indústria ainda gerava um em cada seis empregos nos Estados Unidos, mas o governo gerava agora um em cada cinco. "As projeções de um grande aumento no número de veículos em nossas estradas ao longo das próximas décadas... perderam a credibilidade", escreveu esse historiador do automóvel.

Mas elas não perderam. Entre 1970 e 1990, enquanto a população americana cresceu 23%, o número de veículos nas estradas aumentou 60%. Lá agora existe um carro para cada 1,7 habitantes, e um para 2,1 habitantes no Japão. Cerca de 50 milhões de carros novos são produzidos por ano, em todo o mundo, e cerca de 550 milhões deles já estão nas estradas, sem contar caminhões e motocicletas. Isto vai continuar? Sem dúvida, porque as pessoas assim o querem. A Índia tem apenas um carro para cada 350 habitantes. Se, como se espera, seu povo se tornar mais rico, mais livre e mais igual, muito mais indianos irão querer ter carros — ou, pelo menos, irão querer algum meio de transporte pessoal, independente, confiável, razoavelmente rápido. É isto a tirania do motorista? Dificilmente. Nós agora somos todos (ou quase todos) motoristas.

Como resultado, é tão certo como alguma coisa pode ser que a livre escolha e o voto popular irão manter os carros rodando. Mas o voto popular também irá querer modificar o modo como os carros rodam, para tentar atenuar as três diferentes espécies de dificuldade que ele causa: poluição, congestionamentos e expansão imobiliária.

Os governos vêm, sob a pressão popular, lutando contra todas as três, principalmente desde o início dos anos 70; algumas vezes as ações governamentais andaram à frente dos carros, mas logo estes novamente as ultrapassaram. Regulamentações quanto aos projetos e a criação de cinturões verdes têm limitado a expansão imobiliária; quotas para tráfego segundo o número das licenças e pedágios têm sido usados, um pouco, para tentar reduzir o congestionamento, assim como grandes somas têm sido investidas em novas estradas, especialmente em anéis rodoviários ao redor das grandes cidades; proibições, leis, metas e taxas vêm sendo utilizadas para combater a poluição. Por que, então, não atacar diretamente o automóvel, com leis, proibições ou altas taxas, para tentar resolver todos os três problemas simultaneamente? Porque isto iria ofender todo mundo de uma só vez, coisa que os políticos em uma democracia procuram evitar. Mas também porque os três tipos de problema estão separados — em suas características econômicas e, portanto, em suas características políticas.

O problema do congestionamento é muito menos provável de ser encarado do que o da poluição. Quase todos os seus custos diretos — atrasos, frustração — são suportados pelas próprias pessoas nele envolvidas, embora alguns deles recaiam sobre aquelas que estão comprando produtos cuja entrega fique, por isso, mais cara ou mais demorada. Desses custos diretos participam outras pessoas que podem ter desejado ir de um lugar para outro, mas que se sentiram desencorajadas pela probabilidade de encontrar congestionamentos. Mas, se as pessoas quiserem evitar o tráfego congestionado, elas podem fazer suas próprias escolhas: não dirigir, ou fazê-lo a uma outra hora, ou instalar em seu carro um telefone móvel, de modo que possam fazer alguma coisa útil enquanto estão retidas. Uma das atrações do carro é que, por mais irritante que seja uma retenção, seu interior pode se tornar um lugar agradável, com telefone, música, ar-condicionado, assentos confortáveis, e todo o resto. Em alguns poucos centros de cidade altamente congestionados, se a pressão popular para sua eliminação vier a crescer, a cobrança de pedágio será certamente adotada para reduzir o tráfego. Mas o problema do congestionamento terá que ficar muito mais sério, e mais disseminado, para que uma ampla faixa de eleitores apóie a cobrança do pedágio em grande escala.

O custo indireto do congestionamento é a poluição localizada: todos aqueles carros, caminhões e ônibus parados debaixo de sua janela, vomitando fumaça. A cobrança de pedágio para fazer o trânsito fluir melhor pode melhorar este problema. Mas isto não teria um efeito significativo sobre a poluição, pois as verdadeiras preocupações quanto a esta vêm da presença continuada no ar dos gases de descarga. A maior parte do custo da poluição não recai especificamente sobre as pessoas sentadas em seus carros; incide sobre todos os que estão respirando, principalmente nas cidades, o que torna mais provável que os políticos sejam levados a resolver o problema, exatamente como fizeram com relação à fumaça e à fuligem das antigas residências e das fábricas.

Desde 1970, muito pouco foi feito com relação aos congestionamentos, especialmente nos países ricos, além da construção de mais umas poucas estradas, mas muita coisa já foi feita quanto à poluição, porque esta é um malefício social maior. Até agora a maior parte destas ações se fez sob a forma de regras: sobre emissões dos gases de descarga, conversores com catalisador, inspeção dos motores, etc. Quase com certeza, existirão outras regras como essas no futuro, principalmente para acelerar a introdução dos carros a eletricidade, alimentados por baterias, e, a principal esperança, a célula de combustível, que converte hidrogênio em energia elétrica. Contudo regras para acelerar essa mudança tecnológica não parecem ser suficientes.

A razão é que a maior parte da poluição provém dos carros ora existentes. Células de combustível e baterias podem começar a entrar em uso comercial nos próximos anos. Mas levarão tempo para serem largamente aceitas pelos motoristas, devido à necessidade de que seja criada uma ampla rede de recarga de baterias ou de reabastecimento de hidrogênio para que os novos carros possam se tornar úteis. Portanto, se os governos falam com seriedade sobre a redução da poluição, terão que aplicar impostos sobre a propriedade ou a utilização dos antigos automóveis movidos a derivados do petróleo, para tentar fazer as pessoas os usarem menos e mudarem para carros mais novos, menos poluentes; ou taxar a própria gasolina, como já acontece em grande parte da Europa ocidental. A recusa dos políticos em aplicar impostos mais elevados à gasolina no país que melhor exemplifica a livre escolha e a democracia, os Estados Unidos, não é um bom sinal quanto à sua adoção generalizada em outros lugares.

É disto que vai depender o controle sobre os automóveis: vontade dos eleitores de aceitar esses controles e de reeleger os políticos que os imponham. Isto também se aplica à questão do desenvolvimento urbano: novos prédios residenciais, novas ruas e estradas, novas escolas, novos hospitais, novos prédios de escritórios, novos shopping centers. E quando tais coisas são construídas, cobrindo de concreto uma parte da zona rural, prejudicando a vista de que alguém desfrutava e geralmente atraindo novas multidões e congestionamentos para a área, é porque alguém espera colher benefícios. O benefício direto vai certamente para o detentor da área, mas o benefício indireto é colhido por todos que vierem morar nessas novas residências, comprar no shopping, usar as escolas e os hospitais, etc. Outros, porém, perdem. O desenvolvimento urbano (ou, utilizando a expressão depreciativa, agora de uso comum, o alastramento urbano) não é um problema simples, uma questão ética, de natureza *versus* homem, de capitalismo *versus* o meio ambiente. É sempre uma questão de escolha política, entre objetivos diferentes e interesses em competição.

Os ambientalistas muitas vezes argumentam que um desses interesses em competição a considerar deve ser o das gerações futuras. Como disse Joni Mitchell em uma de suas músicas, ao pavimentar o paraíso e abrir uma área de estacionamento, os empresários e motoristas de hoje estão privando as futuras gerações daquele cenário natural em que derramaram concreto. Isto é verdade, mas não tem nenhum significado prático. Não podemos saber o que essas futuras gerações irão preferir. Somente quando nós, em grande número, nos sentirmos aptos a nos colocar em seu lugar, seria possível levar em conta em uma decisão os interesses de nossos netos. Podemos saber, por exemplo, que eles irão preferir não viver junto a um lago cheio de mercúrio, porque isto seria potencialmente mortal. Mas não podemos saber se irão preferir que a margem daquele lago seja virgem e intocada, ou que tenha uma elegante (ou mesmo deselegante) alameda construída ao longo dela. Esta escolha só pode ser feita por nós, não por eles.

Apenas uma coisa se pode predizer com certeza sobre o desenvolvimento urbano. É que essa batalha, a necessidade de escolhas políticas, vai continuar. Não é uma disputa que ou o meio ambiente ou o crescimento econômico possa vencer. É uma questão que envolve uma série de compromissos, de opções entre custos e benefícios, entre o ganho por uma pessoa e a perda por outra, entre o valor que as pessoas atribuem à natureza e o valor que atribuem às construções do homem e às amenidades.

Algo semelhante deve ser dito sobre o aquecimento global. Há opções políticas a serem feitas. As dificuldades quanto a este sério problema ambiental começam pela falta de conhecimento sobre as suas verdadeiras dimensões. E prosseguem pela falta de conhecimento sobre as conseqüências do aquecimento global. E depois chegam ao problema mais difícil de todos: que embora este seja um problema com causas globais, é também um em que existem grandes perdedores, pequenos perdedores, grandes ganhadores e pequenos ganhadores, com as perdas e os ganhos variando em diferentes épocas do futuro. Se fosse possível dizer, cruamente, que este é um problema compartilhado, com o qual todos nós vamos sofrer igualmente, seria bastante fácil escolher uma solução. Mas não é.

Livros inteiros podem ser e estão sendo escritos sobre o tema dos gases causadores do chamado efeito estufa, o aquecimento global, e o que se pode fazer quanto a isto. É considerado o mais importante problema ambiental dos nossos dias, incluindo, certamente, todo o século XXI. E é sem dúvida muito importante. Mas pode ser discutido de maneira muito simples, e até mesmo breve.

Cientistas reunidos sob os auspícios das Nações Unidas no Painel Intergovernamental sobre as Alterações do Clima (PIAC) declararam em seu relatório de 2001 que as tendências atuais, somadas ao possível efeito das futuras emissões e acumulações dos gases causadores do efeito-estufa, irão provavelmente ter como resultado, no decorrer do século XXI, um aumento da temperatura superficial global média de alguma coisa entre 1,4°C e 5,8°C. Eles podem estar certos ou estar errados, mas de qualquer forma essa é a melhor estimativa de que se dispõe atualmente. Pode ser comparada com o aumento estimado para essa mesma temperatura durante o século XX de 0,6°C (aumento que, por seu turno, seguiu-se a um período particularmente frio da história do clima mundial, conhecido como a "pequena era glacial", de modo que, até certo ponto, a temperatura vem subindo a partir de um nível anormalmente baixo). A estimativa mais baixa para o aumento durante o século XXI, devemos notar, é de mais do que o dobro do estimado para o século XX. Mas a faixa daquela estimativa é extremamente larga, devido ao alto grau de incerteza que cerca a ciência do clima e da temperatura, a definição de modelos e o curso futuro das emissões dos gases que causam o efeito-estufa, ou, mais simplesmente, os gases-estufa.

Em face de uma estimativa de aumento de temperatura com aquela faixa de magnitude, a primeira pergunta a ser feita é: isso tem alguma importância? Não existe o conceito de uma temperatura superficial global ideal, e, portanto, não podemos saber que tendência térmica deveríamos preferir. Uma Terra mais quente iria implicar um nível do mar mais alto, à medida que o gelo em diversos locais se derretesse. Mas, dependendo do seu tamanho, isto iria afetar somente alguns lugares: ilhas rasas e costas vulneráveis.

O PIAC pensa que, em termos econômicos, o efeito de um aumento da temperatura de até 2°C pode bem ser positivo, considerando-se tudo, para os atuais países desenvolvidos. A maior parte deles está situada nas regiões temperadas setentrionais, que iriam ter invernos menos rigorosos. E como esses países já são ricos, eles poderiam adaptar-se com certa facilidade às novas condições. Mas o painel acredita que os efeitos de um tal aumento sobre os países em desenvolvimento seria negativo, porque esses países mais pobres são menos capazes de se adaptar, e porque a maioria deles já tem climas bastante adversos ao homem, que iriam tornar-se ainda menos propícios à vida e ao trabalho. Assim, se o PIAC estiver certo, o problema no extremo inferior da faixa estimada de temperaturas não é de danos claros, generalizados, ao globo: é um problema em que os países pobres ficam um pouco pior e os ricos ligeiramente melhor.

Acima desse aumento de 2°C, as coisas se tornam mais simples, segundo os cientistas: todos ficariam pior, no total. Mas, uma vez mais, os ricos estariam mais aptos a se adaptar às novas condições. E, como acontece com tudo o que se relaciona com o aquecimento global, existe um alto grau de incerteza.

Quando o PIAC diz que alguns iriam ganhar e outros perder, a próxima pergunta importante é: quanto? Não é fácil dizer. Um dos motivos é a complexidade dos efeitos, na agricultura, no uso da energia, sobre as florestas, sobre a saúde humana, sobre o suprimento e o tratamento da água, e coisas semelhantes, bem como sobre as possíveis conseqüências sobre as povoações de um nível do mar em elevação. Outro motivo é a possibilidade de que à medida que a temperatura suba, os efeito sobre os sistemas atmosféricos não sejam lineares: em outras palavras, que passemos a ter, de repente, mais furacões, enchentes ou secas. Um medo especial, sem nenhum fundamento científico claro, é que um aumento de temperatura possa levar a uma alteração nas correntes do oceano Atlântico, por exemplo, causando uma súbita mudança nas características do tempo em outros lugares. Isto significaria que os custos totais iriam também aumentar de maneira não-linear: um aumento de um grau na temperatura poderia acarretar custos muito maiores quando representasse a diferença entre um aumento de três graus para quatro graus, do que quando essa diferença fosse entre dois para três graus. Mas tudo isto é especulação. Os cientistas não podem afirmar.

Mudanças graduais na temperatura e no clima fazem pouca diferença econômica, no total. Isto acontece porque as pessoas podem adaptar o que fazem e o modo como vivem à medida que o clima se altera. Seria inútil, por exemplo, tentar calcular o custo econômico do aumento da temperatura superficial global de 0,6°C verificado durante o século XX. Para poder fazer algum sentido, tal cálculo teria que ser baseado na suposição de que as pessoas viviam, trabalhavam e produziam bens em 1999 da mesma maneira como o faziam em 1900. Mas tal suposição seria um absurdo, pois as pessoas alteraram o seu comportamento de inúmeras maneiras, sendo algumas delas estimuladas pelo aumento da temperatura, mas muitas, não. Invenções, como o condicionador de ar, e progressos no controle de doenças e nos cuidados com a saúde tornaram muito mais possível viver produtivamente em Cingapura ou em Houston. Deve-se esperar quase a mesma coisa no século XXI. Mudanças na tecnologia e no comportamento irão alterar, de formas que não podemos nem tentar imaginar ou pôr em nossos modelos computacionais, as vidas das pessoas em diferentes partes do mundo, e os cálculos econômicos acerca de diferentes atividades em diferentes lugares.

Então que pontos devem ser considerados suficientemente confiáveis para que se possa basear neles as ações que se fazem necessárias? Um é o fato de que a temperatura global está realmente aumentando, e que, mesmo no extremo inferior da faixa estimada pelo PIAC, ela estaria aumentando a uma velocidade muito maior do que aconteceu durante o século passado. Esses cem anos assistiram a um grande número de variações, com aquecimento razoavelmente rápido entre 1910 e 1945, algum resfriamento de 1945 a 1976, e depois um novo período de aquecimento, que ainda continua. Durante este atual período de aquecimento, a temperatura tem subido mais rapidamente do que durante 1910-45. Um segundo ponto é que os gases-estufa produzidos pelo homem contribuem para o aumento da temperatura. Quanto, não se tem certeza. Sabemos que gases como dióxido de carbono (o gás carbônico), óxido nitroso e metano agem retendo o calor na atmosfera, como o vidro de uma estufa. A vida na Terra depende desse efeito-estufa, pois, se não fosse por ele, a temperatura seria demasiadamente baixa. Mas a quantidade desses gases tem aumentado graças à humanidade, o que está ajudando a aumentar o calor. Os cientistas no PIAC acreditam que a quantidade de gás carbônico na atmosfera aumentou em um terço desde 1750 e que em 2100 essa quantidade será 90% maior do que era naquele ano. Eles chegaram também à conclusão de que a "maior parte" do aquecimento observado durante os últimos cinquenta anos provavelmente se deveu ao aumento das concentrações dos gases-estufa.

Uma terceira realidade é que uma vez liberados para a atmosfera esses gases lá permanecem. Se a cobertura florestal subitamente se expandisse, as árvores absorveriam grandes quantidades de gás carbônico e, assim, reduziriam a acumulação desses gases — mas novas florestas não podem ser plantadas, nem crescer com suficiente rapidez, para fazer diferença apreciável durante um período razoável de planejamento (de trinta anos, por exemplo). Elas podem fazer, e provavelmente farão, alguma diferença, mas não muita. Outros fatores na atmosfera que servem para resfriar a Terra — como a cobertura de nuvens, ou as partículas que são carregadas pelo ar, conhecidas como aerossóis — poderiam, em teoria, ter sua quantidade e seu efeito aumentados e, assim, contrabalançar o aquecimento; mas seu efeito poderia também diminuir, acelerando a elevação da temperatura. Recentemente, dizem os cientistas, seu efeito tem sido consideravelmente superado pelo da acumulação dos gases-estufa.

Assim, sabemos que a temperatura está se elevando; que os gases que causam o efeito-estufa são, pelo menos, uma parte da explicação; que essa elevação prosseguirá provavelmente por um longo tempo, mas que quanto mais à frente se esticam as previsões menos confiáveis elas se tornam; que o aumento da temperatura importará em custos para certas partes do mundo, especialmente para as mais pobres; e que quanto maior for o aumento da temperatura, mais os custos irão incidir sobre a maior parte da população do globo, e, provavelmente, tais custos poderão se tornar muito grandes, se vierem a ocorrer condições meteorológicas mais extremas.

Não podemos, contudo, colocar um número sensato, confiável para os custos totais devido a todas as incertezas envolvidas. O dr. Lomborg, apesar de ter dado ao seu livro um título que significa em inglês "o ambientalista cético", fornece uma estimativa para o custo total de cerca de US$ 5 trilhões. Com certeza ela é incorreta. Mesmo assim, nos dá algum sentimento da magnitude dos possíveis gastos: equivalente, aproximadamente, ao atual produto da segunda maior economia do mundo, o Japão, ou aproximadamente metade do produto anual dos Estados Unidos, a maior economia do mundo. Porém esse montante seria aplicado no decorrer de um longo período.

Não se deve tomar essa quantia ao pé da letra: ela é apenas uma indicação, talvez grosseira. Muitos a discutem. Porém um custo de, digamos, US$ 50 bilhões por ano, quer seja ele a metade ou o dobro da verdade, ainda nos diz que o possível custo é consideravelmente alto: ele seria equivalente a uma redução de 1% do PIB japonês por ano. Daí se conclui que vale a pena tentar reduzir o componente da elevação da temperatura que é produzido pelo homem, seja para detê-la seja para retardá-la, mas não por meio de medidas que claramente ultrapassem esse custo. Se tal elevação pudesse ser retardada, as pessoas estariam mais aptas a adaptar-se à alteração do clima. A possibilidade de um aumento substancial da freqüência e da severidade de desastres, como furacões, secas e inundações, seria, então, muito menor.

Para reduzir esse custo, deixando de lado argumentos utilitários como esses, mas simplesmente para diminuir o próprio impacto do aquecimento global, os países devem encontrar maneiras de incentivar seus habitantes e suas indústrias a reduzirem a emissão de gases-estufa. Isto requer ou que se substituam as fontes de energia que emitam esses gases juntamente com outros; ou que se encontrem tecnologias que possam apreender e modificar esses gases antes que eles desapareçam na atmosfera. Quando se compreendeu que um buraco estava se formando na camada de ozônio, a grandes altitude, mas sobre a Antártida e o cone sul da América Latina, foi rapidamente acordado que o modo de se lidar com isso era tentar livrar-se das substâncias vistas como agentes da destruição da camada de ozônio. Essas substâncias eram os cloro-fluorcarbonetos, designados pela sigla CFCs, que eram consideradas substâncias baratas, limpas e seguras para uso em *sprays* de aerossóis e em geladeiras. Um acordo internacional foi firmado em Montreal em 1987 para eliminar o uso dos CFCs, o que foi conseguido com sucesso e de maneira notavelmente barata durante a década seguinte. Foram encontrados substitutos, que não custavam mais para produzir seus efeitos do que os CFCs. Assim o perigo de um buraco que se alargava, trazendo com ele maior quantidade de raios do sol nocivos e, em conseqüência, câncer de pele e outros males, foi evitado. Colocando simplesmente, alguma coisa semelhante necessita ser feita com relação aos gases-estufa.

Responsabilidade por emissões e aquecimento global

	PIB per capita (US$, em 1995)	Emissões de CO_2 per capita (ton., em 1995)	CO_2/PIB (kg/US$)
Estados Unidos	26.980	20,5	0,76
União Européia	19.050	7,9	0,41
Rússia	4.820	12,2	2,53
China	2.970	2,7	0,91
África	1.760	1,1	0,63
Índia	1.420	1,0	0,70

Fonte: World Resources Institute, citado por Marina Cazorla e Michael Toman, em "International Equity and Climate Change Policy", *Resources for the Future*, dezembro de 2000.

A tarefa, entretanto, está longe de ser simples. Uma razão é a quantidade: o gás carbônico, que é produzido pela queima de combustíveis fósseis como o carvão e o gás natural, se desprende de muitos mais processos industriais e residenciais do que acontecia com os CFCs. A tarefa de sua substituição é muito mais complicada. E a tarefa de decidir que países deveriam reduzir mais suas emissões é problemática. A tabela acima mostra como será complicado chegar a um acordo quanto a um rateio entre os países. Os Estados Unidos são nitidamente o maior emissor de gases-estufa, tanto porque é a maior economia do mundo (responde por um terço da produção econômica total) como também porque produz grande quantidade de emissões por habitante. Mas comparado com a Rússia (especialmente) e a China, seus processos industriais são menos poluentes: estes dois enormes países produzem mais gás carbônico em relação a seus PIBs. Em termos de capacidade para arcar atualmente com os custos, os Estados Unidos encontram-se claramente na melhor posição. Devemos nos lembrar, porém, que o problema não é estar o mundo muito quente hoje, mas, em vez disso, que ele pode ficar assim no futuro. Uma grande parte dessa ameaça vem do tão desejado crescimento econômico de países como a China, a Rússia e a Índia. Assim, uma das melhores soluções seria que esses países se assegurassem de que seu crescimento futuro decorresse de maneira que produzisse menos toneladas de gases-estufa. A experiência, como mencionado anteriormente neste capítulo, indica que eles irão, de qualquer forma, se tornar mais verdes à medida que ficarem mais ricos; o aquecimento global pode ser uma razão para persuadi-los a acelerar o processo.

O rateio também será complicado dentro dos países. Basicamente, o que é necessário é passar dos combustíveis fósseis mais poluentes para outros menos nocivos, e de todos os combustíveis fósseis para outras fontes de energia que não emitam gases-estufa. Desta maneira, empresas e residências agora dependentes do uso de carvão ou derivados do petróleo irão sofrer com a mudança; o mesmo acontecerá com os produtores e processadores desses combustíveis fósseis, nas indústrias de mineração, distribuição e refinação. E desde que o caminho inicial mais óbvio para reduzir as emissões é desencorajar o uso dos combustíveis fósseis mais poluentes por meio de uma taxa sobre o carbono, todo usuário que tiver que pagar essa taxa sofrerá custos mais altos, até o momento em que puder mudar para um tipo de energia alternativo a preço semelhante ou mais baixo.

Como resultado, todas as negociações internacionais e domésticas para reduzir a emissão de gases-estufa serão provavelmente tentativas e ferozmente discutidas, o que é uma outra maneira de dizer que de início elas serão inadequadas. Isto é o que vem acontecendo desde que os governos se reuniram pela primeira vez para discutir o aquecimento global na reunião de cúpula no Rio de Janeiro em 1992, e depois em Kioto em 1997*. Eles chegaram a um acordo de princípios pelo qual os países ricos começariam a reduzir suas emissões, mas que nada dizia sobre o futuro envolvimento dos países em desenvolvimento. Em conseqüência, e devido às disputas sobre exatamente como as reduções de emissões seriam conseguidas e exigidas, o Protocolo de Kioto foi rejeitado pelos Estados Unidos, primeiro pelo voto unânime do Senado na época do governo Clinton, ainda antes que as conversações em Kioto se realizassem, e depois como uma das proclamações iniciais do presidente Bush em 2001. Outros países prosseguiram sem a cooperação dos Estados Unidos e acharam maneiras de reduzir suas emissões próprias. Mas o plano resultante parecia pouco ambicioso e sem convicção.

Não obstante, o que está absolutamente claro é a direção da mudança. Não há nenhuma discordância séria quanto à necessidade de controlar as emissões de gases-estufa. O que se discute é a velocidade da mudança, como esta deve ser distribuída ao redor do mundo, e como os países vão resolver o balanceamento interno entre ganhadores e perdedores. Do ponto de vista econômico, o melhor plano seria fornecer incentivos aos usuários para que adotassem fontes de energia menos poluentes, e aos produtores para que investissem mais na pesquisa destas fontes; um plano que permitisse aos usuários, e mesmo aos países, trocar direitos de emissão a fim de explorar o valor dessas emissões e da conservação, e que canalizasse recursos para os usuários mais eficientes; e um plano que progressiva-

---

*O Tratado de Kioto entrou em vigor em 16 de fevereiro de 2005, depois de ratificado por 141 países. Estados Unidos e Austrália não o assinaram. (N. do T.)

mente incluísse os países em desenvolvimento, de tal modo que se somasse aos incentivos existentes nesses países para a adoção de fontes de energia menos intensivas em carbono.

O que acontecerá no futuro? Três coisas podem ser ditas, com razoável confiança. Uma é que os planos concretos já apresentados ficarão provavelmente aquém do ideal. Mas, levando em conta a concordância quanto à direção da mudança, essa diferença no atual estágio do desenvolvimento do aquecimento global não parece chegar a ponto de assustar.

A segunda previsão segura que se pode fazer é que o progresso da tecnologia irá dominar o processo, e bem pode superá-lo com o passar das décadas. Já agora, mesmo com os atuais preços e a falta de urgência política quanto às emissões dos gases-estufa, existem sinais de que o negócio da energia será virado de cabeça para baixo pela mudança tecnológica. As células de combustível, que convertem hidrogênio em energia e não emitem gases-estufa, estão firmemente a caminho para aplicação comercial em larga escala. Como já foi ressaltado, a necessidade de ser criada uma rede de armazenagem e fornecimento do combustível significa que isso não pode acontecer do dia para a noite. Mas considerando o período de tempo requerido pelo aquecimento global, o prazo necessário para isso poderia ser considerado como razoavelmente rápido. Taxas sobre o carbono, regulamentos mais rígidos, pressão popular, também irão incentivar maior esforço de pesquisa e desenvolvimento de outras fontes de energia, particularmente a conversão solar e mesmo algumas formas de energia nuclear. Muito antes que alguém venha a se sentar para escrever um livro com o título de "Visão 21:22", o mundo já pode bem ter saído resolutamente da idade do carbono, e mesmo da idade do petróleo, para uma nova era dominada por novas fontes de energia.

A terceira previsão segura é que quando essa transformação do negócio da energia ocorrer, ela terá conseqüências geopolíticas. O sheik Yamani, famoso como ministro do petróleo da Arábia Saudita na década de 1970 e no início da de 1980, ressaltou uma vez que a Idade da Pedra não acabou porque o mundo havia ficado sem pedras. A Idade do Petróleo não vai terminar, como previram alguns ambientalistas, porque o mundo terá ficado sem petróleo. Ela vai terminar porque fontes de energia novas, mais baratas ou mais aceitáveis, terão sido descobertas ou inventadas. Esse processo pode ser complicado por flutuações no preço do petróleo, as quais ou aceleram ou desencorajam aquele processo de busca de um substituto. Mas dada a pressão do aquecimento global, o abandono do petróleo provavelmente irá ocorrer. E quando isto acontecer, aqueles países que dependem das vendas de petróleo para grande parte de seus recursos — e especialmente — para uma grande parte de seus orçamentos militares irão sentir o dinheiro e o poder lhes escapando. Isto se refere principalmente aos Estados do golfo Pérsico, incluindo (como advertia o sheik Yamani) a Arábia Saudita, mas também outros países ainda excessivamente dependentes do petróleo. Hoje a lista incluiria a Venezuela e a Nigéria, mas também, embora com intensidade declinante, o México. Economia e política nunca podem ser inteiramente separadas.

Poderíamos ainda incluir prontamente uma quarta previsão. Esta é que, com relação ao aquecimento global e outras lamentações sobre o meio ambiente, as pessoas irão continuar a dizer que tudo está ficando pior, que nada está sendo feito e que o mundo está indo para o inferno num balaio movido por derivados do carbono. Tais lamentações serão provavelmente erradas, e em alguns casos podem ser nocivas por desviar a atenção dos problemas reais, como a pobreza. Ainda assim, as lamentações continuarão a ser feitas. O homem nunca está satisfeito.

EPÍLOGO E PRÓLOGO

12.
Otimismo Paranóico

As perguntas eram simples. Continuará a América a liderar o mundo e a manter a paz? Os pontos fortes do capitalismo irão contrabalançar suficientemente suas fraquezas de modo a estimular as pessoas e seus governos a continuarem a acreditar nele, através dos bons e dos maus momentos? As respostas não foram tão simples. Mas podem ser sumarizadas brevemente: à primeira pergunta, a resposta é felizmente sim, embora com algum atrito e dura oposição; à segunda, provavelmente, mas com um grande potencial para rebeliões, reversões e repulsa. Estas sumarizações escondem uma porção de outros "se", "mas" e "talvez". É nessas restrições fundamentais, nas oportunidades e riscos descritos nos capítulos anteriores, que estão os segredos do século XXI, à espera de serem descobertos por nós.

Quando olhamos para a frente, o que há de mais importante é tentar entender essas oportunidades e esses riscos. Não podemos saber mais sobre o que irá acontecer no decorrer do século XXI do que alguém que, escrevendo no início do século XX, poderia predizer sobre os acontecimentos que se seguiriam. Mas em 1900 teria sido possível enxergar os perigos que estavam sendo criados pela crescente rivalidade entre as nações mais poderosas, e pela capacidade declinante da Grã-Bretanha de manter a paz e a ordem internacional. Teria sido também possível ver o risco de que a instabilidade e a inerente tendência para a desigualdade do capitalismo viessem a provocar uma reação política e social contrária no século XX. Na verdade houve analistas que advertiram sobre um ou outro desses perigos; e em alguns países os governos foram sensíveis a essas advertências. Contudo, foi muito mais difícil ver como as duas espécies de perigo podiam se alimentar mutuamente: a forma como o conflito entre as grandes potências enfraquecia o capitalismo e aumentava suas fraquezas, e como uma economia internacional instável e débil acabou levando ao extremismo político, à desilusão com o capitalismo e com a democracia, e acabou por promover um conflito destrutivo.

A mesma dificuldade perturba hoje nossa visão do futuro. Conquanto possamos analisar as relações e a economia internacionais em compartimentos distintos, e possamos até fazer tentativas de predições e recomendações separadamente em cada um deles, a verdade é que os dois estarão entrelaçados. Acontecimentos em um, bons ou maus, terão conseqüências sobre o outro, e vice-versa. Como no século XX, tendências e mudanças em um terreno podem intensificar acentuadamente tendências e mudanças no outro. Dizendo de maneira simples, é por isso que o mundo é capaz de galopar por décadas em novas e inesperadas direções.

As tendências gerais do século XX eram bastante claras e consistentes. Se olharmos para a primeira década desse século e para a última, podemos achar fortes traços comuns às duas, como se uma houvesse conduzido inexoravelmente à outra: a ascensão econômica e política dos Estados Unidos; o desenvolvimento da Alemanha como um país novo, rico e unificado; a emergência do Japão como uma sociedade moderna, industrializada; a propagação da democracia; o crescimento do comércio e do investimento globais; a ascensão dos mercados de ações e das modernas corporações; a queda da aristocracia e a ascensão da mobilidade social e da meritocracia; a difusão do desenvolvimento material e do conhecimento científico para mais países ao redor do mundo; o progresso das tecnologias das comunicações, dos transportes, da energia, da biologia e da destruição. E durante o século XX a humanidade fez maior progresso material do que em qualquer dos séculos anteriores e terminou esse período com maior liberdade individual, vidas mais longas e maior capacidade para preservar, nutrir e prolongar a vida humana do que nunca antes. Porém os oitenta anos decorridos entre a primeira e a última décadas do século tiveram um grande número de episódios de desvio e regressão, para não dizer coisa pior. Se aqueles traços comuns podem ser tomados como representando poderosas forças de longo prazo, houve também forças poderosas agindo na direção da instabilidade e da volatilidade.

Coisa semelhante pode bem acontecer no século XXI. É possível, e mesmo provável, que as tendências de longuíssimo prazo serão novamente positivas e poderosas: que a democracia irá se propagar ainda mais; que China, Índia e outras nações ainda pobres irão se desenvolver e emergir como sociedades modernas, mais ricas, industrializadas; que isto será facilitado por um maior crescimento do comércio e do investimento globais; que serão desenvolvidas novas tecnologias que novamente transformarão o trabalho, a produção, a energia, os transportes e, mesmo, a própria vida; que a autonomia individual que surgiu durante o século XX em muitos dos países ricos irá se desenvolver ainda mais, conforme as organizações sociais se fragmentem e a educação proporcione aos indivíduos mais escolhas e liberdades; e que esse individualismo irá também se difundir nos países mais pobres à medida que cresçam suas economias. Realmente, as perspectivas para tais tendências de longo prazo parecem ainda melhores do que no início do século XX, por causa das respostas favoráveis dadas às duas grandes perguntas de que trata este livro.

Os Estados Unidos têm a capacidade e a disposição para proporcionar uma liderança muito mais vigorosa em prol das causas da paz e da segurança mundiais, e do livre comércio, do que podia fazê-lo a Grã-Bretanha no início do último século. Este país então se confrontava em termos de poder econômico tanto com os Estados Unidos como com a Alemanha, e era enorme a carga constituída pela manutenção de seu império mundial. A América não tem um império mundial, embora tenha obrigações e uma rede de bases militares por todo o mundo, ainda que menos extensa que a dos britânicos em 1900. Como a Grã-Bretanha naquela época, os Estados Unidos não têm agora algo como um poder suficiente para resolver todos os problemas políticos e econômicos do mundo. Mas têm suficiente força militar para impedir qualquer país de tentar impor sua vontade a outros ou de causar malefícios a níveis regional ou global. O erro de cálculo da Alemanha em 1914, de que poderia alcançar uma rápida vitória na Europa ocidental, hoje só poderia ser cometido por um lunático, face à supremacia americana.

    Existe uma possibilidade teórica de que a superioridade americana seja eventualmente contestada por uma ampla aliança de nações que juntassem suas forças contra a potência hegemônica. Tal aliança poderia ser constituída, por exemplo, por Índia, China e Rússia, ou por uma União Européia que fosse, então, capaz de manter políticas externa e de defesa comuns. Contudo, o problema com relação a tal possibilidade é que, para que ela pudesse ocorrer, seriam necessárias circunstâncias em que os interesses americanos e os dessa hipotética aliança fossem tão contraditórios que viessem a provocar um choque real. Este choque não precisaria ser um choque militar total, mas teria que ser uma situação tão cheia de fervoroso antagonismo que levasse ao fechamento de fronteiras, à construção de defesas, ao desenvolvimento de organizações rivais e assim por diante. Contudo é muito difícil ver os interesses americanos provocando esse choque; a não ser que os Estados Unidos mudem, seus desejos comerciais e políticos básicos são há muito tempo por paz, democracia, abertura ao comércio e ao investimento, e regra da lei nas relações internacionais, as mesmas aspirações que qualquer choque como esse iria contestar. Haverá muitos atritos sobre itens específicos, inclusive aqueles causados por americanos se desviando temporariamente desses valores. Mas enquanto eles aderirem plenamente a esses interesses e valores básicos, e enquanto não mostrarem interesse em construir um império formal, os Estados Unidos não parecem constituir uma ameaça direta a qualquer grupo de países grande o bastante para poder desafiá-los.

    Na verdade, existe um paradoxo básico quanto à liderança americana que provavelmente a fará essencialmente benigna, pelo menos até muito mais tarde neste novo século. É que os valores que ela defende e procura estabelecer no exterior, se forem adotados por outros países, irão tornar estes países muito mais fortes, e não mais fracos. Os Estados Unidos não são uma potência repressiva ou exploradora, mas antes uma potência habilitadora. Somente se a China ou a Índia, por exemplo, vierem a introduzir com êxito a mistura de liberdades econômicas e políticas que eles sintetizam, essas potências, agora ainda em florescência, poderiam esperar poder algum dia chegar perto de igualar o poderio militar ou econômico americano. Os Estados Unidos são a primeira potência preeminente na história cujas idéias, se triunfantes, irão provocar a perda de sua própria dominância. É possível que, à medida que esse momento se aproxime, os americanos mudem seu modo de pensar e procurem impedir que esse processo venha a causar seu declínio relativo. Mas esse momento está ainda muito distante, e essa possibilidade é muito remota.

Porém, tudo o que está dito acima constitui uma análise da política internacional sem ligação com a economia. Como mostrou o século XX, esse modo de pensar isolado, compartimentalizado, é muitas vezes errado. Ainda agora, em 2002, ficou demonstrado o perigo de se ignorar a interação entre economia e política. Ao mesmo tempo em que o combate ao terrorismo chamava a atenção para a capacidade política e militar dos Estados Unidos, provocando uma mistura de respeito, inveja e temor, algo menos admirável se agitava por baixo da superfície da economia americana. Semana após semana, novos escândalos emergiam das corporações americanas, quando se revelava que companhia após companhia havia manipulado sua contabilidade financeira e cometido, até mesmo, rematadas fraudes. Aquilo que havia parecido durante o *boom* da Internet em 1997-2000 ser uma força econômica que não seria contida, um modelo a ser imitado por todos os demais países, começou a mostrar-se muito mais fraco e menos merecedor de admiração. Isto ameaçou reduzir a influência econômica americana ao redor do mundo, ao expor as falhas do seu sistema supercapitalista, e também a eventualmente pôr em risco sua influência política e militar, caso a debilidade econômica viesse a tornar os americanos menos dispostos a assumir encargos no exterior.

É muito cedo para se ter certeza aonde vai levar essa reavaliação do capitalismo americano. Há muito tempo uma das grandes vantagens desse sistema tem sido sua flexibilidade, sua capacidade de adaptar-se rapidamente sempre que surge um novo problema ou que aparecem novas oportunidades. Mas a reavaliação é um salutar lembrete de que os temas da segunda metade deste livro continuam tão importantes no século XXI quanto no século XX. O capitalismo é impopular por causa de sua cobiça e insensibilidade. Pode ser assustadoramente instável. Produz desigualdades de renda que podem provocar retrocessos políticos. Causa ressentimento. Os períodos em que cai em desgraça tendem a ser períodos em que o papel dos governos aumenta, porque a opinião pública passa a apoiar restrições mais sérias aos capitalistas e maior intervenção dos políticos e burocratas. A história mostra que tais oscilações do pêndulo são inevitáveis, mas que também causam decepções, quando as novas regras sufocam os empreendimentos e a intervenção se revela mal direcionada.

Não obstante, há razões para otimismo quanto às perspectivas para o capitalismo nas décadas iniciais do século XXI, assim como as há para a liderança americana. Muito embora nunca consiga ser muito apreciado, o capitalismo está agora muito mais regulado em todos os países ricos do que era há um século atrás, assim como em um crescente número de países pobres, fazendo com que se torne menos provável que os períodos de instabilidade, de desigualdade, ou mesmo os danos ao meio ambiente, venham a ser tão devastadores. Esses períodos podem ainda causar problemas de curto prazo, e requerer a pesquisa e a adoção de novas soluções. Mas o papel dos governos já é suficientemente grande, e o conjunto de regulamentos suficientemente amplo, para justificar o otimismo quanto à duração e a severidade desses episódios negativos. Politicamente, além disso, há em quase todos os países uma forte inclinação a continuar adotando o capitalismo razoavelmente aberto (mas ainda longe de o ser totalmente), incluindo seu sistema de comércio também razoavelmente aberto (mas ainda longe de o ser totalmente), porque as lembranças dos efeitos do comunismo, do socialismo e de outras variantes do controle governamental rígido ainda são tão frescas.

Alguns vinicultores usam uma expressão para designar o equilíbrio entre expectativas positivas e um acentuado sentimento de risco. É o "otimismo paranóico". Isto, disse-me uma vez um vinicultor, consiste em ter confiança em que cada safra será melhor do que a anterior, com base no progresso por ele alcançado ao longo dos anos. Mas essa confiança é moderada pelo receio de que pode ocorrer algo prejudicial — chuva em excesso, sol na época errada, uma doença nas parreiras — e estragar tudo. Essa paranóia o ajuda a tomar providências para tentar limitar ou pelo menos a remediar os perigos. Porém ele não abandona seu otimismo básico.

*

OTIMISMO PARANÓICO

Não é necessário muita imaginação para se pensar em motivos de paranóia em política, economia, ecologia ou organização social. Muitos deles foram discutidos neste livro. Terroristas com armas nucleares podem destruir nossas cidades, a China pode entrar em guerra civil, refugiados ou outros migrantes podem jorrar pelas fronteiras, o crescimento econômico pode se transformar em depressão, o clima pode mudar, nossos alimento, ar e água podem tornar-se venenosos, novos drs. Frankensteins, armados com a moderna ciência genética, podem criar monstros que nem mesmo Mary Shelley poderia ter sonhado, nossas sociedades individualistas podem ser dominadas por crime e desordem, quando as classes marginalizadas ou outros elementos alienados se tornarem hostis. A questão, porém, é se essa paranóia deve levar ao pessimismo, ou, como neste livro, tornar-se uma guardiã fundamental do otimismo.

Existem muitos que tiram conclusões mais sombrias. Alguns baseiam seu pessimismo numa especulação sobre o futuro; a idéia de que espécies podem, de repente, desaparecer aos milhões, como aconteceu com os dinossauros; ou que a bomba nuclear irá algum dia acabar com nossa própria espécie. Muitos mais, entretanto, baseiam seu pessimismo numa visão desoladora do presente e do passado recente: a idéia de que as coisas já vão mal e que as tendências atuais nos levarão ao desastre. Contudo, para o otimista que escreve este livro tal visão apóia-se numa distorção perversa dos fatos — segundo a qual, na verdade, quanto mais bem-sucedida se torna a raça humana, mais é acusada de malogro atual ou iminente. É a versão da espécie humana do *Ardil 22* que o escritor inglês Joseph Heller inventou em 1961 para os soldados da Segunda Guerra Mundial. No livro de Heller, que trata da futilidade da guerra e dos esforços desesperados dos convocados para sobreviverem, as regras do esquadrão permitem que um membro da força aérea seja enviado para casa por motivo de insanidade. Mas também estipulam que qualquer um que peça para ir para casa por essa razão, ao fazer isso mostra estar gozando de juízo perfeito.

A humanidade sofre de um tipo de lingüística que é igualmente confusa. Para todas as demais espécies os biólogos vêem o crescimento da população como um claro indicador de sucesso: sucesso contra os predadores, sucesso conta os desastres naturais, sucesso em encontrar alimento e água, sucesso na reprodução. Durante o século XX nossa população quase quadruplicou, de cerca de 1,6 bilhões de habitantes em 1900, para mais de seis bilhões de habitantes ao alvorecer do XXI. O crescimento populacional já se havia acelerado no século XIX, atingindo a velocidade sem precedentes de 0,5% ao ano em todo o mundo, mas saltou para quase 1,4% ao ano no século XX. Avanços no combate às doenças, ao lado de novas técnicas para produzir muito mais alimento, e também para tornar habitáveis novas extensões de terra, permitiram que a população humana crescesse mais rapidamente nos últimos cinqüenta anos do que em qualquer outro período da história. A expectativa de vida, que é uma medida de sucesso sob o ponto de vista de cada indivíduo (embora não tenha importância sob ponto de vista da espécie, ou, pelo menos, de seus genes), aumentou enormemente durante o último século: nos países ricos, de 45-50 anos de idade em 1900 para 70-80 atualmente, e naqueles mais pobres, de 20-40 para 50-60. E continua a aumentar.

Todavia, esse crescimento da população, apesar de ser conseqüência de coisas boas, tem sido encarado como um todo como coisa muito má: como uma "explosão" populacional que ameaça devastar os recursos da Terra e causar superpovoamento, conflitos e, talvez, catástrofes. Ainda pode fazer isto. Mas de todas essas ameaças, são os conflitos os que representam, de longe, o maior perigo. O fato notável é que, muito embora a população da Terra haja mais do que triplicado em um século, os preços — a melhor medida da escassez de recursos — caíram durante esse período, virtualmente para tudo aquilo que é extraído da terra ou nela é cultivado, mas cresceram, sob a forma de salários, para a única coisa que se tornou muito mais abundante: pessoas.

Além do mais, a probabilidade de uma explosão populacional parece estar retrocedendo. Parte desse recuo deve-se, lamentavelmente, à devastação causada pela Aids na África. Mas deve-se principalmente à queda acentuada nos níveis de fertilidade na maioria dos países pobres, e em todos os ricos. A atual taxa de crescimento da população é considerada pela ONU como sendo de 1,2% ao ano, inferior à média anual do século passado. A última "variante média" prevista pela ONU para a população

OTIMISMO PARANÓICO

em 2050 é 9,3 bilhões, tendo a taxa de crescimento anual declinado então para 0,47%. (A "variante média" das projeções de crescimento populacional baseia-se principalmente em níveis médios de fertilidade, ao lado de outros fatores que afetam nascimentos e mortes.) Mesmo esses números podem constituir superestimativas. Mas as previsões demográficas de longo prazo são tão sensíveis a pequenas alterações nas taxas de nascimentos e de mortalidade que tais números podem também constituir subestimativas. E 9,3 bilhões é um número enorme de pessoas. Mas do lado do otimismo está a evidência de que, em todo o mundo, as pessoas parecem responder ao maior bem-estar e a maiores chances de sobrevivência tendo menos filhos. E elas respondem ao desafio da população descobrindo novos modos de produzir alimento, novos modos de ganhar a vida. Muito depende, portanto, de se saber se as condições de vida nos países pobres irão melhorar no futuro, ou se o crescimento econômico irá passar ao largo deles e se limitar às nações ricas.

No que toca aos aspectos materiais, a humanidade como um todo nunca foi mais rica. A produção de bens e serviços é maior do que nunca, tem crescido consistentemente por mais tempo do que nunca, e é também maior por habitante do que nunca. Isto é verdade para todas as regiões do globo. Como mostra a tabela a seguir, mesmo a África alcançou um crescimento de produção por habitante de 1% ao ano em termos reais entre 1900 e 2000, mais do que o dobro da taxa que se supõe que conseguiu durante o século anterior (embora os dados para a África durante o século XIX sejam ainda menos confiáveis do que os relativos ao século XX). Das grandes regiões do globo, foi a de mais lento crescimento, considerando-se esses cem anos em conjunto, mas aqueles que se preocupam com a possibilidade de que as recentes quedas na sua produção econômica signifiquem que esse continente está condenado para sempre podem encontrar alguma esperança no fato de que na primeira metade do século uma outra região era a mais lenta. Este título desonroso cabia à Ásia (excluído o Japão), onde a produção por habitante cresceu a apenas 0,1% ao ano, meramente um décimo da taxa de crescimento da África. Assolada por guerras, instabilidade política, colonialismo, doenças, clima e, presumivelmente, por barreiras culturais como o confucionismo aparentemente anticapitalista da China, as perspectivas para a Ásia pareciam tão sombrias quanto parecem agora as da África. Na segunda metade do século, a Ásia foi de longe a região que mais rapidamente criou riqueza, com uma taxa anual média de crescimento da produção por habitante de 3,5%. Uma das grandes tarefas das próximas décadas será encontrar meios de a África imitar a reviravolta da Ásia no século XX.

Crescimento do PIB per capita
(variação percentual anual média)

	1820-1900	1900-1950	1950-2000	1900-2000
OCDE*	1,2	1,3	2,6	2,0
Europa oriental	0,7	1,3	1,2	1,2
América Latina	0,6	1,7	1,5	1,6
Ásia (excluindo o Japão)	0,2	0,1	3,5	1,8
África	0,4	1,0	1,0	1,0
Mundo	0,8	1,1	2,5	1,9

Fonte: Andréa Boltho e Gianni Tonolo em "The Assessment: The Twentieth Century", *Oxford Review of Economic Policy*, vol. 15, nº4.
*Inclui América do Norte, Europa ocidental, Japão, Austrália e Nova Zelândia.

O sucesso econômico da humanidade teria surpreendido até um dos maiores economistas do século XX, John Maynard Keynes. Seu pensamento se formou durante os anos de dificuldades econômicas das décadas de 1920 e 1930 na Grã-Bretanha, e ele passou grande parte do seu tempo preocupado com a questão de como a humanidade poderia resolver aquilo que chamou de "o problema econômico", o desafio de aumentar a produção de modo sustentado a um nível tal que pudesse satisfazer as necessidades básicas das pessoas. Na realidade, o mundo há muito tempo ultrapassou o nível que Keynes teria considerado como suficiente. Apesar disso, nossas necessidades continuam insatisfeitas, mesmo no mundo rico, pela simples razão de que o capitalismo cria novos desejos para gerar os lucros que estimulam sua atividade, e porque, em qualquer caso, nossa idéia do que "básico" significa muda constantemente. Além do mínimo mais elementar, nossa concepção, mesmo de uma necessidade material, é psicológica e não física. As coisas materiais proporcionam, ou podem proporcionar, conforto espiritual ou emocional. E, apesar disso, uma idéia muitas vezes ainda nos importuna, lá no fundo de nossas mentes, de que o bom de todo esse materialismo pode ser, na realidade, um mal.

Embora o mundo como um todo — ou melhor, a população do mundo como um todo — tenha ficado mais rico em termos materiais, algumas de suas partes ficaram muito mais ricas do que outras. Como descrito no capítulo 10, a diferença entre as rendas e a riqueza dos países mais ricos e as dos mais pobres veio aumentando durante a maior parte do século passado. Com toda aquela riqueza material, vem se criando uma diferença de condições cada vez maior. Este fato produz culpa, mas também produz inveja, e os culpados podem facilmente se tornar temerosos dos invejosos. Todavia, esse aumento de desigualdade é mais um caso da lingüística *Ardil 22*: foi totalmente gerado pelo sucesso e não pelo fracasso. Os pobres do mundo não se tornaram, no geral, mais pobres. O que aconteceu foi que os ricos ficaram muito mais ricos enquanto que as rendas e a riqueza dos pobres cresceram mais lentamente.

A nova versão dessa preocupação é conhecida como "exclusão digital": a idéia, descrita no capítulo 9, é que existe uma crescente desigualdade em ter acesso, ou em utilizar, a tecnologia da informação em geral e a Internet em particular. A desigualdade tecnológica dificilmente pode ser considerada um fenômeno novo: se as pessoas simplesmente houvessem prestado atenção nela em outras épocas (e talvez algumas o tenham feito), teriam presumivelmente notado exclusões ferroviárias, telegráficas e de navegação a vapor, no século XIX, e depois uma exclusão telefônica, uma automobilística, e ainda, por algum tempo, uma exclusão radiofônica durante o século XX. Estas são apenas maneiras fantasiosas de se dizer que algumas pessoas são mais ricas do que outras, e que a posse de uma nova tecnologia às vezes reforçou as vantagens dos ricos. Pois a exclusão digital não aconteceu porque os pobres mudaram a maneira de se comunicar ou de lidar com a informação. Ela aconteceu somente porque os ricos acharam novas maneiras de fazer tais coisas. Caso não tivesse havido tanto sucesso, poderia não ter acontecido essa particular injustiça.

O crescimento da desigualdade constituiu, entretanto, um insucesso para um grupo de profissionais que, sob outros aspectos, teve uma continuada melhora de situação durante o último século: os economistas. Pois não foi o que os economistas esperavam que acontecesse. Como mostrou o capítulo 10, acreditava-se que idéias são a base do crescimento econômico. E é difícil se chegar às boas idéias, mas é fácil copiá-las. Assim, embora os primeiros grandes benefícios do progresso técnico devam ir para quem primeiro teve as idéias, devia ser fácil para outros equiparar-se depois a eles. À medida que as técnicas bem-sucedidas cruzam as fronteiras por meio de licença ou cópia, a desigualdade deveria diminuir, em vez de aumentar. Um grande estudo de caso nos últimos anos sobre a validade desta concepção é o Japão, que alcançou espetacularmente o Ocidente no século XIX e durante o século XX, seguindo exatamente esses métodos. Mas o Japão imitador foi uma exceção, acompanhado mais tarde somente por alguns poucos países da Ásia. A maior parte dos outros países, a maior parte do tempo, não reagiu. Ficou ainda mais para trás.

Existem muitas explicações para isso. Mas uma constitui a raiz da necessidade de superar esse atraso: o fato de, durante décadas, as barreiras entre os países terem impedido o fluxo de tecnologia através das fronteiras, bem como do capital que viabiliza a utilização da própria tecnologia e dos bens a que esta é incorporada. Na verdade, essas barreiras foram também lamentadas por outras razões. Por mais de quarenta anos após 1947, o mundo esteve dividido entre dois campos virtualmente fechados de cada lado das Cortinas de Ferro e de Bambu, separados por ideologia, animosidade e armamentos. E mesmo dentro daquele que se autodesignava como "mundo livre", muito se fez dos males do nacionalismo, do fechamento excessivo das fronteiras, de um paroquialismo estreito, dos perigos criados pelo Estado-nação, e, em oposição a eles, dos méritos da unidade, das mentes abertas e do franco intercâmbio de idéias, de tratar o mundo e seus povos como um só. Essa raiva contra o nacionalismo mesquinho até chegou a cobrir-se de vestes românticas, reunindo seguidores entre a juventude do Ocidente rico. Em sua canção "Imagine", John Lennon falou de um mundo sem nações, no qual todas as pessoas partilhavam todo o mundo.

OTIMISMO PARANÓICO

Exatamente agora, nos primeiros anos do século XXI, um mundo com todo esse apelo está afinal se tornando realmente imaginável. A palavra longa e tortuosa para ele é "globalização", e consiste na remoção de todas as barreiras ao comércio, ao intercâmbio cultural e (infelizmente em menor grau) à movimentação das pessoas, na redução da preeminência de países, de Estados-nações, de fronteiras. Desde a década de 1980 e do início da de 1990, a idéia de tais liberdades tem tido seu período mais bem-sucedido de todos os tempos, quando grande parte do mundo, especialmente os países em desenvolvimento, escolheram abrir suas fronteiras, assim como suas mentes, na esperança de atrair capitais, comércio, tecnologia, pessoas mais capacitadas, e também o apoio — financeiro, moral ou político — do Ocidente rico. Os dois países mais populosos do mundo — China e Índia — decidiram nesse período assim abrir suas fronteiras, e, como resultado, o grau de desigualdade de renda no mundo como um todo começou a cair depois de 1980. A brecha entre os extremamente ricos e os extremamente pobres continua a aumentar, mas as rendas da maior massa da população do globo começaram a convergir. Em sua última manifestação a globalização é um fenômeno bastante novo, que, como era inevitável, trouxe mudanças turbulentas juntamente com seus benefícios mais amplos, mas que reserva grandes promessas para as próximas décadas. Ela é uma das maiores justificativas isoladas para otimismo sobre o século XXI.

E, surpresa, o sucesso em criar ao menos um movimento no sentido da globalização, no sentido de um mundo unificado no qual os governos façam menos para dividir os povos, veio a ser definido por manifestantes como uma causa de insucesso iminente, quando os sucessores modernos de John Lennon foram para as ruas, para os estúdios de televisão, para as páginas de opinião dos jornais, e até para as listas dos discos mais vendidos, para queixar-se de que se isto continuasse, logo... não haveria mais nações... que a globalização ameaçava prejudicar os pobres, alterar ou mesmo destruir as culturas locais, trazer influência estrangeira e dependência, causar danos irremediáveis ao planeta por difundir os hábitos de desperdício dos ricos entre os pobres, muito mais numerosos. Eles fizeram uma marcha em Seattle, em dezembro de 1999, e depois em todas as ocasiões possíveis contra a Organização Mundial do Comércio (OMC), uma instituição que tem a confiança e os poderes atribuídos por seus 144 países-membros com a tarefa de fazer cumprir um conjunto de regras segundo as quais "... todos os povos" devem compartilhar de um sistema comum de comércio para "... todo o mundo". E marcharam também contra outros órgãos internacionais, como o FMI e o Banco Mundial, e contra as reuniões de cúpula dos líderes do mundo rico.

Muito provavelmente, se ainda estivesse vivo, John Lennon estaria entre os céticos quanto à globalização, pois ele não se fez famoso por apoiar qualquer coisa em que grandes companhias pudessem estar envolvidas com entusiasmo. Ainda que os Beatles tenham sido precoces e extremamente poderosos imperialistas culturais, que construíram uma marca e seguidores mundiais que os fizeram, como disse ele uma vez, um tanto sem sutileza, "mais populares que Jesus Cristo", e mais lucrativos que a maioria das empresas, John Lennon com certeza teria instintivamente ficado ao lado dos que se opõem à globalização. Tal como ele, estes querem ser vistos como estando do lado dos oprimidos, contra a exploração e a favor da paz, do amor e do planeta. O sucesso capitalista deve inevitavelmente envolver exploração e alguma coisa que não é exatamente amor, e certamente causa mudanças ao meio ambiente. Portanto, tal sucesso deve ser, na realidade, um insucesso.

É isso apenas a obstinação natural do gênero humano? Pode bem ser isso, esse sentimento extremado de estar eternamente insatisfeito, constantemente preocupado com o rumo que as coisas estão tomando, com quais problemas em breve podem requerer uma solução, com uma explicação para a série de sucessos da humanidade? Ao nível mais simples, a resposta para ambas essas duas perguntas deve, com certeza, ser sim. O momento mais perigoso e menos sustentável para a humanidade seria aquele em que a maioria das pessoas sentisse que era hora de cantar vitória, de distribuir tapinhas nas costas e de sentar-se com os pés, em conjunto, em cima da mesa.

Mas as coisas são mais complicadas. No cerne do sucesso atual, ou da atual perspectiva de sucesso, persistem algumas fontes inerentes de instabilidade que põem o futuro em questão. Pois, como este livro tem

OTIMISMO PARANÓICO

argumentado, elas colocam certamente em questão o passado. O século altamente bem-sucedido que acaba de findar foi, afinal, também altamente instável: com duas guerras mundiais, diversos períodos de fome, o massacre de milhões de pessoas por seus próprios governos, a ameaça ao longo de várias décadas de uma guerra ainda mais destrutiva, e uma única profunda depressão mundial mas também numerosos retrocessos nacionais ou regionais amargos. Nossa paranóia nos permite, com muita justiça, imaginar que tais coisas podem ocorrer novamente, ou que novas e ainda piores ameaças podem estar por vir. A história mostra que seria errado transformar essa paranóia em um pessimismo generalizado. Mas nosso otimismo em acharmos que as perspectivas hoje são melhores do que eram em 1900 deve, contudo, incluir uma forte dose de realismo quanto a dois pontos importantes.

Um deles é que aquelas partes do mundo onde residem as maiores oportunidades para novos avanços na melhoria dos padrões de vida são também as que abrigam os maiores problemas. É uma tragédia que a Índia, um país com mais de um bilhão de habitantes, rico em *know-how* técnico e vigor empresarial, tenha centenas de milhões de pessoas vivendo na pobreza, e uma percentagem de alfabetizados (segundo o censo de 2001) de apenas 65% (embora maior do que os apenas 50% de 1991); o vizinho Paquistão, com população de 141 milhões de pessoas, tem uma taxa ainda pior de alfabetização, apenas 45%. Países em desenvolvimento como esses, e mais ainda aqueles Estados da Ásia central, do Oriente Médio e da África que não têm um governo digno, sofrem o pior da desordem civil e da violência, e muito da pior poluição. Para esses países, o tamanho do problema define também o tamanho da oportunidade, mas agarrar essa oportunidade está longe de ser fácil.

A segunda dose de realismo está ligada ao fato de que a principal fonte de otimismo vem da globalização — em outras palavras, do fato de a liberalização e a integração com a economia mundial haverem recentemente se propagado para muitos países pobres e para os anteriormente comunistas. Mas o que essa globalização acarreta é mudança. E a mudança é desestabilizadora. Sua intenção essencial é provocar uma série de ciclos daquilo que Joseph Schumpeter, o economista austríaco citado no capítulo 2, chamou de destruição criativa. A segunda dessas palavras será sempre mais bem recebida do que a outra. Onde existe mudança, existe a possibilidade de instabilidade política e social.

Irá a globalização permanecer firmemente no seu curso atual, e criar com o tempo melhores padrões de vida para os bilhões de habitantes do mundo pobre? É muito cedo para se ter certeza. A libertação de países em desenvolvimento do comunismo, do planejamento centralizado, do autoritarismo e de ter suas fronteiras fechadas — o que significa globalização e a difusão da democracia — é muito recente. Muitas das nações em desenvolvimento mal haviam saído em meados do século da servidão do colonialismo, quando seus governos lhes impuseram uma nova espécie de servidão, uma nova camisa-de-força de comunismo, socialismo ou outra variedade de regime autoritário. A adoção do capitalismo pela China teve início somente em 1978, e ainda falta ao país adotar a democracia. A Índia desde muito tem um regime democrático, mas somente começou a abrir suas fronteiras ao comércio e a liberar as empresas das algemas do "licence raj" em 1991. Para a Rússia e todos os seus antigos satélites comunistas se aplica esse mesmo ponto de partida. Quanto à América Latina, a derrubada dos regimes autoritários e a adoção de capitalismo mais aberto começaram com a crise da dívida externa na região nos anos 80.

Como fenômeno de país rico, a globalização é coisa velha. John Maynard Keynes, escrevendo em 1919 sobre a Europa de antes da Primeira Grande Guerra, disse numa famosa passagem do seu polêmico *The Economic Consequences of Peace*, que naquele tempo:

> O habitante de Londres podia, tomando seu chá matinal na cama, fazer por telefone o pedido de vários produtos vindos de toda a Terra, na quantidade que quisesse, e esperar normalmente a entrega logo cedo em sua porta; poderia... arriscar seu dinheiro em recursos naturais e novas empresas em qualquer ponto do globo... Poderia reservar de imediato, se quisesse, meios de transporte baratos e confortáveis para qualquer país ou clima sem passaporte ou outra formalidade... Os projetos e políticas de militarismo e imperialismo, de rivalidades sociais e culturais... pareciam exercer quase nenhuma influência no curso normal da vida social e econômica, cuja internacionalização era quase completa na prática.

OTIMISMO PARANÓICO

Keynes falava, é claro, unicamente das oportunidades de que dispunha uma elite. Mas mesmo assim muitas das causas mais dramáticas do encolhimento do globo já haviam acontecido. O telégrafo elétrico tivera o maior efeito, especialmente depois que cabos transoceânicos confiáveis haviam sido lançados. Nova York e Londres foram ligadas em 1866; e cabos chegaram a Buenos Aires em 1878, a Tóquio em 1900. Em 1914, levava-se menos de um minuto para transmitir uma mensagem por cabo de Londres a Nova York, e os preços no mercado financeiro para os mesmos títulos negociáveis ou as mesmas *commodities* haviam se tornado idênticos em ambos os lados do Atlântico. Os telefones tornaram as comunicações ainda mais fáceis, e navios a vapor moviam pessoas e coisas ao redor do mundo.

A intenção de Keynes era advertir que todo esse progresso estava agora em perigo. E ele estava certo. Essa integração econômica não encontrava boa correspondência na política, e, como resultado, nos anos 30 a integração transformou-se em desintegração. Altas barreiras comerciais foram estabelecidas, como o foram controles de imigração (note que Keynes não precisava de passaporte), o investimento estrangeiro foi banido de vários países, e houve até proibições de intercâmbio cultural. Todas essas medidas reduziram consideravelmente a integração até a década de 1950, quando as barreiras entre a Europa ocidental, os Estados Unidos e o Japão começaram a ser reduzidas. Somente na década seguinte a relação entre o volume de comércio e o PIB voltou aos níveis anteriores a 1914. Mas a política ainda manteve separada grande parte do resto do mundo, por razões de ideologia e de crenças sobre auto-suficiência. Os países em desenvolvimento, bem como o mundo comunista, foram deixados fora da globalização pós-guerra do mundo rico, e não participaram do período de mais rápido crescimento econômico dos países ricos de todos os tempos.

O fim dessas barreiras políticas foi o que causou a aceleração da integração global na última década, e sua extensão para muitas (mas ainda não todas) partes do mundo pobre. Este ponto merece maior atenção por um momento; a decisão generalizada na década de 1990 de abrir mercados, permitir o investimento estrangeiro, incrementar o comércio e liberalizar as vendas de filmes e programas de televisão foi uma decisão política feita por governos nacionais. Não foi forçada pela tecnologia, ou pelos perversos americanos. Foi uma escolha voluntária. Mas isto significa também que pode ser ampliada como pode ser revertida.

Provavelmente a maior força tanto para o progresso como para o retrocesso pode ser encontrada nos mercados financeiros. Se os países pobres quiserem sair da pobreza, irão necessitar de capitais do exterior para suplementar suas poupanças domésticas. Foi assim que na primeira metade da década de 1990, quando mais governos começaram a aceitá-los, os países em desenvolvimento tornaram-se o lugar da moda para investimentos, tanto assim que esses países foram rebatizados de "mercados emergentes". Entre 1994 e 1997, as 29 maiores economias emergentes receberam um total de US$ 655 bilhões em empréstimos bancários, obrigações e investimentos externos em ações. Contudo, esse dinheiro pode refluir tão rapidamente quanto flui para um país: nos quatro anos subseqüentes, as mesmas economias receberam apenas US$ 19 bilhões desse modo. Com tão violentos fluxos e refluxos, não é de surpreender que houvesse tantas crises financeiras durante os anos 80. O dinheiro é bem recebido quando entra, mas causa grande instabilidade quando se retira.

Também não é de surpreender que nem todos os países tenham colhido benefícios (ou optado por colhê-los) da integração global, pois nem todos receberam bem as mudanças que ela traz. Um recente estudo do Banco Mundial mostrou que 24 países pobres, habitados por três bilhões de pessoas (ou seja, metade da população do mundo), conseguiram aumentar substancialmente a participação do comércio exterior em suas economias, ao longo dos últimos vinte anos; o produto *per capita* nessas economias aumentou, em média, 5% ao ano durante a década de 1990, e a proporção de seus habitantes vivendo na pobreza declinou. Mas o mesmo estudo revelou que outros dois bilhões de pessoas vivem em países que se tornaram menos integrados com o resto do mundo. Entre essas nações estão incluídos o Paquistão, o Afeganistão e grande parte do Oriente Médio e da África; o papel do comércio exterior em suas economias encolheu, o crescimento econômico está estagnado e maior quantidade de seus habitantes vive na pobreza. Esses países, na realidade, não foram

OTIMISMO PARANÓICO

prejudicados pela globalização; eles simplesmente não conseguiram participar dela, porque seus governantes assim quiseram. Eles tendem a ser especialmente dependentes da receita das vendas de *commodities*, como cacau, petróleo e outros produtos minerais, cujos preços flutuam e cuja extração adiciona pouco valor e por isso não paga bons salários. São também os países onde a guerra e o terrorismo são mais comuns. E são os países onde a rede terrorista da al-Qaeda tem conseguido a maior parte dos seus recrutas.

Quais são as probabilidades de que o recente sucesso daqueles 24 países possa se estender aos outros dois bilhões de pessoas? Por outro lado, quais as probabilidades de que o sucesso desses 24 possa sofrer um retrocesso? A experiência do século XX mostra que, confrontados com instabilidade econômica ou outras ameaças ao seu poder, os governos podem rapidamente se voltar para dentro, fechando as fronteiras e tentando impor suas próprias diretivas à economia de seu país. Atualmente eles não parecem inclinados a fazer isto, pelas razões já repetidas aqui: as lembranças são ainda frescas de como era má a vida por trás das fronteiras fechadas. Mas isso pode mudar.

Porém há outra razão para otimismo. É a propagação da democracia nos últimos 12 anos. Tal como a globalização, ela é reversível. Mas é provavelmente mais difícil de reverter do que a abertura das fronteiras, devido à pressão da opinião pública e da desaprovação internacional.

Mesmo no mundo rico, a democracia praticamente não existia em 1900. Embora alguns poucos países tivessem eleições e se considerassem democracias, entre os quais se incluíam a Grã-Bretanha e os Estados Unidos, nenhum tinha o sufrágio adulto universal. Nessa época estavam excluídos alguns homens — nos Estados Unidos, todos os homens negros — e todas as mulheres. Embora essas duas nações tenham conferido às mulheres o direito de voto nos anos 1920, o principal *boom* democrático no mundo rico somente ocorreu depois de 1945, quando Alemanha, Itália e Japão, depois de derrotados, incorporaram-se ao rol das democracias. Espanha, Portugal e Grécia, membros da atual União Européia, não se tornaram democracias senão na década de 1970.

No mundo mais pobre, a Índia pós-independência, celebrada como a maior democracia do mundo, foi durante décadas a exceção que confirmava uma regra autoritária. Ao redor do mundo, sistemas democráticos, liberdades e responsabilidade são conhecidos por uma minoria. Em 1980, dos 121 países então existentes, somente 37 tinham democracia, e representavam meramente 35% da população mundial. Mas a última década do século assistiu a um surto em direção à democracia. Em 2000, de acordo com um grupo de estudiosos pró-democracia sediado nos Estados Unidos, denominado "Freedom House", cerca de 120 dos 192 países existentes eram definidos como tendo "democracias eleitorais". A população desses países atingia cerca de 60% do total mundial.

Intelectuais com inclinação para a história e a melancolia podem indagar se isso é motivo para algum otimismo: um dos toques de reunir tanto para o fascismo como para o comunismo, os flagelos ideológicos do século XX, foi a idéia de que as democracias eram terminalmente fracas. Com certeza as democracias tateiam seu caminho, procurando harmonizar interesses em vez de resplandecer em um curso claro e alegre. E como sistemas que dependem dos votos da maioria, elas têm uma dificuldade especial em acomodar as opiniões das grandes minorias. Mas a democracia atualmente exerce um poderoso apelo, menos pelo que pode fazer, do que por aquilo que se espera que ela faça cessar, isto é, as lucidezes horríveis e homicidas, que na China, na União Soviética, na Alemanha nazista, na Itália fascista, na Coréia do Norte, na Argentina e no Camboja do Khmer Vermelho estavam associados com autoridade sem controle.

O progresso em direção à democracia não é simples nem fácil. Alguns países que proclamam ser democracias possuem sistemas que são decididamente falsos, ou, pelo menos, incompletos. O número de cento e vinte "democracias eleitorais" anunciado em manchete pela Freedom House inclui uma considerável quantidade de países cujos cidadãos estão longe de serem livres, no verdadeiro sentido da palavra. Eles têm eleições, mas ainda restringem a liberdade de várias maneiras. A Freedom House em sua própria classificação aponta apenas 86 países como realmente livres. A maneira otimista de apresentar isto é dizer que alguns países estão "em transição" para a democracia completa, e que uma mistura de exposição pública e discussão privada entre diplomatas e políticos pode ajudar a empurrá-los ao longo do caminho. Isto irá persuadi-los de que as urnas são necessárias numa democracia, mas estão longe de serem suficientes; que também é necessário que haja liberdade de expressão e imprensa livre; um judiciário independente; e, sob o controle desse judiciário, a aplicação imparcial da lei. O México, que em 2000 viu pela primeira vez em mais de setenta anos a eleição de um presidente por um partido de oposição, é um exemplo de uma transição em curso, embora esta venha sendo penosamente lenta. A Indonésia, depois que décadas de ditadura terminaram em 1998, encontrou muita dificuldade para estabelecer um sistema apropriado de julgamento e policiamento, para não falar do necessário corpo de leis legítimas e da eliminação da corrupção. O mesmo aconteceu com a Rússia, onde a opinião sobre as credenciais democráticas do presidente Vladimir Putin vem e vai. Contudo, com ajuda, paciência e incentivo, o desejado progresso pode ser alcançado. Algumas das imposturas têm ficado expostas. O Peru, cujo presidente Alberto Fujimori manipulou sua reeleição (inconstitucional) em 2000, é uma delas; felizmente ele depois foi expulso, após atos de corrupção e outros escândalos envolvendo seus serviços de inteligência, e a democracia plena foi restaurada no país. O Haiti, cuja democracia havia sido supostamente restabelecida pela intervenção americana de 1994, é outro embuste. Assim também a Malásia: seu primeiro-ministro, Malathir Mohamad, aceitou e respeitou as práticas da democracia durante as mais de duas décadas de seu governo (ele havia prometido deixar o cargo em outubro de 2003), porém ao mesmo tempo fez prender seu principal rival (Anwar Ibrahim) sob acusações forjadas, sufocou a imprensa e subornou o judiciário. O presidente do Zimbábue, Robert Mugabe, embora fosse uma figura em quem se depositava muita esperança quando chegou ao poder em 1980, usa agora de violência e outras formas de intimidação para garantir a vitória em todas as eleições. A Freedom House em seu relatório de 2002 classifica o comportamento de Mugabe como o terceiro dos mais severos "insucessos" para a democracia, depois do ataque terrorista de 11 de setembro e do conflito palestino-israelense. O Irã é um dos casos mais interessantes, e o mais difícil de julgar: tem uma constituição, e também presidente e parlamento eleitos; mas o poder supremo, especialmente sobre o judiciário, o exército e a polícia, está nas mãos de clérigos não-eleitos, que são responsáveis somente perante eles mesmos e, segundo dizem, Deus.

É isso pior do que absolutamente nenhuma democracia? Todos esses países com sua dose limitada de democracia podem exigir mais responsabilidade de seus mandatários do que poderiam exigir sem ela. Mas esse poder assim conquistado é também limitado. A tendência para uma preeminência mundial da democracia liberal é ainda jovem, e, como a maioria dos jovens, é ao mesmo tempo vigorosa e impressionável, impaciente e frágil. Ainda assim, nos muitos países que não são imposturas o movimento desde 1990 tem sido firmemente na direção certa. As pessoas parecem querer a democracia. Ou, pelo menos, nas últimas décadas, elas têm preferido essa alternativa.

Firmemente na direção certa. Esta frase sintetiza a visão dos otimistas. Para aqueles que, ao contrário, crêem que o mundo está caminhando rumo a uma calamidade, ela sem dúvida soa como a mais famosa passagem da sátira de Voltaire, *Cândido*: a afirmativa do dr. Pangloss de que, por pior que as coisas pareçam, "tudo é para o melhor no melhor dos mundos possível". Ou como a visão estreita de um membro mimado da elite ocidental, para quem os enormes problemas e privações com que se defrontam milhões, aliás bilhões de pessoas, podem ser postos de lado quando se fala generalizadamente. Ou, talvez, soe como a mais recente afirmativa presunçosa de um adepto extremado da idéia do Iluminismo do século XVIII que o progresso humano é inevitável, que todos os problemas podem ser resolvidos pela razão e que a espécie humana está sempre em uma nova fronteira do conhecimento e do progresso.

A razão para otimismo, moderada como sempre pela paranóia, se apóia, de fato, na idéia de que a oportunidade para mais progresso está lá. Os fundamentos para que melhores padrões de vida no mundo pobre possam estreitar a brecha que os separa do mundo rico já estão colocados, ainda que de maneira temporária e imatura. Mercados vêm sendo abertos, o mundo vem se integrando. Mais governos são democracias e têm assegurado, mais ou menos, as instituições e o domínio da lei. Apesar do terrorismo e das tensões internacionais, o mundo está em geral em paz, com os Estados Unidos dispostos a exercer suficiente liderança e a evitar maiores ameaças à segurança, ainda que não possam ser nunca onipotentes ou oniscientes. Ondas de desenvolvimento tecnológico se espraiam sobre o globo, em tecnologia da informação, em biotecnologia e energia, prometendo trazer novos avanços em produtividade e em novos meios de remodelar a vida, o trabalho, o lazer e o transporte, para melhor, na maior parte das vezes. A oportunidade existe para algum progresso realmente notável, para reduções na pobreza e na poluição, para o controle de novas doenças, para ainda mais melhorias nos padrões de vida, por todo o globo.

Mas é apenas uma oportunidade. Pode ser agarrada ou perdida. Onde o otimismo do tipo pregado pelo Iluminismo está com certeza errado é na presunção de que esse progresso é inevitável. E está duplamente errado se tal otimismo se baseia na idéia a ele associada de que o conhecimento da humanidade sobre o mundo e sobre como ele funciona está se tornando cada vez mais aprofundado, e que, por isto, os problemas sempre têm soluções prontas que já foram achadas. O que o último século mostrou, durante todo o seu decurso, foi que a capacidade do homem para ter o controle das forças econômicas, sociais e políticas é severamente limitada. E os maiores desastres humanos, econômicos e, mesmo, ambientais ocorreram quando as pessoas passaram a crer que haviam descoberto todas as respostas para a questão do que precisava ser feito.

Idéias de utopias humanas realizáveis, da capacidade da natureza e das condições humanas virem a se tornar perfeitas, não são apenas ilusórias, mas também perigosas. São ilusórias porque a vida é muito complicada, muito dividida por desejos, instintos e necessidades que competem entre si, para permitir que utopias possam tornar-se realidades. São perigosas porque trazem com elas falsas noções de certeza, dogmas que levam as pessoas a exigir que sejam seguidas certas idéias e planos, e a apoiar essa exigência com a força.

Afinal, promessas transformadas em pó e dogmas transformados em desastres foram traços marcantes do século que acaba de findar. Há muitas obras de filosofia e de literatura que são emblemáticas do século XX, mas minha escolha é uma que pode parecer singularmente inocente. É uma história infantil, O *Mágico de Oz*, de Frank L. Baum. É emblemática porque foi primeiro publicada em 1900, e porque é, essencialmente, uma história de falsas utopias. Dorothy viaja pela estrada de tijolos amarelos para Oz, com o Leão, o Homem de Lata e o Homem de Palha, na crença de que o Mágico pode resolver todos os seus problemas. Mas ele se revela um embusteiro, usando fumaça e espelhos e uma série de truques. A solução para os problemas dos três na realidade está em suas próprias mãos, e não nas dele. Baum diz na introdução à sua história que ela pretendia ser uma "em que o assombro e a alegria são conservados e as tristezas e os pesadelos são deixados de fora". Contudo, em 1939, quando Judy Garland estrelou a versão cinematográfica de O *Mágico de Oz*, da MGM, o mundo real havia tido tristezas e pesadelos em abundância, causados por alguns magos e suas utopias proclamadas, e o pior ainda estava por vir.

Alguns desses problemas envolviam a própria ciência que havia lançado os fundamentos de grande parte da atual sensação de assombro maravilhado dos homens e da promessa tecnológica para o futuro. No ponto mais alto do fervor do século XIX, os entusiastas chegaram a considerar a ciência como moralmente superior. Não havia coisas tais como o mal ou o pecado, pensavam os mais mecanicistas dos cientistas, havia simplesmente ignorância; no devido tempo, eles poderiam transformar o homem e controlar a natureza. Em 1899, Ernst Haeckel, um discípulo alemão de Charles Darwin, escreveu um bestseller intitulado O *enigma do universo*, no qual afirmava que a ciência iria em breve resolver todos os problemas, e, assim, iria acabar com a guerra. Com as câmaras de gás de Hitler, as experiências de Stalin em biologia agrícola e as do exército imperial japonês em biologia humana, qualquer autoridade moral atribuída por esses fanáticos à ciência foi enterrada juntamente com suas vítimas. Tornou-se claro que a ciência não possuía nenhum conteúdo moral: podia servir ao bem, mas podia também trazer o mal.

Hoje, a autoridade da ciência e a admiração popular por ela estão de novo justificadamente altas. Mas ninguém lhe pode atribuir superioridade moral ou certeza, especialmente os próprios cientistas, seja quanto ao meio ambiente, ou às origens do Universo, ou aos segredos da vida, ou a qualquer outra coisa. A ciência baseia-se toda sobre o conhecimento, mas é um conhecimento que está constantemente sendo testado e desafiado por novas teorias e descobertas. Na verdade, a coisa mais impressionante nesta grande época de descobertas científicas não é o muito que os cientistas sabem, mas quão pouco eles sabem. Sir John Maddox, por muito tempo editor da *Nature*, uma prestigiosa revista científica, mapeou as fronteiras da ciência em 1998 num livro magistral, *O que falta descobrir*. "O que se destaca", escreveu, "é que não há nenhum campo da ciência que esteja livre de flagrante ignorância, até mesmo contradição." Isto pode parecer um julgamento condenatório, mas não tem esta intenção. Ao contrário, pretende oferecer um desafio inspirador para os exploradores de amanhã.

Pode também ajudar a explicar o que poderia ter parecido a muitos cientistas e mesmo economistas do século XIX um aspecto enigmático do início do século XXI: a resistência da crença religiosa. Afinal, quando Darwin publicou suas idéias sobre a evolução em 1859, houve um temor geral de que elas iriam minar os próprios fundamentos da religião. Associadas ao enriquecimento e à educação elas provavelmente o fizeram. Os verdadeiramente devotos são uma minoria da população em todos os países ricos, originalmente judaico-cristãos, e menos pessoas têm agora crenças bem formadas sobre céu e inferno, ou de algum modo numa vida posterior. Mas a observância e a filiação religiosas são, entretanto, notavelmente altas. Neste aspecto, os Estados Unidos são sem dúvida o caso extremo entre os países desenvolvidos. Nas pesquisas do Instituto Gallup nos últimos anos da década de 1990, 88% dos americanos adultos diziam que a religião era muito ou bastante importante em suas vidas, percentual surpreendentemente pouco inferior aos 95% que haviam feito a mesma declaração em 1952.

Uma parte da explicação para isto é social e não religiosa, e a separação existente nos Estados Unidos entre Igreja e Estado pode ser também parcialmente responsável. Na Europa, onde as Igrejas Católica e Protestante, há muito estabelecidas, estiveram muitas vezes intimamente ligadas aos governos, a rejeição às antigas estruturas autoritárias após a Segunda Guerra Mundial também acarretou rejeição às Igrejas estabelecidas. Na

Europa Ocidental, o número de membros da Igreja e o comparecimento aos cultos têm caído acentuadamente. Contudo, mesmo lá, um certo renascimento pode ser observado nos últimos vinte anos. E, como nos Estados Unidos, os números escondem uma grande migração das Igrejas mais antigas, tradicionais, para outras novas, independentes. Um movimento semelhante ocorreu no Japão. Em todos os países desenvolvidos tem havido um crescimento explosivo de crenças espiritualistas da "nova era", de variadas espécies. Considerando-se o progresso da ciência, a difusão da riqueza material e o aumento da autonomia do indivíduo nas sociedades ocidentais, o que surpreende é como a fidelidade à religião continua alta, em vez de ter declinado.

Estes pontos sobre ciência e religião merecem ser lembrados na próxima vez que alguém disser que vivemos numa "economia do conhecimento", uma frase particularmente comum na década passada. Ouvir alguém dizer isso incomoda por duas razões: primeiro porque isso não é novo, visto que a mudança de ênfase social e econômica da mão-de-obra para os recursos intelectuais vem se dando há mais de um século; segundo, porque é tão inapropriado. A frase de Sir John Maddox com relação à ciência também se aplica de maneira mais ampla: o conhecimento mais importante que já conseguimos é o tamanho da nossa ignorância.

Talvez isto se aplique, acima de tudo, à economia. Depressões têm sido criadas por economistas superconfiantes e seu seguidores, assim como inflações, hiperinflações e desemprego. A idéia de que a economia é uma ciência, no sentido de que pode mapear com precisão o comportamento humano e depois prever e administrar as conseqüências de uma certa ação, é desprezada no discurso usual da maioria dos políticos e de muitos economistas. Contudo, as ações desses mesmos políticos e economistas quando estão no governo, tanto no mundo capitalista como comunista, freqüentemente contradizem esse desprezo. Os governos conduzem suas economias como se pudessem estar certos das conseqüências, e têm na maior parte das vezes se mostrado errados.

O que os economistas, e todos os demais formuladores de políticas, mais precisam é de humildade — a mesma espécie de humildade que, no resto da humanidade, está por trás da resistência da fidelidade à religião.

Apelos à utopia são perigosos, mas também o são as presunções de onisciência diante da complexidade social, econômica e política. Por sua vez, a base da filosofia do liberalismo é formada por crença na tolerância, na liberdade e na experimentação, em lugar da imposição de soluções vindas de cima.

A premissa liberal em favor do mercado, do capitalismo e, na verdade, da própria liberdade, é motivada por humildade intelectual: a aceitação de que um processo de constante experimentação, envolvendo as opiniões e ações livremente manifestadas de milhões de pessoas, conduzirá provavelmente a um desfecho melhor, mais adaptável, do que outro emanado de um comitê de economistas, políticos, burocratas, homens de negócios ou mesmo jornalistas, elaborando um grande projeto. Essa premissa é humilde porque reconhece o tamanho da nossa ignorância.

Liberalismo envolve, ou devia envolver, a consciência de que a ciência não tem todas as respostas, e que o progresso tecnológico não irá inevitavelmente tornar as coisas melhores. Humildemente, ele deve entender que não há um único modo certo de administrar uma organização, e um único modo certo de organizar as relações sociais, seja lá o que um sociólogo ou um psicólogo possa dizer. Acima de tudo, o liberal humilde tem que estar ciente de um paradoxo: que quando pensamos que trazemos uma série de soluções para problemas políticos ou práticos, a coisa que mais deve nos assustar é a idéia de que alguém pode ser capaz de reunir poder bastante para realmente implementar todas elas.

Numa frase que se tornou famosa, lorde Acton, um liberal do século XIX, observou que "o poder tende a corromper, e o poder absoluto corrompe de maneira absoluta". O que é geralmente lembrado é a segunda parte dessa frase, especialmente porque o século XX teve tantos exemplos do horror do poder absoluto. Mas a primeira metade é, deve-se dizer, a mais importante. E o ponto que levanta, de que os detentores do poder, às vezes conscientemente, às vezes inconscientemente, irão explorá-lo para seus próprios fins, está por trás das suspeitas dos liberais não apenas com relação aos governos — mesmo nas democracias — mas também ao alto empresariado, aos sindicatos, aos grupos de pressão e a todos os outros que acumulam poder. O homem não pode ser aperfeiçoado, nem tampouco os governos ou outro qualquer grupo poderoso.

Esta é uma das principais razões por que, ao lado do justificado otimismo quanto às possibilidades econômicas, sociais e científicas que devemos trazer conosco para as primeiras décadas do século XXI, devemos ter presente a paranóia do vinicultor. As coisas podem sair erradas não apenas pelos golpes da sorte ou atos de Deus que afligem o cultivador de vinhas, mas também devido aos numerosos atos humanos que, por deliberação ou erro, ameaçam nossas liberdades e nosso direito de escolha, e que são capazes, por meio de falsas afirmativas de certeza, de nos levar a novas e perigosas direções, mesmo nas democracias mais maduras. A cidade de esmeraldas de Oz, concebida por Frank Baum, mostrou ser cheia de mentiras e de falsas afirmativas de certeza. Finalmente, o fato de muitas de tais mentiras terem sido expostas no período final do século XX, e que o liberalismo então tenha começado a disseminar sua influência mais amplamente, é uma boa razão para otimismo quanto ao século XXI. A caça às mentiras é um dos principais propósitos do jornalismo, a profissão quintessencialmente paranóica. A caça deve continuar.

Fontes e
Bibliografia Selecionada

Muitos livros, artigos, sites da Internet e outras fontes estatísticas foram utilizadas ao longo do texto. Irei relacionar, em primeiro lugar, as fontes de interesse mais geral, que se aplicam a todo o livro ou a grandes partes dele, e depois dividirei os itens mais especializados segundo os capítulos a que são mais diretamente aplicáveis.

Temas de Interesse Geral

Boltho, Andrea, e Tonolo, Gianni, "The Assessment: The Twentieth Century — Achievements, Failures, Lessons", *Oxford Review of Economic Policy*, vol. 15, no. 4 (Winter 1999, número especial sobre o século XX).

Brewster, Todd, e Jennings, Peter, *The Century*, Doubleday, 1998.

Briggs, Asa, e Snowman, Daniel, *Fins de Siècle: How Centuries End, 1400-2000*, Yale University Press, 1996.

Conquest, Robert, *Reflections on a Ravaged Century*, John Murray, 1999.

Davies, Norman, *Europe: A History — A Glorious Chronicle of the Full History of Europe from Kings to Peasants, from the Urals to the Faroes*, Oxford University Press, 1996.

De Long, J. Bradford, *Slouching towards Utopia*, a publicar. Minutas podem ser obtidas por download do website de Bradford de Long, http://econ161.berkeley.edu/TCEH/Slouchtitle.html.

Evans, Harold, *The American Century*, Knopf, 1998.

Howard, Michael Eliot, e Louis, William Roger, *The Oxford History of the Twentieth Century*, Oxford University Press, 1998.

Kennedy, Paul, *Preparing for the Twenty-First Century*, Random House, 1993.

Keylor, William R., *The Twentieth-century World: An International History*, W. W. Norton & Co., 1998.
Mazower, Mark, *Dark Continent: Europe's Twentieth Century*, Allen Lane, The Penguin Press, 1998.
Roberts, J. M., *Twentieth Century: A History of the World 1901 to the Present*, Allen Lane The Penguin Press, 1999.
Simon, Julian L., *The State of Humanity*, Blackwell, 1995.
Vinen, Richard, *A History in Fragments: Europe in the Twentieth Century*, Little, Brown, 2000.
Vergin, Daniel, e Stanislaw, Joseph, *The Commanding Heights: The Battle between Government and the Marketplace that is Remaking the Modern World*, Simon & Schuster, 1998.

Fontes de Dados

Asian Development Bank, *Asian Development Outlook 2002*, Manila: Asian Development Bank, 2002.
Census Bureau, *Statistical Abstract of the United States 2001*, Washington DC: Department of Commerce, 2001.
Development Assistance Committee, *Development Co-operation 2001 Report*, Paris: OECD, 2002.
Economist Intelligence Unit, diversos relatórios e previsões sobre países.
Gwartney, James, and Lawson, Robert, *Economic Freedom of the World 2002 Annual Report*, Vancouver: Fraser Institute, 2002.
Inter-American Development Bank, *Annual Report 2001*, Washington DC: Inter-American Development Bank, 2002.
International Institute for Strategic Studies, *The Military Balance 2001/2002*, Londres: Oxford University Press, 2001.
International Institute for Strategic Studies, *Strategic Survey 2001/2002*, Londres: Oxford University Press, 2002.
Fundo Monetário Internacional, *Direction of Trade Statistics Yearbook 2001*, Washington DC: IMF, 2001.
—— *International Financial Statistics, June 2002*, Washington DC: IMF, 2002.
Maddison, Angus, *The World Economy: A Millennial Perspective*, Paris: OECD, 2001.
Office of the Secretary of Defense, *Quadrennial Defense Report September 2001*, Washington DC: Department of Defense, 2001.
SOPEMI, *Trends in International Migration 2000*, Paris: OECD, 2001.
Statistics Bureau and Statistics Center, *Statistical Handbook of Japan 2001*, Tóquio: Ministry of Public Management, 2001.

FONTES E BIBLIOGRAFIA SELECIONADA

United Nations Food and Agriculture Organization, *State of the World's Forests 2001*, Nova York: ONU, 2001.

United Nations Population Division, *World Population Prospects: The 2000 Revision*, Nova York: United Nations, 2001.

United Nations Statistics Division, *1998 Energy Yearbook*, Nova York: United Nations, 1998.

Banco Mundial, *Global Development Finance 2002* (CD-ROM), Washington DC: World Bank, 2002.

────── *World Development Indicators 2002*, Washington DC: World Bank, 2002.

Organização Mundial de Saúde, *World Health Report 1998. Life in the 21st Century: A Vision for All*, Nova York: ONU, 1998.

Organização Mundial do Comércio, *WTO International Trade Statistics 2001*, Geneva: WTO, 2001.

Sites na Internet

www.epa.gov/airlinks AIRS, base de dados da Agência de Proteção Ambiental dos EUA sobre a qualidade do ar nas cidades americanas.

www.armscontrol.org da Arms Control Association, uma fonte autorizada para pesquisa e dados sobre controle de armas.

www.bea.doc.gov site do Bureau of Economic Analysis, do Departamento de Comércio dos EUA para estatísticas sobre PIB, comércio outros assuntos.

www.ciesin.org site do Center for international Earth Science Information Network, baseado na Universidade de Colúmbia e que inclui estatísticas sobre sustentabilidade ambiental.

www.cns.miis.edu/index.htm site do Center for Nonproliferation Studies, principal instituto de pesquisas do Monterey Institute.

www.un.org/Depts/oip/ site do Office of the Iraq Program, o progama petróleo-por-alimento da ONU, com detalhes das sanções e das resoluções das Nações Unidas.

www.un.org/popin site da POPIN, a rede de informações sobre população das Nações Unidas, dados e previsões.

www.worldbank.org/poverty/ site da PovertyNet, para pessoas que trabalham para entender e minorar a pobreza.

www.unchs.org/programmes/guo site da UN-HABITAT, base de dados do Human Settlements Program das Nações Unidas, cobrindo mais de mil cidades de todo o mundo.

www.undp.org/poverty/initiatives/wider/wiid.htm do World Income Inequality Database, estatístcas sobre a pobreza mantidas pela Social Development and Poverty Elimination Division das Nações Unidas.

1. VISÃO 20: 21

Angell, Norman, *The Great Illusion*, Heinemann, 1910 (inicialmente publicado como *Europe's Optical Illusion*, 1909).

Easterlin, Richard A., *Growth Triumphant: The 21st Century in Historical Perspective*, University of Michigan Press, 1996.

Howard, Michael, *The Invention of Peace*, Profile Books, 2001.

Livi-Bacci, Massimo, *A Concise History of World Population*, Blackwell, 2ª ed., 1997.

Rummel, R. J., *Death by Government*, Transaction Publishers, 1994.

Sachs, Jeffrey, "Twentieth Century Political Economy: A Brief History of Global Capitalism", *Oxford Review of Economic Policy*, vol. 15, no. 4 (inverno de 1999).

Skidelsky, Robert, *The World After Communism: A Polemic for our Times*, Picador, 1995.

2. A Liderança Americana

Bacevich, Andrew, *American Empire*, Harvard University Press, 2002.

Baily, Martin Neil, "Macroeconomic Implications of the New Economy", trabalho apresentado em simpósio promovido pelo Federal Reserve Bank of Kansas City. 30 de agosto e 1 de setembro de 2001, Jackson Hole, Wyoming.

Blight, James G., e McNamara, Robert S., *Wilson's Ghost*, Public Affairs, 2001.

Center on Policy Attitudes, University of Maryland, *Program on International Policy Attitudes*. Diversos trabalhos, especialmente Steven Kull e Clay Ramsay, "American Public Attitudes to Fatalities in the Post-Cold-War period".

Chace, James, *Acheson: The Secretary of State who Created the American World*, Simon & Schuster, 1998.

Dertouzos, Michael L., Lester, Richard K. e Solow, Robert M., *Made in America: Regaining the Productive Edge*, MIT Press, 1989.

Frankel, Jeffrey A., e Orszag, Peter R. (org.), *American Economic Policy in the 1990s*, MIT Press, 2002.

Gaddis, John Lewis, *The United States and the End of the Cold War: Implications, Reconsiderations, Provocations*, Oxford University Press, 1992.

—— *We Now Know: Rethinking Cold War History*, Oxford University Press, 1997.

Haass, Richard N., *The Reluctant Sheriff: The United States after the Cold War*, Council on Foreign Relations, 1997.

Ishihara, Shintaro, e Morita, Akio, *The Japan That Can Say No: Why Japan Will Be First Among Equals*, Simon & Schuster, 1989.

Kennedy, Paul, *The Rise and Fall of the Great Powers*, Random House, 1987.

Kissinger, Henry R., *Does America Need a Foreign Policy?*, Simon & Schuster, 2001.

Lester, Richard K., *The Productive Edge: How US Industries are Pointing the Way to a New Era of Economic Growth*, W. W. Norton & Co., 1998.

Mead, Walter Russell, *Special Providence: American Foreign Policy and How it Changed the World*, Knopf, 2001.
Nau, Henry R., *The Myth of America's Decline*, Oxford University Press, 1990.
Nye, Joseph S. Jr., *Bound to Lead: The Changing Nature of American Power*, Basic Books, 1990.
—— *The Paradox of American Power: Why the World's Only Superpower Can't Go It Alone*, Oxford University Press, 2002.
Skidelsky, Robert, *John Maynard Keynes: Fighting for Britain, 1937-1946*, Macmillan, 2001.

3. Ambição Chinesa

Becker, Jasper, *The Chinese*, John Murray, 2000.
Buruma, Ian, "China and Liberty", *Prospect*, maio de 2000.
Fairbank, John King, e Goldman, Merle, *China: A New History*, Harvard University Press, 1998.
Gill, Bates, e Lardy, Nicholas, "China: Searching for a Post-Cold-War Formula", *Brookings Review*, vol. 18, no. 4, outono de 2000.
Kristof, Nicholas D. e WuDunn, Sheryl, *China Wakes: The Struggle for the Soul of a Rising Power*, Times Books, 1994.
Ma, Ying, "China's America Problem", *Policy Review*, no. 111, fevereiro de 2002.
Maddison, Angus, *Chinese Economic Performance in the Long Run*, OECD Development Centre, 1998.
Miles, James, "A Dragon out of Puff: A Survey of China", *The Economist*, 14 de junho de 2002.
Segal, Gerald, "Does China Matter?", *Foreign Affairs*, setembro de 1999.
Short, Philip, *Mao: A Life*, Henry Holt & Co., 1999.
Ziegler, Dominic, "Now Comes the Hard Part: A Survey of China", *The Economist*, 8 de abril de 2000.

4. Vulnerabilidade Japonesa

Bracken, Paul, *Fire in the East: The Rise of Asian Military Power and the Second Nuclear Age*, HarperCollins, 1999.
Curtis, Gerald L., *The Logic of Japanese Politics: Leaders, Institutions and the Limits of Change*, Columbia University Press, 1999.
Dower, John, *Japan in War and Peace: Essays on History, Race and Culture*, HarperCollins, 1993.
Emmott, Bill, *The Sun Also Sets: Why Japan will not be Number One*, Simon & Schuster, 1989.

—— *Japanophobia: The Myth of the Invincible Japanese*, Times Books, 1993. (publicado na Grã-Bretanha como *Japan's Global Reach* by Century Business, 1992).

Hartcher, Peter, *The Ministry: The Inside Story of Japan's Ministry of Finance's Economic Power*, HarperCollins, 1998.

Posen, Adam, "Japan 2001 — Decisive Action or Financial Panic", *International Economic Policy Briefs*, Institute for International Economics, março de 2001.

Van Wolferen, Karel, *The Enigma of Japanese Power*, Vintage Books, 1990.

5. Inveja Européia

Duchêne, François, *Jean Monnet: The First Statesman of Interdependence*, W. W. Norton & Co., 1996.

Grant, Charles, *Delors: Inside the House that Jacques Built*, Nicholas Brealey, 1994.

Hayek, Friedrich von, *The Road to Serfdom*, Routledge, 1944.

Jack, Andrew, *The French Exception*, Profile Books, 1999.

Layard, Richard, e Parker, John, *The Coming Russian Boom: A Guide to New Markets and Politics*, Free Press, 1996.

Marsh, David, *Germany and Europe: The Crisis of Unity*, Heinemann, 1994.

Messerlin, Patrick A., *Measuring the Costs of Protection in Europe: European Commercial Policy in the 2000s*, Institute for International Economics, 2001.

Pedder, Sophie, "La Grande Illusion: A Survey of France", *The Economist*, 5 de junho de 1999.

Siedentop, Larry, *Democracy in Europe*, Allen Lane The Penguin Press, 2000.

Thurow, Lester, *Head to Head: The Coming Economic Battle among Japan, Europe and America*, William Morrow & Co., 1992.

Young, Hugo, *This Blessed Plot: Britain and Europe from Churchill to Blair*, Macmillan, 1998.

6. Turbulência e Terror

Allison, Graham, "Could worse be yet to come?", *The Economist*, 5 de novembro de 2001.

Buruma, Ian, e Margalit, Avishai, "Occidentalism", *New York Review of Books*, 17 de janeiro de 2002.

Butler, Richard, *Saddam Defiant: The Threat of Weapons of Mass Destruction and the Crisis of Global Security*, Weidenfeld & Nicolson, 2000.

Chanda, Nayan, e Talbott, Strobe, *The Age of Terror: America and the World after September 11th*, Perseus, 2001.

Huntington, Samuel, "The Clash of Civilizations", *Foreign Affairs*, vol. 72, no. 3, verão de 1993.

Lewis, Bernard, *The Middle East: 2000 Years of History From the Rise of Christianity to the Present Day*, Weidenfeld & Nicolson, 1995.
Rashid, Ahmed, *Taliban: The Story of the Afghan Warlords*, Pan, 2001.
—— *Jihad: The Rise of Militant Islam in Central Asia*, Yale University Press, 2002
Shawcross, William, *Deliver Us From Evil: Warlords and Peacekeepers in a World of Endless Conflict*, Bloomsbury, 2000.

7. Impopular

Berle, Adolf, e Means, Gardiner, *The Modern Corporation and Private Property*, Commerce Clearing House, 1932.
Cantril, Hedley, *The Politics of Despair*, Basic Books, 1958.
Chandler, Alfred D., *The Visible Hand: The Managerial Revolution in American Business*, Belknap, 1977.
—— *Scale e Scope: The Dynamics of Industrial Capitalism*, Belknap, 1990. Chernow, Ron, *The House of Morgan: An American Banking Dynasty and the Rise of Modern Finance*, Simon & Schuster, 1991.
Drucker, Peter F., *The End of Economic Man: The Origins of Totalitarianism*, John Day, 1939.
—— *The Concept of the Corporation*, John Day, 1946.
—— *The Unseen Revolution: How Pension Fund Socialism Came to America*, HarperTrade, 1976.
—— *Management Challenges for the 21st Century*, Butterworth-Heinemann, 1999.
Emmott, Bill, "Everybody"s Favourite Monsters: A Survey of Multinationals", *The Economist*, 27 de março de 1993.
Furet, François, *The Passing of an Illusion: The Idea of Communism in the Twentieth Century*, University of Chicago Press, 1999.
Graham, Edward M., *Global Corporations and National Governments*, Institute for International Economics, 1996.
—— *Fighting the Wrong Enemy*, Institute for International Economics, 2001.
Handy, Charles, *The Hungry Spirit: Beyond Capitalism: A Quest for Purpose in the Modern World*, Arrow, 1998.
Hertz, Noreena, *The Silent Takeover: Global Capitalism and the Death of Democracy*, Heinemann, 2001.
Klein, Naomi, *Sem Logo*, Editora Record, 2002.
Oswald, Andrew, "Happiness and Economic Performance", *Warwick Economic Research Paper*, no. 478, Universidade de Warwick, abril de 1997.
Packard, Vance, *The Hidden Persuaders*, David McKay, 1957.

Sampson, Anthony, *Company Man: The Rise and Fall of Corporate Life*, HarperCollins, 1995.
Strouse, Jean, *Morgan: American Financier*, Random House, 1999.
Whyte, William H., Jr., *The Organization Man*, Doubleday, 1956.
Williamson, Oliver G., e Winter, Sidney G., *The Nature of the Firm: Origins, Evolution, and Development*, Oxford University Press, 1991.

8. Instável

Bagehot, Walter, *Lombard Street*, Kegan Paul, 1873.
Bordo, Michael, Eichengreen, Barry, Klingebiel, Daniela e Martinez-Perla, Maria Soledad, "Is the Crisis Problem Growing More Severe?, *Economic Policy*, abril de 2001.
Crook, Clive, "The Visible Hand: A Survey of the World Economy", *The Economist*, 20 de setembro de 1997.
Delargy, P. J. R., e Goodhart, Charles, "Plus ça change, plus c'est la même chose", *LSE Financial Markets Group Special Paper*, 108, janeiro de 1999.
Dow, Christopher, *Major Recessions: Britain and the World 1920-1995*, Oxford University Press, 1999.
Eichengreen, Barry, *Globalizing Capital: A History of the International Monetary System*, Princeton University Press, 1996.
Emmott, Bill, "The Ebb Tide: A Survey of Global Finance", *The Economist*, 27 de abril de 1991.
Friedman, Milton, *Capitalism and Freedom*, University of Chicago Press, 1963.
Keynes, John Maynard, *A General Theory of Employment, Interest and Money*, Macmillan, 1936.
Kindleberger, Charles P., *The World in Depression, 1929-1939*, University of California Press, 1986.
—— *Manias, Panics and Crashes: A History of Financial Crises*, John Wiley& Sons, 1999.
Malkiel, Burton Gordon, *A Random Walk Down Wall Street*, W. W. Norton & Co., 1996.
Minton Beddoes, Zanny, "Time for a Redesign? A Survey of Global Finance", *The Economist*, 30 de janeiro de 1999.
Shiller, Robert J., *Irrational Exuberance*, Princeton University Press, 2000.
Shleifer, Andrei, e Vishny, Robert, *The Grabbing Hand: Government Pathologies and their Cures*, Harvard University Press, 1999.
Skidelsky, Robert, *Beyond the Welfare State*, Social Market Foundation, 1997.
Soros, George, *The Crisis of Global Capitalism*, Lide, Brown, 1998.
—— *George Soros on Globalization*, Public Affairs, 2002.

FONTES E BIBLIOGRAFIA SELECIONADA

9. Desigual (I)

Acemoglu, Daron, e Robinson, James A., "Why Did the West Extend the Franchise? Democracy, Inequality and Growth in Historical Perspective", *Quarterly Journal of Economics*, vol. 115, novembro de 2000.
Atkinson, A. B., "The Distribution of Income in the UK and OECD Countries in the Twentieth Century", *Oxford Review of Economic Policy*, vol. 15, no. 4, inverno de 1999.
Costa, Dora, "Less of a Luxury: The Rise of Recreation since 1888", *NBER Working Paper*, no. 6054, junho de 1997.
Daedalus, "On Inequality", *Journal of the American Academy of Arts and Sciences*, inverno de 2002, edição especial.
Keynes, John Maynard, "Economic Possibilities for our Grandchildren", in *Essays in Persuasion*, Macmillan, 1930.
Russell, Bertrand, *In Praise of Idleness and Other Essays*, Allen & Unwin, 1935.

10. Desigual (II)

Cohen, Stephen P., *India: Emerging Power*, Brookings Institution Press, 2001.
Connors, Michael, *The Race to the Intelligent State: Towards the Global Information State*, Blackwell, 1993.
Jacobs, Jane, *Cities and the Wealth of Nations: Principles of Economic Life*, Vintage Books, 1985.
Landes, David S., *The Wealth and Poverty of Nations: Why Some Are So Rich and Some So Poor*, W. W. Norton & Co., 1998.
Olson, Mancur J., *The Rise and Decline of Nations: Economic Growth, Stagflation and Social Rigidities*, Yale University Press, 1982.
—— "Big Bills left on the Sidewalk: Why Some Nations are Rich and Others Poor", *Journal of Economic Perspectives*, vol. 10, no. 2, primavera de 1996.
—— *Power and Prosperity: Outgrowing Communist and Capitalist Dictatorships*, Basic Books, 2000.
Powelson, John P., *Centuries of Economic Endeavor: Parallel Paths in Japan and Europe and Their Contrast with the Third World*, Universidade de Michigan, 1994.
Pritchett, Lant, "Divergence, Bigtime", *Journal of Economic Perspectives*, vol. 11, no. 3, verão de 1997.
Ramesh, Jairam, *Yankee Go Home — and Take Me With You*, Asia Society, Nova York, monografia, 1998.
Rubinstein, W. D., *Capitalism, Culture and Decline in Britain 1750-1990*, Routledge, 1993.

Sachs, Jeffrey, "A New Map of the World", *The Economist*, 24 de junho de 2000.
Sala-i-Martin, Xavier, "The Disturbing 'Rise' of Global Income Inequality", *NBER Working Paper*, no. 8904.
Sen, Amartya K., *Development as Freedom: Human Capability and Global Need*, Oxford University Press, 1999.
Soto, Hernando de, *The Mystery of Capital: Why Capitalism Triumphs in the West and Fails Everywhere Else*, Bantam Press, 2000.
Wade, Robert, "Winners and Losers", *The Economist*, 28 de abril de 2001.

11. Impuro

Cairncross, Frances, *Costing the Earth: The Challenge for Governments, the Opportunities for Business*, Earthscan, 1995.
Cazorla, Marina, e Toman, Michael, "International Equity and Climate Change Policy", *Resources for the Future, Climate Change Issues Brief*, nº 27, dezembro de 2000.
Club of Rome, *The Limits to Growth*, New American Library, 1972.
Easterbrook, Gregg, *A Moment on the Earth: The Coming Age of Environmental Optimism*, Penguin, 1995.
Flink, James J., *The Car Culture*, MIT Press, 1975.
Gore, Al, *Earth in the Balance: Forging a New Common Purpose*, Earthscan, 1992.
Huber, Peter, *Hard Green: Saving the Environment from the Environmentalists*, Basic Books, 1999.
Inter-Governmental Panel on Climate Change, *Summary for Policy-Makers: A Report of Working Group I*, janeiro de 2001 http://www.ipcc.ch/
Jones, Daniel T., Roos, Daniel e Womack, James P., *The Machine that Changed the World: The Story of Lean Production*, HarperCollins 1991.
Litvin, Daniel, "Dirt Poor: A Survey of the Environment and Developing Countries", *The Economist*, 21 de março de 1998.
Lomborg, Bjorn, *The Skeptical Environmentalist: Measuring the Real State of the World*, Cambridge University Press, 2001.
McNeill, J. R., *Something New Under the Sun: An Environmental History of the Twentieth-century World*, W. W. Norton & Co., 2000.
Ridley, Matt, *Down to Earth: A Contrarian View of Environmental Problems*, Institute of Economic Affairs, 1995.
Shogren, Jason, e Toman, Michael, "How Much Climate Change is Too Much? An Economics Perspective", *Resources for the Future, Climate Change Issues Brief*, no. 25, setembro de 2000.
Sloan, Alfred P., *My Years with General Motors*, Doubleday, 1964.

12. Otimismo Paranóico

Brierley, Peter W., e Verwer, George, *Future Church*, Monarch Publications, 1998.
Dahl, Robert A., *On Democracy*, Yale University Press, 1999.
Davis, Bob, e Wessel, David, *Prosperity: The Coming Twenty-year Boom and What It Means to You*, Times Books, 1998.
Friedman, Milton, *Capitalism and Freedom*, University of Chicago Press, 1963.
Friedman, Thomas L., *The Lexus and the Olive Tree*, Farrar, Straus & Giroux, 1999.
Garbade, Kenneth, e Silber, William, "Technology, Communication and the Performance of Financial Markets 1840-1975", *Journal of Finance*, junho de 1978.
Henderson, David, "Changing Fortunes of Economic Liberalism — Yesterday, Today and Tomorrow", *Institute of Economic Affairs Occasional Paper*, 105, 1998.
Irwin, Douglas A., *Against the Tide: An Intellectual History of Free Trade*, Princeton University Press, 1996.
—— "The United States in a New Global Economy? A Century's Perspective", *AEA Papers and Proceedings*, maio de 1996.
Keynes, John Maynard, *The Economic Consequences of the Peace*, Macmillan, 1919.
Kiplinger, Knight, *World Boom Ahead: Why Business and Consumers Will Prosper*, Kiplinger Books, 1998 (edição inglesa).
Lutz, Wolfgang, Sanderson, Warren e Scherbov, Sergei, "The End of World Population Growth", *Nature*, vol. 412, 2 de agosto, 2001.
Maddox, John, *What Remains to be Discovered: Mapping the Secrets of the Universe, the Origins of Life, and the Future of the Human Race*, The Free Press, 1998.
Micklethwait, John, e Wooldridge, Adrian, *A Future Perfect: The Challenge and Hidden Promise of Globalisation*, Crown Business, 2000.
Sen, Amartya K. "Democracy as a Universal Value", principal discurso na Conferência Global sobre a Democracia, Nova Delhi, 14-17 de fevereiro de 1999.
Smart, Ninian, *The World's Religions*, Cambridge University Press, 1998.
Standage, Tom, *The Victorian Internet: The Remarkable Story of the Telegraph and the Nineteenth Century's On-line Pioneers*, Walker & Co., 1998.

Índice

"*Accountability*" (regra de responsabilidade; prestação de contas; controle público) 95, 203-204, 353
Ação coletiva 172, 175-176
Ação coletiva regional 172, 175
Aceh [província da Indonésia, com estatuto especial] 168
Acemoglu, Daron 259
Acionistas 198-199, 264-265
    ver também mercados financeiros
Aço norte-americano 198
Acordo Geral sobre Tarifas e Comércio (GATT) 135
    estabelecimento 25, 55, 67, 244
    evolução 26, 69
    ver também Organização Mundial do Comércio
Acton, Lorde 359
Adams, Scott 196
Administração 198-199
Afeganistão 47, 155, 165, 281, 292
    e Rússia 23
    Islã 162
    mujahidin 156
África 23, 51
    desenvolvimento econômico 341-342
    gases de efeito estufa 326
    multinacionais 213
África do Sul 169
Agricultura 138-139, 142, 309
Agrupamento 336
Airbus 205
Alemanha 76
    automóveis 316
    bancos 238
    comércio 133
    companhias privadas 218
    democracia 351
    desigualdade 264
    e UE 132, 135, 138
    economia 128-129, 134, 334
    educação 59
    fascismo 188
    gastos com defesa 151
    gastos públicos 244
    império 23
    indústria automobilística 208
    mortes 17, 18
    partidos de direita 141
    população 145
    primeira Guerra Mundial 159, 286, 335
    terrorismo 281
    ver também Alemanha Ocidental

Alemanha ocidental 256
 ver também Alemanha
Al-Fatah 162
Allison, Graham 170
al-Qaeda 47, 49, 155-158, 162-163, 351
 Afeganistão 46, 165
 tecnologia 169
América Latina 293
 crises 232, 238
 desenvolvimento econômico 31, 342, 348
Andersen 204
Angell, Norman 261
AOL Time Warner 206, 210
Aquecimento global 51, 299, 307, 310, 315, 320-330
Árabes 39, 161-162
Arábia Saudita 120, 161, 162, 330
 mortes de norte-americanos 63, 64
Arafat, Yasser 162
Ardil 22 (Heller) 339
Argélia 161, 292
Argentina 143, 238, 241, 316
Armamentos 165
 ver também armas nucleares
Armas 20
Armas biológicas 171
Armas de destruição em massa 10, 73, 169, 170, 174-175, 177, 180
 Coréia do Norte 120, 121
 política norte-americana 48, 49, 50, 65
 tratados internacionais 72
 ver também armas nucleares
Armas nucleares 169-172, 174-175, 177, 309
 Ásia 120
 China 78
 Japão 119
 Rússia 146, 147, 148

Armas químicas 120, 171
Ásia
 desenvolvimento econômico 341, 342
 ver também Leste Asiático
AT&T 210
Ataques de 11 de setembro 10-11, 47, 155-158, 169, 178-180, 222, 280
Ataques suicidas 156, 159-160, 178-179
Atatürk, Kemal 161
Atkinson, A. B. 255
Atlantic Empress 309
Austrália 316, 342
Áustria 142, 230, 238
Automóveis 307-308, 314-321

Baader-Meinhof 281
Bacevich, Andrew 43
Bagehot, Walter 230, 236, 237
Baixas 17, 18, 62, 63, 64
Banco Central Europeu 136, 143
Banco do Japão 233, 237
Banco Mundial 240 25, 55, 66, 67, 69, 135
Bancos 238-242
 China 89-90
 Grande Depressão 230-231
 Japão 101, 108, 112-113, 235, 236
Bancos centrais 230-231
 ver também Banco do Japão; Banco Central Europeu; Federal Reserve Board
Bangladesh 162
"barões ladrões" 197
Batalha de Langemarck 159
Baum, Frank L. 356, 360
Beirute 63
Bélgica 23, 77, 133, 149
 e UE 132, 134
Berle, Adolf 199
Bertelsmann 206

ÍNDICE

Bhopal 309
Bin Laden, Osama 46, 156-157, 162-163, 165, 179-180
Biodiversidade 306
BMW 208
Boeing 205
Bolcheviques 162
Bombardier 205
Bordo, Michael 238, 241, 246
Bósnia 174
Bracken, Paul 120
Brasil 48, 238, 294, 306
Bretton Woods, regime de 239, 242-248
Brigadas vermelhas 281
British Telecom 210
Bulgária, economia 77
Burma 293-294
Buruna, Ian 159
Bush, George W. 39, 50, 67, 127

Camada de ozônio 326
Camboja 18, 19
Camicase 160
Canadá 316
Cândido (Voltaire) 354
Capital
   fluxos globais 240, 250
   Japão 102, 109, 116
Capitalismo 15-16, 32, 185-186, 190, 333-334, 337, 342
   China 87-92
   críticas 195, 216-220, 346-347
   e comunismo 27-28, 187
   e desigualdade 29, 249, 286-291
   e globalização 31
   e meio ambiente 30
   instabilidade 28-29, 56-58, 192, 193, 221-224, 248, 249

Rússia 145, 146
   ver também companhias privadas
Carnegie, Andrew 197
Carter, Jimmy 64
Caxemira 166, 172
Células 157-158, 162
Células de combustível 209, 318-319, 329
Células de hidrogênio 209, 318-319, 329
CFCs 326
Chaplin, Charlie 197
Chechênia 147
Chiang Kai-shek 85, 189
Chile 46
China 51, 71, 72, 75-76
   armas nucleares 171, 176
   como ameaça 80-82
   Cultura 287-288
   desenvolvimento econômico 30, 52, 54-55, 87-92, 334, 337, 345, 347-348
   desigualdade 267, 276-279
   dissidentes 20
   ditadura 92-95
   e Coréia 121-122
   e EUA 40, 48
   e Iraque 178
   e Japão 99, 117, 118, 120
   e Taiwan 121
   gases de efeito-estufa 326, 327
   gastos militares 62
   guerra 16
   história 82-85
   Mao Tsé-tung 85-87
   meio ambiente 310, 312
   mortes 17-19
   perspectivas para o futuro 95-98
   poder 76-80, 122
   Revolução comunista 187, 189
Choques do petróleo 161-162, 222
Churchill, Winston 14, 37

Ciência 356-359
Cingapura
  democracia 95
  e EUA 39
  meio ambiente 291, 304
  padrões de vida 276-277
  valores asiáticos 39, 95-96
Clorofluorcarbonos 326
Clube de Roma 299
Colômbia 292
Comércio
  desigualdade internacional 214-215
  Japão 110-111, 234
  liberalização 51, 54, 244, 338, 344
  protecionismo 133-136, 188, 227, 231, 349
  Rússia 145, 146
  UE 136, 138-139
  ver também exportações; Acordo Geral de Tarifas e Comércio; Organização Mundial do Comércio
Comissão Européia 136
Companhias privadas 195-200, 334, 337
  críticas 201-204
  e governo 216-220
  monopólios 210-216
  poluição 311-312
  tamanho 204-210
Companhias privadas 202, 217
Companhias *ver* companhias privadas
Competição 210-213, 252
Comunidade Econômica Européia 133-138
Comunidade Européia 133
Comunidade Européia do Carvão e do Aço [CECA] 133, 139
Comunismo 27-28, 185-187, 189
  apelo 190-195
  China 81, 84-87, 96, 189

  e capitalismo 216
  e meio ambiente 30
  política externa dos EUA 44-46
Comunitarismo 95-96
Conflitos militares *ver* guerras
Conflitos *ver* guerras
Congestionamentos 317, 318
Congo 292
Connors, Michael 277
Conselho de Segurança 67, 175
Coréia 85, 121-122
  ver também Coréia do Norte; Coréia do Sul
Coréia do Norte 121, 123, 187, 283
  armas nucleares 171=172, 176
  e Japão 120
  inspeção de armas 72
  mortes 19
  política norte-americana 38, 52
Coréia do Sul
  democracia 94-95
  e Coréia do Norte 121, 171
  e EUA 40
  e Japão 117-118, 120
  economia 77, 333
  indústria automobilística 208-209
  padrões de vida 276
  planificação central 192
Corporações *ver* companhias privadas
Corrupção 206-208, 216-218
Costa, Dora 257
Crash de Wall Street 225, 233, 237-238
Credit Anstalt 230, 238
Crescimento econômico 25, 341-342
  e desigualdade 343-344
Crises financeiras 47-48, 237-242, 337-338
  Leste Asiático 29, 232, 235-236, 237

ÍNDICE

Cuba 43, 187
Cultura 288

Daihatsu 208
Daimler-Chrysler 208
De Gaulle, Charles 105, 129
Death by Government (Rummel) 17
Deflação 231-232
Dell 209
Democracia 55, 185, 334, 351-353, 355
   China 88, 94-95
   e companhias privadas 218-220
   e desigualdade 260, 267-270, 271
   e guerra 16, 168-169
   e intervenção governamental 229, 249
   e meio ambiente 313
   Hong Kong 92
Deng Xiaoping 87, 93
Derramamentos de petróleo 309
Desemprego 223, 248, 260
   China 88, 89, 92
   Europa 129
Desenvolvimento econômico, e meio ambiente 299, 309, 310-311, 327
Desenvolvimento sustentável 299-300
Desenvolvimento urbano 317, 320
Desenvolvimento *ver* desenvolvimento econômico; desenvolvimento urbano
Desflorestamento 302-303, 306
Desigualdade 249, 251-261, 270-271, 333, 343-344, 345
   ampliação 263-267
   Arábia Saudita 163
   China 88
   e capitalismo 29, 185, 192, 338
   e educação 262
   EUA 59-60
   implicações políticas 267-270
   ver também desigualdade internacional

Desigualdade 255, 264, 266
Desigualdade de renda *ver* desigualdade
Desigualdade internacional 254, 273-279, 293-296
   explicações 287-294
   importância 279-287
   medidas 279
Desregulamentação 109, 243
Destruição criativa 56, 92, 348
Dickens, Charles 27
Digital Equipment 210
Dilbert (Adams) 196
Dinamarca 132
Dióxido de carbono 324, 326
Disney 206
Ditaduras 190, 192, 193
   China 82, 92-95
   Corrupção 207
   e desigualdade 282
   e meio ambiente 312
   e tecnologia 19-20
   fascistas 188
   limitações econômicas 21
   materialismo histórico 195
   saldo de mortos 17-19
Dívida 51, 52, 53, 100, 232
Divisão digital 262
Doenças 281, 292, 308, 340
Drucker, Peter 188, 200, 261

Earth on Edge 298, 302-305
Eastman Kodak 210
Economia do conhecimento 260, 268-269, 358
Economia 54
   China 77, 81, 82-83, 87-92
   e comunismo 191-192
   e ditadura 21
   EUA 51-56, 61, 83

expansão imperial 60
Grande Depressão 224-232
Índia 83
Indonésia 94
Japão 99-100, 104-117, 123
multilateralismo 65, 66, 67-71
nações muçulmanas 162
Rússia 145-146, 147
Economic Freedom of the World 289
Educação 58-59, 114
   e desigualdade 258, 260-263, 268-271
Egito 161
Eichengreen, Barry 228, 238, 241, 246
Eisner, Michael 266
Ellison, Larry 266
Embrear 205
Emissões 321, 324, 325-329
Empreendedorismo 116
Engels, Friedrich 27
Enron 204, 218, 267
Erin Brockovich 203
Escócia 167
Esgotamento dos recursos naturais 298-300, 301-307
Eslováquia 143, 144
Eslovênia 144
Espanha 151
   democracia 351
   fascismo 188, 193
   gastos com defesa 151
   separatismo 167
Estabilidade 226
Estado do bem-estar 216, 247, 264
"Estados delinqüentes" 50, 174, 284
Estados fracassados 292
Estados preocupantes 50, 174, 284
Estados Unidos
   armas 20
   armas nucleares 79, 176

ataques de 11 de setembro 155-158
automóveis 258, 259, 261
benefícios sociais 260
comércio 134
como polícia imperial 173-176, 177-178, 180
companhias privadas 197-202, 205, 211, 218
Corte Criminal Internacional 176
crítica externa 37-41
democracia 351
desigualdade 255, 265
e China 75, 81, 91
e Coréia 121
e Europa 125, 129-130, 151-152
e Japão 117-118, 119-120, 122-123
e México 277
e Rússia 127
e Taiwan 98, 120
economia 51-62, 128-129, 342, 359-360
Frente Simbionesa de Libertação 281
gases de efeito-estufa 326-328
gastos com defesa 151
gastos com lazer 257
gastos públicos 244
Grande Depressão 101, 224-230, 238
imigração 282
indústria automobilística 208, 209
intervenção militar 62-65, 164-165
investimento estrangeiro direto 79
liderança 22-23, 25-27, 40-44, 72, 104, 333-337, 354
mercados financeiros 29, 222
paridade do poder de compra 77
Plano Marshall 280
política externa 44-51
poluição atmosférica 307-308
religião 357

ÍNDICE

unilateralismo e multilateralismo 66-72
ver também Guerra Fria
Estados-bandidos 293-294
Estônia 144
Euro 129, 136, 140-143, 144
Europa oriental 31, 342
Europa
   Desenvolvimento econômico 342
   Religião 357-358
   ver também Europa oriental
Exclusão social 262, 267-271
Expansão imperial, 51-52, 56, 60
Expectativa de vida 15, 340
Exportações
   China 77
   Japão 102-103, 107-108, 109
Extinção de espécies 306
Exxon Valdez 209

Fairbank, John King 86
Falso conhecimento 195, 302
Fascismo 185, 187-191, 193
Federal Reserve Board 61, 225-226
Fertilizantes 308
Fiat 208
Filipinas 43, 63, 77
Flink, James 315, 316
Floresta amazônica 306
Florestas 302-303, 306, 324
Florestas tropicais 306
FMI 25-26, 55, 67, 69, 70, 135
Fomes coletivas 17, 18-19, 86
Ford 208
Ford, Henry 187, 188
França
   armas nucleares 177
   automóveis 316
   bancos 238
   comércio 133, 134

companhias privadas 217
comunismo 194, 195
desigualdade 256
e EUA 38, 130
e Iraque 177
e UE 132, 134, 138, 147
gastos com defesa 151
gastos públicos 244
império 23, 24
indústria automobilística 208
investimento estrangeiro direto 79
partidos de direita 141
PIB 77
Franco, Francisco 188
Freedom House 352-353
Frente Simbionesa de Libertação 281
Fujimori, Alberto 353
Fujitsu 108
Fundo Monetário Internacional 25-26, 55, 65, 66, 69, 70, 135
Fundos de pensão 200
Furet, François 195
Futurologia 13

Gandhi, Mahatma 190
Gases de efeito-estufa 321, 324, 325-328
Gastos com defesa 151
Gastos com defesa *ver* gastos militares
Gastos militares 151
   China 62, 78
   EUA 52, 62
   Japão 119, 123
gastos públicos 225, 226-227, 232, 234-235
   e desigualdade 263-264
   regime de Bretton Woods 242, 244-248
Gastos públicos 227, 244
Gates, Bill 266
General Electric 198, 205

General Motors (GM) 200, 208, 209
Genocídio 21
Geórgia 292
Globalização 31, 73, 335, 344-351
   China 84-85
   e crises financeiras 239, 241
   e desigualdade 252, 254, 294-295
   e guerra 168
   multinacionais 204-210, 211-215
Goldwyn, Sam 13
Gordos salários 266
Gore, Al 301
Governo
   e companhias privadas 216-220
   e crises financeiras 248-249, 338
   e desigualdade 263-264, 267-270
   e desigualdade internacional 287-293, 294
   e meio ambiente 312, 317-320
   e recessões 224-232, 235-236
   regime de Bretton Woods 242, 247
"Grande Salto à Frente" 86
Grã-Bretanha
   Carros 316
Graham, Edward 214
Grahame, Kenneth 314
Granada 42
Grande Depressão 29, 54, 58, 101, 134, 224-232, 237-238, 241
Grécia 351
Guerra da Coréia 63, 96
Guerra do Afeganistão 63, 65, 75, 118, 179
Guerra do Golfo 63-64
Guerra do Vietnã 46, 51, 60, 63
Guerra Fria 16, 27-28
   alianças 49
   conseqüências econômicas 5-152
   e desordem 163-164

multilateralismo 71
política norte-americana 44-46
Guerra Santa 157, 162
Guerras 15, 16-19, 25, 98, 155, 171
   África 51
   China 84
   e desigualdade 283
   e hegemonia 23-27
   e meio ambiente 309, 313
   e tecnologia 19-20, 63-64
   e UE 132-133
   lutas de libertação 164-165
   separatismo 166

Haeckel, Ernst 356
Haiti 353
Hayek, Friedrich von 140, 186
Hegemonia 50, 204-207
Heller, Joseph 339
Herança 256
Hertz, Noreena 206
Hindustan Motors 293
História 11-15
Hitachi 108
Hitler, Adolf 180, 188, 193
Hobbes, Thomas 155
Holanda 148, 151
   comércio 134
   desigualdade 264
   e UE 132, 134
   exportações 76
   fundos de pensão 200
   gastos com defesa 151
   partidos de direita 141
   terras alagadas 304
Honda 108, 208
Hong Kong 77, 89, 92, 97, 276
Hoover, Herbert 227

ÍNDICE

Hungria 144
Huntington, Samuel 157

I Guerra Mundial *ver* Primeira Guerra Mundial
IBM 210
Ibrahim, Anwar 353
Igreja Católica 204-209
II Guerra Mundial *ver* Segunda Guerra Mundial
Ilha Hainan 90
Ilhas Molucas 168
Imigração
  EUA 134, 264
  Japão 115
  UE 141
Imperialismo *ver* Impérios
Império Otomano 161
Impérios 23-25, 41-44, 144-145
  China 82
  Comércio 134
  e desordem 163-164
  movimentos de libertação 187-188
Impostos sobre emissões de carbono 327, 328
Índia 49, 50, 72, 120
  armas nucleares 77, 176
  automóveis 317
  Caxemira 172
  democracia 351
  desenvolvimento econômico 31, 334, 336-337, 345, 348
  gases de efeito-estufa 326
  liberdade econômica 290-291, 293, 294
  meio ambiente 309
  multinacionais 212
  padrões de vida 277-278
  pobreza e alfabetização 347
  população 76
  separatismo 166
Indonésia
  bancos 238-239
  corrupção 207
  ditadura 93
  economia 48, 162, 222, 232
  Islã 162
  mortes 19
  padrões de vida 276
  revolução 29
  separatismo 168
Indústria aeroespacial 205
Indústria automobilística 208-209
Indústria farmacêutica 215
Inflação 221-222, 246, 293
Instabilidade 28-29, 48, 221-225, 237-242, 248, 333-334, 338, 348
  crise financeira japonesa 232-237
  Grande Depressão 45, 2250232
Instabilidade econômica *ver* instabilidade
Instituições internacionais 25-26, 44, 55, 65, 66
  ver também União Européia; Nações Unidas; Banco Mundial; Organização Mundial do Comércio
Intervenção *ver* governo
  polícia imperial
Investimento estrangeiro direto (IED) 79
Irã
  democracia 353-354
Iraque
  armas nucleares 120, 171, 177
  inspeção de armas, 72
  Kwait, 283
  política norte-americana 38, 42, 46-47, 50, 65, 72
Irlanda do Norte 155, 168
Ishihara, Shintaro 39, 118

Islã 157, 160-161, 162, 179
Isolamento 30-31, 85, 133-134
Israel 49, 50, 72
    ação militar preventiva 174
    armas nucleares 120, 169, 170, 177
    e EUA 40
    terrorismo 162
Itália
    comunismo 193
    corporação 235
    democracia 351
    e UE 135
    fascismo 188
    gastos com defesa 151
    império 23
    indústria automobilística 208
    terrorismo 381
ITT 210
Iugoslávia 17, 164, 168

Japão 123
    armas nucleares 171
    automóveis 316, 317
    camicase 160
    colonialismo 84
    companhias privadas 217
    crises financeiras 29, 47-48, 222, 232-237, 238
    cultura 286
    Democracia 351
    e China 189
    e EUA 39-40
    economia 52, 53, 54, 77, 105-114, 128, 292, 334, 342, 344
    exército imperial 203-204
    fundos de pensão 200
    gastos militares 78
    guerra 16
    Guerra do Afegnistão 75

    indústria automobilística 208-209
    isolamento 83-84
    liderança 103
    mal de Minamata 309
    meio ambiente 313
    mortes 18
    perspectivas econômicas 114-117
    perspectivas políticas 117-119
    planejamento central 192
    poder 24, 80-81, 99-103, 147, 276
    quadrinhos mangá 197
    questões de segurança 105, 119-122
    religião 358
    valores 159, 160, 161
Jiang Zemin 93
Jihad 157, 162-163
Johnson, Lyndon 58
Jospin, Lionel 194
Justiça social 29
JVC 112

Kabila, Laurent 293
Kadaffi, Coronel 161
Keiretsu 108
Kennedy, John F. 61
Kennedy, Paul 52, 56
Keynes, John Maynard 21, 37, 225, 226, 244-246, 342, 348
Khobar 63, 64
Khomeini, Aiatolá 160, 161
Kim Dae-Jung 121
Kim Jong-il 121
Klein, Naomi 197
Koerner, Theodor 159
Koizumi, Junichiro 114, 236
Kosovo 63, 168, 174
Kuomintang (KMT) 85, 97, 189
Kwait 253, 309

ÍNDICE

Langemarck, batalha de 159
Lazer 257-258
Le Carré, John 203
Lebed, Alexander 170
Leis antitruste 198
Lenin, Vladimir Iltich 162, 179, 185, 187
Lennon, John 344, 346
Leste Asiático
   crise financeira 29, 213, 232, 236, 237
   padrões de vida 276, 277-278
Letônia 144
Li Peng 93
Liberalismo 185, 358-360
Liberdade 191, 194, 335, 352, 359
   e automóveis 314-317
   ver também liberdade econômica
Liberdade econômica 288-290, 292-293
Líbia 50, 161, 171
Liderança 333, 334, 335
   Estados Unidos 40-51, 62-63, 72
   Japão 103
Liderança 44, 103, 333, 335
Liderança mundial *ver* liderança
Líderes militares 165, 175
Liga das Nações 67
Limits to Growth, The ["Os Limites do Crescimento"] (Clube de Roma) 299
Liquidação 226, 236-237
Lituânia 144
Lomborg, Bjorn 305, 306, 311, 325
Lonrho 213
Luxemburgo 135

Macau 97
Maddox, Sir John 357, 358
Mal de Minamata 309, 313
Malásia 40, 96, 162, 276, 353
Manchúria 85
Mao Tsé-Tung 85-87, 93, 165, 189

Mar de Aral 309
Mar do Sul da China 97-99
Margalit, Avishai 159
Martírio 156, 158-160, 179
Marx, Karl 27, 185, 186, 187, 197, 224, 232, 260, 274
Materialismo 342-343
Materialismo histórico 194
Matsushita Electric 108, 112
Mazar-i-Sharif 156
Mazda 208
Mazower, Mark 190
McNeill, J. R. 300, 302, 303, 306
Means, Gardiner 199
Meio ambiente 30, 31, 297-302
   agrupamento 70
   aquecimento global 320-330
   automóveis 314-320
   e desenvolvimento 284
   e população 340
   esgotamento dos recursos naturais 301-307
   poluição 307-309
   problemas e soluções 309-313
Mercado comum 133-138
Mercados acionários *ver* mercados financeiros
Mercados emergentes 350
Mercados financeiros 29, 232, 334, 350
   China 89
   EUA 29, 52, 53
   Japão 99-100, 103, 111-112, 113
   ver também acionistas
Meritocracia 59, 60, 199, 200, 269-270
Messerlin, Patrick 138
México 29, 277, 287, 353
Mianmar 293
Microsoft 206, 209
Mídia 206

Migração 282, 344
 ver também imigração
1984 (Orwell) 20
Milosevic, Slobodan 148
Mishima, Yukio 159, 160, 179
Mitchell, Joni 320
Mitsubishi Electric 108
Mitsubishi Motors 208
Modelo social europeu 139-140
Moeda única 129, 136-137, 140-143, 144, 229, 230
Moedas 101-102, 143
 crises 107, 110, 111, 232, 238-242
 e desigualdade 279
 euro 129, 136-137, 140-143, 144
 padrão ouro 226, 227-230, 231
 regime de Bretton Woods 242
Mohamad, Malathir 353
Monnet, Jean 137
Monopólios 210-215
Morgan, J. Pierpont 198
Morita, Akio 39, 118
Mortes 18-19, 63, 85-87
Mudança climática 322, 323
Mugabe, Robert 293
Mujahidin 46, 157
Mulheres perfeitas 203
Multilateralismo 65, 66-72
 ver também instituições internacionais
Multinacionais 204-215
Mussolini, Benito 188, 193

Nacionalismo 166-168, 186, 344
 China 81, 82, 97
 e comunismo 189
 e fascismo 188-189
 Europa 133
 Japão 118, 123-124
 Rússia 148

Nacionalismo econômico 133-136
Nações Unidas 65, 66-67
 como polícia imperial 173-175
 inspeção de armas 72, 177
 meio ambiente 303, 306, 321
NAFTA (Tratado Norte-Americano de Livre Comércio) 277
Nasser, Gamal Abdel 161
Negócios *ver* companhias privadas
New Deal 58, 227
News Corporations 206
Nicarágua, política norte-americana 46
Nigéria 162, 213, 293, 330
Nissan 100, 112, 208
Nixon, Richard 107
Nova Zelândia 316, 342

O Mágico de Oz (Baum) 356, 360
OCDE (Organização de Cooperação e Desenvolvimento Econômico) 25
Olimpíadas de Munique 162
Olson, Mansur 291
Oracle 210
Organização para Alimentos e Agricultura da ONU (FAO) 303, 304
Organização Internacional do Comércio 26, 68
Organização Mundial do Comércio (OMC) 66, 68, 346
 China 75, 90
 ver também Acordo Geral de Tarifas e Comércio
Organização para a Libertação da Palestina 162
Orwell, George 20
OTAN (Organização do Tratado do Atlântico Norte) 148, 150
Otimismo paranóico 339

ÍNDICE

Packard, Vance 197
Padrão ouro 226, 227-230, 231, 238, 239
Painel Intergovernamental sobre as Alterações do Clima (PIAC) 321, 322-323
Países em desenvolvimento 51, 347, 350-351
   aquecimento global 321-322, 324-325
   crises financeiras 239-240
   desigualdade 286-291
   e globalização 56, 285, 293-296
   meio ambiente 310
   multinacionais 211-215
Palestina 72, 158
Paquistão
   Caxemira 72, 166, 171
   Islã 162
Paridade do poder de compra 279
   China 77, 87-88
Partido Comunista (China) 94
Partido Democrático Liberal (PDL) (Japão) 106, 109, 112
Partido Trabalhista (Grã-Bretanha) 194
Patentes 215
Perot, Ross 277
Peru 353
Pesca 305, 309
Pesquisas de opinião
   companhias privadas 201
   intervenção militar norte-americana 64
   religião 357
Petróleo 205, 300, 329
Peugeot-Citroën 208
PIB 55
   China 77, 87-88
   crescimento 342
   e companhias privadas 204-205

PIPA 64
Planificação central 28, 192, 193, 243
   UE 137-143
Plano Marshall 55, 280
Pobreza 51, 286-287
Poder militar
   China 78
   EUA 40-42, 45, 51
Polaroid 210
Polícia global 172-178
Polícia imperial 172-178
Política agrícola comum (PAC) 138-141
Política de defesa dos EUA 129
Política fiscal 234, 245-246
   ver também tributação
Polônia 144
Poluição 300, 307-309, 310-312
   ver também poluição atmosférica
Poluição atmosférica 307, 309, 310-311, 314
   políticas governamentais 317, 318-319
Poluição da água 308
População 30, 291, 297, 340-341
   Alemanha 145
   China 76, 82
   Europa 130
   Japão 115
   Rússia 145
Portugal 188, 193, 351
Powell, General Colin 65
PPC *ver* paridade do poder de compra
Praça da Paz Celestial ("Tiananmen") 92, 95, 286
Pratt & Whitney 205
Primeira Guerra Mundial 44, 63, 159, 286, 335
Pritchett, Lant 275
Privatização 293

Produtividade 59, 243
Produto Interno Bruto *ver* PIB
Program on International Policy Attitudes (PIPA) [Programa sobre atitudes referentes à política internacional] 64
Programa "Grande Sociedade" 58
Propriedade 252
Propriedade intelectual 215, 275, 291
propriedade pública 191-192, 193
Proteção social
    EUA 57-58, 60
    Japão 108
Protecionismo 133-136, 138-139, 227, 231, 232, 349
Protocolo de Kyoto 67, 328
Proudhon, Pierre Joseph 252
Putin, Vladimir 127, 353

Quadrinhos manga 197

Racismo 190
Reagan, Ronald 39, 52, 110
Recessões 221-225, 232, 358
    Grande Depressão 225-232
    Japão 232-237
Reino Unido *ver* Grã-Bretanha
Religião "nova era" 358
Religião 160-161, 165
Renault 208
República Tcheca 143, 144
Revolução Cultural 86, 89
Revolução islâmica 160-161, 285
Rio Mississipi 304
Roberts, John 167
Robinson, James A. 259
Rockefeller, John D. 197
Rolls-Royce 205
Roosevelt, Franklin D. 58, 227

Roosevelt, Theodore 174
Rowland, Roland "Tiny" 213
Ruanda 19, 155
Rummel, R. J. 17
Rússia 24, 127, 145-148, 150
    armas nucleares 79, 169-170, 177
    democracia 353
    e EUA 39, 72
    e Iraque 178
    e UE 130, 144-145, 152
    economia 48, 232, 348
    gases de efeito-estufa 327
    liberdade econômica 291
    revolução bolchevique 27, 162, 186, 187, 286
    ver também União Soviética

Sachs, Jeffrey 292
Saddam Hussein 21, 65, 148, 177, 253, 309
Sala-i-Martin, Xavier 279
Salazar, António de Oliveira 188
SAP 210
Schumpeter, Joseph 56-57, 347
Segunda Guerra Mundial 16, 17, 44
    economias centralizadas 192
    Japão 84
    mortes de norte-americanos 63
    União Soviética 193
Segurança
    ameaças 174
    Europa 150
    Japão 105, 119-122, 123
    Rússia 148
    ver também terrorismo
Separatismo 163-168
Serra Leoa 164, 165, 281, 294
Sérvia 168

ÍNDICE

Serviços domésticos 258
Sharp 112
Shawcross, William 173
Shell 213
Síria 120
Skidelsky, Robert 38
Smith, Adam 32, 186
Soberania 67, 136
Soberania nacional 67, 136
Socialismo 191, 200, 293
Software 206
Somália 164, 165, 174, 292
    mortes de norte-americanos 63, 64
Sony 100, 108, 206
Soros, George 242
Srebenica 156
Sri Lanka 77, 158, 166
Stalin, Joseph 19, 176, 187, 193
Steinbeck, John 182
Subaru 225
"Subclasse" 262, 268-271
Sudão 157, 165, 171, 292
Suécia 79, 132, 238
Suharto, presidente 93, 207
Suzuki 208

Tailândia 78, 237, 238, 276,,
Taiwan
    democracia 95, 96
    e China 81, 91, 97-98, 120-121, 171
    e Japão 84, 120
    Kuomintang 189
    padrões de vida 276
    política norte-americana 48
Talibã 46, 165, 179
Tamils 166
Taxa de alfabetização 347
Taxas de câmbio *ver* moedas

Tecnologia 102-103, 334, 335, 354, 359
    e ameaças à segurança 163, 169-172, 174-175
    e capitalismo 30
    e companhias privadas 198, 204, 209-210
    e desigualdade 285-286, 344
    e ditaduras 19-21
    e economia norte-americana 53
    e globalização 349
    e guerra 15, 63-64
    e meio ambiente 322-323, 329
    Japão 116
    serviços domésticos 258
    ver também tecnologia da informação
Tecnologia da informação 102-103, 209-210
    exclusão digital 261-262, 343
    Japão 116
    países em desenvolvimento 278
Tempos modernos 197
Terceiro Mundo *ver* países em desenvolvimento
Terras alagadas 304
Terrorismo 10-11, 73, 155, 174, 285-289
    al-Qaeda 155-163, 178-180
    e desigualdade 253-254, 281-282
    política norte-americana 47, 49-50, 65
Thurow, Lester 128, 130, 152
Tibete 82, 96
Totalitarismo 20, 45, 185, 188
Toyota 100, 108, 208
Tratado de Roma 135, 136, 137
Tratados internacionais 67-68, 71, 72
3-Com 210
Tribunal Internacional de Crimes de Guerra 176

Tributação
   automóveis 319
   e desigualdade 264
   e meio ambiente 327, 328
Turquia 24, 161
   Curdos 147
   e UE 130, 144-145
   mortes 18
Tyco 267

Ucrânia 77, 130, 144, 146
UE, ampliação da 140, 144
União Européia 70, 125-131, 148-153
   gases de efeito-estufa 326
   história 131-143
   moeda única 229
   perspectivas para o futuro 143-146
União Soviética 26
   Afeganistão 46
   comércio 133
   e China 85
   e movimentos de libertação 187
   império 164
   isolamento econômico 30
   meio ambiente 308-309
   mortes 18-19
   planejamento central 137
   política externa norte-americana 45
   Segunda Guerra Mundial 193
   ver também Guerra Fria; Rússia
Unilateralismo 66-71
Union Carbide 309
Universidades 58, 59, 115
URSS *ver* União Soviética
Utopias 194, 355

Valor adicionado 205
Valores 158, 160-161
Vanderbilt, Cornelius 197
Venezuela 330
   ver também Irlanda do Norte
Vento nos Salgueiros, O (Grahame) 314
Vietnã 19, 31, 187
Vivendi Universal 206
Vodafone 209
Volkswagen 208
Voltaire 354

Wade, Robert 279
Whyte, William 197
Wilson, Charles 200
Wilson, E. O. 301
World Conservation Union 306
World Trade Center 156
   ver também ataques de 11 de setembro
WorldCom 267

Xerox 210
Xinjiang 82, 96

Yamadi, sheik 330

Zaibatsu 108
Zaire 293
Zaiteku 112, 113
Zhu Rongji 93, 94
Zimbábue 168, 293, 353
Zoku 109

Este livro foi composto na tipologia Classical
Garamond BT, em corpo 11/15, e impresso em
papel off-white 80g/m² no Sistema Cameron da
Divisão Gráfica da Distribuidora Record.

Seja um Leitor Preferencial Record
e receba informações sobre nossos lançamentos.
Escreva para
**RP Record
Caixa Postal 23.052
Rio de Janeiro, RJ – CEP 20922-970**
dando seu nome e endereço
e tenha acesso a nossas ofertas especiais.

Válido somente no Brasil.

Ou visite a nossa *home page*:
http://www.record.com.br